U0945507

新时代现代化强省建设实录

第六卷

中共山东省委党史研究院
（山东省地方史志研究院） 编著

图书在版编目（CIP）数据

新时代现代化强省建设实录．第六卷 / 中共山东省委党史研究院（山东省地方史志研究院）编著．-- 北京 ：中国文史出版社，2024. 10. -- ISBN 978-7-5205-4889-2

Ⅰ．D675.2-53

中国国家版本馆 CIP 数据核字第 2024CE8542 号

责任编辑：赵姣娇

出版发行：中国文史出版社
社　　址：北京市海淀区西八里庄路 69 号　　邮编：100142
电　　话：010-81136606　81136602　81136603（发行部）
传　　真：010-81136655
印　　装：山东麦德森文化传媒有限公司
经　　销：全国新华书店
开　　本：710mm×1000mm　1/16
印　　张：34.25
字　　数：443 千字
版　　次：2024 年 12 月北京第 1 版
印　　次：2024 年 12 月第 1 次印刷
定　　价：96.00 元

《新时代现代化强省建设实录（第六卷）》编审委员会

目录

综　述

着力塑造“十个新优势”
绘就高质量发展新画卷

2023年是全面贯彻党的二十大精神的开局之年，也是全省绿色低碳高质量发展先行区建设起步之年。山东省委深入学习贯彻党的二十大和二十届二中全会精神，坚决落实习近平总书记对山东工作的重要指示要求，锚定“走在前、开新局”，坚持一张蓝图绘到底，以建设绿色低碳高质量发展先行区为总抓手，纵深推进“三个十大”行动，着力塑造“十个新优势”，新时代社会主义现代化强省建设迈出坚实步伐。

一、坚持以习近平新时代中国特色社会主义思想为指导，进一步明晰经济社会高质量发展的方向路径

（一）深入学习贯彻党的二十大精神和习近平总书记对山东工作的重要指示要求。党的二十大擘画了全面建设社会主义现代化国家、以中国式现代化全面推进中华民族伟大复兴的宏伟蓝图，吹响了奋进新征程的时代号角。2月7日，习近平总书记在新进中央委员会的委员、候补委员和省部级主要领导干部学习贯彻习近平新时代中国特色社会主义思想和党的二十大精神研讨班上，深刻阐述了中国式现代化的一系列重大理论和实践问题，为全党正确理解中国式现代化，全面学习、全面把握、全面落实党的二十大精神，努力在新征程上开创党和国家事业发展新局面提供了根本遵循。2月13日，省委常委会召开会议，

传达学习习近平总书记在学习贯彻党的二十大精神研讨班开班式上的重要讲话，强调要在高质量发展、共同富裕、文化“两创”、社会治理、生态环保上下功夫求突破，深入推进中国式现代化山东实践。

在全党深入开展学习贯彻习近平新时代中国特色社会主义思想主题教育，是贯彻落实党的二十大精神的重大举措。4月3日，中央召开学习贯彻习近平新时代中国特色社会主义思想主题教育工作会议，习近平总书记出席并发表重要讲话。4月10日，山东省学习贯彻习近平新时代中国特色社会主义思想主题教育工作会议召开。此后，按照党中央统一部署，在中央第九指导组的有力指导下，全省学习贯彻习近平新时代中国特色社会主义思想主题教育扎实开展。省委成立主题教育领导小组，省委常委会定期专题研究推进主题教育工作。主题教育期间，省委坚持把“学思想”作为首要任务贯穿始终，省委常委会“第一议题”集体学习47次、省委理论学习中心组学习17次，分4个专题举办省委主题教育读书班，省级负责同志带头讲专题党课，示范带动全省广大党员干部在深化、内化、转化上下功夫，推动党的创新理论入脑入心。全省各级党组织把开展好主题教育作为重大政治任务，全面把握主题教育总要求，紧紧围绕根本任务和具体目标，锚定“走在前、开新局”，有机融合、一体推进理论学习、调查研究、推动发展、检视整改、建章立制等重点措施，着力推动以学铸魂、以学增智、以学正风、以学促干，解决了一批群众关注度高、基层反映强烈的问题，全省经济持续回升、巩固向好，高质量发展扎实推进。

党的十八大以来，习近平总书记多次视察山东，就山东工作作出一系列重要指示要求。9月24日，习近平总书记在浙江考察结束返京途中到山东枣庄考察。考察期间，习近平总书记对保护石榴种质资源、发展壮大石榴产业、促进农业增效和农民增收作出重要指示，就做好有关工作提出明确要求，为山东指明了前进方向。9月26日，省委常委会召开扩大会议，传达学习习近平总书记在浙江考察和返京途中在山东枣庄考察时的重要讲话精神，强调要把总书记历次对山东工作的重要指示要求贯通起来把握，一体学习、一体领会、一体落实，稳扎稳打、踏踏实实，更加坚决有力做好山东工作。

（二）锚定“走在前、开新局”，坚持一张蓝图绘到底。“走在前、开新局”是习近平总书记赋予山东的光荣使命，是推进现代化强省建设的根本遵循。1月11日，省委召开十二届三次全体会议，传达中央批复的省级领导班子换届人事安排方案。这是2022年12月党中央决定由林武同志担任山东省委书记后，从大局出发，通盘考虑、慎重研究决定的。1月16日，《人民日报》刊发山东省委书记林武专访报道《锚定“走在前、开新局” 扛牢经济大省责任》。林武指出，锚定“走在前、开新局”这一总遵循，我们将坚持一张蓝图绘到底，紧紧围绕这一定位来谋划、来布局、来推进各项工作。同月，省十四届人大一次会议召开。会议审议通过的《政府工作报告》提出，此后五年是新时代社会主义现代化强省建设继往开来、跨越提升的关键时期，要锚定“走在前、开新局”，按照省第十二次党代会部署，以建设绿色低碳高质量发展先行区为总抓手，推进中国式现代化山东实践。

为全面掌握全省的经济社会发展情况，1月至4月，省委书记林武陆续到16个市进行调研，多次主持召开座谈会，听取发改、工信、财政、农业农村、商务、自然资源、生态环境、住建、交通、国资、市场监管、教育、民政、人社、卫健、应急、信访等省直部门的工作情况汇报，研究部署下步重点工作。一次次调查研究、一步步深刻把握，战略思考不断深入、思路举措更加清晰。

党的二十大报告提出，高质量发展是全面建设社会主义现代化国家的首要任务。全面贯彻党的二十大精神的开局之年，省委在前期调研的基础上，进一步对标对表党的二十大精神，聚焦高质量发展这一首要任务，先后作出一系列重要部署。推动高质量发展，工业是龙头、是脊梁。山东是工业大省，工业稳则经济稳。从2月召开加力提速工业经济高质量发展大会，到11月召开新型工业化推进大会，省委、省政府坚持把工业经济摆在更加突出位置，深入实施先进制造业强省行动计划，加快建设制造强省、数字强省，培育工业经济发展新动能新优势。民营经济稳，经济全局才能稳；民营经济活，经济全局才能活。4月，省委、省政府召开山东省民营经济高质量发展工作会议，提出坚决打破束缚民营经济发展的条条框框，构建起服务支持民营经济发展的体制机制，推动山东民营经济新一轮大发展、大跨越。数字经济是山东实现绿色低碳高质量发展的崭新赛道、关键增量和战略支

★省委十二届五次全体会议暨省委经济工作会议会场。

撑。8月，省委、省政府召开全省数字经济高质量发展工作会议，全面部署山东数字经济发展重大任务，提出全面塑强数字经济高质量发展新优势，努力打造全国领先的数字经济发展新高地。

为谋划好明年经济工作，12月，省委召开十二届五次全体会议暨省委经济工作会议，提出着力塑造现代产业、有效需求、数字经济、乡村振兴、区域协调、改革开放、绿色低碳、民生福祉、安全发展和舆论宣传新优势，持续推动经济实现质的有效提升和量的合理增长，保持社会和谐稳定，推进中国式现代化山东实践迈出坚实步伐，为山东全力推动经济社会高质量发展指明了方向路径。

二、以建设绿色低碳高质量发展先行区为总抓手，着力塑造高质量发展新优势

一张蓝图绘到底，一茬接着一茬干。1月28日，春节后上班第一天，省委理论学习中心组进行集体学习，聚焦坚定不移推动高质量发展要求，强化责任担当，增强发展信心，吹响了山东高质量发展的新春动员令。山东聚力抓好绿色低碳高质量发展先行区建设，深入推进“三个十大”行动，稳扎稳打、踏踏实实，着力强基础、扬优势、补短板、提动能，全省经济呈现持续回升、巩固向好的良好态势。

（一）绿色低碳高质量发展先行区建设强势开局。建设绿色低碳高质量发展先行区，是当前和今后一个时期全省各项工作的总抓手。山东坚持把先行区建设作为全局性定位、全方位要求、全过程引领的重大战略，强化顶层设计和组织领导，搭建起先行区建设的“四梁八柱”。1月，出台《山东省建设绿色低碳高质量发展先行区2023年重点工作任务》，从12个方面细化实化116条年度发展目标和具体任务。为推动先行区建设开好局、起好

步，省委、省政府打出一系列“组合拳”：成立由省委、省政府主要领导任组长的先行区建设领导小组，建立由分管省领导任召集人的“十个聚力”协调推进工作专班，加快推进各项任务落地达效；建立省绿色低碳高质量发展重大项目库，优选确定3186个项目，总投资8.45万亿元；与生态环境部、中国科学技术协会共同主办2023绿色低碳高质量发展大会，这是在山东举办的第一个以绿色低碳高质量发展为主题的国际性盛会；出台支持建设绿色低碳高质量发展先行区三年行动计划（2023—2025年）的财政政策措施；开展绿色低碳高质量发展先行区建设试点，以点带面，推动先行区建设成势见效。2023年，全省地区生产总值达到9.2万亿元，主要经济指标增速高于全国平均水平；“四新”经济投资增长11.1%、占比超过57%；单位生产总值能耗持续下降，新能源和可再生能源发电装机总量突破9300万千瓦。

（二）科技创新激发新动能。深入实施创新驱动发展战略，召开全省科技创新大会、全省科技创新与实验室工作专题会议，把实验室建设作为推动科技创新的重要抓手，加快构筑高能级创

★国家盐碱地综合利用技术创新中心。

新平台。持续加大投入，省级科技创新发展资金达145.2亿元。创新平台提档扩容，崂山实验室规范运行，全国重点实验室新增10家、总数达21家，国家企业技术中心达到210家、居全国首位，国家盐碱地综合利用技术创新中心揭牌。创新生态持续优化，95%的省级重大科技创新项目由企业牵头，启动实施基础研究十年行动，召开全省首届科技金融生态建设大会，出台科技财政金融协同服务企业创新发展20条措施，构建深化“四链”融合发展的“1241”支撑体系，启动山东科技大市场建设，高新技术企业、科技型中小企业分别达3.2万家和4.57万家，高新技术产业产值占规上工业总产值的比重达51%。创新人才加快集聚，启动顶尖人才、海外英才和青年人才集聚三年行动，顶尖人才达到164位，新增省级以上领军人才2028人。创新成果不断涌现，超算互联、画质芯片、植物基因编辑等领域取得一批标志性成果，工业母机、碳纤维、合成橡胶等国产替代实现突破，1类靶向创新药伊鲁阿克片获批上市。

（三）工业经济高质量发展加力提速。坚持把工业经济作为“头号工程”，制造经济、数字经济、民营经济“三个经济”一体发力、统筹做强。先后召开加力提速工业经济、民营经济、数字经济、新型工业化4次全省性大会，出台民营经济、数字经济高质量发展等一系列高规格文件。围绕新一代信息技术、装备、化工、冶金、建材、纺织、食品等重点领域，首次设立“开门红”专项激励政策。实施工业类开发区（园区）高质量发展行动，出台《工业经济高质量发展要素资源保障十条措施》，着力破解工业高质量发展中存在的要素制约。设立工业高质量发展基金，以市场化手段支持培育工业发展新动能新优势。在这一系列激励政策的推动下，全省工业运行稳中向好，全年规模以上工业增加值增长7.1%。加快传统产业有序转型，石化、钢铁、铝等产业布局不断优化，裕龙岛炼化一体化项目部分实现中交，宝武钢铁与省政府达成战略投资山钢协议，日钢产能承接一期项目投产。大力发展战略性新兴产业，布局新一代核能等15个未来产业集群，专精特新“小巨人”企业累计达到1032家。实施先进制造业突破提升年行动，扎实推进11条标志性产业链建设，180个“雁阵形”产业集群和276家领军企业总规模分别达到9.2万亿元和3.3万亿元。深入实施数字产业化“十大工程”、产业数字化“八大行动”，累计培育国家级智能工厂35家、数量居全国第一，制造业数字化转型指数、国家级工业互联网平台总量均居全国首位，全年数字经济总量达到4.3万亿元、占GDP比重突破47%。发展壮大民营经济，修订《山东省中小企业促进条例》，出台支持民营经济高质量发展若干意见，全面激发民营经济活力，全省新增民营市场主体数量61.4万户、总量达1449.7万户。

★中国制造业单项冠军示范企业——景津装备股份有限公司。

（四）农业强省迈出新步伐。2月，省委召开农村工作会议，明确加快建设农业强省的目标任务和总体要求。5月，出台《关于做好2023年全面推进乡村振兴重点工作的实施意见》，从保障粮食和重要农产品稳定安全供给等10个方面提出39条措施。7月，央视财经频道《对话》栏目特别节目《打造乡村振兴齐鲁样板》播出。11月，召开全省学习运用“千万工程”经验推动乡村振兴齐鲁样板提档升级会议，加快推动乡村振兴齐鲁样板提档升级。安排省级以上乡村振兴战略资金763亿元，加快推进农业农村现代化。2023年，全省粮食和重要农产品生产能力不断提高，粮食播种面积、总产、单产实现“三增”，粮食总产达到1131.1亿斤，新建改造高标准农田444万亩，德州建成全国首个百万亩“吨半粮”示范区。特色产业不断壮大，累计获批国家级优势特色产业集群7个，国家现代农业产业园、农业产业强镇总数分别达到15个、100个，规模以上农产品加工企业率先突破1万家，获批农村产权流转交易规范化整省试点，以数字技术赋能的订单农业、休闲农业、创新农业等快速发展，电商平台、直播带货、短视频成为农民的“新农活”，“齐鲁农超”农产品交易平台正式上线运行。人居环境不断改善，农村供水水质提升行动启动实施，农村供水规模化率提升到90%，新改建“四好农村路”8406公里，农村危房改造1.2万户。

★临沂市沂南县马牧池乡常山庄村新貌。

（五）经略海洋深度拓展。深入实施海洋强省建设十大行动，59个省级涉海项目完成投资265亿元。2月，与自然资源部等签署共建“海洋十年”国际合作中心框架协议，标志着联合国“海洋十年”协作中心在中国正式落地。7月，出台《山东省世界级港口群建设三年行动方案（2023—2025年）》，加快建设安全便捷、智慧绿色、经济高效、支撑有力、融合开放的世界级港口群。9月，启动全国海洋科技大市场暨半岛科创技术转移（成果转化）服务平台建设。12月，批复设立山东长岛“蓝色粮仓”海洋经济开发区，这是全国首个海上经济开发区。2023年，全省海洋生产总值首次突破1.7万亿元、居全国第二位。其中，海洋渔业、海洋水产品加工业、海洋矿业、海洋盐业、海洋化工业、海洋电力业等六个海洋产业增加值位居全国第一。世界级港口群建设不断加快，沿海港口货物吞吐量、集装箱吞吐量实现19亿吨、4000万标箱“双突破”，我国首个全国产全自主自动化集装箱码头——山东港口青岛港自动化码头（三期）投产运营。海洋科技创新能力不断提升，山东省海洋国际标准创新中心、海洋负排放（ONCE）国际标准研究中心揭牌成立，我国首艘数字孪生科研船“海豚1”号首航，山东海洋人才高质量发展联盟成立。山东省现代化海洋牧场综合管理平台投入运行。海上风电新增并网规模连续两年居全国第一。海洋生态环境持续向好，全省近岸海域优良水质比例达95.6%，同比提升10.2个百分点。累计建成国家级美丽海湾4个，数量位居全国第一。

（六）黄河重大国家战略深入实施。2月，设立黄河流域发展产业投资基金，基金总规模100亿元。4月，召开黄河流域文旅合作发展大会，成立山东省沿黄文旅产业合作联盟。5月，颁布《山东省黄河三角洲生态保护条例》。7月，发布《关于加强黄河流域生态保护和高质量发展法治保障的若干措施》。9月，出台《山东省重点流域水生态环境保护规划》。10月，出台《山东省沿黄生态廊道保护建设规划（2023—2030年）》；支持泰安建设山东省黄河流域生态保护和高质量发展先行区，这是山东首个以黄河战略为主题的重大区域战略；举行黄河流域生态保护和高质量发展现场观摩，围绕落实黄河重大国家战略进行再部署、再推进。12月，携手河南印发《鲁豫毗邻地区合作发展实施方案》，出台30项深化鲁豫毗邻地区交流合作新举措。2023年，230个年度重点项目完成投资1100亿元，流域3000平方公里以上骨干河道重点河段防洪治理基本完成。与此同时，沿黄九省（区）协作全面加强，与京津冀、长三角、中原腹地融合发展持续深化。

（七）区域协同发展不断推进。全面优化“一群两心三圈”格局，省级国土空间规划和济南都市圈、青岛都市圈发展规划获批。济南、临沂两市开展对口合作。继青岛、济南之后，烟台GDP过万亿，山东新旧动能转换“三核引领”的带动作用更强。实施新一轮“突破菏泽、鲁西崛起”行动，出台《突破菏泽鲁西崛起三年行动计划（2023—2025年）》，加快菏泽、枣庄、德州、聊城、滨州五市跨越发展、高质量发展。同时，聚力推进新型城镇化建设。启动实施县域经济高质量发展三年行动，出台进一步加快县域经济高质量发展的意见、县域经济高质量发展三年行动方案、推进以县城为重要载体的城镇化建设若干措施等，在“重产业、强融合、保要素、促开放、建机制”等方面提出一系列举措。开展10个县城城镇化建设省级试点，选取100个小城镇进行试点培育提升。推动城市片区综合更新改造，开展城市更新十大工程，一体打造宜居、韧性、智慧城市。

（八）扩大内需战略积极实施。坚持把扩大内需作为做好经济工作的重要着力点，接续推出四批“稳中向好、进中提质”

政策清单、333项政策，出台《山东省扩大内需三年行动计划（2023—2025年）》，进一步增强经济发展内生动力和发展活力。加快基础设施互联互通方面，出台《山东省综合立体交通网规划纲要（2023—2035年）》，济郑、莱荣高铁通车，高铁运营里程达到2810公里、居全国第一位；济南至潍坊等5条高速公路建成，高速公路运营里程突破8400公里，济潍高速成为我国首条零碳智慧高速公路；启动国家省级水网先导区建设，加快建设现代化内河航运体系，小清河全线具备通航条件，京杭运河济宁以南段基本达到二级航道标准，内河货运量增长18.8%。持续恢复消费市场方面，加力实施“山东消费提振年”行动，推出商贸、文旅、住房“三个十条”政策，深化促消费十大行动，省市累计发放汽车、家电、餐饮等消费券88633万元；遴选第二批“好品山东”品牌105个，拓展至标志性重点产业链及服务业领域。2023年，全省社会消费品零售总额36141.8亿元、同比增长8.7%。

三、坚定不移深化改革，打造高水平对外开放新高地

坚持以改革破难题，以开放激活力，不断拓展高质量发展新空间，加快打造高水平对外开放新高地。2023年，谋划推出的102项年度改革任务全部取得阶段性成效，全省实现进出口总值3.26万亿元、比上年增长1.7%，连续入选全国营商环境最好省份。

（一）纵深推进重点领域改革。以提高核心竞争力和增强核心功能为重点，扎实实施国有企业改革深化提升行动，持续增强国有企业服务重大战略的功能作用。出台服务和融入全国统一大市场建设的若干措施，全省统一的土地市场交易服务平台——山东省土地市场网正式上线。出台深化开发区管理制度

改革推动开发区高质量发展的实施意见，优化开发区区域布局、功能定位，并首次将157个省级以上开发区纳入考核体系，全面推动“承诺制+标准地”改革。深化财金协同联动，出台加强科技财政金融协同服务企业创新发展的若干措施，新增减税降费及退税缓费超1700亿元。全力推动金融扩总量优结构，全省社会融资规模达21.6万亿元，同比增长12%。山东区域性股权市场“专精特新”专板正式开板，启动山东四板市场与全国性证券市场的合作对接。稳步推进区域金改试验区建设，济南市科创金融改革试验区累计发放“科创贷”97.9亿元、办理“科创贴”83.17亿元。

（二）扩大高水平对外开放。面对各种不利因素对外贸带来的冲击，研究出台稳外贸外资14条、鼓励外商投资设立研发中心的实施意见、促进内外贸一体化发展持续打造对外开放新高地的若干措施等，在全国首创稳外贸稳外资服务平台，实现全省在营外资企业全覆盖。成功举办跨国公司领导人青岛峰会、“中国+中亚五国”产业与投资合作论坛、国际青年交流大会、儒商大会、港澳山东周、世界友城论坛等活动。积极开拓东盟、非洲等“一带一路”共建国家市场，深入实施境外百展市场开拓计划，“新

★青岛空港综合保税区。

三样”产品出口增长47.3%。青岛空港综合保税区开关运行。建设上合示范区“丝路电商”综合服务基地，印发自贸试验区首批144项制度创新成果包，2项成果入选国务院第七批改革试点经验在全国复制推广。中欧班列开行2566列、增长24.7%，直达24个共建“一带一路”国家的56个城市。

（三）持续优化营商环境。实施深化营商环境创新提升行动，在全国率先开展政府机关运转、政企沟通交流、数字政府建设提速提效三大行动，纵深推动“高效办成一件事”落实落细。健全省领导与企业常态化沟通交流制度，开展规上企业大走访，打造“鲁力办”企业民生诉求督查落实平台，开通企业家直通省长公开号码96178，设立“亲清发改会客厅”。开展行政处罚决定和信用信息修复“两书同达”，信用修复数量提高40%。推进政务服务“跨域办”，162件事项实现“跨省通办”，314件事项实现“全省通办”。全领域推进“无证明之省”建设，实现常用电子证照在1300余个政务服务事项中的全面应用。“爱山东”4.0版本正式上线。出台《山东省数字政府建设实施方案》，依申请政务服务事项全程网办率超过80%。与国家知识产权局联合印发共建绿色低碳高质量发展知识产权强省实施方案，国家级知识产权保护中心达到8家，发明专利拥有量增长26.5%。

四、全面推进民主法治建设，推动高质量发展和高水平安全良性互动

积极践行全过程人民民主，支持人大、政协履行职能、开展工作，扎实做好统一战线和民族宗教工作，平安山东、法治山东建设成效明显，为全省高质量发展凝聚强大力量。

（一）支持人大、政协依法依规履行职能。支持人大及其常

委会依法行使立法、监督、决定、任免职权。省人大常委会坚持以高质量立法服务保障高质量发展，加强重点领域、新兴领域立法，制定食品安全条例、黄河三角洲生态保护条例、农村供水条例、生物多样性保护条例等地方性法规、决定5件，修改法规10件。出台常委会关于加强经济工作监督的决定，听取审议专项工作报告14项，开展执法检查6次。持续完善代表建议“大督办”工作机制，推动代表建议办理落实落地。支持人民政协履行政治协商、民主监督、参政议政职能，全省开展重要协商活动1200余次。围绕建设绿色低碳高质量发展先行区、推进现代农业强省建设主题，召开专题议政性常委会会议，谋良策、促发展。全力打造“有事多商量”协商平台、“界别同心汇”聚识平台、“学而系列”读书平台、“政协在线”数字平台、“鲁力同心”宣传平台，推动政协工作高质量发展。与此同时，制定加强新时代统一战线工作的实施意见，健全完善大统战工作格局。支持工会、残联等群团组织完成换届。召开省委常委会议军会议，加强国防动员和后备力量建设。

（二）全面推进依法治省。深入推进法治政府建设示范创建，法治政府、效能政府、数字政府、廉洁政府、服务型政府建设全面加强，政府透明度指数位居全国前列。加强改进新闻发布，创新建立省政府政策例行吹风会机制。出台进一步加强市县法治建设的实施意见，推进乡镇（街道）合法性审查全覆盖工作。扎实推进政府信息主动公开工作，汇集16市和33个省直部门主要负责同志2023年度本职工作和重点任务，形成公开承诺事项，接受社会监督。规范依申请公开办理流程，共受理政府信息公开申请53729件，同比增长35.61%。推动政府文件库建设，实现全省政府公开文件数据的统一检索。开展护航营商环境行动，健全府院联动机制，持续规范涉企行政执法。

（三）盯紧守牢安全底线。抓紧抓牢安全生产，聚焦矿山、消防、道路交通、燃气等21个重点领域，深入开展重大事故隐患排查整治和化工行业安全生产整治提升，开展城镇燃气安全专项整治，生产安全事故起数、死亡人数持续双下降，安全生产形势持续稳定。抓紧抓牢财政金融安全，坚持化解债务与发展经济一体推进，全省不良贷款率保持较低水平，央行评级高风险银行机构全部清零。全力打造全省地方金融监管数字底座，加强对大型企业流动性风险、地方金融机构、非法集资等领域动态监测。抓紧抓牢社会稳定，建立健全维护稳定责任制，坚持和发展新时代“枫桥经验”，“一站式”矛盾纠纷调解中心基本实现市县乡全覆盖。信访突出问题专项整治成效明显，社会治安防控体系全面加强。做好“保交楼、保民生、保稳定”工作，建立省市县三级包保责任制度，共完成23.3万套，交付率87.3%。

五、坚决扛起文化大省责任担当，全面促进文化事业繁荣发展

坚持把文化传承发展摆在重要位置，先后举办全省文化传承发展座谈会、学习贯彻习近平文化思想 深入推进文化“两创”座谈会，探索开辟中华优秀传统文化创造性转化、创新性发展新路径，推动中华优秀传统文化在齐鲁大地焕发新的时代光彩。

（一）大力倡树文明新风。出台《关于统筹推进美德山东和信用山东建设的意见》，在全省确定34个美德山东和信用山东建设试点县（市、区），各地因地制宜建设美德街区、美德公园、美德基地等生活场景。启动山东省新时代文明实践志愿服务信息平台，实名注册志愿者近2500万。深入推动典型培育选树及学习宣传，推出“齐鲁时代楷模”4人（群体）、“齐鲁最美人

物”155名、“山东好人”720人（组）、“山东好人之星”55人（组），30人入选“中国好人榜”。创新实施全环境立德树人，大力推动优秀传统文化进校园，在全国率先实现大中小学开设《中华优秀传统文化》课程；设立省教师优秀传统文化教育基地，70所学校入选全国中小学中华优秀传统文化传承学校；全省建成154个尼山书院，2.4万个乡村、社区儒学讲堂，探索出“图书馆+书院”“新时代文明实践站+儒学讲堂”等传承普及模式。大力实施红色基因传承工程，出台《山东省红色基因传承工程实施方案（2023—2027年）》。

（二）扎实推进文化“两创”。接续举办尼山世界文明论坛、世界互联网大会数字文明尼山对话、第四届中国国际文化旅游博览会、第二届中华传统工艺大会等重大活动。推动中华优秀传统文化“走出去”，维也纳联合国中文日系列活动、尼山世界古典文明论坛在维也纳举办。深化“山东文脉”工程，发布《齐鲁文库》典籍编、红色文献编、史志编首批成果170册。“全球汉籍合璧工程”从境外藏书机构发现1900多种中国大陆缺藏的珍稀汉籍，共复制回归1600余种。深化四大传统文化片区、四大红色文化片区建设。印发《黄河国家文化公园（山东段）建设保护规划》，构建“一廊一带四区多点”建设格局。20座名城、49座名镇、71个名村、60片历史文化街区保护规划编制全部完成，新一轮保护规划覆盖率达100%。跋山遗址、稷下学宫遗址等取得重大考古发现，赵家徐姚遗址入选“全国十大考古新发现”。

（三）文化事业繁荣发展。大力繁荣文艺创作，“齐鲁文艺高峰计划”确定首批重点项目98个。制定文化惠民清单，全省开展98项文化惠民项目，举办文化进万家、“四季村晚”、“群众演群众看”小戏小剧展演等活动，创新推出“黄河大集”“村村有好戏”等活动，举办“村BA”、和美乡村篮球赛、“村歌嘹亮”等“村”字号文体活动，让各地群众在烟火气中感受蓬勃发展的脉动。提高公共文化服务水平，举办第二届全民阅读大会、齐鲁书香节等活动，国家一级图书馆数量跃居全国第一，城乡书房达到810家，全省博物馆达到796家。

（四）文化产业动能加速转换。出台促进文旅深度融合推动旅游业高质量发展的意见，实施文旅提质赋能计划，举办山东省旅游发展大会、中国文旅企业合作发展大会等活动。以国家文化公园（山东段）建设为引领，打造沿黄河、大运河、齐长城、黄渤海四大文化体验廊道和沿胶济铁路文化体验线，推出首批130个重点村和200个重点项目。谋划构建“快进慢游”旅游交通体系，新入选国家级夜间文旅消费集聚区4家、国家级旅游度假区创建名单2家。开展“黄河大集”系列活动，省市县三级同频共振，举办线上活动、线下市集4万余场。“好客山东 好品山东”推介会在奥地利维也纳、香港、北京举行。实施文化创意赋能山东手造行动计划，全省已建成1处省级手造展示体验中心、21处市级手造展示体验中心和640处手造展销专区。出台数字文化产

★位于古运河西畔的山陕会馆。

业发展政策清单，创新开展“数字文化”工程，建设数字文化发展平台，山东文化数据库启动建设。

六、扎实推动民生改善和共同富裕，持续增进民生福祉

坚定践行以人民为中心的发展思想，持续办好20项重点民生实事，加快补齐民生短板，兜住兜牢兜准民生底线，持续增进民生福祉，全省财政民生支出占比达79.3%，居民人均可支配收入增长6.2%。

（一）全力稳就业促增收。推出优化调整稳就业10条政策措施，率先推出稳岗扩岗专项贷款政策，着力保障高校毕业生、农民工、退役军人等重点群体就业，全年新增城镇就业124.5万人、城乡公益性岗位61.9万个。深入实施十万就业见习岗位募集计划，创新开展“百日千万招聘专项行动”，开展“直播带岗”，打造“就选山东”招聘品牌。接续开展农民工就业创业支持行动、春暖农民工服务行动、农民工市民化质量提升行动等系列活动，创新推出“创业提振贷”，构建“1+N”农村劳动力集成改革推进矩阵和制度体系，发布山东省2023年“为农民工办实事”项目清单。深入开展“社区微业”行动，健全社区就业促进体系，增强社区吸纳就业能力。

（二）加快提升教育质量。新建改扩建中小学245所、幼儿园367所，53.6万新增小学适龄儿童“应入尽入”。加快全国乡村教育振兴先行区建设，深入实施基础教育提质行动，省市县三级累计投入16亿元以上，扶持强镇筑基行动试点乡镇816个。康复大学、空天信息大学筹建顺利，省域现代职业教育体系建设新模式试点全面启动。开展国家基础教育教师队伍建设改革试点。

★着力培养拥有“四个自信”的时代新人。

（三）深化健康山东建设。落实新冠病毒感染“乙类乙管”防控措施。加快推进国家中医药综合改革示范区建设，高质量通过国家医养结合示范省评估验收，医养结合机构数量、长期护理保险参保人数全国第一。创新开展省级集中带量采购，肿瘤靶向药、高血压糖尿病用药等511种药品集采平均降价50%以上。加快推进基本养老服务体系建设，街道（乡镇）综合养老服务中心实现全覆盖，新增护理型床位3.3万张、家庭养老床位2.4万张。新增婴幼儿托位4.74万个。杭州亚运会山东体育健儿再创佳绩，举办各类体育赛事5万多场，群众体育蓬勃发展。

（四）完善社会保障体系。延续阶段性降低失业保险、工伤保险费率政策至2024年底。山东省社会保险公共服务平台上线运行。省市县全部建立未成年人保护工作协调机制，16个市、136个县（市、区）全部设立未成年人救助保护机构。筹集保障性租赁住房8.4万多套，棚户区改造基本建成18.3万套，开工改造城镇老旧小区72.5万户，新建商品房网签面积位居全国前列。实施“青年优居计划”，解决青年过渡住房、租房和购房问题。

七、聚力推进生态文明建设，推动经济社会发展全面绿色转型

坚持把绿色低碳转型作为重要抓手，深入落实“双碳”战略，大力优化能源结构，加强重点领域生态保护修复，协同推进降碳减污扩绿增长，美丽山东建设取得新成效。

（一）坚决落实“双碳”战略。实施生态环保产业高质量发展“311”工程三年行动，新培育国家级绿色工厂98家、绿色工业园区12家，全面启动省级绿色制造标杆建设。严格实施“两高”项目碳排放减量替代，在全国率先推动水泥、焦化两个行业同时开展全流程超低排放改造。扎实推进煤电转型升级，实施大型煤电机组“三改联动”1774.5万千瓦。加快推进五大清洁能源基地建设，渤中、半岛南海上风电等一批项目建成投运。全球首座第四代核电站投入商运。全省新能源和可再生能源装机容量突破9700万千瓦，光伏发电、新型储能并网装机规模居全国首位。完成全国碳市场第二个履约周期的履约任务，参与碳排放配额交易企业数量和交易额均为全国第一。获批筹建国家碳计量中心。出台碳金融发展三年行动方案、城乡建设领域碳达峰实施方案，面向个人、家庭和小微企业开展碳普惠体系建设，开展近零碳城市、近零碳园区、近零碳社区示范创建，开展重点工业产品碳足迹评价工作。

（二）深入推进污染防治。持续打好蓝天、碧水、净土三大保卫战。出台《山东省贯彻落实〈关于推动职能部门做好生态环境保护工作的意见〉的若干措施》，构建完善齐抓共管的大环保格局。出台《山东省黄河生态保护治理攻坚战行动计划》，经过治理攻坚，887个入河排污口全面查清，溯源审核通过率97%。全省PM2.5浓度连续第三年达到“30+”水平，优于国家

下达的年度目标10%以上。加强地下水管理，在全省范围实行最严格的地下水资源管理制度。国控地表水考核断面优良水体比例84.3%、超年度目标15.7个百分点，黄河流域、南四湖东平湖流域优良水体比例均达100%，五类及以下水体动态清零。出台《山东省生活垃圾分类三年行动计划（2023—2025）》，建立健全生活垃圾分类法规制度体系和长效管理机制。出台“声十条”系统防治噪声污染。

（三）统筹生态系统保护修复。出台黄河三角洲生态保护条例、沿黄生态廊道保护建设等规划，统筹开展黄河流域山水林田湖草沙系统治理，沿黄九市完成造林20.3万亩，黄河流域生态环境质量持续改善。泰山、沂蒙山等重点区域生态系统质量和稳定性不断提升，沂蒙山区域治理水土流失2.8万公顷。健全湿地保护管理体系，提高湿地生态服务功能。出台山东省生物多样性保护条例、进一步加强生物多样性保护的实施意见等，加强典型生态系统的保护。出台生态保护红线生态环境监督办法，在16个县域开展生态红线监管试点，实施省级自然保护地生态保护成效评估。完善生态质量监测网络，开展生态质量指数（EQI）监测

★青岛灵山湾。

评估试点。全省新建成国家级生态文明建设示范区7个、累计32个，“绿水青山就是金山银山”实践创新基地2个、累计11个，总数居全国第一方阵。

八、坚持严的基调不动摇，纵深推进全面从严治党

深入贯彻习近平总书记关于党的建设的重要思想，落实健全全面从严治党体系要求，持续涵养风清气正的政治生态，干事创业氛围愈发浓厚，为新时代社会主义现代化强省建设提供坚强保障。

（一）扛牢管党治党政治责任。省委常委会、省委党的建设工作领导小组定期研究全面从严治党工作，推进“四责协同”压实管党治党责任。召开省委常委会会议听取省几大班子党组、省纪委监委和省委常委履行全面从严治党责任情况汇报，对各市党委书记和省有关党（工）委书记履行全面从严治党责任情况进行述职评议。严格落实意识形态工作责任制，组织对65个地方单位开展专项检查。加强“强信心”正面宣传，完善例行新闻发布制度，妥善处置涉鲁敏感舆情。强化各类阵地管理，牢牢掌握意识形态工作领导权。

（二）持之以恒强化理论武装。深入实施习近平新时代中国特色社会主义思想教育培训工程，开设专题研修班、市厅级领导干部进修班等重点班次36期，指导各级完成县处级以上干部党的二十大精神全覆盖培训任务。持续深化理想信念宗旨教育工程，常态化举办沂蒙精神与党的群众路线专题研修班和市厅级、县处级领导干部政德教育专题培训，推动沂蒙、济宁政德教育、烟台、威海干部学院规范化特色化内涵式发展，举办各类班次500余个，培训党员、干部3万余人次。抓实基层党员教育培训，举办培训班3.5万期、培训党员722万人次。

（三）着力锻造高素质干部队伍。加强换届后领导班子和干部队伍梯队建设，完善省管领导班子和省管干部日常管理预警处置机制。举办48期系列培训、5期山东干部讲堂、2期县（市、区）党政正职推动高质量发展培训班等，培训干部1万余人次。实施年轻干部历练提升计划，选派100名年轻干部到省级重点项目一线、省级重点工作专班实践历练。通过“四进”攻坚、挂职交流等方式，让干部在急难险重任务一线经风雨、长才干。出台激励干部建功立业、关心关爱干部的意见措施，为1112名干部容错纠错，为2705名党员干部和96个党组织澄清正名。制定干部能上能下的实施细则，细化28种“下”的具体情形。组织开展全省“最美公务员”和“担当作为好书记”“干事创业好班子”评选表彰。优化完善高质量发展绩效考核方案，健全每月动态、季度监测、半年评估、定期会商等平时考核机制。

（四）全面加强基层党组织建设。深入实施“党建引领 齐鲁前行”行动。在乡村，深入开展村级党组织分类推进整体提升三年行动，探索村党组织“跨村联建”，持续加强村党组织带头人队伍优化提升，在全省选派2.8万余名第一书记和工作队员开展帮扶，全力推进抓党建促乡村振兴。在城市，持续推进以基层党建引领基层治理，全面推进社区“幸福家园”建设，深化提升“齐鲁红色物业”建设质效、住宅小区业委会成立率达80%，做实网格小区党建，设立网格党组织4.4万个，4288个党群服务中心完成规范提升。在新兴领域，谋划实施党建引领新业态新就业群体“12345齐鲁行动”、两新组织党建“百千万”示范点升级引领、开发区党建强基、“红链赋能”、行业党建规范提升5项行动，出台《关于加强新兴领域青年工作的若干措施》，指导各级成立产业链党组织561个、覆盖企业1.6万余家。统筹推进机关、企事业单位等其他领域党建工作，加强党支部标准化规范化建设，深化党员教育体系建设，制定和落实组织引导党员在网络空间发挥先锋模范作用的工作措施，召开全省加强流动党员管理工作现场推进会，开发流动党员管理系统，将14.6万名流动党员纳入党组织有效管理。

（五）坚持不懈正风肃纪反腐。1月，省纪委十二届二次全体会议召开，要求认真落实健全全面从严治党体系任务要求，坚持内容全涵盖、对象全覆盖、责任全链条、制度全贯通。持续加固廉洁从政堤坝，把7月确定为党风廉政警示教育月，召开全省党风廉政警示教育大会，风清气正的政治生态更加巩固。2023年，查处违反政治纪律案件243件、处分522人；查处违反中央八项规定精神问题7000个、处分7691人；全省纪检监察机关立案31623件、处分34077人；查处民生领域腐败和作风问题6623个，党纪政务处分5996人。以黄河流域生态保护和高质量发展专项监督为牵引，深入开展护航优化营商环境专项行动，出台《政商交往负面清单》和《清廉民企建设指导清单》，划出政商交往底线，进一步优化营商环境，推动党政干部和企业家双向建立亲清统一的新型政商关系。启动基层小微权力“监督一点通”平台试点建设，探索“码上监督”“码上举报”，建立省市县乡四级远程视频接访系统，让数据多跑路、让群众少跑腿，把问题解决在基层。

海岱日新征程阔，拼搏实干勇向前。新的一年，全省上下坚定扛牢“走在前、挑大梁”的使命担当，锐意进取、积极作为，改革创新、攻坚克难，在进一步全面深化改革上当好排头兵，奋力谱写中国式现代化山东篇章。

大事记

（2023）

1月

1月2日 省生态环境厅、省发展改革委印发《山东省碳普惠体系建设工作方案》，聚焦管理制度体系建设、技术支撑体系建设、项目开发体系建设以及碳减排量消纳体系建设四大关键环节，部署11项重点任务。

1月3日 上合跨境人民币服务中心在位于胶州的中国—上海合作组织地方经贸合作综合服务平台企业服务中心揭牌成立，并完成首笔人民币跨境结算。

1月5日 省工业和信息化厅等部门印发《推动鲁锦产业振兴发展的若干措施》，从强化创意设计、改进制造能力、优化供给质量、积极开拓市场、注重传承保护、完善保障体系6个方面提出20条措施，培育鲁锦整体品牌，推动产业重塑优势。

1月5日至6日 2022全国机械工业经济形势报告会暨德州市高端装备产业推介会在德州举办。德州市政府与中国机械工业联合会签署战略合作协议，32个项目签约，总投资252亿元。

1月6日 省委常委会召开会议，讨论省“两会”有关文件，听取省人大常委会、省政府、省政协党组，省纪委监委，省法院、省检察院党组，省委省直机关工委、省委教育工委、省国资委党委2022年度工作情况汇报，听取省委常委同志和省人大常委会、省政府、省政协、省法院、省检察院党组书记履行全面从严治党责任情况汇报。

1月7日 省生态环境厅、省发展改革委、省财政厅等部门印发《关于推动开展山东省大型活动碳中和工作的指导意见》，提出在特定时间和场所内开展的较大规模聚集活动，根据活动规模，本着因地制宜、分类实施的原则实施碳中和。

1月9日 省委常委会召开会议，审议《山东省数字政府建设实施方案》《关于加强基础学科人才培养的实施意见》《关于让文物活起来扩大中华文化国际影响力行动计划（2023—2025年）》《山东省贯彻落实〈关于加强排污许可执法监管的指导意见〉的若干措施》《关于强化反垄断深入推进公平竞争政策实施的若干措施》《中国（山东）自由贸易试验区深化改革创新方案》等文件。

国家广电总局发布《2022年优秀国产纪录片集锦》，由中共山东省委宣传部指导，山东广播电视台、中共东营市委宣传部联合出品的纪录片《大河之洲》入选。

1月9日至10日 二十届中央纪委二次全会在北京召开。中共中央总书记、国家主席、中央军委主席习近平出席全会并发表重要讲话。16日，省委常委会召开会议，传达学习习近平总书记在二十届中央纪委二次全会上的重要讲话，研究贯彻落实意见，听取关于十二届省纪委二次全会工作报告有关情况的汇报，研究审议有关工作事项。

1月10日 省十三届人大常委会第四十一次会议在济南召开，决定任命周立伟为山东省副省长，审议通过省十三届人大常委会代表资格审查委员会关于省十四届人大代表的代表资格审查报告、省人大常委会工作报告稿、省十四届人大一次会议议程草案、省政府关于提请审议山东省与俄罗斯联邦莫斯科州建立友好省州关系的议案等。

1月11日 省委十二届三次全体会议在济南召开。全会深入学习贯彻习近平新时代中国特色社会主义思想和党的二十大精神，传达中央批复的省级领导班子换届人事安排方案，听取关于山东省出席第十四届全国人民代表大会代表候选人和省人大常委会组成人员、省政府领导成员、省政协常委会组成人员、省监察委员会主任、省法检“两长”换届人事安排有关情况的说明。

山东省通报第二轮中央生态环境保护督察移交问题追责问责情况。2021年8月26日至9月26日，中央第二生态环境保护督察组对山东省开展第二轮中央生态环境保护督察，并于12月14日向山东省反馈督察情况，同时移交5个生态环境损害责任追究问题。根据查明事实，依据相关规定和干部管理权限，共追责问责18个党组织、82名责任人；给予党纪政务处分25人，诫勉谈话31人，通报等其他处理26人。

“齐鲁时代楷模”发布仪式举行。省委宣传部授予山东省地矿局第六地质大队“齐鲁时代楷模”称号。本年，被授予“齐鲁时代楷模”称号的还有：高唐县农业农村局四级调研员、高级农艺师、农业技术咨询热线办公室主任杜立芝，国家高速列车青岛技术创新中心主任梁建英，华能国际电力股份有限公司德州电厂焊工班班长程平。

1月12日　文物考古人员在淄博市临淄区赵家徐姚村西发现一处距今约1.32万年的旧、新石器时代过渡阶段人类遗址，填补了山东地区万年史前考古学文化序列的一段空白，为认识中国北方尤其是山东地区旧石器时代向新石器时代过渡这一重大历史变革提供关键证据。3月28日，该遗址入选2022年度全国十大考古新发现。

1月12日至17日　省政协十三届一次会议在济南召开。会议选举葛慧君为省政协主席，王书坚、林峰海、孙继业、王修林、程林、刘均刚、段青英、张新文等为省政协副主席；表决通过政协第十三届山东省委员会第一次会议关于常务委员会工作报告的决议、关于常务委员会提案工作报告的决议等。

1月13日至18日 省十四届人大一次会议在济南召开。周乃翔代表省政府向大会作政府工作报告。报告总结过去五年和2022年工作，提出此后五年是新时代社会主义现代化强省建设继往开来、跨越提升的关键时期，要锚定“走在前、开新局”，按照省第十二次党代会部署，落实“六个一”发展思路、“六个更加注重”策略方法、“十二个着力”重点任务，以建设绿色低碳高质量发展先行区为总抓手，推进中国式现代化“山东实践”，努力在服务和融入新发展格局上走在前、在增强经济社会发展创新力上走在前、在推动黄河流域生态保护和高质量发展上走在前，不断改善人民生活、促进共同富裕，开创新时代社会主义现代化强省建设新局面。会议选举林武为省十四届人大常委会主任，杨东奇、孙立成、王随莲、王良、范华平、王艺华为副主任。选举周乃翔为山东省人民政府省长，曾赞荣、范波、宋军继、周立伟、陈平、李伟、邓云锋、王桂英为副省长。选举夏红民为山东省监察委员会主任，霍敏为山东省高级人民法院院长，顾雪飞为山东省人民检察院检察长。大会表决通过省十四届人大一次会议关于政府工作报告的决议等。

1月15日 省政府办公厅印发《关于推进以县城为重要载体的城镇化建设若干措施》，提出激发产业发展活力、完善市政设施体系、提升公共服务质量、提升城乡人居环境质量、强化体制机制保障5个方面的重点任务。

省人力资源社会保障厅等部门印发《关于实施“创业齐鲁十大推进行动”的通知》，提出实施创业环境优化行动、重点群体培育行动、创业政策扶持行动、重点企业领创行动等十大举措。

齐鲁二号、三号卫星搭载长征二号丁运载火箭在太原卫星发射中心顺利升空，并成功进入预定轨道，与2021年4月27日发射的齐鲁一号卫星在太空“握手”，标志着山东初步建成自主可控的遥感卫星基础设施。同时，“烟台一号”“日照三号”卫星搭载长征二号丁运载火箭发射升空，成功进入预定轨道。

1月16日 省生态环境厅等部门印发《山东省黄河生态保护治理攻坚战行动计划》，明确以黄河干流、主要支流（大汶河）及重要湖库（东平湖）等国家攻坚区域为核心，以济南、淄博、东营、济宁、泰安、德州、聊城、滨州、菏泽等黄河沿线九市辖区范围为重点，覆盖全省16市，共同抓好大保护，协同推进大治理。

1月17日 省交通运输厅、省邮政管理局、省财政厅印发《关于开展农村客货邮融合发展样板县建设的通知》，部署推进第三批客货邮融合发展示范项目建设，提出在全省新打造10个农村客货邮融合发展样板县。该项工作已连续开展3年，累计创建省级样板县24个。

省商务厅、省发展改革委、省财政厅印发《支持商贸流通行业促进居民消费的政策措施》，聚焦促进汽车消费、网络消费、新业态新模式消费、餐饮消费、农村消费等方面推出10条政策措施，推动消费全面复苏。18日，省文化和旅游厅、省发展改革委印发《大力提振文化和旅游消费的政策措施》，围绕提振文旅消费信心、提升文旅产品供给、帮扶文旅市场主体3个方面推出10条政策措施，全力推动文旅消费市场复苏。

1月19日 省纪委十二届二次全体会议在济南召开，要求认真落实健全全面从严治党体系任务要求，深入推进新时代党的建设新的伟大工程，坚持内容全涵盖、对象全覆盖、责任全链条、制度全贯通。

省政府下达2023年省重大项目名单，共602个，包括525个实施类项目和77个准备类项目，总投资2.5万亿元。2月2日，省发展改革委印发2023年省重点项目名单，共1400个，总投资1.09万亿元，年度计划投资3446亿元。

省政府印发《中国（山东）自由贸易试验区深化改革创新方案》，推出25项措施对山东自贸试验区深化改革和扩大开放进行深度谋划和部署，并对山东自贸试验区3个片区进行功能划分，标志着山东自贸试验区建设发展进入2.0时代。

省政府办公厅印发《山东省建设绿色低碳高质量发展先行区2023年重点工作任务》，从实施创新驱动发展战略、深化新旧动能转换、着力扩大内需、推进降碳减污扩绿增长等12个方面，细化实化116条年度发展目标和具体任务。

山东省社会信用体系建设领导小组办公室公布第三批社会信用体系建设典型城市名单，25个市、县（市、区）入选。

1月26日 国际学术期刊《自然》在线发表山东农业大学段巧红教授团队的研究成果。该研究打破了阻碍十字花科蔬菜远缘杂交的生殖隔离，为突破性种质的创制和新品种培育奠定基础。

1月28日 春节后上班第一天，省委理论学习中心组进行集体学习，围绕深入学习贯彻习近平总书记关于推动高质量发展的重要论述和党的二十大、中央经济工作会议精神，联系思想和工作实际进行交流讨论，凝心聚力、奋勇拼搏，深化新旧动能转换，推动绿色低碳高质量发展，奋力开创新时代社会主义现代化强省建设新局面。

1月30日 嘉祥县公安局交警大队被评为“全国公安交警系统党建带队建示范单位”，是全省交警系统唯一获此殊荣的县级公安机关交警大队。

1月 省文化和旅游厅发布《山东省革命文物保护利用“十条”（试行）》，包括应保尽保、科学保护，合理划定保护范围，依法报批，革命文物类保护单位尽可能原址保护等内容，进一步强化革命文物保护利用刚性要求，全面提升革命文物保护利用水平。

2月

2月1日 省委、省政府在济南召开全省加力提速工业经济高质量发展大会。会议指出，推动全省工业经济发展总的要求是：深入学习贯彻习近平总书记关于工业经济发展的重要论述和对山东工作的重要指示要求，把推动高质量发展作为首要任务，将工业经济摆在更加突出位置，在发展要求上完整准确全面贯彻新发展理念，在发展方向上突出高端化、智能化、绿色化、集群化，在发展动力上持续深化新旧动能转换，深入实施先进制造业强省行动计划，加力提速工业经济高质量发展。会议强调，构建现代化产业体系，推动高质量发展，工业是龙头、是脊梁。必须聚力提质增效，加快建设制造强省、数字强省，培育工业经济发展新动能新优势。

★全省加力提速工业经济高质量发展大会会场。

省市场监管局在全省部署开展“放心消费在山东”深化提升十大行动，通过线上线下一齐发力，推进放心消费创建扩面提质增效，推动恢复和扩大消费，打造“放心消费在山东”品牌。

2月1日至4日 全国政协副主席、农工党中央主席何维率全国政协人口资源环境委员会“海水淡化规模化利用”专题调研组在山东开展调研。

2月2日 山东省军分区、警备区党委第一书记述职会议在济南召开。会上宣读了表彰2022年度“党管武装好书记”的通报，并为受表彰代表颁奖。

省委农村工作会议在济南召开。会议强调，要以加快建设农业强省为目标，坚持和加强党对“三农”工作的全面领导，坚持农业农村优先发展，坚持促进共同富裕，全力保障粮食和重要农产品稳定安全供给，统筹推进乡村发展、乡村建设、乡村治理，推动打造乡村振兴齐鲁样板取得新成效，为建设新时代社会主义现代化强省夯实基础。

由省人力资源社会保障厅、淄博市政府、中国银行山东省分行等联合主办的2023年春风行动山东省现场推进活动暨稳岗扩岗专项贷款签约启动仪式在淄博举行。活动组织268家企业进场揽才，提供岗位需求8512个，吸引各类求职者2.6万余人到场，现场达成就业意向9600余人。

2月3日 省委常委会召开会议，传达学习习近平总书记在中共中央政治局第二次集体学习时的重要讲话精神、向拉美和加勒比国家共同体第七届峰会作的视频致辞，审议《关于促进经济加快恢复发展的若干政策措施暨2023年“稳中向好、进中提质”政策清单（第二批）》《2022审计年度“稳中求进”高质量发展政策落实审计调查工作情况》《2022审计年度党委政府主要领导干部自然资源资产离任（任中）审计工作情况》《关于建设文化体验廊道推动文旅融合高质量发展的实施计划（2023—2025年）》等。

省工业和信息化厅印发《山东省先进制造业集群培育认定办法（暂行）》，提出每年认定一次省级先进制造业集群，每3年复核一次，通过构建集群梯次培育发展体系，打造一批具有较强竞争力的先进制造业集群。

2月4日 由商务部、山东省政府共同主办的全国迎春消费季——2023“老字号嘉年华”暨“惠享山东消费年”启动仪式在青岛举行。作为“山东消费提振年”行动的重要组成部分，“惠享山东消费年”活动按照“1+4+N”架构举办春、夏、秋、冬四季主题活动，围绕汽车、家电、建材家居、老字号、名优商品、油品、餐饮美食、特色商业街、农村市场、线上消费等领域开展十大专项行动，激发消费热情。

省政府印发《2023年“稳中向好、进中提质”政策清单（第二批）》。本年，山东共推出4批“稳中向好、进中提质”政策清单，包含333项政策。

省政府印发《关于做好第五次全国经济普查的通知》。普查标准时点为2023年12月31日，普查时期资料为2023年年度资料。

山东未来畜禽种业国家现代农业产业园项目奠基仪式在济南市钢城区举行。该产业园由省农科院和钢城区委、区政府共同打造，总投资约21亿元，构建“种质资源+集成创新+中试研发+产业培育”的畜禽种业全产业链生态圈。

2月5日 省政府办公厅印发《山东省入河入海排污口监督管理工作方案》《山东省新污染物治理工作方案》。

山东省文旅虚拟现实科技融合发展中心揭牌仪式在潍坊举行。中心依托歌尔的技术资源和产品优势，搭建潍坊及全省文旅元宇宙创新研发平台，配置专业团队开展元宇宙技术创新和新产品研发应用。

2月7日 山东省“情系职工·春风送岗”系列就业服务活动在青岛启动。就业服务活动积极助力返岗复工，举办线上线下系列招聘会，在“齐鲁工惠”就业服务平台和“人才在线”招聘平台同步设置新就业形态、大学毕业生等群体线上招聘专区，时间持续到3月31日。

2月8日 全国最大的锂电池30万吨电解液项目在东营市垦利区建成投产。

山东省港口集团港产城融合发展（烟台）建成项目投产暨新项目开工仪式举行，建成投产、续建以及新开工项目共58项，总投资433亿元。

临沂市启动“百村示范、千村整治”工程，建设宜居宜业和美乡村。“百千工程”以行政村为主体单位，分3个周期对全市长期保留村进行整治提升。

2月10日 省政府印发《突破菏泽鲁西崛起三年行动计划（2023—2025年）》，提出加快推动创新驱动发展、深入实施黄河重大国家战略、纵深推进新旧动能转换等8个方面31项主要任务，加快菏泽、枣庄、德州、聊城、滨州等五市跨越发展、高质量发展。

省国家文化公园建设工作领导小组会议暨文化体验廊道建设启动会议在济南召开。聚焦加快建设绿色低碳高质量发展先行区，山东启动沿黄河、沿大运河、沿齐长城、沿黄渤海、沿胶济铁路线“四廊一线”文化体验廊道和“十大展示带”建设。

中国保护黄河基金会山东代表处在济南揭牌成立。中国保护黄河基金会是经国务院批准成立的中国水利行业首个全国性公募基金会。

2月11日 海洋国际标准化创新论坛在青岛以线上方式举行。山东省海洋国际标准创新中心、海洋负排放（ONCE）国际标准研究中心同时揭牌成立。

2月11日至4月12日 第二届淄博城市戏剧节暨中国淄博第五届五音戏艺术节举办，共举行60多场戏剧演出，五音戏艺术传承保护中心开展“五进”文化惠民展演30多场，5场大型戏剧演出直播线上观看人数近200万人次。

2月13日 省委常委会召开会议，传达学习习近平总书记在新进中央委员会的委员、候补委员和省部级主要领导干部学习贯彻习近平新时代中国特色社会主义思想和党的二十大精神研讨班开班式上的重要讲话，研究贯彻落实意见。会议审议了《第九届尼山世界文明论坛筹办工作方案》《省委2023年政党协商计划》。

省卫生健康委发布《山东省互联网诊疗管理实施办法》，明确了山东省互联网诊疗的资质准入，对医疗机构、人员、业务、质量安全等方面的监管提出明确要求。

东营市首列中亚班列到达利津县鲁北铁路物流园。班列装载3000余吨蒙古国进口原煤，从蒙古国乔伊尔站出发，在二连浩特口岸通关后到达利津。

2月14日 山东省举行高质量发展重大项目建设现场推进会，1000余个重大项目集中开工，年度计划投资4006亿元。

海阳至乳山核能供暖项目开工建设，这是国内首个跨区域核能供暖项目。

全国首例量子远程手术在威海、青岛两地顺利实施。本次手术所用的“妙手”机器人，是由威海威高集团自主研发的国产手术机器人，最远可以实现3000公里外的远程手术，兼容5G和各种专线网络，已在胸外科、泌尿外科和胃肠外科等领域投入临床使用。

2月15日　“海洋十年”国际合作中心共建协议签署暨揭牌仪式在青岛西海岸新区举行。自然资源部、山东省政府、青岛市政府签署共建“海洋十年”国际合作中心框架协议，“海洋十年”国际合作中心揭牌，“海洋十年”海洋与气候协作中心同时启用，标志着联合国“海洋十年”协作中心在中国正式落地，步入实质化运行阶段。

全省农村土地承包经营权不动产证书首发仪式在高密举行。潍坊是自然资源部确定的全国农村土地承包经营权登记成果资料接收工作联系点，至此已全面完成农村土地承包经营权登记成果资料的移交和接收，成功实现不动产登记与土地承包合同管理的有序衔接。

2月16日　由省文明办打造的集宣传教育、志愿服务、智慧管理、指挥调度于一体的综合信息服务平台——山东省新时代文明实践志愿服务信息平台正式启动。平台自2022年10月启动试运行，至此已注册志愿者2100余万人、志愿服务组织20余万个，记录志愿服务项目（活动）200余万个。

淄博市签出全国第一张全电子证照办理的结婚证。

我国一次性建设规模最大的原油商业储备库项目——东营原油商业储备库项目投油成功，进入试生产和商业运营阶段。该项目占地超120万平方米，共建设50座10万立方米原油储罐及配套设施，库容500万立方米，可储存原油约425万吨。

山东省创新驱动发展大会第一期智库论坛——磁悬浮海工装备发展论坛在潍坊举行。

2月16日至17日　首届“中国+中亚五国”产业与投资合作论坛在青岛举行。国家主席习近平向论坛致贺信。中共中央政治局委员、国家发展改革委主任何立峰以视频连线方式出席，宣读习近平主席贺信并致辞。论坛由国家发展改革委、山东省政府共同主办，青岛市政府和山东省发展改革委承办，主题为“互利共赢，携手推进区域经济高质量发展”，组织开幕式、成果发布、政策推介、参观调研等活动，中国与中亚五国相关政府部门、研究机构、专家、协会和企业等代表参会。

2月17日 第六届中国青年志愿服务项目大赛暨志愿服务交流会在济南举行，主题为“学习二十大，永远跟党走，奋进新征程”。

2月18日 潍柴发布全球首款大功率金属支撑商业化SOFC（Solid Oxide Fuel Cell，固体氧化物燃料电池）产品。该产品热电联产效率达到92.55%，创下了大功率SOFC热电联产系统效率全球最高纪录。

2月18日至19日 大运河国家文化公园（德州）论坛在德州举行，主题为“原真古貌·创新传承”。论坛期间举办运河沿线城市手造展。

2月19日 山东（青岛）万人劳务基地建设暨东西劳务协作八市联盟洽谈会在青岛举行，甘肃省定西市人社部门与山东省济南、青岛、淄博、东营、烟台、潍坊、日照七市人社部门签订《劳务输转协作城市联盟框架协议》，山东（青岛）万人劳务基地、定西市驻青岛劳务工作站揭牌。

2月21日 中国—上海合作组织地方经贸合作示范区产学研合作洽谈会在北京举行。国家发展改革委国际合作中心战略合作项目、柬埔寨国家航空合作项目、上合国际枢纽港数字孪生港项目、土库曼斯坦国家运输和物流中心战略合作项目、俄罗斯铝业集团合作项目等12个项目签约落户上合示范区。

省政府新闻办召开新闻发布会，介绍中国（山东）自由贸易试验区深化改革创新情况。山东自贸试验区获批三年来，《中国

（山东）自由贸易试验区总体方案》112项试点任务全部实施，累计形成304项制度创新成果，其中144项在全省复制推广，40项获国家部委认可并推广，5项被国务院自贸试验区部际联席会议推广，1项入选全国“最佳实践案例”。

黄河流域发展产业投资基金在济南新旧动能转换起步区注册落地，基金总规模100亿元，首期出资10亿元，其中省级新旧动能转换引导基金出资2亿元。

中国华侨国际文化交流基地、山东省华侨国际文化交流基地在济宁揭牌。

2月23日 省委书记林武在济南调研地方金融机构，出席促进经济金融高质量发展座谈会并讲话。会议指出，要深入学习贯彻习近平总书记关于金融工作特别是防范化解金融风险的重要论述，锚定“走在前、开新局”，有效防范化解各类风险，推动金融业高质量发展，更好服务实体经济，不断提高对全省经济的贡献率。地方金融机构要拿出有效措施，为全省绿色低碳高质量发展提供更加有力的金融支持，在经济社会高质量发展中夯实金融稳定基础。

由山东电子学会、山东省信息产业协会主办的首届山东省信息技术产业发展大会在济南召开。会上，由山东电子学会发起的“沿黄九省数字赋能黄河流域生态保护和高质量发展产学研联合体”揭牌成立。24日，“数字赋能沿黄行”活动在济南启动。

全省“万人下乡·稳粮保供”农技服务大行动暨2023年“春管春耕春种专项行动”在邹平启动，动员组织全省1.8万名农业技术推广人员深入一线，全面强化技术支撑，全程提供技术服务。

青岛市人工智能产业园正式开园。青岛人工智能计算中心同步上线，成为山东首个上线运行的人工智能计算中心。

2月23日至24日 鲁港科技创新合作大会暨第二十届中国（淄博）新材料技术论坛在淄博举行，主题为“新材料新产业新合作新未来”，涵盖鲁港科技创新合作大会、第二十届中国（淄博）新材料技术论坛、“双百工程”院士专家淄博行、港澳高校淄博行等系列活动，30个项目现场签约。

2月24日 省委常委会召开会议，审议了省委全面深化改革委员会2022年工作总结和2023年工作要点、《关于促进内外贸一体化发展持续打造对外开放新高地的若干措施》等文件。

滨州市文化体验廊道重点项目开工建设。开工项目共63个，总投资238.06亿元。

2月24日至26日 2023中国（日照）海洋食品预制菜发展大会在日照举办。大会由中国水产流通与加工协会和日照市政府共同主办，主题为“好品预制菜，海产新未来”。

2月26日至28日 中共二十届二中全会在北京召开。全会听取和讨论习近平受中央政治局委托作的工作报告，审议通过中央政治局拟向十四届全国人大一次会议推荐的国家机构领导人员人选建议名单和拟向全国政协十四届一次会议推荐的全国政协领导人员人选建议名单，审议通过《党和国家机构改革方案》。

2月28日 省生态环境厅、省发展改革委、省财政厅、省商务厅印发《山东省产品碳足迹评价工作方案（2023—2025年）》，部署开展重点工业产品先行先试、探索建立核算评价标准体系、积极开展服务应用推广3个方面8项重点任务。

选择山东跨国公司交流会在北京举行。来自世界500强和行业领军企业的嘉宾，以及省内有关市商务、投促部门及国家级园区负责人参会。

由山东社科院主办的中国式现代化理论与实践研讨会暨山东社会科学院中国式现代化研究院揭牌仪式在济南举行。

国网山东省电力公司超高压公司变电检修中心电气试验工冯新岩入选2022年“大国工匠年度人物”。冯新岩扎根电力一线23年，致力于精准判别特超高压设备隐患，发现特超高压电网设备重大缺陷100余次，避免可能导致的损失超10亿元，突破30多项特高压带电检测技术难题。

2月 山东省现代化海洋牧场综合管理平台建设项目通过竣工验收投入运行。这是国内首个省级海洋牧场综合管理平台，在青岛、烟台、威海、日照等省级以上海洋牧场安装布放观测站40套，集生态监测、资源评估、生产管控、运营管理、指挥调度等功能于一体。

3月

3月1日 省委常委会召开会议，传达学习党的二十届二中全会精神。会议审议了《山东省贯彻〈推进领导干部能上能下规定〉实施细则》。

全省安全生产工作会议召开，要求切实把思想和行动统一到习近平总书记重要指示要求上来，以时时放心不下的责任感抓好安全生产，认真落实“八抓20条”创新措施，全力维护人民群众生命财产安全和社会大局稳定。

国务院服务贸易发展部际联席会议办公室公布《全面深化服务贸易创新发展试点第三批“最佳实践案例”》。青岛海检集团有限公司《搭建海洋设备和高端装备检验检测服务平台》入选，成为全国25个案例之一，也是山东唯一入选案例。

3月2日 省药监局等部门印发《关于创新监管促进药品流通

行业高质量发展的若干措施》，共28条具体措施，主要包括持续优化药品流通行业结构、鼓励创新药品流通模式、推行简政利企便民新举措、简化审批服务等内容。

青岛—多伦多全货机航线完成首航。这是全国首条至加拿大常态化运营的全货机航线。

3月3日 全省社会救助综合改革实验区建设推进会在泰安召开。山东省确定济南市市中区等28个县（市、区）为“全省首批社会救助综合改革实验区”。

由省贸促会与日本贸易振兴机构青岛代表处联合主办的优化营商环境政企对话会（山东—日本专场）在济南举行。

青岛海事法院青岛自贸片区审判区揭牌。这是全国海事法院系统设立的首个自贸区审判区。

国家数字渔业创新中心山东分中心在莱州揭牌。中心由中国农业大学与山东海洋明波水产联合建设，对鱼类行为识别等数字渔业关键技术开展攻关应用，打造全国首个国家数字渔业示范基地。

山东革命根据地研究中心和中共山东地方史研究中心揭牌仪式在临沂大学举行。

3月4日 省人力资源社会保障厅印发《关于进一步强化就业服务助力“山东手造”产业发展的通知》，安排部署手造企业用工保障、创业服务提质增效、手造人才队伍锻造、区域特色品牌创建等四大行动13项举措，助力打造“山东手造”区域公共品牌。

菏泽市牡丹区首个5G智慧育种车间启用。

3月5日 省发展改革委等部门印发《山东省创业投资示范载体培育认定办法（试行）》，确定培育4类省级创业投资示范载体，包括省级创业投资集聚区、创业投资综合服务基地、创业投资领军企业、优秀创业投资团队。

3月5日至13日 十四届全国人大一次会议在北京召开。5日，国务院副总理韩正参加山东代表团审议。韩正充分肯定山东各方面工作取得的新成绩，希望山东深入贯彻落实习近平新时代中国特色社会主义思想，牢记习近平总书记提出的“走在前、开新局”嘱托，锚定高质量发展不动摇，坚决落实好重大国家战略，大力推进绿色低碳高质量发展，更加突出创新驱动发展，在保障和改善民生上用情用力，努力谱写中国式现代化的“山东实践”。

3月6日至9日 由省工业和信息化厅主办的山东省中青年企业家培训班暨企业数字化转型与高质量发展专题培训班在苏州举办。2023年山东省级层面培训企业家1000名，全省培训企业家10000名。

3月9日 省医保局、省工业和信息化厅、省卫生健康委等部门印发《关于加强药品和医用耗材集中带量采购全流程管理的通知》，从供应和采购两个维度强化药品和医用耗材集采的监测，确定了集中采购全流程各环节的7项精细化监测指标，自4月10日起施行。

3月10日 省政府办公厅印发《关于促进内外贸一体化发展持续打造对外开放新高地的若干措施》，包括提升市场主体一体化发展能力、打造内外融合发展高地、构建内外联通现代物流网络、促进国内外认证衔接、推进黄河流域市场融合协同、优化一体化发展环境等6项措施。

华电龙口四期 2×66 万千瓦热电联产项目第二台机组获核准，成为山东省“十四五”电力发展规划第一个完成核准的煤电项目。

菏泽举行黄河流域国家储备林碳汇开发示范基地揭牌仪式，

标志着菏泽林业碳汇开发工作全面启动。

3月上旬 “淄博烧烤”在网络上火爆出圈，成为新晋“网红”。“大学生组团到淄博吃烧烤”的话题登上抖音同城榜热搜第一。

3月11日 山东省职业教育和产业人才研究院揭牌仪式暨职业教育和产业人才高峰论坛在淄博举行。这是全国第一个职业教育和产业人才方面的省级研究院。

3月13日 财政部、海关总署、国家税务总局扩大启运港退税试点政策实施范围，批准山东省青岛港自4月1日起作为离境港实施启运港退税政策。

3月14日 山东预制菜产业联合会在济南成立。

3月15日 全省县域特色产业培育赋能乡村振兴工作推进会暨轻工纺织产业“优供给 创美品”专家赋智行在成武启动。成武县产业公共服务中心揭牌，成为全省首个县域产业公共服务中心。

滨州无棣宜能化工有限公司对苯二酚联产16万吨锰系列新材料项目正式启动。该项目在国内开启利用对苯二酚联产锰系列新材料先河，填补了山东省锰系列新材料产品空白。

3月16日 全省稳就业工作电视会议召开。会议强调，要深入实施就业优先战略，切实稳住就业基本盘，推动实现高质量发展和高水平就业双赢。

山东省新能源装备（风电）产业链建设推进会暨山东省风电产业链联盟成立大会举行。会上发布首批风电产业链机会清单，金额达到500亿元，涉及设计、主机设备、电气设备、主轴、原材料、零部件以及施工安装等环节。

工业和信息化部等部门印发《关于培育传统优势食品产区和地方特色食品产业的指导意见》。山东海水养殖基地、羊乳生产基地、临沂黄桃种植基地等入选特色农产品原料基地培育名单；山东阿胶制品、平邑水果罐头、龙口粉丝等入选重点地方特色食品产业集群名单。

由省委宣传部、省文化和旅游厅、省教育厅、省文联、中国铁路济南局集团有限公司共同举办的沿胶济铁路文化体验线暨“行走百年胶济 高铁环游齐鲁”推介活动在济南举行。

中欧班列（中国山东—越南同奈）首班成功抵达越南同奈省展盘站。本趟班列由上合示范区多式联运中心发出，通过广西凭祥口岸出境，经越南安员转运，历经10天抵达目的站。

国家电网有限公司陇东—山东±800千伏特高压直流输电工程、玉门抽水蓄能电站开工建设。陇东—山东工程是服务黄河流域高质量发展的重点基础设施工程，总投资约202亿元。陇东综合能源基地通过陇东—山东工程，将煤电、风电、光伏发电联合送往山东。

沈海高速公路两城至汾水段改扩建工程举行开工仪式。该工程起自日照市东港区两城镇北的沈海高速，止于岚山区仁家村西南的鲁苏界，路线全长61.7公里，由双向四车道扩建为双向八车道，设计速度为120公里/小时，概算总投资83.5亿元。

3月16日至18日 第四届山东粮油产业博览会在泰安举行。展览面积2万平方米，省内外510余家企业参展，3000多人参会。开幕式上，山东省与安徽、陕西、甘肃等省粮食和储备部门，部分市、企业之间签订粮食产销合作协议，交易额突破70亿元。

3月16日至28日 由文化和旅游部、山东省政府主办，文化和旅游部艺术司、山东省文化和旅游厅、济南市政府、济宁市政府、德州市政府承办的第十一届全国杂技展演在济南举行。来自全国各地的8部杂技剧和50个杂技魔术节目参演，集中展示杂技艺术的最新成果。本次展演线上线下结合，演出演播并举，线下观众达2万余人，线上观众超过1亿人次。

3月17日 十二届省委第二轮巡视集中反馈会议在济南召开。本轮巡视是党的二十大召开后山东省面向县（市、区）板块的首轮常规巡视，共发现各类问题2429个。

省民政厅、省财政厅、省医保局印发《山东省因病致贫重病患者认定办法（试行）》，首次明确山东省因病致贫重病患者的认定范围、认定条件和认定程序，填补了全省这一群体社会救助事项的政策空白。

山东昆嵛山国家级自然保护区确权登记成果在烟台发布。昆嵛山国家级自然保护区成为全国首批、省内首个拥有“户口本”的生态空间。

临沂市技术成果交易中心正式开市。该中心是全省首个市级技术成果交易中心，采用“线上交易+线下服务”的模式，提供交易咨询、技术经纪、成果匹配、项目路演、投融资对接等一站式综合配套服务。

3月17日至18日 “山东—名校人才直通车”黄河行活动在西安交通大学、兰州大学举行。活动由省委组织部、省人力资源社会保障厅、西安交通大学、兰州大学、东营市委市政府联合举办，142家重点用人单位参与，提供700多个就业岗位，需求1.1万人。现场共达成初步意向1717人。2023年春季“百校千企”人才对接活动线上同步开展。

3月18日 省政府与国家电投集团、中国华能集团在济南签署《共同组织实施“核动未来”科技示范工程的框架协议》。根据协议，三方共同组织实施“核动未来”科技示范工程，推动核能技术创新和多元化利用，构建技术聚集、产业聚集、人才聚集的“中国核谷”。

3月19日 第七届中国工业大奖在北京揭晓，山东3家企业和4个项目获中国工业大奖，另有1家企业和4个项目获表彰奖，3家企业和3个项目获提名奖，获奖数量居全国首位。

住房和城乡建设部、文化和旅游部等部门公布第六批1336个中国传统村落名录村落名单。山东省济南市章丘区文祖街道石子口村、青岛平度市田庄镇官庄村、济宁市嘉祥县纸坊镇隋庄村等43个村落入选。

3月20日至22日 中国共产党山东省军区第九次代表大会在济南召开。大会总结省军区第八次党代表大会以来的工作，研究部署此后5年省军区建设发展目标任务，审议并批准了省军区第八届党委报告和省军区纪委工作报告，选举产生中国共产党山东省军区第九届委员会和新一届纪律检查委员会。

3月21日 “山东省十强产业协会双百工程”启动仪式在济南举行。工程重点培育100家“十强”产业行业协会商会，重点培养100名专业化职业化会长秘书长，全面提升行业协会商会负责人专业化职业化素质能力，提高行业协会商会管理服务水平。

山东、江苏、上海、浙江、福建、广东、广西、海南八省（自治区、直辖市）渔业执法机构共同签署渔政执法协作备忘录，标志着跨黄渤海、东海和南海海区的渔政执法协作机制正式建立，构建起覆盖全国沿海省份的渔政执法协作网。

省人力资源社会保障厅、省委组织部等部门印发《关于实施人力资源服务“聚才兴业”计划助力人才集聚雁阵格局建设的若干举措》，推出加快发展优质猎头服务、充分发挥集聚平台效能、大力培养专业服务人才等10项重点措施。

省人力资源社会保障厅印发《关于助力工业经济高质量发展实施九“+”计划的通知》，深入实施“专班+专员”用工保障计划、“公共+市场”服务助力计划、“省内+省外”人力资源协作共享计划等九“+”计划，支持工业企业稳生产、上项目、稳就业、提效益。4月1日，山东省民营经济服务月活动暨助力工业经济高质量发展实施九“+”计划启动仪式在泰安举行。

3月22日 我国自主研制的全球最大的超大型集装箱船“地中海伊琳娜”（MSCIRINA）号首航靠泊山东港口青岛港。该轮总长399.99米，型宽61.3米，刷新了挂靠青岛港超大型船舶的历史纪录。

省科技厅、省工业和信息化厅印发《关于推动创新链与产业链深度融合加力提速工业经济高质量发展的若干措施》，推出攻坚突破关键核心技术、发展壮大高新区队伍、强化企业科技创新主体地位等7个方面22条具体措施。

3月23日 省委、省政府在济南召开山东省质量大会。会议指出，要着力强化质量强省建设的基础支撑，实施标准创新引领工程、区域品牌培育工程、基础设施升级工程、企业质量提升工程、质量共治共享工程，着力推进质量体系和治理现代化，以质量强省建设推动高质量发展。会上宣读《山东省人民政府关于表彰第八届山东省省长质量奖获奖组织和个人的通报》，授予华熙生物科技股份有限公司等7家单位和威海威高国际医疗投资控股有限公司董事局主席陈学利等3名个人第八届山东省省长质量奖；宣读《关于公布2022年度山东省质量强县（市、区）名单的通报》，决定青岛市崂山区等10个县（市、区）为2022年度山东省质量强县（市、区）。

第二十一期山东干部讲堂在济南开讲。中国人民大学原校长、国家一级教授刘伟受邀作报告。

全国工会宣传工作会议暨中国工人运动历史展览工作会议在齐河召开。

山东省新型智慧城市建设提升年启动会暨2023年山东省一体

化算力网络建设启动会在济南举行。

3月23日至24日 第五届淮海经济区协同发展（临沂）座谈会召开。会上签署了《淮海经济区社会信用体系建设共建协议》《淮海经济区深化文旅协同发展合作协议》《全面深化淮海经济区住房公积金一体化发展合作框架协议》。

3月24日 省委常委会召开会议，审议了《关于促进文旅深度融合推动旅游业高质量发展的意见》。

省政府办公厅印发《济南—临沂对口合作实施方案》，确定弘扬传承红色文化、全面实施乡村振兴、完善基础设施网络等8个方面22项主要任务，指导济南、临沂两市全面开展对口合作。《方案》提出打造蒙阴亮点工程，并在蒙阴县设立济临经济协作区。

2023年全国五一巾帼奖表彰大会在北京召开。国网山东省电力公司昌乐县供电公司电力调度控制分中心配网抢修指挥班等16个山东集体“获全国五一巾帼标兵岗”称号，山东瑞祥模具有限公司机一车间副主任兼技改组组长张微微等15人获“全国五一巾帼标兵”称号。

3月25日 省委、省政府印发《关于促进文旅深度融合推动旅游业高质量发展的意见》，提出坚持以文塑旅、以旅彰文，实施“文旅提质赋能计划”，促进文旅深度融合，助推文旅消费全面升级，构建具有核心竞争力的现代旅游业体系，打造“两大都市圈拉动、三大公园引领、四廊一线贯通、八大片区支撑”的文旅深度融合发展新格局。26日，省文化和旅游厅、省发展改革委等部门配套印发《关于推进乡村旅游高质量发展的实施方案（2023—2025年）》，提出保护挖掘齐鲁大地农耕文化、民俗文化，加快观光旅游向休闲度假转变，打响“好客山东·乡村好时节”品牌。

2023年黄河流域生态修复技术发展交流会在德州举行，主题为“推进地质赋能工程，打造黄河智慧生态”。

3月26日至27日 2023山东省旅游发展大会在青岛举办，主题为“相约时尚青岛，共享好客山东”。开幕式上为10名“好客山东”旅游大使、2022年山东省文化和旅游产业工作先进县以及第四批省级全域旅游示范区授牌；18个文旅重点项目现场签约；沿黄九省区文旅厅共同启动“旅游中国，美好生活——‘沿着黄河遇见海’全球推广活动”。27日，2023山东省旅游发展工作会议召开。

3月27日至28日 全省廉洁文化建设推进交流会在淄博召开，要求持续加压用力，不断把廉洁文化建设推向深入。

3月28日至30日 由省委、省政府主办的第三届儒商大会在济南举行，主题为“相聚齐鲁大地，共话高质量发展”。全国政协副主席、全国工商联主席高云龙出席大会并致辞。开幕式上发布《新时代儒商倡议》，举行山东省重点投资、人才合作项目集

★第三届儒商大会开幕式现场。

中签约仪式。大会举行平行论坛、座谈对话、16市推介对接、返乡考察等活动，共签约项目444个，其中外资项目112个、与院士人才合作项目75个。

3月29日 省政府办公厅印发《山东省重污染天气应急预案》。《山东省人民政府办公厅关于印发山东省重污染天气应急预案的通知》（鲁政办字〔2020〕83号）同时停止执行。

3月29日至30日 省委书记林武在济南主持召开座谈会，听取发改、工信、财政、农业农村、商务等省直部门2023年以来工作情况汇报，研究部署下步重点工作。4月中上旬，又先后召开座谈会，听取自然资源、生态环境、住建、交通、国资、市场监管、教育、民政、人社、卫健、应急、信访等省直部门工作情况汇报。

省十四届人大常委会第二次会议在济南召开，审查批准了设区的市人大常委会报批的两件地方性法规。

3月30日 德州天衢新区与烟台黄渤海新区、临沂沂河新区、菏泽鲁西新区共同举办山东省级新区政务服务“跨域通办”联合体线上签约仪式，四地政务服务通道正式打通，可实现企业开办、建设项目、社保、医保等300余项政务服务事项跨域通办。

3月31日 统筹推进美德山东和信用山东建设现场推进会暨骨干培训班在荣成举办。省委宣传部在全省确定了34个美德山东和信用山东建设试点县（市、区）。

3月 省委审计办、省审计厅发布《省管主要领导干部经济责任审计工作流程（试行）》，全链条规范经济责任审计工作，着力提高标准化水平。

省委组织部、省人力资源社会保障厅等部门发布《山东省青年人才集聚齐鲁行动计划实施方案（2023—2025年）》，围绕青年人才“引育留用服”全链条机制集成创新推出一系列支持政策措施，启动新一轮青年人才集聚专项行动，着力打造新时代具有山东特色的青年人才集聚高地。

菏泽农科院自主选育的华粉新妆、菏脂初妍、菏皓、菏锢4个牡丹新品种在美国牡丹芍药协会获国际登录。这是菏泽农科院首批获得国际认证的牡丹新品种。

4月

4月3日 山东省“十链万企”标志性产业链融链固链专项行动在济南启动，深入实施标志性产业链突破工程，年内计划促成企业间达成合作意向1000项以上，覆盖企业数量超过1万家。11日，省工业和信息化厅印发《山东省“十链万企”标志性产业链融链固链2023年行动方案》。

4月4日 全省科技创新与实验室工作专题会议在济南召开，要求把实验室建设作为推动科技创新的重要抓手，加强统筹协调，加大政策支持，着力优化布局、担当使命、聚集人才、搞活机制，加快构筑高能级创新平台。

“工赋山东”制造业数字化转型大会暨“浪潮七大专项行动”启动仪式在潍坊举行。浪潮诸城智能终端产业园、潍坊浪潮数字产业有限公司、浪潮潍坊政企大数据中心、潍坊市工业互联网协会揭牌，潍坊市制造业数字转型“双百项目”公布。

大运河黄河以北段707公里实现水流贯通，这是继2022年经补水实现百年来首次全线水流贯通后，京杭大运河再次全线通水。

4月6日 由省商务厅主办的山东省—俄罗斯企业合作交流会在济南举行。近40家俄方进出口企业参会，涵盖工业设备、汽车零部件、建筑建材、食品农产品、物流等多个领域。200余家省内企业现场与俄方企业对接洽谈，取得丰硕成果。

中法企业家委员会第五次会议在北京召开，法国苏伊士集团与烟台万华化学集团、中铁上海工程局签订烟台蓬莱海水淡化项目合作协议。

4月6日至9日 2023青岛数字文化应用发展大会在青岛西海岸新区举行。大会以"新应用、新体验、新消费"为主题，500余家企业、机构参展。开幕式上发布《山东省文化数字化行动计划》，明确实施中华文化体验廊道数字工程、山东手造数字赋能工程、数字文化产业高地建设工程等11个重大数字文化产业工程。

4月7日 省委常委会召开会议，传达学习习近平总书记在学习贯彻习近平新时代中国特色社会主义思想主题教育工作会议上的重要讲话、在中共中央政治局第四次集体学习时的重要讲话，研究审议山东开展主题教育有关工作等事项。根据中央要求，省委成立学习贯彻习近平新时代中国特色社会主义思想主题教育领导小组及办公室，成立省委主题教育巡回指导组。会议审议了省委关于在全省深入开展主题教育的实施意见、省委常委会深入开展主题教育工作安排，在全省大兴调查研究的实施方案、省委常委会调查研究工作方案，《山东省碳金融发展三年行动方案（2023—2025年）》《山东省总河长令（第9号）》《省级河湖长巡查河湖工作规则》等文件。

省政府召开山东省与中央企业全面加强人力资源协作恳谈会，12家央企负责人参加。会议围绕扩大央企在山东就业规模、加强对央企人力资源服务、深化政企校合作等方面进行交流探讨。活动期间组织举办央企专场招聘活动。

4月7日至9日 2023青岛影视周在青岛西海岸新区举行，主题为“新技术·新视界·新影都”，设置“科影未来”、世界“电影之都”、“金钥匙创投计划”、“海平面”青年影人计划、“金海鸥”五大单元19项活动。联合国教科文组织电影蓝皮书《全球电影产业发展报告（2022）》发布。

4月8日 省委办公厅印发《关于在全省大兴调查研究的实施方案》，确定了推动绿色低碳高质量发展、推动经济持续平稳健康发展、深入实施科教强鲁人才兴鲁战略等16个方面调研重点。

由中央党校（国家行政学院）、山东省政府共同主办的第十七届中国电子政务论坛暨数字变革创新峰会在济南举行，主题为“加快数字政府建设 驱动引领中国式现代化”，数字政府、政务服务、数据治理、数字化城市治理4场专题论坛举办。

4月8日至10日 2023世界牡丹大会在菏泽举行。期间举行工笔牡丹画研究院揭牌仪式、昆明国际花卉拍卖中心菏泽分中心启动仪式、招商引资项目签约仪式。

4月10日 山东省学习贯彻习近平新时代中国特色社会主义思想主题教育工作会议在济南召开。会议强调，要准确把握主题教育的总要求，深刻理解“学思想、强党性、重实践、建新功”的丰富内涵，作为一个紧密联系、相互贯通、内在统一的整体，贯穿主题教育全过程。要准确把握主题教育的根本任务和具体目标，坚持学思用贯通、知信行统一，自觉在真学真信真用、学懂弄通做实习近平新时代中国特色社会主义思想上下功夫，以学铸魂、以学增智、以学正风、以学促干，着力解决理论学习、政治素质、能力本领、担当作为、工作作风、廉洁自律等方面的问题，努力实现“凝心铸魂筑牢根本、锤炼品格强化忠诚、实干担当促进发展、践行宗旨为民造福、廉洁奉公树立新风”的目标。这次主题教育不划阶段、不分环节，要把理论学习、调查研究、推动发展、检视整改等贯通起来，有机融合、一体推进。

★山东省学习贯彻习近平新时代中国特色社会主义思想主题教育工作会议会场。

省水利厅印发《山东省水文化建设规划纲要（2023—2025）》，提出“十个一”发展目标和水文化建设5项主要任务。这是山东省针对水文化建设发展规划制定的首个纲要。

首届中国山东海洋高端人才交流暨项目洽谈会在青岛举行，主题为“智汇齐鲁，创赢未来”，设置山东海洋人才高质量发展联盟揭牌仪式、签订中国海洋人才市场（山东）海洋人才协同发展倡议书、主旨演讲、海洋高技术与战略新兴产业研讨会、海洋人才交流洽谈会、涉海项目“揭榜挂帅”对接会、涉海人才创业项目对接会等内容。

4月11日 2023年黄河三角洲自然保护区生态补水工作正式启动。至7月补水结束，本年累计向黄河三角洲自然保护区补水

1.95亿立方米。

4月11日至6月13日 山东省学习贯彻习近平新时代中国特色社会主义思想主题教育读书班先后举行4个专题的学习。期间，中国纪检监察学院党委书记、副院长刘硕，中国宏观经济研究院院长王昌林受邀山东干部讲堂，为全体学员作了系统深入的辅导。

4月13日 山东省法学会第七次会员代表大会在济南召开，审议通过省法学会第六届理事会工作报告，选举产生第七届理事会及领导机构，李猛当选为第七届省法学会会长。

支持民营经济高质量发展专题会议在济南召开，研究部署省政协民营经济重大调研课题成果转化工作，推动优化民营企业发展环境，促进全省民营经济高质量发展。

4月14日 省委常委会召开会议，审议《中共山东省委关于加强新时代统一战线工作的实施意见》《关于深化开发区管理制度改革推动开发区高质量发展的实施意见》《关于支持民营经济健康发展高质量发展的若干意见》等。

全省水利工作专题会议在济南召开。会议要求在推进现代水网建设、南水北调工程、内河航运高质量发展、提升水旱灾害防御能力上加力提效，坚决贯彻"四水四定"原则，全面提高水资源节约集约利用水平。

全省自然资源开发利用暨自然资源节约集约示范县授牌工作会议在青岛召开，现场为山东省21个全国自然资源节约集约示范县（市）授牌。

4月15日 乡村好时节·"陌上花开—畅游烟台"暨"梨乡花语赏花季"在莱阳市照旺庄镇启动。启动仪式上，中国蔬菜流通协会授予莱阳市"中国预制菜第一市"称号。

4月15日至17日 第六届山东省绿色建筑与建筑节能新技术

产品博览会在日照举行，主题为“加快绿色低碳转型，建设美丽宜居城乡”。展会设五大展区、22项论坛活动，首次组织绿色建筑与节能新技术产品发布会。

4月15日至5月15日 第40届潍坊国际风筝会举行。59个国家（地区）和国内23个省（自治区、直辖市）的150多支风筝代表队参加比赛和表演，现场9万多名观众参与。期间还举办油画展、文创展、演唱会、马拉松、城市定向赛等活动。

4月16日 泰和新材国际创智中心项目开工仪式在黄渤海新区举行。该中心围绕智能穿戴、绿色制造、生物基材料、信息通讯、新能源汽车、绿色化工六大领域，搭建产学研用共享技术平台。

4月17日 山东省2023年度“4·18国际古迹遗址日”主场城市活动在曲阜举行，主题为“变革中的文化遗产”，推出图片展示、特色展览、文物保护工程现场观摩、专家讲座等内容，发布山东省古迹遗址保护协会倡议书。此次活动在山东系首次举办。

4月18日至19日 由中国社科院、中国公共关系协会、山东省政府共同主办的黄河文化论坛在东营举行，主题为“弘扬黄河文化，讲好黄河故事”。开幕式上举行沿黄九省（区）黄河文化国际传播协议签约暨协作体成立、“弘扬黄河文化，讲好黄河故事”系列合作协议签约、宣传文化领域2023年启动实施合作项目展示，沿黄九省（区）共注黄河水，《黄河文化通览》首发和中华儒学经典著作集成《儒典》精选版赠书等仪式。黄河文化研究院揭牌。

4月18日至20日 甘肃省党政代表团到山东考察。18日，山东·甘肃东西部协作第4次联席会议召开，两省18个项目现场签约。

4月20日 山东省民营经济高质量发展工作会议在济南召

开。会议宣读山东省民营经济高质量发展先进县（市、区）评价情况通报，发布山东省民营企业家“挂帅出征”百强榜。会议强调，要聚焦民营企业发展突出制约，着力强化企业诉求闭环解决、惠企政策落实、诚信政府建设、公平市场竞争、全链条融资支持、涉企执法服务规范、要素保障、政企常态化沟通、民营企业家权益保障、企业家荣誉激励等10个方面机制，为民营企业高质量发展提供有力保障。

首届全国名特优新农产品产销对接活动在青岛举行，主题为“质量兴农、绿色兴农、品牌强农”，来自18个省（自治区、直辖市）的1000余家名特优新农产品、肉类、预制食品企业参展。活动期间举行第二十届中国国际肉类工业展览会。

德州市制造业数字化转型大会暨“工赋山东”2023年专项行动德州现场会举行。德州市制造业数字化转型促进中心、全国一体化工业大数据山东云中心省会经济圈区域分中心揭牌，国家体育用品行业工业互联网标识解析二级节点上线，24个工业企业数字化转型重点项目集中签约。

4月20日至5月30日　以“绿色·科技·未来”为主题的第二十四届中国（寿光）国际蔬菜科技博览会举行。主展区总面积45万平方米，设10个展馆、采摘园、日光温室高产栽培区、寿光蔬菜博物馆、休闲农场及室外展区，涵盖蔬菜种苗培育、标准生产、加工销售、技术培训、会展交流、观光旅游等板块。

4月21日　省委常委会召开会议，分析研究一季度经济形势，部署下步经济工作。会议审议了关于建立先行区建设协调推进体系的工作方案、重点领域碳达峰工作方案保障方案、先行区建设试点示范工作方案等文件。

4月21日至22日　省委常委走进济宁政德教育干部学院、沂蒙红嫂纪念馆、沂蒙革命纪念馆，涵养优秀传统文化，接受革命历史教育，锤炼党性、补钙加油，推动学习贯彻习近平新时代中国特色社会主义思想走深走实。

世界入海口城市合作发展大会分论坛——黄河文化与中华文明国际论坛在东营举行。山东师范大学黄河文化研究中心揭牌成立。

4月21日至23日 2023外贸优品展销会在济南举行。本届展会主题为“外贸优品，品质生活”，展出总面积12000平方米，参展参会企业超500家，设置食品食材、日用消费品、省市特色产品和进口商品四大展区。会上，山东国际商会与乌兹别克斯坦出口商协会签署谅解备忘录。

4月22日 2023东方航天港产业发展大会在海阳召开，地球空间信息技术协同创新中心智能遥感卫星烟台基地揭牌。

4月23日 新时代“战舰与城市”双拥共建暨纪念延安双拥运动80周年主题活动在青岛举行，主题为“同心向党，同舟共进”。

山东省“三区互融”推进会在青岛召开。会上，山东港口及所属单位与省内10市集中签订61个“三区互融”重点产业园区项目，山东港口发起成立山东省“三区互融”产业发展基金群。

4月24日 省政府第一次全体会议暨省政府第一次廉政工作会议在济南召开。会议要求从严从实抓好政府系统党风廉政建设，严明纪律确保政令畅通、令行禁止，锲而不舍纠“四风”树新风，全面提升服务基层、服务企业、服务群众水平。

省政府办公厅印发《山东省碳金融发展三年行动方案（2023—2025年）》，确定了碳金融基础设施建设行动、碳金融试点示范行动、碳交易推进行动、碳金融支撑行动、社会资本投入行动5个方面重点任务。

小清河流域航运审批事项“全域通办”联盟启动仪式在高青举行。淄博高青县、桓台县，滨州邹平市、博兴县，潍坊寿光市、青州市，东营广饶县沿小清河4个市7个区县的审批服务管理机构签订《小清河流域航运事项“全域通办”联盟合作协议》。

国家版权局发文授予潍坊市“全国版权示范城市”称号。

滨州市营商环境研究院揭牌成立。这是全省首个政府与高校合作成立的营商环境科研平台。

4月25日 省委书记林武到济宁市高新区“和为贵”社会治理服务中心接待来访群众。林武强调，要深入贯彻习近平总书记关于加强和改进人民信访工作的重要思想，扎实做好信访工作，着力解决突出矛盾问题，切实把以人民为中心的发展思想落到实处。

济南新旧动能转换起步区示范区全面启动建设暨重点项目集中开工活动举行，参与集中开工的项目共33个、总投资486.5亿元。同日，济南新旧动能转换起步区产业项目集中签约暨科技创新服务联盟成立仪式举行。11个重点项目集中签约，总投资超过500亿元。

德州市重大科技专项“揭榜挂帅”签约暨新能源新材料产业技术对接会召开。23个项目集中签约，其中“揭榜挂帅”重大科技专项项目10个，新能源新材料企业与高校院所产学研合作项目13个。

中国滨州—东盟产业对接洽谈会开幕式举行，主题为“相聚河海滨州，盟约开放未来”。滨州市与柬埔寨上丁省签署友好合作城市关系意向书，“滨州—东盟项目中心”揭牌。

全省第一家纾困基金——滨州市企业家协会“安心”纾困基金成立。25家爱心企业、7名个人现场举牌认捐2023年度“一米阳光”项目。

4月26日 中国—东盟数字农业论坛在潍坊举行。论坛由农业农村部与山东省政府共同主办，是中国—东盟农业发展和粮食安全合作年系列活动之一。

黄河流域文旅合作发展大会在齐河举行。山东省沿黄文旅产业合作联盟成立。山东省沿黄6条特色主题旅游线路发布，包括山水生态观光游、文脉探寻研学游、休闲康养度假游、红耀齐鲁传承游、乡野山居追忆游和畅飨鲁味体验游等。

全国首个RCEP成员国企业税收服务中心在青岛成立。

“芳骨如钢——沂蒙红嫂事迹展”在陕西延安中共中央西北局纪念馆开展。展览由“旗帜引领 巾帼英雄”“水乳交融 生死与共”“红色基因 薪火传承”3个部分组成，再现“沂蒙红嫂”“沂蒙母亲”等一大批英雄妇女群体的感人事迹。延安是沂蒙精神红嫂展首站。

4月26日至27日 中国·京津冀鲁体育产业交流大会暨第22站“资源共享·供需对接”中体联公益服务平台体育产业资源对接服务大会在德州举行。京津冀鲁（德州）体育产业协同发展联盟成立，中康豪义体育产业项目等合同金额约26.1亿元的8个产业合作项目现场签约。

4月27日 山东省庆祝“五一”国际劳动节暨省劳动模范和先进工作者表彰大会在济南召开。会上宣读《中共山东省委山东省人民政府关于表彰山东省劳动模范和先进工作者的决定》，授予丁杰等700名同志“山东省劳动模范”称号，授予于振等300名同志“山东省先进工作者”称号；通报了本年山东受表彰的全国五一劳动奖、“全国工人先锋号”获得集体和个人。

省工业和信息化厅、省委网信办、省发展改革委、省科技厅、省农业农村厅、省通信管理局等部门印发《山东省2023年数字经济“全面提升”行动方案》，部署提升产业集聚能级、提升要素市场化配置效能、提升数据安全防护能力等7个方面22项内容，着力推动数字经济上规模、上层次、上水平。

4月28日 省委常委会召开会议，审议了《山东省开发区考核办法》《关于促进职业教育提质升级赋能绿色低碳高质量发展先行区的实施意见》《关于促进实体经济高质量发展的实施意见暨2023年“稳中向好、进中提质”政策清单（第三批）》。

2023海峡两岸（德州）中医药交流大会在德州举行，主题为“文化同根，中医同源”。2023海峡两岸（德州）青少年中医药文化主题研学营授旗仪式、战略合作签约仪式和中医药合作项目揭牌仪式举行。

滨州市出台《滨州市工程建设项目多公告（公示）合一的实施办法》，全国首创工程建设项目多公告（公示）合一制度，进一步压减工程建设项目全流程审批时间，将5个共需要41日的公告（公示）分阶段合并为2个后压缩至17日。

黄河文化体验廊道重点项目“乐享春秋·孙武不夜城”开城仪式在惠民举行。

★“乐享春秋·孙武不夜城”。

4月29日 省工业和信息化厅等部门印发《山东省制造业创新能力提升三年行动计划（2023—2025年）》，确定实施关键核心技术攻关能力提升行动、科技创新人才队伍提升行动、企业技术创新能力提升行动等九大行动，加快提升制造业创新能力，打造“山东制造”优势品牌。

4月30日 由山东高速集团统筹运营的中欧班列（齐鲁号）新能源汽车专列从济南董家镇站发出，运载171辆国产奇瑞、比亚迪等品牌新能源汽车，驶向乌兹别克斯坦首都塔什干。这是“齐鲁号”开行的首趟新能源汽车专列。

4月 省委、省政府发布《山东省质量强省建设纲要》。围绕铸就产业质量竞争新优势，提升产品、工程、服务质量水平，推动品牌高端化发展，提高企业质量管理能力，打造质量基础设施创新应用高地，提升质量治理现代化水平等6个方面，实施质量竞争力提升、服务质量攀登、“好品山东”建设、质量基础设施能力优化、质量惠民五大工程，统筹推进质量强省建设。

省人力资源社会保障厅、省公安厅、省教育厅等部门发布山东省2023年“为农民工办实事”项目清单，共确定实事15件，涉及就业创业、能力素质、权益维护、保障关爱、公共服务等5个领域。

2023年度省“博新计划”启动申报，共设立“博新计划”岗位300个，入选博士后可获颁“山东惠才卡”，在站及留鲁后可获得高层次人才绿色通道服务中的交通出行、住房保障、免费旅游健身等便利服务。

山东发布《家庭养老床位设置与服务要求》《养老机构常见风险防范技术指南》2项养老服务地方标准。山东编制出台的养老服务相关地方标准达到34项。

5月

5月1日 《临沂市红色旅游促进办法》正式施行。这是全省第一部促进红色旅游的政府规章，强化对临沂红色旅游的保障支持。

《聊城市失能老年人照护服务条例》正式施行。聊城成为全国第一个针对失能老年人照护服务立法的地级市，工作做法被民政部推广。

5月2日 尼山世界古典文明论坛在奥地利维也纳举行，主题为“中西文化交流与互鉴”，与会专家学者形成《尼山世界古典文明论坛维也纳共识》。此次尼山世界古典文明论坛是2023维也纳联合国中文日活动的重要组成部分，也是尼山世界文明论坛框架下的重要活动。4日，尼山世界文明论坛东方美学分论坛在意大利米兰举行，主题为“中华文化与东方美学”。本次论坛是第九届尼山世界文明论坛的分论坛之一，旨在挖掘中华民族璀璨的服饰文化，加强人才交流，拓展合作渠道，展开多领域合作。

“好客山东，好品山东”推介会暨中欧媒体交流会在奥地利维也纳举行。6日，“孔子家乡，好客山东”意大利文旅推广周暨“沿着黄河遇见海”山东书画图片展在意大利罗马开幕。9日，“孔子家乡，好客山东”西班牙文旅推介会暨“茶和天下·雅集”山东专场活动在西班牙马德里举行。

5月3日 全省安全生产工作专题视频会议在济南召开，要求切实提高政治站位，不断增强做好安全生产工作的强烈责任感和极端紧迫感，持续落实好“八抓20条”创新举措，全力以赴做好安全生产工作，坚决守牢安全生产底线，坚决防范各类事故发生。

5月4日 十二届省委全面依法治省委员会召开第一次会议，审议《中共山东省委全面依法治省委员会2023年工作要点》《山东省2023年法治政府建设工作计划》《关于进一步加强市县法治建设的实施意见》《关于加强黄河流域生态保护和高质量发展法治保障的若干措施》等文件。

滨州市人防科普教育体验馆获评国家级应急消防科普教育基地，成为全国唯一的人防、消防双国家级科普教育场馆，同时也是全国已建成的单建人防馆中规模最大、科技含量最高的场馆。

5月5日 省委常委会召开会议，审议了2023年湾长制工作要点和《山东省科技人才评价综合改革试点方案》。

山东省数字强省建设工作推进会在济南召开。会议强调，要坚持系统观念、创新引领、数据驱动、惠民便民、安全可控，以数字赋能高质量发展为主题，统筹推进全省数字化、网络化、智能化发展，统筹推动数字产业化、产业数字化、数据价值化和治理服务数字化，努力实现数字经济走在前、数字政府建设走在前、数字社会构建走在前。会议审议了《数字强省建设2023年工作要点》。

省工业和信息化厅印发《山东省工业互联网平台培优工作方案》，提出以打造全国领先的工业互联网平台体系为牵引，建立省级工业互联网平台培优库，健全工业互联网平台“省级平台—国家级特色专业型平台—国家级‘双跨’平台”梯次培优体系。

5月5日至6日 全国“一老一小”现场经验交流会在济宁召开。青岛、济宁作为代表性城市交流发言。

★全国“一老一小”（济宁）现场经验交流会会场。

5月6日 全省突出生态环境问题整改推进会议在济南召开，全面推进中央生态环保督察反馈问题、黄河流域生态环境警示片披露问题和省委黄河专项巡视发现问题整改工作，深入打好污染防治攻坚战，推动全省生态环境质量持续改善。

5月6日至8日 2023世界激光产业大会在济南举行。开幕式上，齐鲁光谷揭牌，华夏星光、特斯林（山东）机器人科技有限公司、深圳万顺兴等激光企业签约落地。

5月8日 全国第一批深化农业水价综合改革推进现代化灌区建设试点名单公布，全国共有11个灌区和10个县（区）入选，山东省宁津县和齐河县豆腐窝灌区列入试点名单。

全省首台1300Nm^3/h（标立方）碱性水电解槽在东营下线。

5月8日至12日 第五届山东省老年人运动会在日照举行。本届省老运会包括田径、门球、台球、乒乓球、网球、健身球操、健身气功等12个比赛项目，共有19个代表团、76支代表队、3000余名老年人参与。

5月9日 省工业和信息化厅公布2023年度专精特新中小企业名单，认定4086家企业为山东省2023年度专精特新中小企业、442家企业为2023年度通过复核的专精特新中小企业，有效期至

2026年12月31日。

山东文登HG32海上光伏实证科研项目成功离网发电，成为全国首个固定式长桩基海上光伏实证科研项目。

5月9日至11日 由中国农科院、东营市政府、山东省农科院、省黄三角农高区管委会联合举办的首届盐碱地技术创新大会在东营召开。国家盐碱地综合利用技术创新中心揭牌，与会人员签订院士工作站合作协议、共建耐盐碱牧草和绿肥作物育种示范基地协议、共建耐盐碱种业科研基地项目协议等。

5月10日 省发展改革委等部门印发《关于鼓励减免投标保证金降低招标投标交易成本的通知》，对依法必须进行招标的工程建设项目实施投标保证金减免政策，降低招标投标市场主体特别是中小微企业交易成本，进一步激发市场活力。

在中国铸造协会主办的第十九届中国铸造协会年会开幕式上，潍坊市被授予“全国铸造行业高质量发展试点市”荣誉称号。这是全国第一个以高质量发展试点市命名的荣誉称号。

5月12日 省委常委会召开会议，审议了《山东省深化营商环境创新提升行动实施方案》、省委科技创新委员会2022年工作总结和2023年工作要点等。

日本小松全球智能制造产业基地项目合作协议签约仪式在济南举行。该项目总投资逾百亿元，打造工程机械高质量产业集群，是小松整机和零部件生产重要供应基地、全球标杆工厂。

省交通运输厅印发《山东省旅游交通网主骨架布局规划（2023—2030年）》，以长城、大运河、黄河国家文化公园（山东段）及沿黄渤海、沂蒙革命老区等文旅资源富集区域为重点，对构建全省“快进慢游”旅游交通网作出系统安排。

自然资源部公布2023年海洋生态保护修复十大典型案例，“日照退港还海建设美丽‘金海岸’”案例名列其中。

5月12日至13日 2023青岛·全球创投风投大会举行，主题为“创投风投创时代，创新创业创未来——聚力高质量，澎湃新动能”。“青岛创投风投十条”政策3.0版、《全球创投风投行业年度白皮书（2023）》发布，55个项目集中签约，总规模587.32亿元。

5月13日 全省“社会保障卡，惠享山东行”启动暨“社会保障卡爱心直通车”签约仪式在滨州举行。活动进一步拓展社保卡应用范围，加快推进以社保卡为载体促进消费提振，助力绿色低碳高质量发展先行区建设。

5月14日 2023年职业教育活动周全国启动仪式暨全国职业院校技能大赛开幕式在潍坊举行。活动周时间为5月14日至20日，主题为“技能：让生活更美好”。

5月15日 先进制造业高质量发展座谈交流会在济南召开，围绕山东加快建设先进制造业强省，研究谋划思路举措，更好服务国家先进制造业发展大局。

5月15日至17日 2023中国不锈钢制品及设备博览交易会以及第十二届临沂五金博览会在临沂举行。博览会由中国五金制品协会、山东省不锈钢行业协会主办，主题为“新材料、新机遇、新格局”。

5月17日至18日 中共中央政治局常委、国务院总理李强在山东潍坊、青岛调研。李强强调，要深入贯彻落实以习近平同志为核心的党中央对做好当前经济工作的决策部署，加快建设以实体经济为支撑的现代化产业体系，采取更有针对性措施扩内需稳外需，努力推动经济运行持续回升向好。调研中，李强主持召开座谈会，听取山东省有关部门、部分市县和企业负责人发言，充分肯定山东经济社会发展成就，希望山东以开展主题教育为强大动力，深入贯彻习近平总书记对山东工作重要指示精神，在推动高质量发展上取得新进展，为全国发展大局作出新贡献。

5月17日至19日 2023中国国际消费电子博览会在青岛举行，全国人大常委会副委员长张庆伟出席并宣布博览会开幕。青岛国际软件融合创新博览会同期举办。

5月18日 省自然资源厅、省司法厅等部门印发《关于开展不动产“带押过户”登记服务模式的通知》，在全省范围内推行不动产“带押过户”登记服务模式。

“东盟投资推介会——走进德州”活动开幕。活动由德州市政府、省商务厅、中国—东盟博览会秘书处主办，主题为“共享RCEP新机遇，共话合作新未来”。现场12个重点项目集中签约，涉及高端装备制造、新能源、食品加工等领域。

5月18日至19日 第六届中国家长大会在滨州召开。滨州作为中国关工委事业发展中心创办的全国第一个“家校社共育”实践区和中国家长大会的发源地，探索形成的家校社共育“滨州模式”在全国125个县（市、区）的15000所学校、幼儿园及社区推广和复制。

5月19日 省生态环境厅印发《山东省生态保护红线生态环境监督办法（试行）》，针对红线调整监督、有限人为活动和国家重大项目监管、生态监测评估、生态破坏问题监督与执法、引导公众参与等不同事项，分别明确了省市县三级生态环境部门的工作职责、内容、程序及产出形式等，自6月20日起施行。

2023山东跨境电商生态大会在烟台举行，主题为“数字赋能，产链升级”。大会同期举办2023中国（山东）跨境电商交易博览会及亚马逊分论坛、阿里巴巴国际站分论坛、eBay分论坛、跨境T台秀等10余场主题活动。

全国首个绿色末端物流示范区在淄博市淄川区揭牌成立。

5月20日 枣庄市长三角产业促进中心启用仪式在上海举

行。枣庄项目推介及签约活动举办，高效硅异质结电池及组建、中环智能制造产业园、年产10万吨磷酸铁锂正极材料等12个项目集中签约。

吉尔吉斯斯坦1000台中通客车首批车辆下线仪式在聊城举行。吉尔吉斯斯坦总统扎帕罗夫受邀出席。此次1000台天然气客车订单创下中国对吉尔吉斯斯坦客车出口新纪录，也是2023年中国在“一带一路”沿线国家的最大客车订单。

★吉尔吉斯斯坦1000台中通客车首批车辆下线仪式现场。

5月21日至22日 中国（威海）医药与医疗器械创新发展大会在威海召开。一批医药与医疗器械领域突破“卡脖子”技术产品发布，威海医药与医疗器械产业基金群成立，10亿元资金的产业基金设立，全国首个数字化产业园区以及8个优质项目签约。

5月22日 全国首艘获批准建的养殖运输船——“经海1号”活鱼养殖渔船顺利交付。该船总长62米，型宽10.5米，型深5米，设计吃水4.1米，有效解决我国在活鱼转运、转场等方面的问题，填补国内深远海海上收鱼全自动、智能化的空白，加快现代海洋全产业链建设。

全国机械冶金建材行业工匠学院在滨州职业学院揭牌。这是国内高职院校首所挂牌成立的工匠学院。

5月22日至23日 全省乡村振兴齐鲁样板现场推进会议召开。与会人员参观调研临沂、济宁有关乡村振兴齐鲁样板示范片区，并在邹城召开全体会议。会上宣读省委、省政府《关于表彰山东省乡村振兴突出贡献奖先进集体和先进个人的通报》，授予济南市历城区港沟街道芦南村党支部等100个集体“山东省乡村振兴突出贡献奖先进集体”称号，授予于桂亭等199人“山东省乡村振兴突出贡献奖先进个人”称号。会议强调，要深入贯彻习近平总书记关于“三农”工作的重要论述，以新发展理念为统领，以产业发展为基础，以和美乡村建设为重点，以发展壮大新型农村集体经济为支撑，以城乡融合为动力，以共同富裕为目标，健康有序推进“五个振兴”，努力打造产业特色突出、人才支撑有力、乡风文明和谐、生态环境优美、组织功能完善的宜居宜业和美乡村，推动乡村振兴齐鲁样板取得更为明显的实质性进展。

★省委书记林武在大束镇大洪沟乡创产业园观摩指导。

5月23日 全国城市生活垃圾分类工作现场会在青岛召开。

由省工业和信息化厅主办的山东省新旧动能转换公共实训基地“技能提升·企业行”供需对接会在潍坊举行。8家公共实训基地与近百家潍坊市重点企业就技能人才实训与供给进行对接，达成实训意向40余项，年可实训5000余人。

我国首个量子信息技术领域国家标准《量子计算 术语和定义》通过市场监管总局（国家标准化管理委员会）批准正式发布。该标准由中国科学技术大学和济南量子技术研究院牵头制定，自12月1日开始实施。

5月24日 省发展改革委公布2023年纳入山东省特色小镇清单管理名单，济南玫瑰镇玫瑰特色小镇等28个小镇纳入清单统一管理。

中国山东—葡萄牙经贸交流会在葡萄牙里斯本举行，近百名中葡企业人士参会。

在德国汉堡举办的ISC2023高性能计算大会发布最新IO500榜单，国家超级计算济南中心构建的验证性计算集群（Cheeloo-1）在10节点研究型榜单夺冠，测试得分突破13万。

5月25日 “大交通大枢纽大平台”——2023济南·服务黄河流域高质量发展研讨会在济南召开。活动介绍了《双循环格局下的大交通战略》，山东省港口集团有限公司各层面分别进行项目签约，发布关于建立黄河流域现代物流工作协调推进机制的倡议。

“悦享生活2023活力烟台消费年”暨第33届莱州月季花节经贸文化推介活动举行。28个项目集中签约，总投资755亿元。

滨州市印发全国首个《关于工程建设项目租赁土地办理工程

手续的实施办法》，有效破解投资人和土地使用权人不一致导致无法办理工程审批手续的难题。2023年滨州市18个租赁土地项目按此模式办理相关审批手续，盘活存量建设用地1267亩，总投资38.2亿元，拉动就业3000余人。

5月26日 省委常委会召开会议，审议了《关于加快国家省级水网先导区建设全面提升现代水网综合效益的意见》。

国家省级水网先导区建设工作会议在济南召开。会议强调，要全面贯彻落实“节水优先、空间均衡、系统治理、两手发力”的治水思路，树立“大水利观”，大力优化省级水网布局、结构、功能和发展模式，统筹保障“水安全”、保护“水生态”、发展“水经济”、改善“水民生”，加快建设互联互通、节约集约、绿色智能、产业融合、治理高效的水利先导区，打造国家水网建设的省域范例。

青海省党政代表团到山东考察，两省在济南召开对口支援座谈会。

省住房城乡建设厅、省发展改革委等部门印发《山东省城乡建设领域碳达峰实施方案》，从绿色低碳城市建设、绿色低碳县城和乡村建设、提升建筑全链条绿色低碳发展水平等方面细化22条具体措施，确保城乡建设领域如期实现碳达峰。

首届潍坊国际电子商务博览会、2023世界电子商务大会在潍坊市奎文区开幕。博览会主题为“电商世界·创赢未来”，参展企业462家，注册报名到会国内外知名采购商4100多人。期间配套举办跨境电商供采对接会、跨境电商平台和卖家走进产业带、雅特跨境电商新品发布会等活动。

山东省首个农业农村领域温室气体自愿减排项目（农业碳交易试点）签约暨启动仪式在滨州举行。滨州作为农业碳汇试点，率先落地落实农业碳汇方法学，并在国内市场开展碳汇交易。

5月27日 山东国舜绿建低碳和钢智能科技示范产业园项目建成开园。项目位于济南市长清区，占地222亩，规划建筑面积13万平方米，包括烧结装备数字化智能制造中心、钢结构装配式数字化加工中心、研发培训中心等，在国内首次提出“一二三产”融合零碳工业社区的理念并付诸实施。

全球首批15万吨级智慧渔业大型养殖工船“国信2-1号”“国信2-2号”在青岛进行建造签约。中国船级社（CCS）向青岛国信集团颁发全球首艘30万吨级养殖工船原则性认可证书。

5月27日至29日 西藏自治区党政代表团来山东考察。28日，山东·西藏对口支援工作座谈会在济南召开。

5月28日 胜利油田石化总厂光伏发电电解水制氢示范工程投运。该项目是中国石化首台套兆瓦级绿电碱水制氢项目，预计年产“绿氢”123吨，年减排二氧化碳2535吨。

5月29日至30日 省十四届人大常委会第三次会议在济南召开，审议通过《山东省黄河三角洲生态保护条例》《山东省中小企业促进条例》，作出关于山东与吉尔吉斯共和国楚河州建立友好省州关系的决定。

5月29日至6月2日 山东在香港、澳门举办2023港澳山东周系列活动，主题为“深化合作，共创未来”。期间举办山东省高质量发展开放合作推介会、“好客山东，好品山东”文化和旅游推介会、第二届全国博士后创新创业大赛推介暨“山东—名校人才直通车”港澳行、“好品山东”优质农产品走进大湾区推介会、山东国资国企港澳合作交流会、鲁港金融合作交流暨企业上市推介会、鲁港澳产业合作对接交流会、鲁港澳青年企业家交流会等26场活动，全方位深化与港澳工商界、科学界、文化界等的交流对接，达成一系列合作意向。山东与港澳方面签约38个重点合作项目，涉及高端装备、新能源新材料、新一代信息技术、医养健康、现代金融等产业，总投资56.5亿美元，合同外资17.5亿美元。

★山东省高质量发展开放合作推介会会场。

5月30日　省政协十三届常委会第二次会议在济南召开，围绕“推动绿色低碳高质量发展先行区建设”协商议政。

由省委宣传部、省科协、省科技厅等主办的“齐鲁最美科技工作者”发布仪式在济南举行。全省8位科技工作者和两个创新团队获表彰。

省工业和信息化厅、省通信管理局印发《山东省工业大数据中心体系协同建设2023年行动方案》，提出加快构建“数网、数纽、数链、数脑、数盾”五位一体的山东工业云体系，全面推进工业大数据中心存力、算力、运力一体化建设。

5月30日至31日　重庆市党政代表团到山东考察。31日，山东·重庆东西部协作第十九次联席会议在济南召开。

5月31日　威高集团承担建设的全国唯一国家技术标准创新基地（医疗器械）通过市场监管总局验收，全国首个医疗器械技术标准创新基地落户威海。

5月底 滨州魏桥国科高等技术研究院航空宇航中心与杭州迅蚁网络科技有限公司合作，推出全球首个基于GPT（生成式预训练Transformer模型）的无人机物流算法控制系统。

5月 省委、省政府发布《关于做好2023年全面推进乡村振兴重点工作的实施意见》，提出保障粮食和重要农产品稳定安全供给、加强农业基础设施建设、提升农业科技和设施装备支撑能力、推动乡村产业绿色低碳高质量发展、巩固拓展脱贫攻坚成果、建设宜居宜业和美乡村、健全党组织领导的乡村治理体系、推动农村改革创新、强化要素支撑保障、完善乡村振兴推进机制等10个方面39条意见。

济南量子技术研究院与中国科学技术大学、中国科学院上海微系统与信息技术研究所合作，实现了光纤中1002公里点对点远距离量子密钥分发，创下光纤无中继量子密钥分发距离新世界纪录，提供了城际量子通信高速率主干链路的方案。

6月

6月1日 省大数据局印发《关于促进民营经济高质量发展的落实措施》，重点围绕推进精准便捷的涉企服务、推进优质高效的数据服务、推进泛在领先的数字基建服务、支持民营企业广泛参与大数据工作等4个方面，提出12条具体举措。

济南、淄博两市行政审批服务局签订《“跨域通办”合作协议》《济南市淄博市交通运输类审批事项“异地通办”审批服务合作协议》，28个政务服务事项实现两市通办。

滨州“城市大脑”投入试运行。

★滨州“城市大脑”。

6月2日 2023年国家级沿海渔港经济区试点名单公布，长岛海洋生态文明综合试验区渔港经济区上榜，是山东唯一上榜的渔港经济区。

6月3日 电子营业执照小程序山东专区上线应用。山东成为在电子营业执照小程序开通上线地方专区的首个省份。

6月3日至6日 2023烟台预制菜产业展洽会举行。来自全国17省（直辖市）的230多家预制菜企业参展，汇聚四大品类、5600余种预制菜展品。

6月4日 省委办公厅、省政府办公厅印发《关于加快国家省级水网先导区建设全面提升现代水网综合效益的意见》，提出实施“水网+”行动，构筑水安全保障网、水民生服务网、水生态保护网，建设水美乡村示范带、内河航运示范带、文旅融合示范带、绿色发展示范带，推动形成“三网四带”总体格局，提升现代水网综合效益。

6月5日 生态环境部、中央文明办、山东省政府在济南举行2023年六五环境日国家主场活动，主题为“建设人与自然和谐共生的现代化”，包括1个主会场活动、1场论坛和先进典型宣传推选、主题作家采风、摄影绘画作品征集、生态文明志愿服务行动等配套活动。

全省化工行业安全生产整治提升专项行动动员部署会议在济南召开，要求坚决迅速采取断然措施，有效防范遏制生产安全事故发生，全力维护人民群众生命财产安全、维护正常生产秩序和社会大局稳定。

省政府办公厅印发《工业经济高质量发展要素资源保障十条措施》，聚焦用地、财政、融资、人才、环境要素、数据要素、科技支撑等方面，全方位统筹资源，着力破解工业高质量发展中存在的要素制约。

省水利厅公布2023年度省级水土保持示范创建结果，认定10个水土保持示范县、15个水土保持示范乡镇、4个水土保持科技示范园、6个水土保持示范工程。山东开展省级层面水土保持示范创建在全国属首创。

全国婴幼儿照护服务示范城市现场经验交流会在济宁举行。会上介绍了山东省托育工作开展情况和济宁市示范城市创建工作做法。

“碳惠日照”上线发布仪式举行。这是山东首个碳普惠平台，通过具体量化机关、企业、社区、家庭和市民个人的绿色减碳行为，并赋予“碳积分”价值，鼓励和倡导公众践行绿色生活方式。首批上线绿色公交、共享单车、绿色机关、绿色金融、环保随手拍、唤绿之旅等6个应用场景。

6月5日至6日　“数字赋农，产业升级”2023数字农业农村发展大会暨国家农业大数据与信息服务联盟学术研讨会在淄博召开。来自全国70多个单位的380余位专家学者参会。

6月6日　省委常委会召开会议，审议了《山东省红色基因传承工程实施方案（2023—2027年）》《进一步加强财会监督工作的实施方案》。

省政府办公厅印发《关于规范行政裁量权基准制定和管理工作的若干措施》，提出严格规范行政裁量权基准制定职责、准确界定行政裁量权基准内容、全面加强行政裁量权基准管理、强化工作保障等4个方面10条具体措施。

由省商务厅主办、跨国公司领导人青岛峰会秘书处承办的跨国公司领导人青岛峰会暨重点项目推介会在上海举行。来自跨国公司、行业领军企业、商业协会、商务部以及省市相关部门的70余位代表参会。

6月7日　全省主题教育专项整治工作会议在济南召开，要求对照专项整治总体安排，结合实际抓好落实，突出重点、落细措施、严格标准、常态长效抓整治。

6月8日　2023年世界海洋日暨全国海洋宣传日山东主场宣传活动在日照举行，主题为“保护海洋生态系统，人与自然和谐共生”。当日，在广东汕头举行的国家主场活动现场，自然资源部公布全国33个“和美海岛”名单，山东省南长山岛和北长山岛（岛群）、大黑山岛、砣矶岛3个海岛入选。

第一届城市碳达峰碳中和高端战略研讨会暨济南双碳模拟器发布会在济南召开。会上发布全国首个城市双碳模拟器，该模拟器为城市绿色低碳高质量发展提供重要数值模拟技术平台，为政府碳排放动态调控和产业优化升级管理提供科学支撑。

6月8日至12日　“山东·青岛澳门周”活动在青岛举行。这是澳门特区政府本年在内地举办的首站“澳门周”活动，包括经贸洽谈、大型路展、旅游推介、美食推广、产品展销等，搭建起青澳两地沟通交流的平台。

6月9日　由山东省政府、市场监管总局（国家标准化管理委员会）主办的2023青岛国际标准化大会在青岛举行，主题为“标准化支撑绿色低碳高质量发展”，包括1个主题大会、5个平行分会、2场中外双边会议等。开幕式上发表国际电工委员会支持在中国开展标准化能力建设的声明，发布《国际标准支撑绿色低碳高质量发展青岛倡议》，国际标准化组织、国家标准化管理委员会和青岛市政府签署合作协议。

市场监管总局、山东省政府在青岛签署《共同推动〈国务院关于支持山东深化新旧动能转换推动绿色低碳高质量发展的意见〉落实的合作协议》。

省政府办公厅印发《2023年山东省政务公开工作要点》，确定深化绿色低碳高质量发展、公共企事业单位信息、基层政务等领域信息公开，持续提升政务公开标准化、规范化和信息化水平，推动政务公开工作不断深化细化。

市场监管总局（国家认监委）联合中国贸促会、山东省政府在青岛共同举办世界认可日中国主题活动。其间，市场监管总局开通山东首批企业CCC免办自我承诺便捷通道，中国认证认可协会组织从业机构共同发布《认证认可检验检测行业“建设质量强国 促进全球贸易”青岛倡议》。

省工业和信息化厅公布山东省首批数字经济“晨星工厂”、“数据赋能”优秀产品入库培育名单以及“晨星工厂”试点园区、试点县（市、区）名单，包括1538家“晨星工厂”、256种优秀产品、25家试点园区和25个试点县（市、区）。

6月10日 省委副书记、省长周乃翔到泰安接待群众来访，协调解决有关信访问题。周乃翔强调，要深入学习贯彻习近平总书记关于加强和改进人民信访工作的重要思想，结合开展主题教育，学习践行“浦江经验”，用心用情办好信访案件，千方百计为群众排忧解难，切实把以人民为中心的发展思想落到实处。

全国首套CCUS 膜法脱碳装备成果发布仪式在东营市河口区举行。项目位于河口采油厂渤南集气站内，采用具有自主知识产权的膜法脱碳技术，对油田产生的页岩气进行脱碳处理，打破了国外技术垄断，填补了国内空白。

“以‘三个模式’为引领，加快推进农业农村现代化”座谈会在潍坊召开，由中国社科院社会发展研究中心、省农业农村厅、潍坊市委市政府共同主办。

中华老字号中医药发展大会暨首届中医药传承创新发展会议在东阿召开，主题为“弘扬中医药文化，服务人类健康”。

6月11日 省政府、国家林草局联合印发《山东省科学绿化试点示范省建设实施方案》，提出“三屏、十廊、一区”森林生态建设布局。“三屏”是指在鲁中南山地丘陵区、鲁东低山丘陵区、平原粮食生产区构建森林生态安全屏障。“十廊”是指在沿海岸线、黄河、大运河、马颊河、徒骇河、沂河、沭河、潍河、弥河、大沽河—胶莱河等宜林区域建设森林生态廊道。“一区”是指在城市和村庄拓展绿化空间，实施城市生态修复，开展农村“四旁”植树，进行见缝插绿，打造城乡科学绿化建设区。

6月12日 省委常委会召开会议，审议了《山东省加快内河航运高质量发展三年行动方案（2023—2025年）》《关于支持内河航运高质量发展的若干政策》《关于对2022年落实有关重大政策措施真抓实干成效明显地方予以激励的通报》。

省农科院作物所在东营市垦利区选育的抗旱小麦新品种“济麦60”经专家测产平均亩产497.1公斤，刷新了该品种2022年在东营盐碱地专家测产亩产460.98公斤的成绩，再创中度盐碱地小麦单产新高。

6月13日 《山东省工程建设领域保障农民工工资支付工作指导手册（第一版）》发布。指导手册从项目审批、施工准备、进场施工、退场完工等阶段的26个环节，对劳动用工与工资支付进行全过程、全链条、全要素监管。

6月14日 山东省危险化学品安全生产专项督导帮扶工作动员部署会议在济南召开。督导帮扶从2023年6月开始，2024年5月结束。

6月14日至16日 上海合作组织民间友好论坛暨友好城市论坛在青岛举办。全国政协副主席、上海合作组织睦邻友好合作委员会主席沈跃跃出席开幕式并致辞。论坛由上海合作组织睦邻友好合作委员会、中国人民对外友好协会、山东省政府共同主办，主题为“弘扬‘上海精神’，推动友好合作”。

6月15日 上海合作组织产业链供应链论坛暨2023上合国际投资贸易博览会在青岛开幕。论坛以“协同共赢，链通区域经济合作新未来”为主题，由商务部和山东省政府联合主办，青岛市政府和省商务厅共同承办。开幕式发布《上海合作组织产业链供应链论坛青岛倡议》，上合示范区发起组建中国—上合组织产业园区联盟，中国—上合组织地方经贸合作综合服务平台2.0版本同步上线发布。

全国现代设施农业建设推进会在莱西召开。会上发布《全国现代设施农业建设规划（2023—2030年）》，10家金融机构与18家设施农业企业签署授信协议。

6月15日至18日 2023年全国赛艇青年锦标赛在日照举行。

6月16日 省政府办公厅印发《“食安山东”建设三年提升行动计划（2023—2025年）》，确定了全面落实“两个责任”、完善法规标准体系、强化食品风险防控等8项主要任务，提出开展产地环境治理行动、源头安全提升行动、粮食质量提升行动等8项重点行动。

全球最大功率20MW半直驱永磁风力发电机下线仪式在东营市河口区举行。该发电机每年可为28800个普通家庭提供绿色电力。与燃煤发电相比，单台产品每年累计节省标准煤1.89万吨，减少二氧化碳排放4.9万吨。

6月17日 农业农村部组织专家组对莱州市金海种业有限公司位于城港路街道朱由一村的小麦高产攻关田进行实收测产，该小麦品种为“烟农1212”，种植面积220亩。小麦亩产达到880.89公斤。这是农业农村部组织实收测产的山东小麦最高单产纪录。

6月18日 2023年“山东制造·齐鲁精品”名单公布，123家企业的产品入选。

6月19日 省委常委会召开会议，审议了《山东省深入打好重污染天气消除、臭氧污染防治和柴油货车污染治理攻坚行动方案》《2023年度南四湖流域水污染综合整治工作计划》。

省生态环境厅、省发展改革委等部门印发《山东省深入打好重污染天气消除、臭氧污染防治和柴油货车污染治理攻坚战行动方案》，包括1个总文件和3个行动方案。总文件明确了开展攻坚战的总体要求、重点工作、保障措施；3个行动方案对重污染天气消除、臭氧污染防治、柴油货车污染治理3场标志性战役的攻坚目标和具体任务措施作出部署。

省市场监管局等部门联合印发《加快推动知识产权服务业高质量发展的若干措施》，提出推动知识产权服务业赋能产业发展、推动知识产权服务业助力乡村振兴、推动知识产权服务机构精准服务等20项具体措施。

6月19日至21日 中共中央政治局委员、全国人大常委会副委员长李鸿忠率全国人大常委会执法检查组在山东进行湿地保护法执法检查。

6月20日 省委、省政府在济南召开全省科技创新大会。会上宣读《山东省人民政府关于2022年度山东省科学技术奖励的决定》，中国海洋大学包振民、歌尔股份有限公司姜滨获省科学技术最高奖。

由中央广播电视总台、山东省政府共同举办的“2023山东夏日消费季”活动在烟台启动，主题为“缤纷夏日·悦购齐鲁”，省市联合推出50场重点活动。活动现场启动“新时代，新鲁菜”2023创新职业技能竞赛。

省发展改革委印发《山东省绿色低碳高质量发展重点项目管理暂行办法》，把除省重大项目外的年度其他省级重点项目整合为省绿色低碳高质量发展重点项目，明确了省高质量发展项目的定义、申报条件、申报材料、申报流程、评估确认程序等。

坚持和发展新时代“枫桥经验”主题宣传活动山东行启动仪式在德州举行。

6月21日 省科技厅、省发展改革委等部门印发《山东省科技支撑碳达峰工作方案》，将重点任务分解为基础前沿创新、核心技术创新、创新平台引领、低碳人才引育、创新企业培育、创新示范推广、区域创新建设、创新战略研究、低碳开放合作和全民绿色低碳等十大行动。

全国首个县级“禁毒宣传教育云平台”上线启动仪式在平度举行。该平台包括禁毒政策法规、直播课堂、宣教场馆预约、在线答题、社区宣教、志愿服务等多个板块，实现“线上+线下”全覆盖，打通禁毒宣传教育的“最后一米”。

6月23日 省水利厅印发《关于加快推进新时代科技兴水的实施意见》，确定在重大水利科研攻关、水利科技成果转化、水利标准体系建设等方面聚力突破，提高全链条水利科技供给质量。

6月24日 国务院印发《关于做好自由贸易试验区第七批改革试点经验复制推广工作的通知》，向全国推广24项自贸试验区改革试点经验。山东自贸试验区“动产质押融资业务模式”与“入海排污口规范化‘分级分类管理’新模式”两项改革试点经验入选。

6月25日 济南—临沂协作帮扶暨对口合作联席会议在蒙阴

召开，提出加快由“单项援助”向“双向共赢”转变、由“重点领域协作”向“全方位合作”转变、由“外力帮扶”向“内力驱动”转变、由“政府引导”向“市场运作”转变，打造全国对口合作示范样板。

6月25日至27日 世界互联网大会数字文明尼山对话在曲阜举行。活动由世界互联网大会主办、山东省政府承办，主题为“人工智能时代：构建交流、互鉴、包容的数字世界”，包括开幕式、主论坛、世界互联网大会会员代表座谈会、数字赋能山东高质量发展座谈会等活动。这是世界互联网大会首次在曲阜尼山举办数字文明对话。

国务委员谌贻琴在山东调研民政和残疾人工作。

6月26日 滨州市山东瑞阳新能源科技有限公司年产4万吨新能源锂电池材料一体化项目和年产6万吨新能源锂电池材料前驱体项目投产。该项目是业内第一个覆盖从针状焦原料到人造石墨负极材料成品的一体化项目。

6月27日 省委常委会召开会议，审议了《山东省人大常委会2023—2027年地方立法规划》《山东省化工行业安全生产整治提升专项行动总体工作方案》《全省化工行业安全生产整治提升专项行动领导小组及工作专班组成人员建议方案》《实施先进制造业“2023突破提升年”工作方案》等。

以“绿色低碳、融合发展、共赢未来”为主题的绿色低碳高质量发展泉城论坛暨海峡两岸产业合作区建设推进会在济南举行。10个海峡两岸新旧动能转换产业合作区合作项目现场签约，总投资46.33亿元。

省工业和信息化厅组织开展2023年度“揭榜挂帅”核心技术攻关行动，围绕山东省11条标志性产业链领域“卡脖子”或共性关键技术需求，采取以市为单位组织，“成熟一批，发布一批”

的办法推进。

德州市设立全省首个“一站式涉外政务服务专区”，以德州·东盟国际化政务服务专区为基础，编制外资企业登记、保税仓库设立审批等48项涉外服务事项的“一表清单”，推出“7+N”个办事链条，实现高频涉外事项深度集成、全面覆盖、个性定制。

6月27日至29日 第七届全国残疾人职业技能大赛暨第四届全国残疾人展能节在济南举办。中共中央政治局常委、国务院总理李强对提升残疾人职业技能促进残疾人就业创业工作作出重要批示。国务委员谌贻琴宣布技能大赛开幕。技能大赛由中国残联、人力资源社会保障部主办，山东省政府承办。全国约950名残疾人参加信息通信技术、美术专业、手工业、工业及先进制造业、服务等五大类28个项目竞赛。

2023东亚海洋合作平台青岛论坛举行。论坛由自然资源部、山东省政府主办，自然资源部国际合作司、青岛市政府承办，主题为“‘海洋十年’，和合共生”。开幕式上，“海洋十年”青岛倡议正式发布，山东省海洋科技成果转移转化中心（创新创业共同体）、“海洋十年”国际海洋场景创新合作中心揭牌。论坛执委会与青岛东基海业有限公司签订海洋碳汇交易协议，这是山东省首笔海洋碳汇交易。同期举办《国家管辖外海域生物多样性养护和可持续利用协定》成就和展望国际研讨会、东亚海洋博览会、两场企业经贸对接活动。

6月28日 德州市“吨半粮”增产提质降碳增效项目暨农业农村部微藻资源农业利用重点实验室山东站建站启动仪式在乐陵举行。实验室基于优势藻种创建德州“吨半粮”增产提质降碳增效技术集成，提高微藻生产质量，加大藻类肥使用率，提升“吨半粮”生产能力。

★德州市“吨半粮”核心区基本实现耕种收全程机械化作业。

6月28日至29日 2023年夏季全国煤炭交易会在日照举行，主题为“深入贯彻党的二十大精神，保障国家能源安全和产业链供应链安全”。大会主会场共计400余家企业1200余人参加，会议期间到日照交流对接的相关煤炭贸易类企业上千家。

6月28日至30日 山东举行绿色低碳高质量发展重点项目现场观摩。现场观摩先后在菏泽、聊城、泰安3个市进行。30日下午，在泰安召开现场观摩工作会议。会议强调，推进绿色低碳高质量发展先行区建设必须发挥好投资的关键作用，以有效投资夯实绿色低碳高质量发展基础。聚焦“为什么投、往哪投、谁来投、怎么投”四个方面，提出要充分认识扩大有效投资的关键作用，准确把握投资方向，着力拓展投资主体，创新完善保障体系。

全国政协副主席、民进中央常务副主席朱永新率全国政协教科卫体委员会专题调研组，围绕“中小学教研体系建设”在山东调研。

2023年RCEP经贸合作高层论坛在青岛举行，主题为“携手前行，共促繁荣”。论坛发布《中国工商界关于推进RCEP机制建设共享区域合作成果青岛倡议》，首届中国国际供应链促进博览会意向企业及其他项目集中签约。活动期间举办“共享RCEP红利，推动沿黄流域高质量发展”圆桌会，发布《沿黄九省

（区）贸促系统关于“共享RCEP红利，推动沿黄流域高质量发展”行动宣言》。

6月29日 黄河流域产业技术创新中试基地联盟成立大会在德州举行，沿黄九省（区）35家拥有中试平台的高校院所、龙头企业等相关单位达成合作，5个项目现场签约。

华能辛店电厂100兆瓦/200兆瓦时储能项目全容量并网成功，淄博首个储能电站正式启用。

2023世界机器人大赛锦标赛（烟台）开幕。本次大赛是2023年度的首场锦标赛，设共融机器人挑战赛、BCI 脑控机器人大赛、机器人应用大赛、青少年机器人设计大赛等4类赛事，来自学校、科研机构、企业及社会大众共3500余人次参赛。

2023中国（滨州）新能源与新材料产业发展大会在滨州举行。总投资1267.04亿元的42个新能源与新材料重大投资合作项目签约落地。

6月30日 省政府办公厅印发《实施先进制造业“2023突破提升年”工作方案》，聚焦强创新、强产业、强企业、强平台、强融合、强投资6个方面，谋划提出22项重点任务。

2023山东社科论坛——全省绿色低碳高质量发展先行区建设研讨会在聊城市茌平区举行，30多家高校及科研机构的近百名专家学者参加。

胶州湾第二海底隧道工程盾构段正式掘进施工。工程主线全长17.48公里，隧道长14.37公里（海域段9.95公里），为世界上建设规模最大、长度最长的海底公路隧道。

全省首个风电设备大型专用码头——位于东营经济技术开发区的广利港区通用码头二期主体工程完工。

中国首艘数字孪生智能科研试验船“海豚1”在烟台蓬莱港交付并首航。这艘智能船创造多源信息融合协同探测、智能感知及环境重构、船舶与海洋环境数字孪生3个方面国内第一，打造中国首个船舶智能系统与设备测试及验证的“海上流动”实验室。

6月 国家发展改革委公布2023年国家骨干冷链物流基地建设名单，山东烟台和潍坊入选。2020年以来，国家发展改革委分3批将66个国家骨干冷链物流基地纳入年度建设名单，山东省济南、青岛、威海、烟台、潍坊5个城市入选，数量位居全国第一。

微山县欢城镇采用“农光互补”“渔光互补”等方式，在采煤塌陷地建设光伏领跑技术基地项目。项目总装机容量250MW，集光伏发电、渔业养殖和生态修复于一体，年发电量2.5亿度，年节约标准煤11.85万吨。

7月

7月1日 央视财经频道《对话》栏目特别节目《打造乡村振兴齐鲁样板》播出。节目深入沂水县院东头镇西墙峪村，聚焦打造乡村振兴齐鲁样板，邀请山东省委书记、省人大常委会主任林武作为主嘉宾，与来自山东5个市、16个县、27个乡镇、22个村四级共70位党组织书记，分享了五级书记共同推动乡村振兴的秘

★省委书记林武做客《对话》。

诀，省直有关部门单位、有关企业、省内外专家学者和基层“新农人”等代表参与录制。

齐州黄河大桥一期工程开工仪式在齐河举行。齐州黄河大桥是山东省“十四五”综合交通规划重点建设项目，总投资32亿元，线路全长5.23公里，主桥长1260米、宽44.5米，建设周期约48个月。

“鲁清101”号从小清河博兴港鸣笛启航，4日驶进济南港区，小清河首次全线空载试航顺利完成。

★小清河复航工程试航船通过金家堰船闸。

7月3日 2023年中日韩合作国际论坛在青岛举行。中共中央政治局委员、中央外办主任王毅出席并致辞。论坛由中日韩合作秘书处、中国公共外交协会和青岛市政府共同举办，主题为“重振后疫情时代的中日韩合作：战略沟通、经贸联通、民心相通”。期间举办中日韩合作图片展、考察调研等活动。

交通运输部与山东省政府在济南签署关于加快建设交通强国服务支撑山东绿色低碳高质量发展的合作协议。交通强国建设试点工作推进会召开。

7月3日至4日 第一届全国农民技能大赛总决赛在聊城举行。总决赛由农业农村部、人力资源社会保障部、共青团中央、

★第一届全国农民技能大赛农民画比赛现场。

全国妇女联合会共同主办。大赛设置手工刺绣、手工编织、手工剪纸、泥塑、面花制作、农民画等6个比赛项目，来自全国各地的300余名乡村能工巧匠现场“比武”，展示乡村传统手艺魅力。

7月4日 省委召开省级党员领导干部会议，传达学习习近平总书记对党的建设和组织工作作出的重要指示和全国组织工作会议精神，要求深入学习领会习近平总书记关于党的建设的重要思想，深刻把握新时代组织工作取得的重大成就、面临的机遇挑战，深刻把握组织工作在贯彻落实党的二十大战略部署中的定位，高质量完成各项任务，以实际行动坚定拥护“两个确立”、坚决做到“两个维护”。

2023中国（枣庄）资本赋能高质量发展大会召开。12家重点金融机构与枣庄市政府签订协议，集中签约重点项目14个、总投资302亿元。

首届山东网络直播嘉年华在临沂举行。

7月4日至6日 2023全球木材与木制品大会在日照举行，主题为“变局、开放、合作、共赢”。

7月5日 德州运河经济开发区揭牌成立，总面积16.17平方公里。

7月5日至7日 2023千里山海自驾旅行者大会在威海举行。G228交旅融合经验交流会同步举行。大会发布《G228中国最美沿海景观大道（威海）宣言》，启动全国首个自驾友好型城市共建行动、“山海有约，乐享自驾”百城千车游山东、“自驾旅行，潮玩露营”旅游季等活动。

★“山海有约，乐享自驾”百城千车游山东活动启动。

7月6日 山东省沿黄“1+9”公共资源交易平台合作组织在济南成立。省公共资源交易中心和沿黄九市公共资源交易中心签署《山东省沿黄“1+9”公共资源交易平台一体化建设合作框架协议》《山东省沿黄“1+9”公共资源交易平台远程异地评标合作协议》。

东营市红光渔业示范区的华润财金红光渔业800兆瓦光伏发电项目完成全容量并网，这是全省单体容量最大的渔光互补光伏项目。

7月6日至9日 2023国际青年交流大会举行。主会场设在济南，在德州、东营、济宁、泰安设分会场。全国政协副主席杨震出席活动并致辞。大会以“新时代、新文明、新青年、新使命”为主题，包括开幕式、主论坛、平行论坛、青年主题展、国际青年大联欢及参访交流等活动。开幕式上发布十大国际青年交流成果、世界青年创新创业大赛优秀项目，发布《新就业形态下中国新职业青年发展报告》《山东加快制度型开放先行区建设路径研究报告》《迭代青年发展报告》，发起国际青年交流大会、世界青年企业家创新创业联盟两个国际组织。大会发布《2023国际青年交流大会济南宣言》。

7月8日 省政府批复青岛、烟台、蓬莱历史文化名城保护规划。至此，山东省20座历史文化名城新一轮保护规划已批复完成15个，保护规划编制报批工作进展走在全国前列。

由省委宣传部、济宁市委宣传部等单位主办的大型纪录片《微山湖》开机仪式在微山县微山岛镇举行。该纪录片以微山的发展演变为主线，着重表现微山湖的自然、人文、生活之美。

7月9日 山东港口烟台港30万吨级原油码头二期项目投产。烟台港西港区形成由2座30万吨级原油码头、数座10万吨级原油码头、配套罐区、1200公里长输管道以及铁路、公路、水路共同组成的“卸、储、运”原油一体化储运体系。

全省首班“海铁联运”出口专列自临清开行，直达青岛港。这是山东省首次海铁联运出口转关货物全整列发运，实现了聊城市企业属地报关由“零星”发运到“整列”发运的转换。

7月10日 省委常委会召开主题教育调研成果交流暨典型案例剖析会，交流研讨调研成果，并围绕正反典型案例，深化学习研讨，总结教训启示，检视差距不足，研究提出改进措施，推动主题教育走深走实。

国务院印发《关于做好自由贸易试验区第七批改革试点经验复制推广工作的通知》，青岛自贸片区“动产质押融资业务模式”入选，在全国范围内复制推广。

7月11日 省政府办公厅印发《关于推动外贸外资稳规模优

结构高质量发展的若干措施》，从更大力度推动外贸促稳提质、更大力度吸引和利用外资、更大力度优化营商环境等3个方面提出26条措施。

“齐鲁石化—胜利油田百万吨级CCUS项目”二氧化碳输送管道开通。这是我国首条百万吨输送规模、百公里输送距离、高压常温密相二氧化碳输送管道。

兖州国际陆港多式联运海关监管中心封关运营暨铁路口岸联动启用仪式举行，标志着济宁市首家山东港口内陆港建成。

7月11日至12日 全国考古工作会在济南召开。此前，7月10日，全国考古工作会多场配套学术会议活动在济南举行，主题涵盖中华文明起源与早期发展、水下考古、城市建设与城市考古、科技考古。

7月12日 烟台市医保局联合多家金融机构推出“定点医药机构医保信用贷款”服务，通过医保数据授权共享，有效解决定点医药机构融资难、融资贵和融资慢等问题。

德州市举行冀鲁边抗日根据地创建85周年“传承红色基因凝聚奋进力量”专题研讨会。中央党史和文献研究院、中国社科院、军事科学院、中国人民大学等有关专家出席。

7月13日 十二届省委审计委员会召开第三次会议，传达学习习近平总书记在二十届中央审计委员会第一次会议上的重要讲话精神和《中央审计委员会关于推进新时代审计工作高质量发展的意见》，审议《中共山东省委审计委员会关于加强党对审计工作全面领导进一步推进新时代审计工作高质量发展的实施意见》《关于山东省2022年度省级预算执行和其他财政支出情况的审计报告》。

全省文化传承发展座谈会在济南召开，要求深入学习贯彻习近平总书记在文化传承发展座谈会上的重要讲话精神，坚决扛起文化大省责任担当，奋力开创山东文化传承发展工作新局面。

以“互联互通互惠、共建共享共赢”为主题的中欧班列·山东省沿黄九市一体化发展大会暨首届山东省沿黄九市口岸联席会议在济南召开。沿黄九市签订《中欧班列·山东省沿黄九市口岸一体化发展战略合作协议》，发布山东省沿黄九市中欧班列高质量发展倡议，中欧班列·山东省沿黄九市一体化发展首发专列发车仪式举行。

7月14日 全省党风廉政警示教育大会在济南召开，要求深入学习贯彻习近平总书记关于党的建设的重要思想，牢牢把握主题教育各项部署，聚焦净化政治生态这一主题，教育引导全省党员干部进一步以党的创新理论武装头脑、凝心铸魂，坚定不移深入推进全面从严治党，努力营造积极向上、干事创业、风清气正的良好政治生态。

新疆维吾尔自治区党政代表团到山东考察。

山东推出优化调整稳就业10条政策措施，进一步延长政策享受期限、扩大政策覆盖范围、提高政策额度标准。

省机关事务管理局、省发展改革委等部门印发《山东省公共机构开展绿色低碳引领行动促进碳达峰工作方案》，确定实施能源绿色低碳转型工程、绿色建筑工程、绿色低碳示范引领工程、资源节约循环利用工程、绿色信息工程、绿色低碳管理能力提升工程等六大工程。

2023中日企业家青岛对话会在青岛西海岸新区举行，欧力士、日中经济协会等日本企业、经济机构代表以及海信集团、山东港口青岛港集团等中方企业代表共300余名嘉宾参会。

7月18日 省科技厅印发《推动高新技术产业开发区高质量发展的若干措施》，进一步向高新技术产业开发区集聚各类创新资源，营造高新区高质量发展最优生态。

省水利厅公布全省首批省级水利遗产名单，济南市泉城水利工程、泰安市东平县戴村坝、济宁市兖州区金口坝等15处水利遗产上榜。

省农业农村厅启动山东预制菜“十大品牌、百强企业、千优产品”推介活动，通过开展网络投票、消费者体验、专家评鉴等，确定“十大品牌、百强企业、千优产品”榜单，并组织系列预制菜宣传推广活动，强化品牌推介。

滨州农业农村社会化服务联盟暨农业社会化应急服务联合体揭牌。

7月18日至19日 以“走近孔子 研学圣地”为主题的2023中国·济宁研学旅行创新发展大会在曲阜举行。中国济宁研学旅行创新发展观察基地揭牌。

7月19日 第二十届中国（滕州）微山湖湿地红荷节暨中华善城招商大会在滕州开幕。开幕式上共签约12个项目，总投资229.9亿元，涉及智能制造、新材料、医药、文旅等产业。

泰安市社会保障卡居民服务“一卡通·泰好用”智慧惠民工程在泰安旅游经济开发区启动。上线的“一卡通·泰好用”是全省首家社保卡惠民消费平台，已纳入商超购物、文旅出行、餐饮住宿等各类社保卡特约商户353家。

7月20日 省委召开省级党员领导干部会议，传达学习全国生态环境保护大会精神，传达学习习近平总书记对网络安全和信息化工作作出的重要指示、全国网络安全和信息化工作会议精神。会议要求深入学习贯彻习近平生态文明思想，牢固树立和践行绿水青山就是金山银山的理念，坚定不移走生态优先、绿色发展的现代化道路，加快推动绿色低碳高质量发展。要正确判断和把握形势，增强全省网信工作的前瞻性、系统性、主动性，全面落实新时代新征程网信工作各项任务，巩固壮大主流思想舆论，筑牢网络安全屏障，积极顺应群众期待期盼，以数字赋能高质量发展，深入推进国际交流合作，为现代化强省建设营造良好舆论氛围。

山东特色产业集群发展工作会议在泰安召开。至此，山东已认定4批100家省级特色产业集群，集聚企业12.18万家，年营收达2.99万亿元，带动社会就业377万人，16市均分布有一批代表性较强的特色产业集群，形成了一批在全国叫得响的典型经验。

2023年中国股权投资基金有限合伙人榜单揭晓，由山东省新动能基金管理有限公司管理的山东新旧动能转换引导基金入围主榜单“2023年中国政府引导基金50强”，连续8年荣登中国政府引导基金排行榜第二位。截至6月底，该基金累计完成项目投资1372个，基金投资金额突破1700亿元。

200兆瓦级丰源生物质发电股份公司燃气—蒸汽联合循环热电联产机组正式并网发电。该机组为山东能源领域首台套重型燃机项目，实现山东燃气热电零的突破。

7月21日 省委常委会召开会议，审议了《关于进一步加强全省网络安全常态化防护工作的若干措施》、《中共山东省委网络安全和信息化委员会工作规则》、全省深入开展学习贯彻习近平新时代中国特色社会主义思想主题教育工作情况的报告、《山东省乡村文化振兴工作指导方案（2023—2027年）》、《关于进一步加强功能区安全生产工作的若干措施》等文件，研究了十二届省委巡视工作。

以“构建全栈自主创新能力、赋能数据要素可信流通”为主题的山东区块链研究院技术创新暨生态合作大会在济南召开，国家商用密码检测机构揭牌。

农业农村部“全国农服进万家系列活动”在阳信举行。滨州市大力培育联农带农经营主体，6家合作社入选国家级示范社，2

家合作社入围全国500强前十名，农业社会化服务“滨州路径”全国推广，“农牧循环社会化服务”做法入选全国典型案例。

7月22日 省科技厅、省委组织部、省委宣传部、省科协等部门印发《关于新时代进一步加强科学技术普及工作的若干措施》，包括加强科普能力建设、促进科普与科技创新协同发展、深入推进重点人群科普工作、开展重点领域科普工作、强化工作保障等5个方面19条措施。

“泰安号”（星时代-16）卫星搭载谷神星一号Y6运载火箭，在酒泉卫星发射中心成功发射入轨。

2023菏泽网络消费节开幕式在曹县举行。本次消费节持续至8月31日，设1个主会场、66个分会场，开展启动仪式、曹县第五届荷花节·电商节等67项配套活动，选品涵盖服饰、食品、家具等十余个大类、百余个品牌、千余种产品，多维展示菏泽电商赋能显著成效。

7月23日 山东省首届商贸物流创新创业大赛暨临沂商贸物流发展报告会在临沂举行。来自全国18个城市的80个项目报名参与，12个项目进入决赛。本次大赛以“数领未来，智惠物流”为主题，重点关注物流园区转型升级、智能化仓储设备、商贸物流产业链，以及新技术与商贸物流行业深度融合方面的创新创业项目。

7月24日 省政府办公厅印发《山东省跨境电商跃升发展行动计划（2023—2025年）》，明确9个方面重点任务，从产业带打造、品牌培育、物流畅通、便利化提升、人才队伍建设等方面提出44条具体政策措施，推动山东省跨境电商进一步发展。

第三届山东网络文明周在日照启动，主题为“网络同心，文明同行”。启动仪式上，“好网民·在山东”榜样人物、2022年度山东“双百”正能量网络精品评选获奖作品、山东省互联网行业党建示范点等揭晓。

山东精工电子科技股份有限公司的锂离子电池（26650系列）获得中国质量认证中心颁发的产品碳足迹证书，这是山东省锂电池产品首张产品碳足迹证书。

7月24日至26日 省第十四届人大常委会第四次会议在济南召开，审议通过《山东省生物多样性保护条例》《山东省人民代表大会常务委员会关于修改〈山东省地方立法条例〉的决定》，修订通过《山东省未成年人保护条例》。

7月25日 省住房城乡建设厅、省发展改革委等部门印发《关于推动城市片区综合更新改造的若干措施》，立足城市更新片区资源统筹、系统配套、一体打造，从科学谋划论证、明确实施路径、严格项目管理、强化用地保障、拓宽资金渠道、开展试点示范等6个方面提出20条推进措施。

中国船舶武汉船机总包建造的“华夏金租神大01”号1200吨自升式海上风电安装平台在青岛西海岸新区交付。该平台型长106.6米、型宽44.2米、型深8.45米，桩腿长度110米，能够满足国内最大海上风机存放安装要求。

7月26日 省政府办公厅印发《山东省世界级港口群建设三年行动方案（2023—2025年）》，提出加快建设安全便捷、智慧绿色、经济高效、支撑有力、融合开放的世界级港口群，实施打造服务全球的一流港口基础设施、打造全球领先的智慧绿色平安港口、打造通达全球的双循环陆海物流网络、打造辐射全球的港航供应链服务体系、打造面向全球的开放融合发展格局、打造全球认可的口岸营商环境六大提升行动。

7月27日 省委十二届四次全体会议在济南召开。全会听取和讨论了省委书记林武受省委常委会委托作的工作报告，审议《关于全省深入开展学习贯彻习近平新时代中国特色社会主义思想主题教育工作情况的报告》。会议要求持续推进学习贯彻习近平新时代中国特色社会主义思想主题教育走深走实，做实理论武装，提升政治素养，抓好工作落实，提高整改实效，抓好建章立制。做好下半年经济社会发展工作，要紧跟国家政策变化，积极抢抓新机遇，拓展新赛道，加快补齐短板，着力优化服务，坚决完成全年经济社会发展目标任务。

7月28日　“山东农家书屋”智能管理平台发布。平台包括智能管理、数字阅读、主题活动、百姓选书、各市书屋、资讯动态、志愿服务七大功能模块，打造纵跨省、市、县、乡、村五级的智能管理系统。

滨州市印发《关于推进海域立体分层设权的通知》。这是全省首个海域立体分层设权的政策性文件，助力海洋资源资产产权制度改革，规范海域立体开发利用活动，提升海域资源集约节约水平。

7月28日至8月1日　第三届韩国（山东）进口商品博览会在威海举行，主题为“行稳致远，共创未来”，吸引采购商及观众近11万人次。11月，该展会通过国际展览联盟（UFI）资格认证，正式加入国际性顶尖品牌展会行列。

★参会者在博览会上观看中韩创新大赛成果展示。

7月29日 省委办公厅、省政府办公厅印发《关于进一步加强财会监督工作的实施方案》。这是山东第一次以省“两办”名义印发关于财会监督的文件，明确提出要建立“一个体系”、做到“四个聚焦”、突出“五个重点”、完善“三个机制”、实施“四个赋能”，搭建起全省财会监督工作的“四梁八柱”。

7月30日 《山东省“十四五”噪声污染防治行动计划》印发实施，针对工业、建筑施工、交通运输和社会生活噪声特点实施分类管控。

7月30日至31日 山东省残疾人联合会第八次代表大会在济南召开。大会宣布省残联第八届主席团委员名单和出席中国残联第八次全国代表大会代表名单，通过第七届主席团工作报告的决议。

7月31日 山东港口（威海）跨境生活资料分拨基地一期项目拿到全省首张施工综合许可“九证合一”证件。威海此项改革举措是以施工许可为中心，同步可办理9个事项，实现了一张综合许可证可加载9项许可信息的“1+8”新模式。

7月 省委依法治省办发布《关于加强黄河流域生态保护和高质量发展法治保障的若干措施》，从立法、执法、司法、守法普法、组织保障5个方面提出16条措施，服务推动黄河流域生态保护和高质量发展。

省发展改革委发布2023年度入库重点培育的“十强”产业“雁阵形”集群和集群领军企业名单，37个产业集群和59家领军企业入选。

8月

8月1日 省发展改革委、省工业和信息化厅等部门印发《关于做好2023年降成本重点工作的通知》，主要包括增强税费优惠政策的精准性针对性、提升金融对实体经济服务质效、持续降低制度性交易成本等8个部分22条措施。

省工业和信息化厅印发《山东省制造业创新中心建设工作指南》，重点面向全省传统优势产业、标志性产业链细分行业、战略性新兴产业及未来产业等领域，鼓励具备条件的龙头企业牵头创建省制造业创新中心。

8月1日至7日 工业和信息化部完成2023年新增跨行业跨领域工业互联网平台公示，山东推荐的火石（国网山东电力）、云帆（东营胜软）、柠檬豆（青岛檬豆）3个平台全部入选，新增数量与广东并列全国第一。至此，全省“双跨”平台达到7家，总数由全国第三跃升至全国第二。

8月2日 山东省数字经济发展联席会议办公室公布首批32个“产业大脑”揭榜挂帅立项名单，涵盖新一代信息技术、高端装备、新能源装备、纺织服装等多个重点行业。

莱州西岭金矿探获新增金金属209.606吨，累计探获金金属量592.186吨，为国内资源量规模最大的巨型单体金矿床。

京杭大运河沿线城市内河航运高质量发展协作推进机制联席会议在济宁召开。会上，杭州、嘉兴、湖州、苏州、无锡、常州、扬州、镇江、淮安、宿迁、徐州、济宁、枣庄、菏泽、泰安等15座京杭运河沿线地市签署《京杭大运河沿线城市推动内河航运高质量发展共同宣言》，标志着京杭大运河沿线城市内河航运高质量发展协作推进机制正式建立。

★京杭大运河沿线城市签署推动内河航运高质量发展共同宣言。

8月3日 省政府办公厅印发《关于支持地热能开发利用的若干措施》，从支持地热勘查和有序利用、优化资源配置和审批服务、鼓励科技攻关和平台创建、强化要素保障和降本增效、加大财税支持和金融服务、引导推广应用和示范创建6个方面出台19条支持措施。

文化和旅游部公布《第一批全国智慧旅游沉浸式体验新空间培育试点名单》，济宁市申报的“尼山圣境文化夜游智慧旅游沉浸式体验新空间”成为山东省唯一入选项目。

8月4日 2023中国（山东）—东盟中小企业合作发展大会在德州开幕。大会由山东省政府、中国—东盟中心联合主办，德州市政府、省委外办、省工业和信息化厅和中国—东盟商务协会总会承办，主题为“共商发展新机遇，释放合作新动能”。开幕式上，农业机械出口菲律宾项目等7个经贸文化合作项目集中签约，中国—东盟中医药交流合作中心（德州）等现场揭牌，“黄河—湄公河对话”活动同步启动。

8月5日 省教育厅、省委编办等部门印发《关于优化乡村中小学幼儿园布局的指导意见》，要求各乡镇均应保留公益普惠性幼儿园和完全小学，原则上每个乡镇保留一所初中段学校。

8月6日至8日 2023八角湾创新大会在烟台举行，主题为“电池材料，赋能未来”，探讨新能源电池技术未来发展趋势及突出技术难题，推动基础研究与产业应用技术融合，为新能源电池产业创新发展提供新思路、注入新活力。

8月7日 由中央广播电视总台华语环球节目中心制作的纪录片《郭味蕖》开播仪式在北京举行。郭味蕖1908年出生于山东潍县，是中国著名画家、美术史论家、美术教育家、书画鉴藏家。

聊城市指导阳谷华泰在全国率先开展企业联合标准研制工作模式研究，联合产业链关联企业共同制定、发布、使用全国首个企业联合标准，促进产业链资源整合、协同创新。

8月9日 省政府印发《关于进一步提振扩大消费的若干政策措施》，主要包括强化大宗消费支撑、优化服务消费供给、培育新消费增长点、优化城乡消费环境等4个部分40条政策举措。

8月10日 山东省沿黄九市公共资源交易一体化推进会在济南召开。会上签署《山东省沿黄九市公共资源交易一体化发展框架合作协议》。

潍坊综合保税区“四位一体”综合运营中心开通运行。这是山东首个跨境电商1210模式、9610模式、国际邮件、国际快件“四位一体”通关场所，可为企业提供便捷通关、在线交易、物流分拨、支付结算等全要素、全链条综合服务。

2023年山东省现代农业装备博览会开幕式在潍坊举行。这是山东省举办的首届现代农业装备博览会，主题为“发展现代农业装备，助力农业强省建设”。近200家省内外农机企业参展，展示品种800多个、机具2000多台（套）。博览会期间举行多场学术论坛和智能农机现场演示等系列活动。

全省首家国有网络货运数字产业园在临沂高新区开园。园区独立研发了网络货运数据服务一体化平台，实现对入园企业经营情况的实时监管，通过“以网管网”，做到发票流、业务流、合同流、资金流“四流合一”。

8月11日　省委办公厅、省政府办公厅印发《关于加强新时代水土保持工作的实施意见》，提出筑牢预防保护防线、依法严格实施监管、推进治理提质增效、夯实专业基础支撑、提升组织保障能力等5个方面50条具体措施。

省政府批复同意设立宁阳、诸城、齐河、邹平、龙口（海洋）、坊子、兖州高新技术产业开发区等7个省级高新区。

省政府办公厅印发《山东省扩大内需三年行动计划（2023—2025年）》，聚焦拓展提升消费需求、扩大有效投资、畅通经济循环3个方面作出谋划和部署。

8月13日至27日　由中国国家话剧院、山东省文化和旅游厅、济宁市政府主办的“尼好，戏剧！青年导演创作扶持计划第二季”在曲阜举行，11位青年导演携10部原创剧目、5部特邀剧目、6部高校邀请作品陆续上演。

8月15日　省政府办公厅印发《关于促进全省旅游住宿业高质量发展的若干措施》，包括丰富产品供给、突出内涵建设、实施政策引领、加强人才培养、强化行业监管、加强组织保障等6个部分20条具体措施。

本日是首个全国生态日。由省发展改革委、省委宣传部、省自然资源厅、省生态环境厅、临沂市政府主办，临沂市发展改革委、蒙阴县政府承办的全国生态日山东主场活动在蒙阴举行。活动现场发布山东省绿色低碳转型以及工业等领域生态文明建设重要成果，蒙阴县发布生态文明建设倡议。

省工业和信息化厅、省教育厅、省科技厅、省市场监管局等部门印发《山东省科技成果赋智中小企业专项行动方案（2023—2025年）》，确定实施创新平台赋能、产学研协同创新、新技术新产品推介等十大专项行动，推动科技成果更高效地赋智中小企业。

“全国中学生地球科学科普教育山东基地”揭牌仪式暨地球科学主题讲座活动在青岛举行。这是全国首个中学生地球科学科普教育基地。

8月16日 省发展改革委、省司法厅等部门印发《关于实施行政处罚决定和行政处罚信息信用修复告知“两书同达”的通知》，有利于保障失信主体第一时间了解信用修复政策，激发失信主体诚实守信意愿，主动履行法定义务，提高社会信用体系建设法治化、规范化水平。

8月16日至18日 山东省工会第十六次代表大会在济南召开，选举产生省总工会第十六届委员会、省总工会第十六届经费审查委员会和山东出席中国工会第十八次全国代表大会代表。

8月17日 全省组织工作会议在济南召开，传达习近平总书记关于党的建设和组织工作的重要指示以及全国组织工作会议精神。会议要求加强选育管用，着力建设德才兼备的高素质干部队伍；突出人才引育，加快打造具有山东特色的人才集聚高地；夯实基层党建，切实增强基层党组织的政治功能和组织功能。

全省旅游住宿业高质量发展推进会在济南召开，要求坚持有效市场和有为政府更好结合，突出“重抓、会抓、细抓”，以小切口做好大文章，不断丰富旅游住宿产品供给，更好满足人民对美好生活的向往和消费者精品旅游需求。

黄河流域政府采购协同发展工作研讨会在东营召开，沿黄九省区政府采购协同发展合作正式启动。

亚洲首艘圆筒型浮式生产储卸油装置——“海洋石油122”在青岛完成船体建造，最大直径约90米，每天可处理约5600吨原油，可连续在海上运行15年不回坞。

在2023年大豆行业年会暨第七届中国大豆产业国际高峰论坛上，禹城被授予“中国大豆之乡”称号。2023年，该市大豆玉米带状复合种植面积14.1万亩，居全省第一。

8月18日 第二十四期山东干部讲堂在济南开讲。中国工业经济学会会长、中国社科院大学教授、中国数字经济学术年会大会主席江小涓受邀作报告。

山东有研刻蚀设备用硅材料及硅片扩产项目在德州天衢新区开工，总投资7.4亿元。

8月18日至20日 第三届RCEP区域（山东）进口商品博览会在临沂举行，主题为“新时代、新机遇、新征程”。博览会共招引参展企业536家，集中展示来自56个国家和地区的1000余类、1万余款商品。10个外商项目集中签约，签约额总计3468万美元。累计到会观众4.5万人次，其中专业采购商2万人次，展会交易额4.6亿元。

8月20日 省政府办公厅印发《山东省省级国有资本经营预算管理办法》，对省级国有资本经营预算管理的管理职责、收支范围、预算编制、预算执行、预算调整、决算、绩效管理、监督等作出相应规定，自9月1日起施行。

8月22日 首届国际高性能纤维及复合材料科技会议暨山东省碳纤维产业链推进大会在威海召开。中国碳纤维基地落户威海，12个碳纤维及复合材料产业链项目签约落地。

8月23日 省委、省政府举行2023年秋季全省高质量发展重大项目建设现场推进会，动员全省上下深入贯彻习近平总书记重要指示要求和党中央决策部署，围绕绿色低碳高质量发展先行区建设，抢抓项目建设黄金期、窗口期，推动一批高质量重大项目集中开工、加快落地，提振民间投资、扩大有效投资，确保完成全年目标任务。集中开工的797个重大项目总投资7054.3亿元，年度计划投资1584.9亿元。其中，民营企业投资项目515个，总投资3859.6亿元。

省政府安委会印发《关于进一步加强安全生产驻点监督工作的意见》，强化分级分类监督，明确驻点监督重点对象，根据企业现实安全状况、潜在风险大小等情况确定安全等级，实施分类派驻。

担保支持文旅产业双百亿行动启动暨“鲁担文旅贷”产品发布仪式在济南举行，为全省文旅企业提供200亿元的整体授信额度。

山东港口青岛港董家口原油商业储备库（三期）投产启用。至此，董家口港区原油商业储备库一期、二期、三期工程共计520万立方米的原油储罐及配套设施全部建成投产。

全国首架村级联合购置航空植保飞机在滕州市鲍沟镇开展“一防双减”飞防作业，这是全国首个使用中央巩固拓展脱贫攻坚成果同乡村振兴有效衔接资金建成的航空植保项目。

★“一防双减”飞防作业。

8月24日 中国科学院济南科创城科技成果转化项目路演暨资本对接活动举行。活动发布5项中科系重大技术成果，2组重大项目进行签约，济南市科技金融创新基地启动仪式举行。

8月25日 省委常委会召开会议，审议了《关于进一步推进乡村振兴齐鲁样板提档升级的政策措施》《国有企业助力乡村振兴实施办法》等。

全省生态环境保护大会暨美丽山东建设推进会在济南召开。会议要求把美丽山东建设摆在突出位置，以绿色低碳高质量发展先行区建设为牵引，深入推动黄河流域生态保护和高质量发展，统筹产业结构调整、污染治理、生态保护、应对气候变化，协同推进降碳、减污、扩绿、增长，促进发展方式绿色低碳转型，实现生态环境根本好转，让齐鲁大地蓝天永驻、青山常在、绿水长流。

山东省“奋力推动新阶段水土保持高质量发展”主题宣传活动启动仪式在济南举行，现场发布山东水土保持IP形象“淼淼”和“垚垚”。

省医保局、省财政厅等部门印发《山东省进一步加强医疗保障支持中医药传承创新发展的政策措施》，系统集成了医疗服务价格、集中带量采购、医保支付、待遇保障、基金监管等方面医保职能，围绕支持中药产业、中医技术、中医医疗机构、中医医养康养发展和提高群众中医医疗保障水平等方面提出22条政策措施。

8月26日 省财政厅、国家税务总局山东省税务局、省人力资源社会保障厅等部门印发《关于确定自主就业退役士兵和重点群体创业就业税收扣减标准的通知》，明确山东按照国家规定的最高上浮标准执行创业就业税收扣减政策，执行期限为2023年1月1日至2027年12月31日。

2023青岛·黄河流域陆海联动高质量发展研讨会召开，主题为“共建沿黄陆海大通道，共创陆海联动新未来”。

8月28日 山东省决策咨询委员会成立大会在烟台举行。会上公布山东省决策咨询委员会专家库首批专家和成员单位，确定专家库首批专家59名、成员单位85个。

省委巡视工作领导小组召开十二届省委第三轮巡视集中反馈会议。5月上旬至7月上旬，十二届省委第三轮巡视对6个设区市、32个县（市、区）开展常规巡视，对2家国有企业党委开展机动巡视。

省工业和信息化厅、省发展改革委、省教育厅等部门印发《山东省现代轻工纺织产业发展三年行动计划（2023—2025年）》，提出实施创新引领、产业链提升、增品种提品质创品牌“三品”升级、产业生态优化四大工程，共计17项任务。

“好品山东，和美乡村”齐鲁农超山东农副产品展示交易平台上线活动在济南举行。“齐鲁农超”建有16市品牌馆，超1000个农产品品牌、近3000家商户进驻。

由山东省港口集团牵头编制的全国首个“近零碳港区”建设技术标准《近零碳港区建设技术要求》，由中国航海学会发布实施。

青岛空港综合保税区开关运行。该综保区于2022年2月获国务院批复设立，规划面积1.44平方公里，2023年7月通过正式验收，是山东首个空港综合保税区。

生态环境部公布第二批12个美丽海湾优秀案例，山东省威海桑沟湾、烟台八角湾、烟台长岛庙岛诸湾3处海湾入选。

8月28日至30日 2023绿色低碳高质量发展大会在烟台举行。全国政协副主席杨震，斯里兰卡议长马欣达·阿贝瓦德纳出席大会并致辞。这是在山东举办的第一个以绿色低碳高质量发展为主题的国际性盛会，由生态环境部、中国科协、山东省政府共同主办，主题为“绿色低碳高质量发展”。会上发布《中国绿色贸易发展报告》《中国清洁能源产业发展白皮书》，举行中挪国际合作中心签约及启动仪式、国际海洋碳汇产业组织成立及启动仪式、绿色技术投资联盟成立仪式。大会共推介3121个合作项目、总投资4.63万亿元，现场签约70个项目、签约金额1324亿元。

★ 2023 绿色低碳高质量发展大会会场。

8月30日 2023新能源汽车下乡活动（山东）启动仪式暨新能源商用车高质量发展论坛在济南举行。共展出18家整车企业的50辆汽车，以及芯片、动力电池、驱动电机、充电桩等配套产品。14家新能源汽车产业链企业代表共同发布促进新能源汽车下乡倡议。

全国沿海滩涂盐渍化防控与海水综合利用产业发展大会、第二届夙沙论坛在潍坊开幕。开幕式上，国际欧亚科学院（中国）山东夙沙卤源科学技术国家实验室和山东沿海土壤盐渍化防治与盐碱地改良示范基地揭牌。活动期间举办了山东海水综合利用产业联盟成立大会、打造海水防用结合新业态高端峰会、联合国“海洋十年”与中国海洋发展战略会议、绿色海洋化工与化工过程安全技术高端论坛等活动。

8月31日 全省数字经济高质量发展工作会议在济南召开。会议强调，数字经济是山东实现绿色低碳高质量发展的崭新赛道、关键增量和战略支撑，是赢得新一轮发展竞争的历史性机遇。要加快推动数字产业化、产业数字化，做强一批重点数字产业项目、产业集群、产业园区，实施一系列数字赋能行动，筑牢数字经济关键支撑，全面塑强数字经济高质量发展新优势，努力打造全国领先的数字经济发展新高地。

省政府办公厅印发《关于支持建设绿色低碳高质量发展先行区三年行动计划（2023—2025年）的财政政策措施》，涉及切实增强财政综合保障能力、支持高水平科技自立自强、支持构建现代化产业体系等11个方面46条具体政策措施，涵盖税费调节、资金投入、体制激励、政策引导等诸多方面，统筹资金、集聚资源推动先行区建设。

8月 省政府办公厅发布《关于建立省政府政策例行吹风会机制的实施方案》，建立政策例行吹风会机制，及时公开政务信息，解读政策文件，主动回应公众关切，依法保障人民群众知情权，合理引导社会预期，推动政策落地落实。

省地方金融监管局、省工业和信息化厅、人民银行济南分行、国家金融监管总局山东监管局等部门单位发布《山东省金融支持工业经济高质量发展指导意见》，从加强政策联动衔接、加大工业经济信贷供给、拓展工业企业融资渠道等7个方面提出26条具体措施。

市场监管总局批准山东以聊城市产品质量监督检验所（山东省黄河流域高质量发展区域计量中心）为主体，联合山东省计量科学研究院，共同筹建国家碳计量中心（山东），成为全国获批的第三家国家碳计量中心。

9月

9月1日 省委常委会召开会议，审议了《山东省推动新能源汽车下乡三年行动计划（2023—2025年）》《加快推进地热能开发利用的指导意见》。

省委、省政府印发《关于支持民营经济高质量发展的若干意见》，分为凝聚支持民营经济发展的思想共识、营造公平竞争的营商环境、构建亲清政商关系等12个部分38条具体内容，支持民营经济高质量发展。

2023第五届全球独角兽企业500强大会暨青岛市民营经济高质量发展路演中心揭牌仪式举行。大会发布《2023全球独角兽企业500强发展报告》，青岛歌尔微电子、杰华生物等14家企业上榜，数量稳居全国第五、北方第二。

第二届中国工厂化养虾大会在东营举行，东营被中国水产流通与加工协会授予“中国对虾之都”称号。

9月1日至4日 第27届鲁台经贸洽谈会在潍坊举行，主题为“中国式现代化的鲁台融合发展新机遇”。开幕式上，14个重点台资项目现场签约，总投资11.97亿美元。

9月2日 山东省与新疆维吾尔自治区在乌鲁木齐就对口支援工作进行对接交流。

济宁—万州集装箱航线首航仪式在济宁春江港举行。该航线的开通打通济宁和重庆内河航运新通道，给鲁渝协作带来积极作用。

9月2日至9日 山东省代表团访问哈萨克斯坦、乌兹别克斯坦、吉尔吉斯斯坦等中亚三国。代表团举行20余场外事活动，签约上合示范区物流合作、山东高速新材料合作、泰山体育器材供应等数十个项目，涉及农业、基础设施、装备制造、新能源、物流、贸易等多个领域。

9月3日 哈萨克斯坦阿拉木图布伦代场站揭牌成立，为中欧班列（齐鲁号）首个海外集结中心，可为客户提供仓储、清关、保税、供应链管理等综合物流服务。

“红色交通物流平急两用研学示范根据地”在青岛揭牌。这是全国首个贯彻落实“平急两用”部署要求的行业红色研学基地。

9月4日 山东首条TIR（《国际公路运输公约》）进境通道开通。车辆于8月12日从乌兹别克斯坦出发、途经哈萨克斯坦，最终抵达青岛。TIR系统是国际跨境货物运输领域的全球性海关便利通关系统。21日，山东首条中俄TIR专线开通。

★山东首票TIR进口货物运抵青岛海关监管场所。

央企省企助力潍坊高质量发展交流会在潍坊召开。潍坊市政府与鲁商集团、山东钢铁集团、山东高速集团等分别签署战略合作框架协议，潍坊机床高端装备制造产业园、第三代半导体集成产业基地等25个项目现场签约。

9月5日 全国海洋科技大市场暨半岛科创技术转移（成果转化）服务平台建设启动仪式在青岛高新区举行，构建“一网一厅”两大服务平台。

东方航天港总装出厂的谷神星一号海射型运载火箭在山东海阳黄海海域，将天启星座21星至24星共4颗卫星顺利送入预定轨道，这是中国民营火箭公司首次开展海上发射任务并取得成功。

9月6日 全省法治政府建设工作会议在济南召开，要求准确把握新时代全面依法治国的目标任务、重大要求，扎实推进法治政府建设率先突破，实现法治政府建设走在前、作示范。

东德实业氢能核心装备产业园项目开工。这是山东首个氢能核心装备产业园，项目规划面积100亩，分两期建设，主要生产燃料电池氢气循环系统、燃料电池空气压缩机以及隔膜压缩机及机组。

9月7日 中国印尼合作建设的雅万高铁开通运行。该线路使用的时速350公里高速动车组由中车四方股份公司设计制造，这是山东造高铁列车首次在海外正式投入使用。

9月8日 省水利厅印发《关于全面加强水资源节约高效利用的实施意见》，从强化水资源刚性约束、健全节水制度政策、推进全社会节水控水、严格节水监督管理、提升公众节水意识等方面，提出7个部分21条具体措施。

“河和之契：2023黄河流域、大运河沿线非物质文化遗产交流展示周”暨黄河流域文化生态保护区发展论坛在潍坊启幕。活动以“讲好黄河故事，传承中华文明”为主题，来自沿黄九省区的183个非遗项目、280名非遗传承人参展。活动创新推出黄河流域九省区“非遗会客厅”等项目。

滕州金晶TCO光伏导电玻璃技改升级项目点火投产仪式举

行。该生产线是中国建材联合会确定的国内玻璃行业“碳达峰”技改示范线，项目全面升级镀膜设备，采用多项先进节能新技术，产线能耗指标达到国际先进水平。

亚洲首台套18300T双动双向挤压机——铠驿18300T全国产化双动双向挤压机交付仪式在菏泽市牡丹区举行。该挤压机生产的铝合金产品覆盖航空航天、轨道交通，以及汽车轻量化等多个领域。

9月9日 省政府印发《山东省推动新能源汽车下乡三年行动计划（2023—2025年）》，提出实施充电基础设施建设运营提升、新能源汽车产业培育突破、农村地区新能源汽车消费扩容、农村路网建设提档升级、市场服务和安全监管体系建设等5个专项行动，细化提出18条重点举措。

山东省海外联谊会成立30周年暨六届一次会员大会在济南召开，审议通过省海外联谊会第五届理事会工作报告，选举产生第六届理事会领导机构。

9月10日 省委常委会召开会议，审议了《关于开展全省第二批学习贯彻习近平新时代中国特色社会主义思想主题教育的实施意见》。

山东省学习贯彻习近平新时代中国特色社会主义思想主题教育第一批总结暨第二批部署会议在济南召开。会议指出，全省第一批主题教育达到预期目的、取得显著成效。开展第二批主题教育，要认真学习贯彻习近平总书记关于主题教育系列重要讲话和重要指示批示精神，紧紧围绕“学思想、强党性、重实践、建新功”的总要求，牢牢把握深入学习贯彻习近平新时代中国特色社会主义思想这一主题主线和根本任务，锚定“走在前、开新局”，充分借鉴运用第一批主题教育成功经验，坚持学思用贯通、知信行统一，坚持理论学习、调查研究、推动发展、检视整改、建章立制等重点措施有机融合、一体推进，全面落实“以学铸魂、以学增智、以学正风、以学促干”的重要要求，确保实现“凝心铸魂筑牢根本、锤炼品格强化忠诚、实干担当促进发展、践行宗旨为民造福、廉洁奉公树立新风”的目标。

以“共享上合机遇，区域协同发展”为主题的上合示范区走进喀什经贸合作交流会在新疆喀什举行。上合示范区管委会与喀什地区行政公署签署战略合作协议，上合国际枢纽港喀什港区揭牌成立，12个项目集中签约。

9月11日 委内瑞拉总统马杜罗到山东访问。

9月11日至17日 2023年国家网络安全宣传周山东省活动举行，主题为“网络安全为人民，网络安全靠人民”。

9月12日 2023中国民营企业500强峰会暨全国优强民营企业助力山东绿色低碳高质量发展大会在济南举行。全国政协副主席、全国工商联主席高云龙出席会议并致辞。大会由全国工商联、山东省政府共同主办，主题为“坚定发展信心，推动高质量发展”。会上发布2023中国民营企业500强、制造业500强、服务业100强榜单，2023中国民营企业500强调研分析报告。民营企业双招双引项目签约仪式举行，24个项目现场签约。大会共签约项目123个，总投资2698亿元。会议期间举办先进制造业发展、民营企业助力乡村振兴、民营企业助力上合产融合作新生态、中国特色商会创新发展等4个平行专场活动，组织全国优强民营企业家、商会会长考察济南新旧动能转换起步区。

2023全国省级党报座谈交流会暨社长总编“弘扬传统文化，传承红色基因”主题采访活动在济南举行。全国省级党媒负责人、新闻学术期刊负责人和记者编辑代表约90人围绕“融合新十年，改革再出发”主题深入探讨交流。

山东省2023年“质量月”启动仪式在淄博举行。现场发布第二批“好品山东”品牌遴选名单，共计105个品牌。

9月13日 2023全国产业计量大会暨全国产业计量测试联盟成立大会在潍坊召开。大会由市场监管总局、山东省政府指导，中国计量科学研究院、山东省市场监管局、潍坊市政府主办，主题为“共享计量成果，促进产业发展”。会上发布《计量支撑产业高质量发展潍坊倡议书》，国家航空器产业计量测试中心等10个国家级中心分别与潍柴动力等10家在潍企业签订项目合作协议。

滨州市政务服务“1+3”党建联盟成立。党建联盟由“滨周到”政务服务总联盟，与企业建立“企易办”政务服务发展联盟，与金融机构建立“融易办”政务服务金融联盟，与科研机构建立“科易办”政务服务科创联盟构成，旨在构建“服务+发展+金融+科创”一体发展新模式。

9月14日 第八届山东省非公有制经济人士优秀中国特色社会主义事业建设者表彰大会在济南召开，授予丁木等145名非公有制经济人士和新的社会阶层人士“山东省非公有制经济人士优秀中国特色社会主义事业建设者”称号。

9月14日至18日 第四届中国国际文化旅游博览会、第二届中华传统工艺大会举行，主题为“创见美好，智造未来”，采取线上线下相结合的方式，在济南设主会场和20个分会场，在“山东手造”（济南）展示体验中心举办“山东手造主题周”活动，在全省各地举办50余项系列活动。博览会期间举行手造赋能乡村振兴“齐鲁对话”、重点项目招商推介、2023文化产业高质量发展暨文化创意品牌建设大会、“大河上下”——沿黄文旅项目对接会、“一城一品”推介会等活动。

9月15日 农业农村部公布第七批中国重要农业文化遗产名单，山东昌邑山阳大梨栽培系统、山东平邑金银花—山楂复合系统、山东临清黄河故道古桑树群3个项目入选。至此，山东拥有中国重要农业文化遗产达到10个。

枣庄市台儿庄区邳庄镇的恒泰液化气站法定代表人通过“爱山东”App成功申领电子燃气经营许可证。这是山东发出的第一张电子燃气经营许可证。

由中国中医科学院西苑医院和济宁市合作共建的国家区域医疗中心项目——中国中医科学院西苑医院济宁医院挂牌成立。

9月16日至18日 2023枣庄国际锂电产业展览会举行。开幕式上，《中国轻工业联合会、中国电池工业协会与枣庄市人民政府“中国新能源电池名城”培育命名合作协议》签署；欣旺达储能PACK及锂电池回收等28个项目集中签约，累计签约额708.2亿元。本次展会共招引项目165个、总投资1380亿元。

9月17日至19日 2023世界海洋科技大会在青岛举行。大会主题为“加快海洋科技创新，构建海洋命运共同体”，由山东省政府和中国科协主办，青岛市政府、山东省科协、中国海洋湖沼学会、中国海洋学会共同承办，设置开幕式、主题报告、11个分会场、2023海洋防腐技术行业高质量发展成果展会等多个议程。

9月17日至23日 2023年全国科普日山东省活动举行，主题为“提升全民科学素质，助力科技自立自强”。

9月18日 省发展改革委等部门印发《省服务业发展引导资金支持项目建设实施细则（试行）》《省服务业发展引导资金支持平台企业发展实施细则（试行）》《省服务业发展引导资金支持培育规模以上服务业企业实施细则（试行）》《服务业正向激励资金实施细则（试行）》等4个实施细则。

9月18日至19日 2023年第十届“创青春”中国青年创新创

业大赛（乡村振兴专项）在潍坊举行。山东选手取得5金7银2铜的佳绩。

9月18日至21日 中共中央政治局常委、全国人大常委会委员长赵乐际在山东出席全国地方立法工作座谈会并调研。赵乐际强调，要深入学习贯彻习近平新时代中国特色社会主义思想特别是习近平法治思想，全面贯彻党的二十大精神，认真实施新修改的立法法，总结地方立法工作成果和经验，稳中求进推动新时代地方立法工作高质量发展。

9月19日 省工业和信息化厅、省发展改革委等部门印发《山东省加快元宇宙产业创新发展的指导意见》，明确实施加快核心产业发展、强化市场主体培育、增强技术创新能力、拓宽融合应用场景、构建优良产业生态五大重点任务，打造“一核引领、双擎驱动、多点支撑”的元宇宙产业发展格局。

由青岛市政府、中外企业家联合会主办的2023中欧企业家青岛论坛举行，主题为“新时代、新链接、新征程——中欧携手共促经济复苏与繁荣发展”。论坛举行了8个合作项目的签约仪式，总投资64.9亿元。

山东文登抽水蓄能电站6号机组投运，标志着省内装机规模最大、胶东地区首座抽水蓄能电站全面发电。文登抽水蓄能电站总装机容量180万千瓦，设计年发电量27亿千瓦时、年抽水电量36亿千瓦时。

中国·临沂—吉尔吉斯斯坦·比什凯克TIR国际公路运输线路开通暨首次发车仪式举行。

9月19日至20日 中国—上合组织国家地方法院大法官论坛（2023）在青岛举行。最高人民法院院长张军出席开幕式并致辞。论坛围绕“深化上合组织框架内地方法院司法合作”主题进行深入研讨，并举办以“聚焦‘公正与效率’提升司法公信力”“商事合同案件审理机制和诉讼规则”“打击跨境网络犯罪的国际司法合作”“少年司法经验交流”等为主题的分论坛。

第十二届中国知识产权年会在济南召开，主题为“知识产权支持全面创新”，来自30多个国家和地区的代表参会，期间举办主旨演讲、专题论坛、展览展示、成果发布等活动。

全省深化拓展新时代文明实践中心建设助力乡村文化振兴工作推进会在青岛召开。山东在推动文明实践中心（所、站）全覆盖基础上，已建成文明实践基地4600余个，文明实践公园、广场33000余个，文明实践家庭站93000余个。

9月19日至21日 由省政府主办，省自然资源厅、菏泽市政府共同承办的第十八届中国林产品交易会在菏泽举行，主题为“聚焦绿色低碳林产业，助力建设高质量发展先行区”。通过中国林交会云平台，精心策划“9·19林购节”等营销活动，着力打造线上“永不落幕的林交会”。

9月20日 国务院批复《山东省国土空间规划（2021—2035年）》。《规划》共11章43节，确定以“三区三线”为基础，统筹优化农业、生态、城镇和海洋等功能空间布局，构建“一群双核、两屏三带、三区九田”的国土空间开发保护总体格局。

省政府印发《山东省医养健康产业发展规划（2023—2027年）》，提出聚力打造国内知名的生物医药高地、智慧医疗高地、健康养老高地、医美抗衰老高地、中医药健康产品高地和多业态融合创新高地等“六大高地”，实现产业规模、创新能力、集聚效应、发展环境4个新跃升。

省政府办公厅印发《持续优化口岸营商环境促进外贸高质量发展若干措施》，涉及建设“智慧口岸”、加快口岸数字转型，深化作业改革、大力提升通关效率，聚焦企业需求、精准利企便企等6个方面22条具体措施。

9月21日 省政府办公厅印发《山东省加快邮政快递业高质量发展三年行动方案（2023—2025年）》，明确提升基础设施能级、培育壮大市场主体、深化产业融合创新、提升行业治理能力4类16项任务，推动全省邮政快递业高质量发展。

2023鲁锦风尚展在济南开幕，主题为“古往锦来·与世界共经纬”，由工业和信息化部、山东省政府主办，省工业和信息化厅、济南市政府承办，是2023中德（欧）中小企业交流合作大会的重要组成部分，包含开幕式、“锦尚齐鲁”时尚秀、鲁锦新品订购会等环节。

“庆丰收，促和美”2023年中国农民丰收节山东省主场活动在聊城市东昌府区举办。

9月22日 第六届中国企业论坛发布《山东绿色低碳高质量发展先行区建设进展情况报告》，介绍2022年8月以来山东深化新旧动能转换、推动绿色低碳高质量发展的主要进展。一年来，山东省高起点开局、高标准推进绿色低碳高质量发展先行区建设，在综合实力、产业升级、科技创新、区域协同、改革开放、绿色生活等方面取得重要阶段性成果。

2023中德（欧）中小企业交流合作大会在济南举行。“中德（济南）中小企业合作区对德（欧）合作全面提升规划（2023—2027）”发布，巴登符腾堡州山东民营中小企业海外赋能中心、中意创意设计中心揭牌。签约项目71个，总投资506.3亿元。

全省生态循环农业现场推进暨“三秋”生产工作会议在费县召开。会上发布山东探索的小麦玉米秸秆全量精细化还田生态循环发展模式、秸秆肥料化利用生态循环发展模式等10种模式。

省生态环境厅等部门印发《山东省重点流域水生态环境保护规划》，明确了加快构建水生态环境保护新格局、深入推进黄河流域生态保护与环境治理、推进南四湖流域水污染综合整治等8项重点任务。

9月22日至23日 东北亚海洋绿色低碳高质量发展大会在威海举行，由山东省政府、东北亚地区地方政府联合会海洋与渔业专门委员会主办，主题为“绿色引领，数字赋能”。“中国海洋预制菜之都”“中国海洋种业之都”揭牌。

9月22日至24日 2023黄河流域跨境电商博览会在青岛举行，主题为“筑梦黄河，共启新程”，集聚沿黄九省（自治区）及新疆、江苏、浙江等地超55个优质出口产业带，40个国家的进口品牌企业，30家知名跨境电商平台和服务商。期间举行黄河流域·新品爆品发布会、黄河流域跨境电商综试区交流大会、黄河流域9+2产业联盟年会等配套活动。

9月23日 省政府办公厅印发《关于加强新时代全省高技能人才队伍建设的实施意见》，从创新高技能人才培养体系、创新技能人才评价制度、创新技能人才使用制度、健全表彰激励制度4个方面提出15条创新举措，形成技能人才培养、评价、使用、激励的完整闭环。

2023年孙子文化旅游季开幕式暨《孙子兵法》面世2535 周年纪念仪式在广饶举行。

9月24日 中共中央总书记、国家主席、中央军委主席习近平在浙江考察返京途中到枣庄考察。习近平来到位于峄城区的冠世榴园石榴种质资源库，察看石榴树种，了解当地石榴种植历史、种质资源收集保存和产业发展情况，并向老乡们询问石榴种植、收获和收入情况。习近平指出，人们生活水平在提高，优质特产市场需求在增长，石榴产业有发展潜力。要做好品牌、提升品质，延长产业链，增强产业市场竞争力和综合效益，带动更多乡亲共同致富。祝乡亲们生活像石榴果一样红红火火。

济青中线济南至潍坊段正式通车，这是我国建成的首条零碳智慧高速公路，即通过减排、清除等措施，运营期内直接、间接碳排放可达到“净零”标准。同时，这也标志着济青中线实现全线贯通。

9月25日 省委常委会召开会议，审议了《山东省国有企业改革深化提升行动实施方案（2023—2025年）》《关于全面加强资源节约工作的实施意见》《关于完善科技激励机制的若干措施》《山东省职工基本医疗保险省级统筹实施意见》《关于建立健全山东省领导干部自然资源资产离任审计评价指标体系的实施意见》。

“齐鲁号”中俄快线首班顺利开行，由上合示范区多式联运中心发出，经满洲里口岸出境，开往俄罗斯莫斯科别雷拉斯特站。与传统中欧班列相比，快线班列全程运行时间压缩30%。

9月25日至26日 2023世界友城论坛暨友好省州领导人大会在济南举行，主题为“绿色发展与低碳生活”。大会设置“2+20”系列活动，即世界友城论坛全体大会和友好省州领导人大会2场主体活动，和集体会见、“友谊林”植树仪式、国际友城圆桌对话、友好省州领导人全体会议、绿色低碳和教育、经贸专场对接交流会、国际友城看济南等20场活动。大会还同步推出“123456+N”系列合作成果，发布8项倡议和成果，签署多项友好城市及各领域合作协议。

9月26日 省委常委会召开扩大会议，传达学习习近平总书记在浙江考察和返京途中在山东枣庄考察时的重要讲话精神。会议指出，党的十八大以来，习近平总书记多次视察山东，就山东工作作出一系列重要指示要求。充分体现了对山东发展的高度重视和对山东人民的深情厚爱。我们一定要深入贯彻习近平总书记重要指示要求，稳扎稳打、踏踏实实，更加坚决有力做好山东工作，以实际行动坚定拥护“两个确立”、坚决做到“两个维护”。要把总书记历次对山东工作的重要指示要求贯通起来把握，一体学习、一体领会、一体落实，确保落地生根、开花结果。要以总书记视察为动力，进一步激发昂扬斗志，凝聚起新时代社会主义现代化强省建设的强大合力。习近平总书记多次要求“经济大省要勇挑大梁”。山东作为经济大省，要坚决扛牢大省责任，全力推动经济平稳健康运行，努力为全国大局多作贡献。

省政府印发《山东省行政许可事项清单管理办法》，明确依法设定的行政许可事项全部纳入清单管理，实行线上实时更新和线下定期发布相结合的管理方式。《办法》自2023年11月1日起施行。

省水利厅印发《关于开展深化节约集约用水集成改革的指导意见》，提出推动水资源集成利用、节水集成监管、水价集成改革、水权集成交易、节水科技集成引领、节水产业集成发展等6项集成改革，深入推进水资源节约集约利用。

山东首家RCEP社区服务站在青岛市水清沟街道金沙路社区启用。该服务站由青岛海关设立，依托社区提供的场所及设备，免费为企业提供原产地证书申报、修改、打印等自助服务及海关政策宣讲、“一对一”指导等预约服务。

2023潍坊国际风筝嘉年华开幕。活动持续至10月31日，共安排32项经贸、展览、文化、娱乐等重点活动，丰富群众文化生活，促进经贸交流合作，加强消费跨界融合。

9月26日至27日 省第十四届人大常委会第五次会议在济南召开，审议通过《山东省农村供水条例》《山东省人民代表大会常务委员会关于加强经济工作监督的决定》等。

2023石榴产业发展大会在枣庄举行，主题为“榴聚新动能，共谋新发展”，榴园画境田园综合体等24个项目在开幕式上集中签约，总投资91.82亿元。

9月26日至28日 第十六届中国（东营）国际石油石化装备与技术展览会举行，主题为“探芯赋能，智领高地”，来自20多个国家和地区的400余家企业、3600多名展商参加。

9月27日 2023中国（曲阜）国际孔子文化节开幕式暨第十八届联合国教科文组织孔子教育奖颁奖典礼在曲阜举行。开幕式上举行大型文脉工程《齐鲁文库》首批成果发布仪式。

9月27日至28日 第九届尼山世界文明论坛在曲阜举行。全国人大常委会副委员长雪克来提·扎克尔讲话并宣布论坛开幕。

★第九届尼山世界文明论坛开幕式现场。

论坛由教育部、文化和旅游部、国务院侨办、中国社科院、中国人民对外友好协会、国际儒学联合会、山东省政府共同主办，设有1个主论坛、13个平行分论坛，以及系列研讨交流活动，采取线上线下相结合的方式进行。论坛主题为“全人类共同价值与人类命运共同体——加强文明交流互鉴，共同应对全球挑战”，并下设12个分论题。论坛通过并发布《第九届尼山世界文明论坛共识》。

9月28日 省政府办公厅印发《关于加强科技财政金融协同服务企业创新发展的若干措施》，推出提升科技信贷供给能力、构建全省科技担保和保险体系、加强科技创业投资运作等7个方面20条举措，引导金融“活水”积极赋能企业创新发展。

省工业和信息化厅、省发展改革委、省科技厅等部门印发《山东省传统产业技改升级行动计划（2023—2025年）》，聚焦抓高端化提升促结构升级、抓智能化改造促数实融合、抓绿色化转型促节能降碳、抓集群化发展促生态融通、抓服务化延伸促模式创新的“五抓五促”主攻方向，提出18项重点任务。

省住房城乡建设厅等部门印发《关于进一步加强全省经营性自建房安全管理的通知》，从加强安全管理、严格审批监管、构建房屋安全长效机制3个方面，细化10条具体措施，进一步加强全省经营性自建房安全管理。

9月 省委、省政府发布《关于加快服务业高质量发展的意见》。从着力构建优质高效服务业产业新体系方面，提出巩固提升六大生产性服务业发展优势、促进五大生活性服务业提档扩容、补齐六大新兴服务业发展短板3个方面具体措施。确定深入实施服务业补短提升十大行动，包括产业深度融合行动、数字赋能增效行动、集群集聚发展行动、企业矩阵培育行动、招商引资行动、消费引领扩容行动、品牌标准升级行动、改革创新行动、开放合作拓展行动、人才引领行动。

省国家文化公园建设工作领导小组发布《黄河国家文化公园（山东段）建设保护规划》。《规划》范围包括沿黄九市，以黄河干流流经的25个县（市、区）为核心区。坚持轴带贯通、区域协同、高地支撑，提出构建“一廊一带四区多点”建设格局，分类建设管控保护、主题展示、文旅融合、传统利用等4类重点功能区；提出全面推进强化文化遗产保护传承、深化黄河文化研究发掘、提升环境配套服务设施、促进黄河文化旅游融合、加强数字黄河智慧展现等五大重点任务。

10月

10月1日 《枣庄市锂电产业发展促进条例》开始施行。这是全国首部锂电产业专项法规。

10月6日 省政府印发《关于加快推进地热能开发利用的指导意见》，确定结合全省地热资源分布特点，构建“一基地两示范”区域发展布局，打造“地热能+”多能互补示范工程、地热能供暖“低碳社区”示范工程、地热能服务乡村振兴示范工程、地热能绿色矿山示范工程等一批示范工程。

10月7日 滕州市西岗镇杈子园村玉米单产提升工程高产攻关田现场实收面积3.21亩，玉米平均亩产1218.81公斤，创2023年黄淮海地区玉米最高单产纪录。2023年，滕州市被列入全国19个玉米单产提升项目县之一，是山东省唯一入选县。

10月8日 2023山东科技金融生态建设大会在济南召开，主题为“筑产融生态，绘科创蓝图”。会议发布山东省科技金融创新政策，举行科技金融辅导结对签约、重大科技项目融资路演、主题演讲等活动。

省政府印发《山东省沿黄生态廊道保护建设规划（2023—2030年）》，提出打造集生态屏障、文化弘扬、休闲观光、生态农业于一体的复合型沿黄生态廊道，构建“一干三段，多支多点”的空间格局。“一干”，即黄河干流生态主廊道；“三段”，即河田融合生态修复段、河城一体生态景观段、河海联动生态涵养段三大特色区段；“多支”，即12条支流生态次廊道；“多点”，即多处生态功能节点。

滨州市深化国有文艺院团改革成果汇报暨大型红色题材吕剧《烈烈渤海红》巡演在济南开展。这是首部反映渤海老区革命历史的大型吕剧，将渤海区军民抵抗日寇的壮阔历史作为大背景，展现了“不屈不挠、艰苦奋斗、顾全大局、无私奉献”的渤海老区革命传统。

★大型红色题材吕剧《烈烈渤海红》巡演。

10月9日 省政府批复同意《支持泰安建设山东省黄河流域生态保护和高质量发展先行区实施方案》。这是山东首个以黄河战略为主题的重大区域战略。11月17日，泰安市召开建设山东省黄河流域生态保护和高质量发展先行区动员大会。

★泰安市建设山东省黄河流域生态保护和高质量发展先行区动员大会会场。

10月10日至12日 由商务部和山东省政府共同主办的第四届跨国公司领导人青岛峰会举行。全国人大常委会副委员长郝明金致辞并宣布峰会开幕。本届峰会以“跨国公司与中国”为主题，期间举办跨国公司座谈会、中国吸引外资政策说明和项目推介会暨黄河流域投资合作推介会、人力资源高质量发展对话会、山东省政府经济咨询顾问会议、山东省产业推介会、跨国公司推介会等活动。本届峰会的主宾省——湖南省及其他有关省市举办主题推介活动。峰会推动洽谈及签约外资项目194个，总投资206亿美元。

10月12日 省政府印发《关于加强地下水管理的意见》，细化了组织实施地下水保护利用规划、做好规划水资源论证工作、实行水量水位双控管理等12项重点任务。

山东省首届RCEP实施技能比武在青岛举行，由青岛海关、济南海关、山东省贸促会主办，是RCEP生效以来山东相关岗位人员的首次技能大比拼，来自全省16个市海关和贸促会的63名RCEP实施岗位人员参加。

10月13日 省医保局、省民政厅等部门单位印发《关于推动定制型商业医疗保险可持续发展的意见》，明确了山东定制型商业医疗保险工作目标，对扩大投保范围、优化投保举措、完善赔付机制、规范承保主体、加强投保资金管理使用、畅通咨询投诉渠道、提升经办服务水平、创新增值服务等工作提出具体措施。

10月13日至14日 第三届全国农业综合服务商大会暨第九届全国农资科技博览会在日照举行，主题为“科技驱动新发展格局，合作共建大农服平台”，为推动农资行业及供销合作社系统企业由流通服务向全程农业社会化服务延伸、创新农业社会化服务模式、提升为农服务能力搭建交流与合作平台。

10月15日 山东·重庆东西部协作济宁—万州江河联运航线通航仪式在重庆市万州区沱口港举行。这次江河联运航线的开通，打通了山东及京津冀经济圈、长三角经济圈、成渝双城经济圈的双向对接大通道，为山东和重庆两地以及周边省份资源互补、产业共融开辟了新的战略空间。

10月15日至18日 山东省党政代表团先后到重庆市、甘肃省，考察对接东西部协作工作，共商协作发展大计。

10月16日至18日 2023中国半导体材料产业发展（德州）峰会在德州举行，主题为“协同创新，共谋发展”。开幕式上，中国集成电路关键材料基地（德州）、德州市半导体行业协会揭

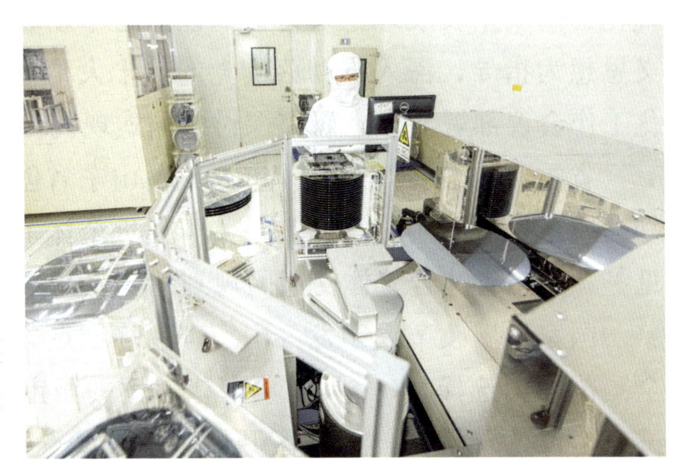

★有研艾斯12英寸集成电路用大硅片生产线通线。

牌；德州市新一代信息技术产业重点招商项目签约仪式举行，16个项目现场签约。期间，山东首条12英寸集成电路用大硅片生产线正式通线。

10月19日 全省网络安全和信息化工作会议在济南召开。会上授予69个单位“山东省网络安全和信息化工作先进集体”称号，授予70名个人“山东省网络安全和信息化工作先进个人”称号。

省政府印发《山东省进一步优化外商投资环境更大力度吸引和利用外资的若干措施》，推出提高利用外资质量、保障外商投资企业国民待遇、持续加强外商投资保护、提高投资运营便利化水平、加大财税支持力度、完善外商投资促进方式等6个方面23条具体措施，进一步打造国际一流营商环境。

山东自贸区RCEP标准化创新合作交流中心启动暨标准化创新发展交流会在济南举行。该中心由山东自贸区济南片区管委会联合行业龙头企业、高校、科研机构等单位发起，全力打造RCEP区域合作、国内交流、产学研用三层平台，精准提供标准化创新、企业“走出去”、人才培养、技术性贸易措施应对四项服务。

10月20日 中共山东省委、求是杂志社在泰安举办中国式现代化与高质量发展理论研讨会，以习近平新时代中国特色社会主义思想为指导，深入贯彻落实党的二十大精神和全国宣传思想文化工作会议部署要求，研究探讨中国式现代化与高质量发展。

省委常委会召开会议，审议了《山东省创建世界一流企业引领高质量发展的实施意见》《关于促进个体工商户发展的实施意见》《山东省综合立体交通网规划纲要（2023—2035年）》。

国家发展改革委印发《国家碳达峰试点建设方案》，提出在全国范围内选择100个具有典型代表性的城市和园区开展碳达峰试点建设，首批在15个省区开展碳达峰试点建设，山东获3个试点名额。

胜利油田新东营原油库获北京绿色交易所有限公司认证，获颁“碳中和”原油库证书，这是国内首座获得认证的“碳中和”原油库。

2023全国数字孪生灌区现场会在聊城召开。会上公布数字孪生灌区模型推荐清单。

10月20日至22日 由中国贸促会、山东省政府、日本贸易振兴机构、大韩贸易投资振兴公社、中日韩合作秘书处联合主办的2023中日韩产业合作发展论坛暨第九届中日韩产业博览会在潍坊举行，主题为“开放包容，合作共赢”。论坛期间举办了潍坊精品全球推介发布，并同步启动新品供需匹配活动，21个项目现场签约。

10月21日至22日 山东省党政代表团到新疆，考察对接对口支援工作，推动鲁疆交流合作再上新台阶。

以“AI开启新未来”为主题的2023智能视听大会在青岛举行。会上发布《新技术浪潮下的智能视听步入深度变革新阶段——2023年人工智能赋能网络视听产业观察报告》。

10月22日 临沂荀子研究会成立。

10月23日至25日 第十三届中国国际薯业博览会、国际薯业发展大会在滕州举行，主题为“大食物、大产业、大平台”。滕州市被授予“国际马铃薯中心亚太中心滕州工作站”“中国国际薯业博览会创新示范基地”。

10月24日 省政府办公厅印发《山东省城市更新行动实施方案》，将山东省城市更新行动细化为老旧片区综合改造工程、老旧住区宜居改造工程、老旧厂区（建筑）转型提质工程等十大工程。

10月24日至25日 山东举行黄河流域生态保护和高质量发展现场观摩，围绕落实黄河重大国家战略进行再部署、再推进。现场观摩在滨州、东营进行，并在东营召开现场观摩工作会议。会议指出，必须聚焦“在推动黄河流域生态保护和高质量发展上走在前”的定位要求，全力打造生态保护样板区、黄河长久安澜示范区、绿色低碳发展先行区、对外开放新高地、文化“两创”新标杆。要聚焦重点任务，在防洪减灾、水资源节约集约、生态环境保护、加快高质量发展、保护传承弘扬黄河文化上抓落实求突破，着力推动落实黄河重大国家战略取得更大成效。

10月25日 省自然资源厅印发《山东省湿地保护规划（2022—2030年）》，部署实行湿地面积总量管控、实施分级分类管理、强化湿地监测监管、实施保护修复工程、加强湿地科技支撑、弘扬湿地生态文化6项重点任务。

10月26日 第十二届东亚地方政府会议在临沂召开。大会由临沂市政府、日本奈良县政府主办，以“东亚携手，合作共赢”为主题。会上签约农业、新材料、外贸、文旅等合作项目32个，投资金额155亿元。

10月27日 省委常委会召开会议，审议了《山东省落实二十届中央财经委员会第一次会议主要任务分工方案》《关于进一步加快县域经济高质量发展的意见》《山东省县域经济高质量发展三年行动方案（2023—2025年）》等文件。

“标准赋能、品质滨州、创新未来”品质城市标准化建设成果发布会在滨州召开。滨州市在全省首发、全国率先成体系构建起“1+8”品质城市评价标准体系，实现城市发展品质由定性评价到定量评价的转变。

10月27日至28日 第四届民航通航发展大会在日照举行。主题为“新机遇、新动能、新赛道，通用航空赋能区域经济高质量发展”。

10月28日 省委办公厅、省政府办公厅印发《关于建立健全山东省领导干部自然资源资产离任审计评价指标体系的实施意见》，从山东省主体功能定位和自然资源禀赋特点出发，聚焦美丽山东、海洋强省、绿色低碳高质量发展先行区建设及黄河流域生态保护和高质量发展等重大战略任务，从领导干部任职期间资源环境相关决策与监管职能履行情况、资源环境约束性指标完成情况、自然资源开发利用与生态保护修复情况、环境综合治理情况、资源环境相关资金项目管理绩效等方面进行综合评价。

烟台港原油管道复线（干线）累计输送量突破1000万吨。该输油管道于2022年7月4日启输，是国家“十四五”期间首个建成投产的2000万吨级输油管道。

全省首期乡村文化振兴培训班开班仪式在泰安举行。

10月28日至29日 中国生态文明论坛济南年会举行，主题为“生态文明，美丽中国——谱写人与自然和谐共生的现代化建设新篇章”。

10月30日 省工业和信息化厅、省科技厅、省财政厅等部门印发《山东省制造业数字化转型提标行动方案（2023—2025年）》，确定实施转型路径优化、基础设施强化、服务供给深化“三化”专项行动，加快打造点上企业有标杆、线上行业有示范、面上区域有样板的一体化格局，引领带动制造业数字化转型提效、提速、提质。

山东自贸试验区与海南自由贸易港联动创新框架协议在海口签署。两省“一北一南”协同联动，将山东自贸试验区的产业、资本、人才优势，与海南自贸港的政策、区位和资源优势相嫁接，形成共推改革、共享发展、共促合作的强大合力。

10月31日 省发展改革委印发《山东省服务业数字化提速行动方案》，提出大力发展软件信息技术，提升科技服务业综合竞争力，推动“互联网+”在教育、医疗健康、就业、养老、文旅等服务业领域普遍应用。

省民政厅印发《山东省老地名保护办法（试行）》，明确要保持老地名相对稳定，对纳入各级各类保护名录的地名，不得随意更名。

省服务业发展领导小组办公室印发《山东省商务服务业高质量发展实施方案》，明确商务服务业高质量发展的重点领域，提出商务服务业高质量发展的五大主要任务，即培育壮大市场主体、推进数字技术赋能、引导产业集聚发展、健全行业标准体系、融入国内国际双循环。

第五届中国（潍坊）智能物联网大会开幕，主题为“智联万物·慧见未来”。总投资近30亿元的8个项目现场签约。

10月31日至11月1日 山东省科学技术协会第十次代表大会在济南召开。大会宣布省科协十届委员会主席、副主席、常委名单，通过了省科协九届委员会工作报告等决议。

10月 省政府办公厅发布《关于深入推进跨部门综合监管的实施意见》，提出健全跨部门综合监管体制机制、推进重点领域跨部门综合监管、完善跨部门综合监管协同方式等5个方面21项具体任务。

11月

11月1日 全省重大项目谋划储备及建设推进情况工作会议在济南召开，进一步明确任务要求、压实工作责任，引导全省上下聚焦中心工作，科学精准谋项目、抓项目，为加快推进新时代社会主义现代化强省建设提供坚实项目支撑。

潍坊国家农业开放发展综合试验区部省市三方工作机制会议

在潍坊召开。经过5年建设，潍坊国家农综区已初步成为服务和引领我国农业开放发展的全国性平台。

鲁青货运班列开通运营，首列货运班列由临沂市出发至甘肃省兰州市，青海省西宁市、格尔木市。该班列开通是山东援青立足“海北所需、山东所能”，推动鲁青两地对口支援合作交流的重要举措。

国内在建单体容量最大海上风电项目——乳山半岛南U场址海上风电项目一期工程接入电网运行。17日，国家电投山东半岛南U1场址一期45万千瓦海上风电场项目实现全容量并网发电。至此，国家电投山东能源半岛南海上风电在运规模达125万千瓦，成为山东省首个百万千瓦级海上风电基地。

11月2日　省工业和信息化厅等部门单位印发《山东省船舶与海工装备产业链绿色低碳高质量发展三年行动实施方案（2023—2025年）》，聚焦提升船舶与海工装备产品、技术、企业、链条、集群等产业生态体系，实施五大类12项重点任务。

国内首座27万立方米液化天然气储罐在中国石化青岛LNG接收站正式投用。

★ 27 万立方米超大型液化天然气储罐。

2023年山东省南四湖生态保护和高质量发展工作领导小组全体会议在微山召开。

临沂机场开通至日本大阪全货机航线，标志着临沂航空口岸正式对外开放。临沂成为全国革命老区中第一个实现航空口岸开放的城市。

11月2日至3日 全省宣传思想文化工作会议在济南召开，强调要坚持以习近平新时代中国特色社会主义思想为指导，全面贯彻党的二十大精神，深入学习贯彻习近平文化思想，落实全国宣传思想文化工作会议精神，更好担负起新的文化使命，奋力开创全省宣传思想文化工作新局面。

11月3日 省委常委会召开会议，审议《济南新旧动能转换起步区城市副中心示范区建设实施方案》。

山东省重点装备制造业项目推进会举行。14个项目进行签约、开工和投产，项目分布在济南、青岛、烟台、潍坊、济宁5个市，固定资产投资总额达515亿元。

由农工党中央、中国老龄协会、山东省政协联合主办的第六届人口发展战略研讨会在青岛召开，主题为“以人口高质量发展支撑中国式现代化”，设主旨报告、圆桌论坛以及3个分论坛。

全省数字农业数字乡村发展现场推进会在淄博召开。

潍柴（烟台）新能源动力产业园项目开工。产业园位于烟台市福山区新能源汽车产业园，由山东重工旗下的潍柴动力与比亚迪联合投资建设，总投资560亿元，打造贯穿新能源商用车动力电池、电机、电控、电驱总成全产业链的研发制造基地。

2023中国激光产业博览会开幕式暨沂蒙光谷项目招商推介会在临沂举行，主题为“沂蒙光谷·光耀未来”。

11月5日 省政府印发《山东省综合立体交通网规划纲要（2023—2035年）》。《纲要》提出，到2035年，建成能力充分、覆盖广泛、结构合理、便捷顺畅、衔接高效、绿色集约、智能先进、安全可靠的现代化高质量综合立体交通网，形成高效率的“一轴两廊十通道”交通网主骨架，建成以轨道网、公路网为主干，内河水运网为补充，沿海港口群、机场群比较优势充分发挥，综合交通枢纽高效衔接的“三网两群一体系”，山东省作为东北亚乃至“一带一路”的综合交通枢纽作用更加显著。

11月5日至10日　第六届中国国际进口博览会在上海举行。山东省交易团包括15个市交易分团和省卫生健康委、省国资委2个省直交易分团，青岛市单独组团参会。展会期间，山东馆客流超8万人次，现场销售额达675万元，意向订单额超1.85亿元。进博会上，商务部和山东省政府共同主办第六届虹桥国际经济论坛“区域性国际组织示范区：‘一带一路’国际合作新平台、新实践”分论坛，17个重点合作项目进行签约。

11月7日　吉林省党政代表团到山东考察，吉林省—山东省合作交流座谈会在济南召开。双方签署《吉林省人民政府山东省人民政府战略合作框架协议》，两省有关部门签署5项合作协议。

11月7日至8日　中国文旅企业合作发展大会在淄博举行。大会以“携手好客山东，共赢文旅未来”为主题，设开幕式、主论坛、4个平行论坛（对接会），以及文旅体验、知名文旅企业家山东行等环节。开幕式上，山东发布20个总投资721.79亿元的重点文旅项目。

红色文化论坛在临沂举行。论坛由中国人民大学、山东省委宣传部、学习时报社联合主办，中共临沂市委承办，主题为“传承红色基因，凝聚精神力量”。期间，沂蒙精神论坛、沿黄九省（区）新时代弘扬革命文化理论研讨会、新时代爱国主义教育论坛、红色研学旅游高质量发展论坛、红色文化传播论坛、沂蒙革命根据地法制建设论坛举行。

11月9日 由山东省农科院主办的山东国际农业科技合作交流大会在济南召开，主题为“加强种业创新与合作，助推农业高质量发展”。开幕式上举办了山东省农业种质资源创新国际联合实验室揭牌仪式和“一带一路”国际花生产业科技创新院启动仪式。

11月9日至11日 第十二届APEC中小企业技术交流暨展览会在青岛举行，由工业和信息化部、山东省政府共同主办，主题为“绿色发展，数字赋能，融通创新，合作共赢”。开幕式上，青岛海关发布《中国（山东）自由贸易试验区青岛片区面向APEC经济体通关便利化六项措施》。17个APEC经济体，19个共建“一带一路”国家中小企业主管部门官员、专家学者和1600余家企业参展参会。

11月9日至12日 第二十届中国国际农产品交易会在青岛举办，由农业农村部、山东省政府共同主办，主题为“奋进新征程、强农促振兴”，设置粮油、果蔬、水产等11个展区，展览面积12万平方米，近3000家企业携2万余种展品参展，各地专业采购商逾3万人参加。同期举办农业品牌成果发布推介、中国农垦品牌发布等30余场展示推介活动。

11月10日 交通运输部办公厅印发《关于公布港口功能优化提升交通强国专项试点项目（第一批）的通知》，山东4个项目入选，分别是青岛港新前湾集装箱码头全自动化自主可控关键技术研究与应用试点项目、烟台港智慧滚装与“源网荷储”绿色低碳功能优化提升试点项目、济宁港码头功能优化提升试点项目、枣庄港薛城港区薛城作业区泊位改造提升试点项目。

11月10日至12日 “好客山东，好品山东”2023北京推介活动举行。活动由山东省政府主办，包括开幕式、专场推介会、成果展示、体验展销、小戏小剧展演等，通过沉浸式推介、开放式展销，集中展示“好客山东，好品山东”品牌建设成果。

11月11日 新加坡—山东经济贸易理事会第二十四次全体会议在济南召开。会上进行了推介发言，21个项目现场签约。

省政府印发《山东省县域经济高质量发展三年行动方案（2023—2025年）》，提出实施经济强县领跑计划、特色强县示范计划、百县图强计划、薄弱县跨越计划、特殊类型县振兴计划等5项重点任务，实施产业升级优势再造工程、科技创新能力跃升工程、生态优先绿色发展工程等7项重要举措，进一步激发县域发展活力动力，推动县域经济绿色低碳高质量发展。

省政府办公厅印发《关于加快发展先进制造业集群的实施意见》，提出提升集群科技水平、优化集群产业结构、壮大集群市场主体、汇聚集群优质资源、完善集群治理方式等5项重点任务。

11月11日至13日 “沿着黄河遇见海”黄河口国际观鸟季在东营举行。山东黄河三角洲国家级自然保护区已监测到的野生动物达1630种，其中鸟类由建区时的187种增加到373种。

11月13日 南水北调东线台儿庄泵站开机，标志着南水北调东线一期工程2023—2024年第11个年度的全线调水工作启动。

11月14日 省政协举行应用型智库成立会议暨首批智库专家聘任仪式，确定首批60位智库专家并颁发聘书。

山东数字强省建设领导小组办公室印发《山东省数字基础设施建设行动方案（2024—2025年）》，明确建设高速泛在的信息通信网络、建设多元协同的算力基础设施、打造智能敏捷的物联网体系等9个方面共计25项重点任务。

农业农村部发布《关于农村产权流转交易规范化试点的批复》，山东省为整省试点，聊城市、淄博市、青岛市为整市试点，邹城市、乳山市、五莲县、乐陵市、济南市历城区为整县（市、区）试点。

渤海首个千亿方大气田——渤中19-6气田Ⅰ期开发项目成功投产。渤中19-6气田位于渤海中部海域，已探明天然气地质储量超2000亿立方米、探明凝析油地质储量超2亿立方米，是我国东部第一个大型、整装的千亿方大气田。

东明石化产业园铁路专用线开通。该项目是交通运输部等九部委重点“公转铁”项目，也是京津冀及周边地区大型工矿企业铁路专用线重点建设项目。正线全长9.8公里，设计时速60公里，年可运送煤炭196万吨。

11月15日至16日 全省海洋强省建设现场观摩会召开，观摩了青岛、日照海洋重点企业项目情况，在日照召开会议。会议强调，要保持战略定力，坚持目标导向和问题导向，着力构建现代海洋产业体系、推进海洋科技自立自强、建设世界一流海洋港口、推进人与海洋和谐共生、深化海洋国际合作、统筹发展与安全，不断塑造新动能新优势。

11月16日 “华西1600”1600吨海上自航自升式风电安装平台在青岛交付。平台由中国船舶武汉船机总包建造，型长136米，型宽50米，型深10米，桩腿长度125.85米，是自主研发设计、具有完全自主知识产权的最新一代风电安装平台。

11月17日 山东能源集团“双千万、双园区”新能源基地——160万千瓦海上风电+200兆瓦时储能项目在东营启动，项目总投资约185亿元。

省政府印发《山东省工业母机产业高质量发展行动计划（2023—2027年）》，确定实施“1131”突破工程，即“一群一高三核一体系”突破工程：“一群”即建设世界级工业母机产业集群；“一高”即培育1家全球一流的高端数控机床企业；“三核”即济南、潍坊、枣庄3市引领，其他各市多点协同发展；“一体系”即构建全国领先的工业母机技术创新体系，为全国工业母机产业高质量发展作出山东贡献。

农业农村部、中宣部、司法部公布第三批全国乡村治理示范村镇名单。山东5个镇和50个村入选。

11月17日至18日 黄河生态文明国际论坛在济南举行。全国人大常委会副委员长丁仲礼出席。论坛主题为“加快推进人与自然和谐共生的现代化，全面建设美丽中国”，开幕式上举行主旨演讲，论坛期间举行黄河生态文明与城市软实力提升论坛等平行分论坛。

11月18日 省发展改革委印发《关于做好第四批省级先进制造业和现代服务业融合发展试点工作的通知》，确定九阳股份有限公司等17家企业为第四批省级“两业融合”试点单位。

11月19日 中国首只全流程采用国产设备、试剂和耗材培育的体细胞克隆猫在青岛农业大学哺乳动物体细胞克隆基地诞生，标志着我国在动物克隆领域具备了完整的产业链。

11月20日至22日 山东省代表团到广东学习考察，深入贯彻落实习近平总书记重要指示要求，学习借鉴广东先进经验，深化交流对接，拓展合作领域，携手共促经济社会高质量发展。山东省政府与华为技术有限公司签署全面深化制造强省数字强省建设战略合作协议。

11月21日 省政府新闻办发布消息，山东确定深入开展机关运转提速提效、政企沟通提速提效、数字政府建设提速提效“三大行动”，强力推动“高效办成一件事”纵深推进、落细落实；正式开通企业家直通省长公开号码96178，受理范围包括企业的政策咨询、求助建议、投诉举报等。

教育部印发《关于同意滨州学院更名为山东航空学院的

函》，同意滨州学院更名为山东航空学院。

11月22日 由中集集光海洋科技（烟台）有限公司与国家太阳能光伏产品质量检验检测中心共同创建的全国首个海上浮式光伏实证基地在烟台揭牌并启动运营。

11月22日至24日 以“青荟齐鲁·悦创泉城”为主题的首届青年科学家创新发展大会在济南召开。大会颁发“海右伯乐”证书、济南市校地海外人才引育联合体会员证书，为“山东省青年科学家百人团”授旗，举行优秀项目签约仪式。

11月23日 由省政府主办、省贸促会承办的企业创新发展交流会在济南举行，主题为“创新驱动高质量发展”。12个合作项目现场签约，组织中外企业“一对一”洽谈交流。

11月23日至24日 第七届国家级经济技术开发区绿色发展大会在青岛召开。会上发起园区绿色营商环境建设倡议，多家绿色低碳解决方案头部企业与国家级经济技术开发区绿色发展联盟签署《绿色产业伙伴计划书》。

11月24日 全省学习运用“千万工程”经验推动乡村振兴齐鲁样板提档升级会议在济南召开，深入学习贯彻习近平总书记关于学习运用“千万工程”经验的重要指示精神，贯彻落实全国现场推进会部署要求，动员全省上下对标先进、提升标准，切实将“千万工程”经验转化为打造乡村振兴齐鲁样板的思路办法和生动实践。

省市场监管局印发《山东知识产权公共服务普惠工程实施方案》，围绕推进知识产权公共服务主体多元化、供给均等化、领域多样化、支撑数字化、人才专业化等5个方面提出19条具体举措。

2023中国科协海智专家齐鲁行启动仪式暨鲁西五市人才发展联盟成立大会在菏泽召开，主题为“集聚海智力量·建设人才高地”，在济南、菏泽、济宁、枣庄等市开展20余场次对接交流活动。山东省海归创业联合体揭牌，鲁西五市人才发展联盟成立。

2023中国新型智慧城市建设创新峰会在青岛举行。会上发布《数字政府标准化建设评估指数报告》，报告以数字政府标准化建设评估指数展示了全国各省级政府标准化建设情况，山东以89.2分位列全国第二。

国家农业技术集成创新中心黄淮海区域分中心揭牌。黄淮海区域分中心依托山东省农业技术推广中心创建，北京、天津、河北、江苏、安徽、河南省级农技推广机构为成员单位，是农业农村部布局建设的全国6个区域性分中心落地建设的首个。

省生态环境厅等部门印发《山东省生态环保产业高质量发展“311”工程三年行动计划（2023—2025年）》，提出推动三大生态环保产业集群、10个生态环保产业特色园区建设，培育壮大100家左右生态环保龙头骨干企业。

2023绿色低碳物流创新发展大会暨山东省物流与采购协会绿色低碳物流分会成立会议在淄博召开。这是山东首个以绿色低碳物流高质量发展为主题的产业大会。

11月25日 省委农办、省农业农村厅印发《关于加强种业企业扶持培育的指导意见》，提出加快提升种业企业科技创新能力、培育壮大种业企业、加速提升种业企业新品种审定推广能力、加大财政金融土地等政策支持、加强种业企业人才引进培养等5个方面18条意见。

商务部公布123个首批全国县域商业“领跑县”名单，山东省有15个县（市、区）上榜，数量居全国首位。

我国首个跨地级市核能供热工程——国家电投“暖核一号”三期核能供热项目投运。“暖核一号”在给烟台海阳市供暖的同时，供暖区域延伸至威海乳山市，实现零碳热源的跨区域互通共享，开启国内核能“双城”供热模式。

11月26日 打造山东国际传播中心启动仪式在济南举行。活动现场启动2024年山东省对外传播重点项目，山东广播电视台与相关机构签署国际传播框架合作协议，闪电新闻英语频道、中国山东网俄语频道同时上线。

11月27日 由光明日报社、省委宣传部联合举办的“学习贯彻习近平文化思想，深入推进文化‘两创’座谈会”在曲阜召开。会议深入学习贯彻习近平文化思想，贯彻落实习近平总书记对宣传思想文化工作的重要指示和全国宣传思想文化工作会议精神，全面总结展示十年来山东文化“两创”的标志性成果，交流工作经验，研究探讨深入推进文化“两创”、打造中华民族现代文明高地的实践路径。

省委书记林武到临沂市接访室接待来访群众。林武强调，要深入贯彻习近平总书记关于加强和改进人民信访工作的重要思想，坚持以人民为中心的发展思想，弘扬“四下基层”优良作风，着力提高信访工作质效，用心用情用力为群众排忧解难，切实维护好广大人民群众的根本利益。

山东首台9米级盾构机“齐鲁号”在济南下线，这是山东至此生产制造规格最大的盾构机，用于粤港澳大湾区城际轨道项目建设。

11月28日 青岛市胶州湾海底天然气管线实现通气运行，为省内首个重型燃气机组示范工程——华电青岛9F机组热电联产项目提供天然气输送保障。管线总长72公里，其中陆地段约60公里，下穿胶州湾海底段约12公里。

省政府印发《关于推动供销合作社高质量发展的实施意见》，围绕农资服务、农业社会化服务、流通服务、重要农产品应急保障体系、社有企业、基层组织等方面部署了6项主要任务。

省医保局、省发展改革委、省公共资源交易中心等部门印发《关于医疗保障服务绿色低碳高质量发展的实施意见》，从推动医药产业创新发展、推动中医药传承创新发展、推动消费扩容增质等8个方面提出25条支持政策措施。

国务院食安办在北京举行第三批“国家食品安全示范城市”授牌仪式，济南位列其中。加上2022年授牌的青岛、烟台、潍坊、威海4个市，山东的国家食品安全示范城市达到5个，数量全国第一。

第二次全国互花米草防治工作现场会在东营召开。东营境内互花米草治理区清除比例达99%。

11月28日至30日　省十四届人大常委会第六次会议在济南召开，表决通过《山东省人民代表大会常务委员会关于召开山东省第十四届人民代表大会第二次会议的决定》《山东省人民代表大会常务委员会关于批准2023年省级第三次预算调整方案的决议》《山东省食品安全条例》等。

11月28日至12月2日　首届中国国际供应链促进博览会在北京举行。山东团共20家企业参展，展示总面积1100平方米，观众注册人数超过5000人。

11月29日　全省坚持和发展新时代“枫桥经验”推进矛盾纠纷多元预防化解工作会议在济南召开，贯彻落实习近平总书记关于坚持和发展新时代“枫桥经验”的重要指示精神，传达学习纪念毛泽东同志批示学习推广“枫桥经验”60周年暨习近平总书记指示坚持发展“枫桥经验”20周年大会、全国调解工作会议精神会议要求，通报表扬60个山东省新时代“枫桥经验”先进典型。

我国首批海事无人直升机在威海列编。本次共列编2架无人直升机，搭载光电吊舱、机载船舶自动识别系统、应急抛投和定向扩音等先进设备，可实现红外热成像、远距离视频实时回传、应急救援物资投送等众多功能。

30万吨功能纸基及辅助材料建设项目在东平开工。该项目通过与中国科学技术大学谢毅院士及其团队合作，利用二维纳米晶体材料研究成果，实现液晶面板间隔材料设计优化、技术落地，打破国外“卡脖子”技术垄断，实现间隔材料国产化替代，相关技术达到国际领先水平。

11月30日 全省新型工业化推进大会在济南召开，深入贯彻习近平总书记关于新型工业化的重要论述，认真落实全国新型工业化推进大会精神，研究部署山东新型工业化工作，加快推进先进制造业强省建设。会议强调，推进新型工业化，要坚持把高质量发展的要求贯穿新型工业化全过程，以高端化、智能化、绿色化、集群化为方向，以加快制造业转型升级、增强核心竞争力为重点，以改革开放为动力，纵深推进先进制造业强省行动，加快构建现代化产业体系，努力在推进新型工业化中勇闯新路、勇挑大梁，为全国发展大局作出山东贡献。

全省耕地保护和粮食安全工作会议在济南召开，要求深入学习贯彻习近平总书记关于耕地保护和保障国家粮食安全的重要指示批示精神，全面落实党政同责，扎实做好耕地保护和粮食安全工作，切实守牢耕地保护红线和粮食安全底线，为深入打造乡村振兴齐鲁样板、建设新时代社会主义现代化强省夯实坚实基础。

省绿色低碳高质量发展先行区建设领导小组办公室公布首批省绿色低碳高质量发展先行区建设试点名单，325家单位上榜，包括综合性区域试点50家、产业园区试点75家、企业试点200家。

11月30日至12月2日 第六届中国国际工业设计博览会在武汉举行。118家第六批国家级工业设计中心获授牌，山东临工重机、天瑞重工、光威复材等12家企业入选，山东的国家级工业设计中心达到54家，居全国首位。

11月 省委办公厅、省政府办公厅发布《关于促进个体工商户发展的意见》，从优化个体工商户发展环境、强化要素支撑保障、促进个体工商户提质转企、加强公共服务支撑4个方面提出24条举措，切实缓解个体工商户资金压力，推动山东省个体经济持续健康发展。

中通N18城市客车获得欧盟通用安全要求（GSRII）新法规实施之后的商用车EU2018/858的WVTA证书。中通客车成为国内首家通过该项认证的商用车企业。

12月

12月1日 省委常委会召开会议，审议《政商交往负面清单》《清廉民企建设指导清单》。

12月3日 国内首台旋转束质子肿瘤放射治疗系统在山东省肿瘤医院启用。

12月4日 国家知识产权局办公室发布《关于确定2023年国家地理标志产品保护示范区筹建名单的通知》，平邑金银花国家地理标志产品保护示范区入选，是山东唯一入选的保护区。

12月4日至5日 全省渔业高质量发展座谈会在济南召开，贯彻落实全国推进渔业现代化建设现场会部署，锚定建设渔业强省目标，总结交流各市渔业高质量发展的经验做法，谋划部署2024年全省渔业高质量发展工作。

12月5日 全省农业机械试验鉴定与技术推广基地在省黄三角农高区揭牌。

12月6日 山东省政府、国家知识产权局印发《共建绿色低碳高质量发展知识产权强省实施方案》，提出开创知识产权强省建设新格局、激活知识产权引领产业高质量发展新引擎、打造知识产权驱动创新发展新标杆、构筑知识产权优化营商环境新高地等4项共建内容。

省政府办公厅印发《关于加快畜牧业转型升级促进高质量发展的意见》，提出推动畜禽养殖向规模化特色化转型升级、设施畜牧向集约化数智化转型升级、加工经营向一体化全链条转型升级、发展方式向生态化绿色低碳转型升级4项重点任务。

位于荣成的华能石岛湾高温气冷堆核电站在完成168小时连续运行考验后投入商业运行。这是全球首座投入商业运行的第四代核电站，标志着我国在第四代核电技术领域达到世界领先水平。

★华能石岛湾高温气冷堆核电站。

12月6日至7日 全国农机安全生产管理服务推进会在潍坊召开。

12月7日 省委常委会召开会议，审议《关于加快数字经济高质量发展的指导意见》《山东省新能源汽车产业高质量发展行动计划》《关于进一步推进教育评价改革工作的若干措施》等。

省委办公厅、省政府办公厅印发《关于进一步加快县域经济高质量发展的意见》，提出以产业升级夯实发展根基、以城乡融合提升发展能级、以要素支撑增强发展动能、以改革开放再造发展优势、以机制创新强化发展保障等5个方面20条具体措施，进一步加快县域经济高质量发展，推动塑造经济社会发展新优势。

省政府办公厅印发《关于做好中国（山东）自由贸易试验区39项制度创新成果复制推广工作的通知》，在全省推广进口铜精矿“分步检测”模式、海域立体分层确权改革和中韩贸易“国际快递”新模式等新一批共39项自贸试验区制度创新成果。

省商务厅、喀什地区行政公署、山东省援疆工作指挥部在济南联合举办“共奏自贸交响，同谱丝路华章”山东与新疆区域结对共建暨专题招商推介会。新疆自贸试验区喀什片区分别与山东自贸试验区济南片区、上合示范区签订合作共建协议。

全省统一的土地市场交易服务平台——山东省土地市场网正式上线。该网站包含一、二级市场土地供需信息发布、成交信息展示以及二级市场线上交易服务功能，实现全省土地要素信息“一网集聚”。

12月8日 省委召开民营企业家座谈会，深入学习贯彻习近平总书记关于民营经济发展的重要论述，听取企业家对经济运行态势的分析和做好全省2024年经济工作的意见建议。

第二十五期山东干部讲堂在济南开讲。北京大学人工智能研究院院长、智能学院院长朱松纯受邀作报告。

济南至郑州高速铁路全线开通运营。济郑高铁是国家“八纵八横”高铁网的重要连接线和沿黄陆海大通道的重要组成部分，线路全长407公里，设计时速350公里。全线贯通后，济南西站至郑州东站间最快1小时43分钟可达，较此前压缩1小时29分钟。

★济南至郑州高速铁路。

莱荣高铁开通运营。莱荣高铁位于胶东半岛东南部沿海地区，线路西起青岛莱西市，向东经烟台莱阳市、海阳市，威海乳山市、文登区，终至威海荣成市，线路全长193公里，设计时速350公里。

12月9日 智慧高速公路建设论坛暨济青中线零碳智慧技术交流会在济南开幕，主题为“数字低碳，创享未来”。会上发布《山东高速集团零碳高速公路白皮书》《零碳智慧高速公路山东方案》。

12月10日 省发展改革委等部门印发《山东省基本公共服务标准（2023年版）》，包含幼有所育、学有所教、劳有所得、病有所医、老有所养、住有所居、弱有所扶、优军服务保障、文体服务保障、公共安全等10个方面，共23个大类、90个服务项目，比国家标准多出9个项目。

“宝瀛6”号多用途船顺利抵达海南省东方市八所港，圆满完成小清河航运首次“河海直达”运输任务，开启山东省内河航运物流运输新模式。

12月12日 魏桥创业集团山东宏灿材料科技有限公司汽车轻量化大型一体化压铸一期项目投产。该项目是全国第一条“铝水—压铸—汽车制造—回收利用”绿色环保资源再生示范产业链。

12月13日 山东省政府与撒马尔罕州政府在济南举办中国山东省—乌兹别克斯坦撒马尔罕州合作交流会。山东省贸促会与撒马尔罕州工商会签署合作协议，聊城市与撒马尔罕州帕克塔奇区签署建立友好合作关系城市协议书，上合示范区管委会与撒马尔罕州中心企业工业园签署合作备忘录。

12月14日 省自然资源厅下达8875亩新增建设用地指标，奖励节约集约用地成效突出的县（市、区）。这是山东省首次对节约集约示范县创建工作进行指标奖励，也是山东省首次对存量土地盘活与节约集约示范创建工作“打包奖励”。

2023能源互联网产业发展大会在济南举行。大会对山东能源互联网产业集聚区进行推介，发布火石工业互联网平台，山东大学能源互联网产业技术研究院揭牌，签约意向投资额超200亿元。

2023中国（德州）地热高质量发展大会暨地热装备（技术）展会在德州举行。中国地质调查局浅层地温能研究与推广中心山东分中心同步揭牌。

12月15日 省委常委会召开会议，研究省委十二届五次全会暨省委经济工作会议有关事项，审议《关于2024年山东省经济社会发展的思路建议》《2024年“促进经济巩固向好、加快绿色低碳发展”政策清单（第一批）》《中共山东省委关于2023年意识形态工作情况的报告》。

省委常委会议军会议在济南召开，要求深入学习贯彻习近平强军思想，把支持国防和军队现代化建设作为义不容辞的政治责任，把牢正确方向，筑牢思想根基，以实际行动坚定拥护“两个确立”、坚决做到“两个维护”。

山东首座管道输氢到站加氢站——中国石化淄博“微管网”加氢站投入运营。该加氢站占地面积3545平方米，打造了“氢—站—车”一体化应用场景，日加氢能力400千克，最高可满足50辆以上车辆到站加注氢气。

12月16日 2023年青岛市政府部门“向市民报告、听市民意见、请市民评议”活动述职报告会启动。“三民”述职报告会采取线上方式举行，38个政府部门通过“云述职”向市民报告一年来的主要工作，3500多名市民代表全程线上听取述职报告并进行评议。

济南至枣庄高速铁路开工建设。济枣高铁是山东“八纵六横”高铁网的重要旅游通道。

12月17日 省政府批复设立山东长岛“蓝色粮仓”海洋经济开发区，面积包括南、北隍城岛东部海域170平方公里。

12月17日至19日 2023年全国大学生机器人科技创新交流营暨机器人大赛在日照举行。大赛分为工业机器人、个人/家用服务机器人、公共服务机器人、特种机器人、其他应用领域机器人5个赛道，来自全国431所高校的1017件作品参赛。

12月18日 鲁港澳高校院所创新合作发展大会在济南召开。全国政协副主席梁振英出席大会并致辞。大会主题为“聚智汇力，互通互融，共创未来”。济南市、青岛市进行创新发展主题推介。鲁港澳高校院所创新联盟、鲁港澳职业院校创新联盟成立。多项重点校际合作协议和重点项目合作协议签约。

12月19日 高端装备产业链“链长”专题会议在济南召开，要求坚持有为政府和有效市场相结合，聚焦高端化、智能化、绿色化、集群化方向，稳扎稳打、踏踏实实地把高端装备产业做大做强，为中国式现代化山东实践注入强大动力。

省农业农村厅公布2023年度“两全两高”（全程全面、高质高效）农业机械化示范县（示范市）名单，济南市钢城区等13个县（市、区）被确定为2023年度“两全两高”农业机械化示范县（市、区），济南、淄博、潍坊、枣庄、德州5个市被确定为2023年度“两全两高”农业机械化示范市。

省支持淄博老工业城市产业转型升级示范区建设专题会议在济南召开，按照国家发展改革委有关工作部署，以更大力度、更实举措推动老工业城市产业转型升级再上新台阶。

2023海洋生态保护修复交流大会在威海南海新区召开，主题为“加强海洋科技创新引领，推进海洋生态保护修复”。会上发布海洋生态保护修复威海倡议；发布2023海洋生态修复创新适用技术名录，确定40项海洋生态修复创新适用技术。

中韩多式联运（威海—仁川）开始试运行。这是2月24日《中韩多式联运（威海—仁川）试运行谅解备忘录》生效后首次发车，也是全国首例“海陆空一体+滚装整车”国际多式联运模式创新。

★首辆“中韩多式联运整车运输项目”货车驶下中韩客货班轮入境威海。

12月20日 省委常委会召开扩大会议，听取各市党委书记和省直有关工委（党委）书记全面从严治党述责述廉，组织开展评议。会议强调，要从严抓思想，巩固拓展主题教育成果；从严抓选育，锻造过硬干部人才队伍；从严抓监督，严格规范党员干部行为；从严抓作风，锲而不舍纠治“四风”；从严抓反腐，坚决打好攻坚战持久战。各级领导干部要坚决扛起全面从严治党政治责任，坚持党建业务一起谋划、一起部署、一起推进，凝聚起干事创业的强大合力。

省委常委会召开扩大会议，听取各市党委书记和省直有关工委（党委）书记抓基层党建工作情况述职，组织开展评议。会议强调，要深入学习贯彻习近平总书记关于党的建设的重要思想，树牢大抓基层的鲜明导向，不断提高基层党建工作质量，为现代化强省建设提供坚强组织保证。要进一步强化基层组织政治功能、提高组织体系建设效能、建强基层党员干部队伍、提升服务改革发展稳定水平、落实基层党建政治任务。

12月21日至22日 省委十二届五次全体会议暨省委经济工作会议在济南召开。会议听取和讨论省委书记林武受省委常委会委托作的工作报告，总结2023年全省经济工作，部署2024年经济工作，审议《关于全省第二批学习贯彻习近平新时代中国特色社会主义思想主题教育工作情况的报告》。会议指出，2024年经济工作总的要求是：以习近平新时代中国特色社会主义思想为指导，全面贯彻党的二十大及中央经济工作会议精神，深入落实习近平总书记对山东工作的重要指示要求，坚持稳中求进工作总基调，完整、准确、全面贯彻新发展理念，主动服务和融入新发展格局，加快推动高质量发展，锚定“走在前、开新局”，深入实施黄河流域生态保护和高质量发展重大国家战略，以建设绿色低碳高质量发展先行区为总抓手，统筹扩大内需和深化供给侧结构性改革，统筹新型城镇化和乡村全面振兴，统筹高质量发展和高水平安全，深入推进“三个十大”行动，稳扎稳打、踏踏实实，着力塑造现代产业、有效需求、数字经济、乡村振兴、区域协调、改革开放、绿色低碳、民生福祉、安全发展和舆论宣传新优势，持续推动经济实现质的有效提升和量的合理增长，保持社会和谐稳定，推进中国式现代化山东实践迈出坚实步伐。

12月22日 文化和旅游部公布第三批国家级旅游休闲街区名单，济南市槐荫区印象济南·泉世界文化旅游休闲街区、青岛市大鲍岛文化旅游休闲街区入选。

★大鲍岛文化旅游休闲街区。

滨州开放大学、滨州老年开放大学、滨州社区教育指导服务中心成立。“两大学、一中心”在全省各市高校中是第一家，是滨州为服务全民终身学习，推进办学体系建设，探索职业教育和继续教育融合发展的积极尝试。

12月22日至23日 “好品山东·鲁贸全球”2023潍坊国际精准采购节诸城食品及环保机械专场在诸城举行，主题为“好品山东·鲁贸全球”。

12月24日 《大众日报》报道，中共中央批准：曾赞荣同志任青岛市委书记。

中集来福士海洋工程有限公司自主设计建造的“博强3060”风电安装船在烟台基地命名交付。该安装船是国内最新一代深远海一体化大型风电安装船，在作业水深、甲板可变载荷、起重吊装能力等方面均为“国内之最”。

12月25日 商务部等部门联合印发《关于提升加工贸易发展水平的意见》，从鼓励开展高附加值产品加工贸易、促进保税维修业务发展、引导支持梯度转移、加强财税金融支持、强化要素保障、优化加工贸易管理与服务等6个方面提出12项政策措施。

12月26日 省政府印发《关于加快实施“十大工程”推动新一代信息技术产业高质量发展的指导意见》，以实施“链长制”为总抓手，全力实施集成电路“强芯”、高端软件“铸魂”、先进计算“固链”等十大工程，明确突破核心关键技术、优化产业发展布局、做强发展主体引擎、拓宽市场应用空间、提升产业链竞争力、完善产业发展环境六大具体任务。

省政府印发《山东省新能源汽车产业高质量发展行动计划》，着力培育“车—能—路—云”新能源汽车产业融合发展生态，实施产业链“5567”提升工程，即做大5家乘用车龙头企业、5家商用车龙头企业，做强6项核心部件，做优7个配套产品领域。

省卫生健康委、省发展改革委、省科技厅等部门印发《“鲁十味”品牌培育推广工作方案》，进一步加强山东首个中药材公共品牌——“鲁十味”品牌管理，引导市场主体和社会公众保护好、利用好、推广好齐鲁道地药材品牌，推动中医药产业高质量发展。

山东发出本年第2500趟中欧班列，标志着继2022年突破2000列之后，开行量再创新高，开行位次稳居全国前列。

淄博原山大道、鲁泰大道、鲁山大道、昌国路快速路全线通车，全市快速路网工程实现“串线成环”。

★淄博城市快速路原山大道段。

12月27日 我国首个全国产全自主自动化集装箱码头——山东港口青岛港自动化码头（三期）投产运营，标志着我国在自动化码头研发建设领域实现新突破，拥有了完全自主可控的整套解决方案。该码头位于山东港口青岛港前湾港区南岸，建设2个10万吨级集装箱泊位。

12月28日 省委、省政府印发《关于加快数字经济高质量发展的意见》，以实施数字产业化“十大工程”、产业数字化“八大行动”为主线，明确突破重点数字产业、深化产业数字赋能、加快数字技术创新、激活数据资源价值、完善数字基础设施、健全数字治理体系、优化数字发展环境7个方面重点任务。

省政府印发《2024年“促进经济巩固向好、加快绿色低碳高质量发展”政策清单（第一批）》，包括2024年新制定的政策和2023年“稳中向好、进中提质”政策清单中延续执行的政策两部分内容，合计79项政策。

济宁大安机场正式通航，济宁曲阜机场民用部分整体转场至此。济宁市与机场通航同步开通城际公交、城市公交、定制客运班线，打造机场快速通勤网络。

★济宁大安机场正式通航。

12月29日 省委常委会召开会议，审议《进一步深化改革促进乡村医疗卫生体系高质量健康发展的若干措施》《中共山东省委全面深化改革委员会2023年工作总结》《关于支持中国—上海合作组织地方经贸合作示范区高质量发展的意见》。

2023年山东省科技创新强县名单公布，济南市历下区、青岛市城阳区、沂源县、龙口市、潍坊市奎文区、济宁市兖州区、泰安市泰山区、沂水县、齐河县、滨州市沾化区等10个县（市、区）上榜。

由省市场监管局、省地方金融监管局、人民银行山东省分行、省个体私营企业协会共同主办的山东省“个体工商户金融伙伴育苗行动”战略合作签约仪式在济南举行。育苗行动合作期限为3年，重点实施融资扩面提质、金融产品创新、担保能力拓展三大工程。

荣乌高速威海至烟海高速段改扩建工程、临淄至临沂高速公路金山互通至中庄互通段项目建成通车，全省高速公路通车里程突破8400公里。

12月30日 省政府印发《关于贯彻落实“四水四定”原则若干措施的通知》，明确以实现水安全有效保障、水资源高效利用、水生态明显改善为目标，强化以水而定促发展、强化水资源刚性约束、强化水资源节约集约利用、强化水生态环境系统治理，建立水资源刚性约束制度。

第九届山东省省长质量奖获奖名单公布。经省政府研究决定，授予烟台杰瑞石油装备技术有限公司等8家单位和海尔集团公司党委书记、董事局主席周云杰等2名个人第九届山东省省长质量奖，授予青岛天祥食品集团有限公司等10家单位和中国石化胜利油田分公司副总经理杨勇等3名个人第九届山东省省长质量奖提名奖。

新建潍坊至宿迁高速铁路及青岛连接线建设动员会在临沂召开。潍宿高铁及青岛连接线开工标志着京沪高铁二通道全线开工。该线路是建设交通强国山东示范区的标志性引领性工程，总投资852亿元，新建线路长度398.5公里，途经4个市18个县（市、区），惠及沿线3500万人。

12月 中共山东省委在济南召开党外人士座谈会，深入学习贯彻中央经济工作会议精神，就2023年经济形势和做好全省2024年经济工作听取省各民主党派、工商联负责人和无党派人士代表的意见和建议。

《济南新旧动能转换起步区城市副中心示范区建设实施方案》发布，确立了“一年立框架、三年出形象、五年创示范”的分期建设目标，规划了“一心四片”的总体布局，并分别提出鹊山生态文化区、总部经济区、都市阳台、科研办公区、科创金融区的规划范围和功能定位。

省纪委监委发布《政商交往负面清单》，从党政干部和企业家两方面作出规范约束。其中，党政干部行为负面清单主要内容为“7个严禁”，企业家行为负面清单主要内容为“7个不得”。省工商联发布《清廉民企建设指导清单》，对民营企业清廉建设以正面引导的角度，从加强组织建设、完善制度机制、把握亲清边界、依法诚信经营、培育清廉文化等5个方面15条内容作出倡导规范。

济宁龙拱港集装箱年吞吐量首次突破12万标箱。龙拱港是全国唯一实现自动化系统全域国产化的集装箱港口，也是北方规模最大、自动化程度最高的集装箱内河港口。

国家标准化管理委员会致函山东省政府，批准威海高区成立国家技术标准创新基地（医疗器械），这是国内首个医疗器械领域的国家级标准创新基地。

本年 山东粮食总产1131.1亿斤，同比增加22.3亿斤，增长2.0%，连续3年稳定在1100亿斤以上。

典型经验

溯兴教之源　施固本之策
建强泉城教师队伍

济南市教育局

为深入贯彻落实习近平总书记关于教育的重要论述，多措并举加强教师队伍建设，2023年济南市委、市政府出台了关爱激励中小学（幼儿园）教师若干措施，从建立教师表彰奖励制度、建立教师荣誉制度、搭建教师成长平台、完善教师待遇保障、加强教师关心关爱等5个方面制定12项改革举措，切实激发广大教师幸福感、成就感和荣誉感，为进一步办好"有温度有品质"的济南教育奠定了坚实基础。

一、聚焦"尊师"，建立长效激励机制，让教师成为最受社会尊重和令人羡慕的职业

一是健全教师奖励制度，激励教师潜心育人。市委、市政府每5年评选教育系统先进集体100个、先进个人200个；每5年评审选拔"泉城名师"10名、"泉城名校长"5名，"杰出教师"50名、"杰出教育工作者"20名，"领航教师"150名、"领航教育工作者"50名，对上述个人分别给予6000元至10万元不等的奖励。市委、市政府每两年对在教育高质量发展工作中表现突出的集体和个人进行通报表扬。二是建立教师荣誉制度，赓续教育初心使命。对累计担任班主任工作或在乡村工作满30年、20

年、15年的教师实行荣誉制度。每5年在连续三代及以上均有家庭成员从教，或连续两代家庭成员中从教人数超过5人的家庭中推选一批“泉城教育世家”。2023年，共确定497个“泉城教育世家”。三是完善三级联动机制，营造尊师浓厚氛围。为热烈庆祝第39个教师节，市委、市政府隆重召开庆祝教师节表彰大会，表彰了100个教书育人及尊师重教先进集体和200个教书育人先进个人，创新命名了泉城名校长、杰出教育工作者、领航教育工作者、泉城名师、杰出教师、领航教师等泉城教育人才285名，并对上述个人给予1020万元的奖励。

★ 2023 年 9 月 6 日，济南市庆祝教师节表彰大会会场。

二、着眼“强师”，优化教师成长路径，引领教师做学生为学、为事、为人的“大先生”

一是锻铸师魂，加强师德师风建设。深入实施教师队伍建设

“四大行动”，全面开展师德师风建设“一区一案、一校一品、一校一课”创建活动，持续健全教育、宣传、考核、激励与惩戒五位一体的师德建设长效机制，完善多元主体参与的师德师风建设监督机制，实行师德考核负面清单制度，引导广大教师以德立身、以德立学、以德施教、以德育德。二是提升师能，打通教师发展通道。制定实施青年教师梯次培养计划，每两年在首次参加教师工作5年以内的在岗教师中评选500名教坛新秀；在连续从事教师工作5年及以上、35周岁以下的在岗教师中评选500名优秀青年教师。进一步扩大市级教学能手、学科带头人评选规模，5年内认定不少于1000名市级教学能手、1000名市级学科带头人，全面打通教师梯次发展通道。三是名师领航，赋能教师队伍成长。以落实《基础教育强师计划》为引领，建立骨干教师“选、育、管、用”全链条培养机制，统筹实施济南未来卓越教师成长共同体建设、济南名师建设、济南优秀教育管理者建设、乡村骨干教师培养“四大工程”，通过集中培训、跟岗研修、课题研究等形式，实施前瞻性、全方位、立体式赋能培养。完善用名师培育名师、以制度管理名师、用任务驱动名师三大机制，充分发挥名优骨干教师的示范带动作用。加大农村教师培训力度，每年对乡村骨干教师进行针对性培训。2023年，济南市87名教师入选齐鲁名师名校长名班主任建设工程，入选人数全省第一。

三、立足“惠师”，增强教师职业幸福感，让更多优秀人才安心从教、舒心施教

一是落实惠师政策，激发教师干劲。近年来，先后两次核增绩效工资总量，加大教育教学管理及课后学生服务的考核奖励力度。巩固落实义务教育教师平均工资收入水平不低于当地公务员平均工资收入水平成果。打破职称“天花板”，率先实施“定向

评价、定向使用”基层职称制度。二是加强人文关怀，提升幸福指数。按相关政策要求，做好教师疗休养工作。关爱教师身心健康，做好教师高质量体检工作，建立学校与医院交流合作机制，定期为教师提供专业健康指导服务；鼓励现有托管机构优先向有需求的教师倾斜，倡导有条件的学校开设教师子女托管、托育照护点等，解决教师后顾之忧。三是减轻教师负担，维护教师权益。深化教师减负工作，严格执行社会事务进校园活动清单式管理和审批报备制度，清理不必要的督导检查评比项目，切实减少对中小学校和教师不必要的干扰，把宁静还给学校，把时间还给教师。

筹房源 惠民生 赋能建设宜居泉城

济南市住房和城乡建设局

济南市深入贯彻落实国家城市更新战略，把城市更新行动作为实现城市高质量发展的重要抓手，围绕强省会目标，坚持城市更新与经济文化建设同频、与城市治理改造同步、与人民群众需求同向的“三同”理念，创新路径、构建模式，聚焦重点、突破瓶颈，工作取得显著成效，相关做法两次获得国务院督查激励。

一、坚持“三位一体”，构建城市更新模式

一是以专项规划引领，系统推进城市更新。研究制定《济南市城市更新专项规划（2021—2035年）》，划分了四大更新圈层，即“历史城区”“二环以内”“中心城区”“市域范围内其他城区”。确定了“1+4+N”城市更新资源体系，“1”是指历史文化遗产，“4”是指旧住区、旧村庄、旧厂区、旧市场，“N”是指其他类型的更新资源，全部更新资源占地约127平方公里。专项规划明确了城市更新的路径，使工作开展有章可循、有据可依。二是以城市体检问诊，精准推进城市更新。以2020年列入住房城乡建设部城市体检样本城市为动力，始终坚持城市体检与城市更新同步。特别是2023年列入全国10个、山东唯一的“深化城市体检工作制度机制试点”以来，从住房、小区（社区）、街区、城市4个维度，构建“61+13”泉城特色指标体系，

通过“泉水喷涌率”“供热燃气覆盖率”等指标把握城市脉搏，找出城市运转的“慢性病”，将城市体检出来的问题作为城市更新的改造依据。三是以项目建设支撑，持续推进城市更新。按照项目特点，分为片区综合更新改造类、城市功能完善类、老旧厂区改造类等类型，采取不同路径和策略实施更新。如济钢片区中央森林公园项目，针对片区工业遗存较多、公园覆盖率不足等问题，通过保留、融合进行旧厂区改造、河道整治等，改造后的工业建筑与绿色生态相映成趣，成为城市一大亮点。已启动城市更新项目56个，历下区文东街道和平路38号院、大千佛山风景区绿道联通等8个项目列入山东省城市更新示范。

二、聚焦“三个维度”，做优城市更新内涵

一是树立为民导向，托举安居梦想。坚持把“为民棚改”作为价值导向，把“质量优先”作为工作标准，2016年以来基本建成棚改安置房22万套，约40万居民“出棚进楼”，棚户区改造工作连续8年位居全省前列，两次获得全国前十、山东唯一的国务院督查激励城市。老旧小区改造坚持问需于民、问计于民、问效于民，明确“16+11+N”改造内容，“16”为基础类公共设施内容，“11”为专项改造内容，“N”为涉及居民出资的内容，因地制宜完善小区的雨污分流、公共停车场、汽车充电桩等配套设施，在全省率先形成“改造一个、更新一片、连片成区、带动全局”的老旧小区改造格局。2015年以来，完成了4760万平方米的老旧小区改造，58万户居民的幸福感“原地升级”，实现了城市肌理自我更新、群众持久优居。二是完善城市功能，提升城市空间品质。完善公用基础设施，打造供热“一张网”，消除“供热孤岛”107个；扩大燃气覆盖范围，城镇燃气压力管道长度居全省首位。完善城市路网建设，加快经十路、凤凰路、工

业南路等对外通道的快捷化提升，解决交通拥堵问题。完善公园基础设施，加快推进100个公园、12个绿道项目建设，让市民推窗见绿、出门入园。2020年10月被住房城乡建设部列为“新城建”首批试点，大力推进新型智慧城市建设，通过各类智能感知设备，对城市供水、排水、燃气、热力等城市基础设施生命线进行实时监测，及早发现和管控安全隐患，塑造安全环境，增强城市韧性。三是严守更新底线，传承泉城历史文脉。颁布《济南市历史文化名城保护条例》，以立法形式全面推进各项保护工作，留住济南的“根”、守住泉城的“魂”、记住城市的“乡愁”。创新历史建筑修缮维护路径，出台省内首部历史建筑修缮维护补助资金管理办法，鼓励产权人修缮维护历史建筑。坚持“小规模、渐进式”的“微更新”，以古城片区、老商埠片区、上新街片区为重点，“留改拆”并举，修缮状元府、题壁堂、寿康楼等省级文保建筑，活化利用小广寒、济南

★更新改造后的济南老商埠区。

职工剧院等一批历史建筑，植入现代产业，历史文脉与生活气韵交织互动，迎来泉城新生。

三、强化“三个保障”，打通城市更新路径

一是强化资金保障，引入“源头活水”。聚焦“钱从哪里来”的问题，举办省内首个城市更新政银企对接暨项目推介会，现场推介中央商务区西片区城市更新、市立五院周边片区等75个项目，累计获15家银行授信1298亿元，到位资金207亿元。积极申请财政支持，累计争取棚改政策性贷款约585亿元、政府专项债券约228亿元，获中央、省奖补资金约37亿元。二是强化政策保障，遍洒“普惠阳光”。聚焦“工作思路如何落地”的问题，制定《济南市城市更新行动实施方案（2023—2025年）》，出台各类政策文件35项，创新提出“带实施方案挂牌”“用地混合利用、性质兼容”等举措，探索开展老旧住房原址改造试点等，破解工作难点堵点。三是强化组织保障，助力产业运营。聚焦“产业如何运营”的问题，成立74家机构为首批成员的济南市城市更新产业联盟，集聚整合多方力量，搭建城市更新资源合作平台，为城市更新发展赋能。举办以“共商、共建、共赢”为主题的2023济南城市更新产业招商大会，遴选40个城市更新项目、8个产业运营重点项目面向全国产业招商引资，6个城市更新项目现场完成实施主体与产业运营机构的合作签约。推动由“开发理念”向“经营理念”转变，在579百工集城市更新项目引入产业公司接管整个市场，导入40多家亚文化模式业户，构建复合型文化商业片区，实现城市更新和产业发展、空间格局优化、片区综合开发、资源整合相统一，为加快建设“强新优富美高”新时代社会主义现代化强省会注入不竭的更新动能。

完善服务体系
全力打造“泉心托”城市品牌

济南市卫生健康委员会

济南市认真贯彻习近平总书记关于人口工作的重要论述，以普惠化、均等化、便捷化为目标，努力建强婴幼儿照护服务“组织实施、政策支持、资源供给、融合发展、科学监管”5个体系，全力打造“泉心托”服务品牌，服务规模、品质与效能逐年提升，“幼有所育”向“幼有善育”转变成效显著，成功入选首批全国婴幼儿照护服务示范城市，并在全国托育服务工作推进会上作经验交流发言。《人民日报》、央视《新闻联播》《朝闻天下》、中央广播电视总台“中国之声”等媒体平台先后对济南创新探索普惠托育、打造“泉心托”品牌等内容给予专题报道。

一、坚持高位推进，落实党政责任，建强组织领导体系

（一）强化顶层统筹。成立由书记、市长挂帅、21个部门参与的济南市促进养老托育服务体系发展领导小组，健全“一老一小”服务工作领导体系。将婴幼儿照护服务列入《济南市国民经济和社会发展第十四个五年规划和二〇三五年远景目标纲要》和政府工作报告，明确到2025年千人口托位数达到5个。压实党委、政府“经费投入、规划建设、资源配置、队伍建设”主体责任，构建政府、社会、企业、家庭协同发力的工作格局。

（二）建立协同机制。将婴幼儿照护服务纳入市委常委会工作要点、政府工作报告重点任务、市政协年度“商量”主题。市政府办公厅印发《关于促进3岁以下婴幼儿照护服务发展的实施意见》，明确工作思路、目标任务。建立由卫生健康部门牵头、16个部门参与的济南市促进3岁以下婴幼儿照护服务发展联席会议制度，制定议事规则，协作配合推动工作发展。

（三）列入民生实事。连续3年将托育服务工作纳入年度为民办实事事项。2020年规范建设40所托育机构，2021年、2022年分别创建30所和20所婴幼儿照护机构示范点，给予挂牌和通报表扬，并对首批示范点给予600万元财政补贴，有力调动托育机构品牌建设积极性，营造良好的托育工作氛围。

二、加大投入力度，健全保障机制，建强政策支持体系

（一）加强资金支持。出台育儿补贴政策，为2023年1月1日以后出生的二孩、三孩家庭每月发放600元、3年共21600元的育儿补贴，2023年育儿补贴发放资金1.11亿元，惠及全市2.48万个二孩、三孩家庭。印发托育机构资金补助发放实施细则，对符合条件的托育机构给予一次性5万元运营补助和每孩每月400元收托补助，共发放资金290万元，惠及48所托育机构。

（二）强化政策保障。出台托育优先发展政策，在城乡建设中，对托育机构建设和用地优先规划、优先保证。对托育机构水、电、暖、气实施居民价格，对婴幼儿入托实行免费查体，执行社区托育服务税费优惠政策，降低托育机构运营成本。

（三）优化资源布局。编制《济南市托育服务设施专项规划》，在建立完善促进婴幼儿照护服务发展的标准研究、空间保障、政策支持、服务体系搭建等方面积极探索、争当示范，已初步形成规划方案。将托育服务设施纳入全市居住公共服务设施配

置指标以及15分钟生活圈专项规划，托育设施供给纳入土地招拍挂审查流程，增强服务的覆盖面和便捷性。

三、聚焦群众需求，坚持普惠可及，建强服务供给体系

（一）加强科学指导。加大对农村婴幼儿照护服务的支持，统筹城乡婴幼儿家庭发展，大力普及科学育儿知识，编写《0—3岁婴幼儿科学养育》《0—3岁婴幼儿分龄阅读指南》等读物，免费发放给城乡婴幼儿家长。通过“儿保网”开设家长课堂和公益讲座，在托育机构、社区举办主题沙龙，为城乡婴幼儿父母提供就业指导、培训、信息服务等支持。

（二）坚持普惠引领。制定济南市“十四五”普惠托育服务体系建设规划，明确普惠托育体系建设目标任务。深入推动普惠托育服务专项行动，已成功申报中央预算内资金支持托育项目19个、资金1518万元，省基本建设投资托育项目6个、资金390万元，以点带面推动整体建设。

（三）鼓励多元发展。鼓励独立实体式、社区嵌入式、连锁辐射式、委托管理式等特色模式的托育机构发展。构建机构、社区、家庭三方联动托育服务体系，支持产业园区、用人单位等在工作场所为职工提供托育服务，引导托育服务向社区、主城区外的区县和相关领域延伸拓展。鼓励支持幼儿园开设托班，积极培育山东汇美、银座宝贝佳、婴贝儿等托育服务行业民族品牌，为婴幼儿提供优质、安全、可信赖的全周期服务。

四、强化要素支撑，加快数字赋能，建强融合发展体系

（一）深化医育融合。依托市儿童保健所成立市婴幼儿照护服务指导中心，建立专家库，承担全市托育机构卫生保健工作质量控制、工作督导等工作。编印《济南市幼儿园、托育机构卫生

保健工作规范》《济南市散居儿童保健规范》等指导文件，依托各级妇幼保健机构、基层医疗卫生机构为托育机构及婴幼儿家庭提供婴幼儿保健、安全防护、照护技能、儿童早期发展和健康教育等指导服务。

（二）加强人才培养。挖掘省会城市教育资源，支持大学、大中专院校开设婴幼儿照护服务相关专业，已有山东医高专、济南护理职业学院等10所驻济院校开办。提升婴幼儿照护从业人员的业务能力，将婴幼儿照护服务人员技能提升纳入济南市职业技能提升行动规划，对取得保育员职业技能等相关证书的人员按照规定给予财政补贴。依托济南护理职业学院，建设面积近5000平方米的托育服务产教研示范基地，深入推进产教研深度融合。

（三）加快母婴设施建设。加强公共场所、用人单位、交通枢纽母婴设施的建设和改造，按照“应建尽建”的原则，在全市有需求的用人单位和公共场所建设标准化“妈妈小屋”345家。成功创建20个“工会妈妈小屋”示范点，对每个示范点给予5000元经费补助。

（四）发展智慧托育。推动“互联网+托育服务”融合发展，开发济南智慧托育信息平台，将机构管理、日程安排、营养膳食等各个环节贯通，提高服务效率。开发济南市托育机构电子地图，方便群众就近选择托育机构。

五、规范行业秩序，注重示范引领，建强科学监管体系

（一）规范机构建设。印发《关于加强济南市3岁以下婴幼儿托育机构卫生保健工作的通知》，明确托育机构卫生评价标准。制定《济南市托育机构备案办事指南（试行）》，公布备案所需材料、备案流程、联系方式等，提高备案效率，全市已备案托育机构299家。印发《关于做好托育机构消防安全工作的通

知》，对《托育机构消防安全指南（试行）》等规范性文件组织学习培训，进一步落实安全生产责任，切实做好托育机构安全生产工作。

（二）强化齐抓共管。卫生健康部门依法对托育机构饮用水安全、传染病防控以及备案情况进行监督检查；市场监管、消防等部门依法对托育机构的餐饮卫生、安全生产及消防安全等开展监督检查，工会、妇联、共青团、计生协等依责开展宣教、帮扶、社会监督等工作。各部门协同配合、从严管理，近3年来全市未发生涉及婴幼儿照护服务的安全责任事故。

（三）加强行业自律。指导建立省内首个市级婴幼儿托育服务行业协会，制定《济南市托育服务行业自律公约》，编制《济南市托育机构入托合同范本》，推出《济南市托育机构公示栏》，举办托育机构规范经营研讨会，构建以信用为基础的新型监管机制，成立自律小组，强化行业自律。

（四）促进健康发展。连续3年举办托育服务行业职业技能大赛。2022年组织开展省内首个“千元托育消费补贴券”发放活动，共百余家机构参加，发放消费券近3000张，有力促进了托育服务发展。启动全国首个托育城市品牌“泉心托”创建工作，探索制定家庭托育点管理办法，建设“泉心托”家庭托育点和“泉心托”公建民营示范园。开展爱心托育用人单位创建工作，获评全国爱心托育用人单位2家。

“强龙头”：青岛向新求变、向绿笃行

青岛市发展和改革委员会

青岛市认真贯彻落实国家、省重要部署，以推动绿色低碳高质量发展为各项工作总抓手，扛牢“强龙头”使命担当，按照“一年夯基础、两年展形象、三年见突破”的思路，将2023年作为推动绿色低碳高质量发展战略的“落地实施年”，高起点开局、高规格推进，全面完成省、市绿色低碳高质量发展年度重点任务，在“向新”“向绿”的加速布局中抢抓未来发展先机，推动绿色低碳高质量发展开局之年交出满意答卷。

一、向新求变，产业转型升级更加深入

一是科技创新强力突破。连续4年位列国家创新型城市前十，在《全球创新指数2023》百强科技集群榜单位次跃升至第23位。突出战略支撑，崂山实验室实现规范化运行，大科学装置“仲华”热物理试验装置总控数据中心主体封顶，山东能源研究院建成投用。深化基础科学研究，国家重点实验室、工程研究中心分别达到8家、4家，80个项目获省科学技术奖。突破关键核心技术，实施“强链”计划等专项，支持超100项关键技术攻关及产业示范项目。壮大育强科技企业，规模以上工业企业研发机构覆盖率达到85%，科技型中小企业超9300家、高新技术企业超8000家。二是现代化产业体系加快构建。连续3年位列全国先进

制造业百强市第七位。轨道交通装备、节能环保2个国家战略性新兴产业集群获评优秀等级。4个集群、6家企业分别入选省“雁阵形”集群、集群领军企业，新增数量居全省第一。新型显示、集成电路等8个新兴产业专业园区加快建设。入选全国首批中小企业数字化转型试点城市。完成1000家企业数字化改造。竣工投产129个重点技改项目。3家企业获评国家工业产品绿色设计示范企业，15家工厂、6家绿色供应链管理企业入选国家绿色制造名单。现代服务业增加值近1万亿元，3个园区入选2023年度省级现代服务业集聚区，数量居全省首位。三是塑强海洋城市优势。坚持把海洋作为高质量发展战略要地，做好经略海洋大文章，全面增强向海图强发展优势。出台“海洋之星”企业倍增计划18条措施。总投资2000亿元的90个海洋重点项目全部开工建设，年度完成投资399.8亿元。部、省、市共建“海洋十年”合作中心签约落地。中国蓝色种业研究院（青岛）揭牌运行。海洋创新药物BG136进入临床试验阶段。四是数字经济加快释能。卡奥斯连续5年居全国双跨平台榜首，柠檬豆入选全国“双跨”平台，少海汇智能家居产业园等3个园区入选2023年度省级数字经济园区。新认定10家重点产业数字化转型赋能中心和28家场景应用实验室，累计分别达到20家、82家。获批国家中小企业数字化转型试点城市。

二、向绿笃行，绿色发展底色更加鲜明

一是稳妥推进“双碳”战略。成立碳达峰碳中和工作领导小组，印发碳达峰工作方案，实施碳达峰“十大工程”，加快构建“1+N”政策体系。入选首批国家碳达峰试点城市。在全省率先实施市场主体间用能权交易，年使用绿电100亿度，减排二氧化碳350万吨。解决海湾化学等重点项目能耗指标，实现经济效益

和社会效益双赢。二是加快构建现代能源体系。全省首个重型燃机示范项目华电青岛燃机首台机组点火成功，全市首个独立储能项目大唐黄岛储能电站投产运行，鹏辉能源储能电池项目开工建设。能耗强度下降超额完成省下达的目标任务，煤炭消费占比低于30%。新能源发电总装机占比首次超过煤电装机。三是深入推进美丽青岛建设。高标准打好蓝天、碧水、净土保卫战，PM2.5、PM10、SO_2（二氧化硫）、NO_2（二氧化氮）年均浓度连续4年达到国家二级标准，大气环境质量位居全省前列。完成全市入河入海排污口整治，工业用水重复利用率达到90%，近岸海域水质优良面积比例达99.3%，历史最佳。深化国家土壤污染防治先行区建设，在全国评估中获得“优秀”等级，重点建设用地安全利用率保持100%。首次入选全国城市生态环境保护营商竞争力前10名。四是“重点领域”绿色转型步伐加快。深化全国首个绿色城市建设发展试点，新增绿色建筑面积2474万平方米，城镇新建民用建筑中绿色建筑占比达到100%。清洁运输占比持续提升，运营公交车中新能源和清洁能源占比达95%。港口大宗干散货、油品清洁运输占比分别达86.3%、92.8%。

★ 2023年，青岛市浮山森林公园、大平山森林公园相继开放，“公园城市”建设使得城市绿色空间进一步拓展。

三、向未来，“强龙头”使命担当更加彰显

一是对外辐射能级全面提升。《青岛都市圈发展规划》印发实施，城市影响力、辐射力持续增强。黄河流域“9+1”城市陆海联动高质量发展合作会议成功举办。全域联动推进上合示范区建设，青岛国际能源交易中心揭牌运营，上合组织经贸学院实现实体化运作。青岛自贸片区改革开放综合试验平台作用持续发挥，首单易货贸易完成出口通关，国际商事争议解决中心落地，“动产质押融资业务模式”获国务院全国复制推广，11项创新举措获国家部委在全国复制推广，70项在全省复制推广，跨境电商综试区在全国评估中位居第一档。二是国际交往合作不断强化。成功承办第四届跨国公司领导人青岛峰会、“中国+中亚五国”产业与投资合作论坛、中日韩合作国际论坛、上合组织产业链供应链论坛暨上合博览会等重大活动。全国首个RCEP成员国企业税收服务中心成立。三是重点领域改革持续深化。推出新一轮户籍制度改革，全面放开城镇落户限制。国企改革三年行动获国务院国资委A级评价。获批国家农村综合性试点试验、全国农村产权流转交易规范化整市试点。10项金融试点政策获国家批准实

★首届“中国＋中亚五国”产业与投资合作论坛现场

行。开发区扩区调区、放权赋能落地实施。推进“高效办成一件事”改革，对263个服务场景实施流程再造、实现一次办好。加快推进证明证照电子化，不动产登记等102项应用场景实现免实体证照办理。四是交通网络换挡提速。明董高速、青兰高速（双埠至河套段）改扩建工程通车，潍宿高铁青岛连接线顺利开工，莱荣高铁开通运营。重庆高架路、辽阳快速路、跨海大桥高架路二期等重点市政道路工程竣工通车，胶州湾第二隧道、唐山路快速路等骨干道路项目加快推进。10条地铁在建线路加快推进，西海岸快线全线贯通。增开加密青岛往返济南、北京的高铁及动车组列车，与京津冀城市群时空距离进一步拉近。入选国家综合型流通支点城市，成功申建空港型国家物流枢纽，商贸服务型国家物流枢纽在全国年度考评中获第一名。

以科技点燃青岛高质量发展“新引擎”

青岛市科技局

习近平总书记指出，要开展科技体制改革攻坚，加快建立保障高水平科技自立自强的制度体系。青岛市深刻领会习近平总书记重要指示要求，深入贯彻国家科技体制改革三年攻坚行动，坚持向改革要动力、向创新要活力，努力破除体制机制障碍，加快推进高水平科技自立自强，全力打造国际创新型城市。在科技部国家创新型城市榜单中，青岛连续4年位列国家创新型城市（非直辖市）前十强。在世界知识产权组织《全球创新指数2023》榜单中，青岛由全球第34位升至第23位，成为近4年国内位次跃升最快城市。

一、聚焦自立自强，搭建战略科技力量培育“新体系”

（一）突出精准化，培育科技领域“国之重器”。采取一事一议、特事特办等方式支持国家实验室、重大科技基础设施建设。推动崂山实验室规范化运行，组织“透明海洋”等重大科学任务，统筹国内涉海领域大科学装置，一体推进、同向发力。支持建设“仲华”热物理试验装置，成为全国首个获得国家批复、首个启动的“十四五”国家重大科技基础设施。海洋生态灾害模拟、离岸前置预警系统等一批大科学装置相继启动预研，实现抱

★“科学号”海洋科学综合考察船。

团发展。

（二）突出体系化，布局前沿基础科研平台。面向世界科技前沿和国家重大需求，布局全国重点实验室—省重点实验室—市重点实验室“金字塔”形实验室体系，推动创新要素从“0”到“1”转变。把握全国重点实验室重组契机，2023年新争取能源领域全国重点实验室3家，全国（国家）重点实验室总数达12家、占全省40%。新增深空、深海等方向省重点实验室4家、总数达55家、占全省1/5。新建86家市重点实验室、总数达279家。

（三）突出梯次化，建设一流新型研发机构。围绕重点行业领域布局一批投入主体多元化、管理制度现代化、运行机制市场化、用人机制灵活化的新型研发机构，2023年新增省级新型研发机构5家、总数达68家，新建市级新型研发机构28家、总数达80家，22家省级新型研发机构绩效评价获评“优秀”、占全省1/4。支持领军企业联合高校院所等组建创新联合体，先后建设省、市创新创业共同体14家，形成“政产学研金服用”融合创新生态。

二、优化科技管理，创新关键核心技术攻关“新模式”

（一）念好“改”字诀，改革创新科技计划体系。围绕产业链部署创新链，设立“强链”计划，精准服务重点产业“补链、强链”，支持“链主”企业承担重大科技项目、开展科技攻关示范。2023年，组织超过100项关键技术攻关项目，推进“国芯万屏”等重大科技示范工程落地实施，加速打通新型显示等产业链从技术到产业的转化通道。成功攻克高像素密度8K光学引擎照明与成像关键技术，推出全球首款8K全色激光电视产品。

（二）念好“立”字诀，建立完善“揭榜挂帅”机制。在遴选方式上，专门制定“组阁揭榜”工作规程，针对市场化程度高、竞争激烈的重大科技项目推行“揭榜挂帅”，谁有本事谁上，形成动态竞争，每年立项“揭榜挂帅”项目50项左右。在项目评价上，邀请基金、企业界人士参与项目评审，提高市场眼光对科技项目的考量。在需求挖掘上，紧扣市场需求，面向全社会，实行项目指南建议常年征集制度，累计征集需求950余项。

（三）念好“放”字诀，放权搞活科研项目管理。坚持“应放尽放”，赋予科研人员更大人财物自主支配权。完善以信任和绩效为核心的科研经费管理机制，在战略研究计划、自然科学基金等项目中推行“包干制+负面清单”试点，推动科研经费更好为科研人员的创造性活动服务。鼓励项目承担单位积极开发科研助理岗位，2023年共吸纳2700余名高校毕业生从事科研助理工作，有效将科研人员从项目管理的“繁文缛节”中解脱出来。

三、突出企业主体，畅通科技产业金融连接“新通道”

（一）做强前端，壮大科技企业队伍。强化顶层设计，实施科技型企业培育“沃土计划”，打造“高企育苗—高企认定—高企上市”发展梯队。国家科技型中小企业超9300家、占全省近1/5，高新技术企业超过7900家、占全省1/4，上市高新技术企业总数达到44家、占全市上市企业总数65%。采取“线下+云上”多元化方式推进企业研发机构建设，全国首创“云端研发”模式，推动规模以上工业企业研发机构覆盖率提升至87%。

（二）做实中端，加速科技成果转化。瞄准成果转化堵点痛点，出台实施“硕果计划”以及概念验证、场景应用等配套细则，通过“真金白银”举措推动成果就地交易、转化、应用，构建以企业为主体、以市场为导向、产学研用深度融合的成果转化机制。发布“硕果金”政策，首创“财政股权投资+无偿补助”支持持股孵化。建设海洋科技大市场，探索科技成果跨区域转移转化新机制。2023年技术合同成交额超过620亿元，同比增长50%。

（三）做足后端，深化科技金融结合。发挥“政金融合”优势，健全与科技创新需求相适应的金融服务体系。深化中国银行、人保财险等金融机构战略合作，推动5年新增融资支持450亿元，缓解企业融资需求。扩大科技信贷“白名单”覆盖面，涵盖超过9100家科技企业，2023年投放信贷超过1150亿元。全国首创科技金融特派员经验，高效组团提供多样化、个性化服务，已走访园区近1200家次，服务企业7000多家，帮助企业融资280亿元。

四、深化制度创新，形成科技评价改革攻坚“新机制”

（一）试点示范，实施科技成果评价改革。承接全省唯一科技成果评价改革综合试点，印发《科技成果评价改革综合试点实施方案》，在全国率先提出涵盖创新度、成熟度、先进度的科技成果标准化评价体系，针对海洋、新材料等优势产业领域，建立细分完善的科技成果分类评价指标。构建市场化科技成果评价服务模式，培育第三方科技成果评价机构30家、专业化科技评估师350余人，累计完成评价项目3600余项。

（二）大刀阔斧，深化科技奖励制度改革。优化科技奖励结构，提高科技奖励质量，全面修订市科学技术奖励办法，在市科学技术奖中首创“海洋科技奖”“颠覆性技术奖”等奖项，在全国率先设立科技成果转化贡献奖，改“推荐制”为“提名制”，更加注重创新性、先进性、应用价值和经济社会效益评价，形成具有鲜明地方特色的科技奖励体系。近5年，获得国家科技奖励54项、占全省40%，获得省科技奖励534项、占全省1/3。

（三）破除“四唯”，推进科技人才评价改革。深入实施产业领军人才计划，依照项目层次遴选人才，突出考量价值、能力、贡献，每年选拔产业领军人才（团队）60个左右，精准弥补产业链人才短板。出台“加强青年科技人才培养引进使用20条”，支持青年人才挑大梁、担主角。首次设立市级自然科学基金，印发《青岛市自然科学基金项目管理办法》，鼓励青年科研人员开展基础研究和应用基础研究，勇闯科研“无人区”。

深学细改　实干笃行
青岛打造主题教育“公安样板”

青岛市公安局

青岛市公安局把深入开展学习贯彻习近平新时代中国特色社会主义思想主题教育作为重大政治任务，紧盯市委市政府部署要求，在动真碰硬真解决问题、解决真问题中持续提升解难题、促发展、办实事能力，以推动公安工作高质量发展实绩检验主题教育成果，经验做法被公安部推广。

一、学习引导注重“三个结合”

一是个人自学和集体研讨相结合。把理论学习贯穿始终，精心制定理论学习安排，在认真研读规定学习书目基础上，本着“干什么学什么、缺什么补什么”的原则，系统梳理习近平总书记关于公安工作的重要论述，从个人自学、集体领学、研讨促学3个方面抓实学习提升。二是线上学习与线下学习相结合。线上依托市局“初心淬炼中心平台”和内网主页，广泛收录整理习近平总书记关于主题教育的系列重要讲话和党报党刊评论文章，方便党员民警有针对性地开展学习。线下开展“百年奋斗，初心弥坚——中共青岛地方组织成立100周年巡展”，组织民警赴市局“初心淬炼基地”开展现场教学3600余人次。三是学习宣传和正向激励相结合。成立公安媒体采访团，开展“公安心向党、公安走在前”等主题教育专题宣传活动，精心打造《岛城警事》警务类精品栏目，在青岛广电全媒体和青岛公安新媒体推送，收视、点击率940万余人次。强化典型引领，组织“青岛市五星级基层党组织”制作微党课集中展播。举办4期主题教育专题政治轮训班，邀请市局退休业务专家、领导干部和先进典型开展18期“政治建警云课堂”。市北分局社区民警马怀龙获评“全国最美基层民警”，被授予“青岛楷模”称号，典型事迹在中央电视台展播。

★市北公安分局社区民警马怀龙“46把钥匙”感人事迹赢得广泛赞誉，被授予“青岛楷模”称号。

二、组织实施注重“三个坚持”

一是坚持系统化推进。领导小组办公室层面，围绕“一办五组、领导小组办公室、各单位联络员”三个层级，分别组建工作群，召开4次领导小组办公室会议、5次单位主要负责人工作会议，加强主题教育调度推进。强化协调联动，建立主题教育和优化营商环境“一办推进、两组协同”工作机制，在确定问题清单、专项整治方案等重大事项时，统一会商、协同一体推进各项工作任务，形成工作合力，确保高效统一。二是坚持精细化分工。明确主题教育时间进度安排，对实施方案进行细化，分节点列出80项任务清单，项目化推进、清单化管理、责任化落实。加强对各单位主题教育“干什么”“怎么干”的指导力度，对基层提出的问题和上级文件精神及时汇总梳理，下发《问题答复》《工作提醒》16次，确保工作不落项、事事见成效。三是坚持全链条督导。建立党委督办、过程控制、清单管理、日常沟通协调、重大事项汇报、考核激励6项工作机制，进一步强化责任落实，确保“上级精神第一时间传达、下级情况第一时间反馈”，为市局决策提供信息支撑。组织政工、督察部门组建4个“督促检查工作组”，采取专项督查、联合督查等形式，下沉36个局直单位及基层科所队督导检查，深入摸排发现问题，定期通报工作进展。

三、整治整改注重“三个抓手”

一是用好调查研究抓手。建立基层调研联系点制度，完善活动清单报备、调研成果转化、问题督导反馈、调研活动报道4类调研台账，市局领导班子成员每人联系1—2个分市局、2个派出所，带头扑下身子、沉到一线开展调研110余次。坚持“调”“研”“用”相互转化、促进工作，加强对调研课题完成、问题解决、成果转化的跟踪问效，各警种部门领导班子成员围绕防范化解风险、法治公安建设、深化公安改革等16个重点领域，对工作中存在的堵点难点问题逐一认领，形成212项高质量调研成果。二是用好开门纳谏抓手。坚持多渠道、多途径排查问题，常态化开展向企业“问需、问策、问难”活动，组织36个警种部门走访座谈国资委等11家行业主管部门和51家省市级重点项目、112家先进制造业产业链链主企业及行业龙头企业，深入查摆梳理形成六大类55项制约公安高质量发展和群众急难愁盼的问题。制定《服务保障2023年全市重点项目建设实施方案》，由党委成员牵头落实包保责任，按照“一项目一策”要求，全市各级公安机关年内走访服务重点项目企业1.1万家（次），推动解决问题1214个。三是用好问题整改抓手。坚持问题查摆“真、实、准”，在梳理各警种部门报送的问题清单形成市局问题清单时，市局主要领导亲自调度研究、全面起底梳理、逐个过堂会审，对问题大而化之、针对性不强、重点不突出、时效性存在差距等问题进行调整深化，对共性问题进行整合，对查找不准的进行删减。建立“主责部门、牵头单位、协同单位、整改措施、整改时限、整改成效、责任领导”闭环跟踪和“周督导、月调度”两项机制，对整改落实情况采取“清单式”“销号式”盘账、对账，确保新发现的问题及时增加、进展情况及时更新、解决问题及时销号。

★围绕1.3万家省市重点企业项目，常态“问需、问策、问难”，走访企业2.8万家次，协调解决问题3200余件。

四、成果转化注重“三个维度”

一是看维护安全稳定维度。把树立和践行正确政绩观贯彻到主题教育各项任务中，不断深化平安青岛建设，统筹推进扫黑除恶、“云剑”、“昆仑”等系列专项行动，建成市、区（市）两级智慧侦查中心，2023年破获各类刑事案件2.6万起、占全省

15.5%，刑事警情同比下降15.7%，命案现案保持全破，电诈破案数、抓获数、起诉数创历史新高，冻结资金15.6亿元，预警劝阻318.5万人次。市公安局荣获全省优秀市级公安局，获评首批全国社会治安防控体系建设示范城市。二是看护航保障发展维度。出台优化法治营商环境32条措施，全面推行项目警官制，构建"亲清"警企关系，打造"听民声、警速办、创满意"服务品牌。与海尔集团等签订警企联合知识产权刑事保护战略协议，成功侦破特大假冒（海信）注册商标案，有力维护企业声誉，保障企业正常运营。系统推进238处交通堵点治理，重拳整治"炸街车""僵尸车"，道路交通运行健康指数居全国同类城市前列。深化户籍制度改革，建立市级移民事务服务中心，居民身份证、出国境证件办理提速50%，15类电子证照证明免于提交，两项工作经验入选全省公安机关服务重大项目典型案例。服务市委招才引智战略，畅通高层次人才落户"绿色通道"，选派业务能力强、服务素养高的民警组建200人"服务专员"团队，年内为企业"上门办""集中办"494次，服务2.2万人。三是看执法服务满意维度。坚持"当下改"和"长久立"相结合，抓建章立制解决群众反映的执法突出问题。坚持民意主导警务，制定《深入推行柔性执法工作实施方案》，建立20项"首违轻微不罚"事项清单及执法指引。建成运行"民意110"，建立监测、回访、整改、反馈、考核一体化机制，做到接诉即办、跟踪督办、全程盯办，回访群众150.6万人次，办结诉求1万余件，群众满意度由90.83%提升至93.09%，公安部改革办予以推广，实现队伍作风能力、执法服务水平、群众安全感满意度"三个提升"目标。在2023年5月中国社科院公布的《中国公安法治指数报告》中，青岛市公安局位居全国第八、连续3年保持全省第一。

打造“齐心筑平安　齐力促和谐”平安建设品牌

中共淄博市委政法委

淄博市强化市域统筹，夯实基层基础，聚力破解难题，全面构建平安淄博建设新格局，先后在全国新时代政法工作创新交流会、全国市域社会治理现代化试点工作交流会上介绍平安建设的经验做法。

一、以最宽视野抓谋划定位，绘就高品质平安淄博建设“新蓝图”

坚持统筹发展与安全两大主题，把推进平安建设作为市委、市政府重大决策写入市第十三次党代会报告，纳入全市“十四五”规划。市委常委会定期研究部署重点任务，市委、市政府主要领导每年亲自召开平安淄博建设工作会议，以市委名义把“齐心同筑平安，齐力共促和谐”作为平安淄博建设的特色品牌，确定了加快推进“更宽领域、更具深度、更加稳定、更有韧性、更有温度的平安淄博”的工作目标。市委、市政府专门将2023年确定为“平安淄博建设品质提升年”，高规格召开全市高品质平安淄博建设工作会议，全面部署各项工作。

二、以最高站位抓组织领导，建强高品质平安淄博建设“主心骨”

2020年1月成立了市委书记、市长任双组长的平安淄博建设领导小组。2023年2月，市委常委会研究通过平安淄博建设领导小组调整方案，提高领导小组规格。增加领导小组副组长职数，由原3人增加到8人，全部由市委常委、市政府副市长担任。全面提升各专项组组长职级，由原牵头单位主要负责同志或分管负责同志调整为市委、市政府分管领导。调整领导小组办公室组成人员，将各专项组组长单位领导充实到领导小组办公室。增加领导小组成员单位，由原39个调整为44个，增加市纪委监委机关、市委办公室、市政府办公室等成员单位。

三、以最实举措抓各方参与，构建高品质平安淄博“共同体”

充实市平安办工作力量，市里专门成立50余人的高品质平安淄博建设工作专班，采取轮流驻点、集中办公的方式，确保不少于5人的常态化工作力量。完善整体运行机制，将市委政法委牵头的社会治理、扫黑除恶、数字法治、心理服务等重点工作全部纳入平安办工作范畴，一体推进；分层级、分部门制定“齐心同筑平安，齐力共促和谐”工作任务清单，定期调度任务进展、分析研判形势，通过月简报、季例会等形式通报工作情况；分级分类建立平安档案，设立“红黑榜”，记录平安建设的成绩和问题，编撰《平安淄博年鉴》。明确各专项组工作职责，实行专项组组长负责制，组长带头研究各组职责任务、运行规则、工作要点，每个专项组每年谋划1至2件“平安实事”，将全市重点工作有机融入平安专项组工作，进一步集中市域资源，凝聚工作合力。协调推进各责任单位联动，通过集中整治、联合执法等方式协调多部门深度参与平安建设，集中部门业务指导资源、信息数据资源、政策扶持资源，整合社会组织、群防群治、志愿者等工作力量参与平安建设，推动平安淄博建设品质提升。

四、以最大力度抓破题攻坚，扛牢高品质平安淄博“硬担当”

全面分析研判淄博市平安建设风险隐患，聚力打好“五场战役”，为全市高质量发展筑起平安稳定的铜墙铁壁。打好政治安全保卫战，深入开展反渗透反颠覆反分裂反间谍系列专项打击行动，坚持反邪教斗争打、防、教、宣一体推进，持续推进“源头净网”“依法治网”等行动，守稳意识形态主阵地。打好社会稳定持久战，强化社会稳定风险评估，完善社会矛盾研判预警机制，推行信访“三解”工作法，用心用情做好信访工作，坚持教育疏导和情报预警两手抓，抓牢抓细重点人员稳控。打好基层治理攻坚

★ 2023 年政法智能化建设技术装备及成果展巡展。

战，做实“党建引领、一网三联、全员共治”基层治理模式，高标准建设市“一站式”矛调中心，实施区县、镇街“一站式”矛调中心规范提升行动，完善“块数据+网格化+部门应用”模式。打好社会治安集群战，常态化推进扫黑除恶斗争，严厉打击民生领域违法犯罪活动，强化社会面管控，推动“雪亮工程”迭代升级。打好公共安全防御战，抓风险隐患源头防范，织牢防护网、责任网，完善平战结合工作体系，全面提升综合防范能力。

五、以最严标准抓责任落实，确保高品质平安淄博建设“真落地”

实行平安建设“四个纳入”，将平安建设工作纳入全市高质量发展综合绩效考核、纳入市委市政府工作督查、纳入市委巡察、纳入文明单位创建，打好政治安全保卫战、社会稳定持久战、基层治理攻坚战、社会治安集群战、公共安全防御战“五场战役”，开创高品质平安淄博建设新局面。严格落实平安建设领导责任制，明确各级党委、政府抓平安建设的责任，将平安建设纳入经济社会发展总体规划；明确各级各部门“一把手”责任，研究部署重点工作，解决重大问题，加强人财物保障。明确班子成员“一岗双责”责任，落实好分管范围内平安建设工作责任；明确激励、追究措施，树立鲜明工作导向。加强督导考核及结果运用，细化市对区县、镇街、基层政法单位考评办法，实行季度计分评估、年度积分总评。健全部门平安建设考核办法，将高质量发展综合绩效考核、平安山东建设评价、市域社会治理现代化、平安创建、平安实事等重点工作纳入部门考核，实行全流程督导评价。强化考核结果运用，对工作扎实、成效突出的，旗帜鲜明进行表扬，对敷衍塞责、问题多发频发的，从严追究责任，每年评选10个平安建设先进单位、3个平安建设先进区县。

张店区以“公服营城”理念打造共富工程

中共淄博市张店区委改革办

张店区聚焦城市短板修补和功能优化，系统实施城市更新提质行动，以“公服营城”理念使“人民城市”的成色更足，群众获得感、幸福感更可持续。2023年，张店区获评全省推进城市更新、改善人居环境工作突出的区。

一、突出问需于民，重塑城市空间形态

张店区立足“群众侧”推动“政府侧”改革，将群众的需求融入城市更新全过程，开辟群众参与城市建设“我参与”“我来管”“我要干”融合发展的新路径，让城市更新体现城市的个性、气质和居民生活品质、幸福程度。

（一）围绕“改不改群众提意见”，构建有机更新统筹机制。成立城市更新改造指挥部，实现区直部门、各镇（办）和国企“三位一体”，整体谋划、统筹推进、分步实施城市更新工作。坚持把改善民生作为城市更新的出发点和落脚点，对老旧小区实施有机更新改造，综合考虑城市更新与影响居住体验等各类问题的关系，逐户征求意见5000余条，聘请深圳城市规划院、淄博市规划设计院，高标准编制53.88平方公里东部老城区城市更新规划，明确更新重点区域、目标任务，分类提出单元更新策略和设计管控要求，科学布局教育、医疗、养老等配套设施，明确

建设时序，对城市空间形态和城市功能持续优化调整。

（二）围绕“怎么改群众提思路”，完善公众参与推进机制。鼓励和支持群众及市场主体参与城市更新，形成多元化、可持续的更新模式。一方面，开展区域评估，从城市的产业功能、基础设施、公共服务设施、历史风貌、生态环境、公共开放空间、公共安全、住房保障等方面，提出“缺什么”；另一方面，综合考量需求紧迫度、实施主体积极性、实施难易度因素，明确“补什么”。已确定全区居住小区改造、公共设施提升、市政道路建设、绿地建设、棚户区改造5类214个具体项目。

（三）围绕“改造成果群众提想法”，探索城市体检监督机制。以解决城市更新过程中的难点、堵点、痛点为重点，邀请居民代表参与全流程常态化城市体检、督导检查，形成“体检发现问题—更新解决问题—实施后评估”的工作闭环。紧盯投资、形象等进度指标，通过比对航拍影像、开展复盘评估、列出问题清单等，补短板、促提升。已发现并解决城市更新项目质量、安全等问题98个，居民投诉量下降90%。

二、突出问计于民，优化公共服务场景

张店区把群众满意作为最高标准，将“问计于民”融入城市更新日常线索收集、全面摸排、专项整治中，探索“群众敢首创”引导机制，打造高质量民心通道，加强普惠性、基础性、兜底性民生建设，注重补齐短板与城市品质优化双提升，把城市更新“更”到群众的心坎上。

（一）打造优质教育“新高地”。编制《张店区中小学及幼儿园布局规划（2023—2035年）》，围绕城市更新中优化教育布局增加学位供给、提升学前教育优质普惠水平、推动中小学优质均衡发展等方面提出改革举措。重点实施东部老城区薄弱学校提

升行动，投资2.5亿元对20所老旧学校硬件设施改造升级。2021年以来，全区新改扩建中小学21所、新增优质学位1.1万余个，滚动解决“大班额”“大校额”，同步深化集团化办学模式，引进美达菲国际学校填补全市国际民办高端学校空白，平衡优质教育资源。加快“互联网+教育”体系建设，实施中小学智慧校园建设工程、教育资源优化配置共建共享工程，打造互联互通的数字资源体系和智慧学习空间。

（二）打造绿色生态“新样板”。创新EOD引导模式，一体更新提升全区环境风貌。充分利用城市边角空间、剩余空间、未拆空地等建设小型公园，新建改建口袋公园、社区游园11处，构建全域“城市公园—社区公园—口袋公园”三级公园体系。拓展“公园+”功能，与体育健身、科普司法、儿童友好等理念有机融合，推动实施46个路口微改造，山东省首个大型无动力游乐设备全部免费的儿童乐园改造提升后开园。

（三）打造医疗卫生“新名片”。满足群众“家门口看名医”需求，缩小城乡、地区、专业之间人才配置差距，创新建设18家名医基层工作站，推动71名医联体专家及高年资医师“组团式”深入村（社区），开展质控管理、临床带教、学术讲座、疑难病例诊治和会诊等医疗服务，成为提供居民“家门口”健康服务的重要载体。新策划实施社区卫生服务站改革项目，即鼓励邻近资源共享和社会资源参与，在18个人口集中、尚未设置卫生服务机构的社区空间联动、新建站点，推动基层医疗卫生服务体系全域均衡。

三、突出问效于民，增强城市综合功能

张店区聚焦激活区域发展新动能，以实施城市更新行动为抓手，着力打造宜居、韧性、智慧城市，构建群众生活更方便、更

舒心、更美好的城市生态圈。

（一）构筑新时代宜居“人民之城”。挖掘历史文化资源，统筹考虑群众生活习惯、消费水平等因素，结合现有商业服务核心，联动火车站南北广场等新商圈，引入消费经济等业态，构建“一核三心多节点”的城市综合商业服务体系。统筹未来社区、现代社区创建工作，加强“适老化、适幼化”改造，构建15分钟公共服务圈。

（二）构筑可持续韧性“人民之城”。融入全市“二环五射线”快速路网系统，畅通城市交通“微循环”，提升道路交通承载能力。构建安全风险分级管控和隐患排查治理双重预防机制，启动对11条城市支路、13条背街小巷、95个小区的雨污分流改造，开展地下隐患排查治理工作，实施燃气、污水、供水等老旧管网更新改造，系统化推进海绵示范城市建设，确保城市安全运行。

（三）构筑系统性智慧“人民之城”。提升城市智慧管理水平，集成构建“一屏观全城、一网管全城、一脑赋全城”的“一网统管”城市综合管理体系，打造数字孪生城市基础底座。强化城市运行能力，增设数据资产一张图、油烟监测一张图、防汛指挥一张图、城市部件一张图等24个专题子平台，常态化对城市日常运行进行预测、预警，加快城市基础设施物联感知和数字监管应用。在全省率先探索“统一标准地址”建设，建立起贯穿8个镇街149个社区2.4万余栋建筑物38万户室多层结构的空间地理与地址体系，以二维码门楼牌“智慧门牌”为载体，探索医疗、法律、教育等领域“定制化”应用服务，走出一条运用“块数据”推动精细化社会治理创新的张店路径。

桓台县众筹解众愁　激活老旧小区治理“红色引擎”

中共桓台县委组织部

桓台县创新“党组织牵头+居民众议众筹+信用激励”微治理工作法，将“阶段性小区改造工程”转变为“基层治理水平提升系统工程”，以“党建引领、众筹解众愁”红色力量推动老旧小区基层治理“强筋壮骨”。2023年，全县共实施老旧小区自来水和天然气管线改造、变压器更换、飞线治理等“众筹解众愁”项目150余个，众筹资金超1000万元。

一、相关背景

桓台县城区商品房小区、村改社区、原机关企事业单位宿舍楼等各种类型的小区犬牙交错，老旧小区69个，占全县居民小区总量50%。近年来，随着城区规模不断扩大，小区居民需求日益多元，老旧小区配套缺失、服务缺位等一系列治理隐患日益凸显。一是当前治理难奏效。老旧小区情况复杂，治理工作面广量大，小区实际上处于社区治理的边缘，很多矛盾纠纷得不到妥善解决，集访、群访事件时有发生。二是遗留问题难解决。老旧小区普遍面临基础设施跟不上、环境管护跟不上、小区管理跟不上的问题，街道一级甚至县本级往往没有设立固定的旧改专项资金或者资金规模比较小，加之此类小区交付使用时间基本在2003年以前，建成投用时业主均未缴纳公共维修基金，导致无所作为、无所适从的“缺位”情况。三是群众诉求难满足。居民类型以退休职工、外来务工人员、入城农民等为主，对社区的归属感、认同感不够强，参与社区治理的意愿不足，往往“事不关己，高高挂起”，有时会出现党员干部费了心、花了钱、办了事，群众却不理解、不领情、不买账的尴尬“越位”局面。针对以上难题，桓台县在老旧小区探索推行“党建引领、众筹解众筹”微治理工作法，通过众人事众人解，着力破解治理难点、堵点、痛点。

二、主要做法

（一）聚焦“谁来组织、谁来牵头”，发挥网格支部凝聚带动作用。持续优化调整网格组织设置，将党的组织体系深度嵌入基层治理网络，发挥网格（小区）党支部班子成员带动作用，充分调动群众力量、多元力量共同参与。一是打造核心力量。优化调整全县140个社区网格党支部，按照“1+4”标准配备支部班子，以社区工作者为主体，整合离退休干部、在职党员、物业工作人员、业委会成员四方力量共4000余人，在全县网格（小区）亮身份亮承诺、参与小区治理，为众议众筹提供组织保障。二是组建服务团队。全县每个楼栋、单元均配备“1名在职党员+1名非在职党员”，选聘1967名红色楼长和3925名红色单元长，通过党员带头示范，组建居民志愿服务队206支、4878人。宝龙社区第三网格党支部副书记、北苑小区4号楼楼长、县检察院退休干部李树明，在楼栋自来水、暖气管线改造项目中，主持商定方案、逐户动员筹资、跟进工程监督，全楼50户居民每户出资1000元，顺利完成项目建设。三是实施攻坚项目。各网格结合自身特点，累计列出年度重点攻坚项目260余个，通过挖掘小区资源，一项一项抓落实、一件一件谋实效。商城社区国税小区在实施外墙保温和整修攻坚项目过程中，由第三网格党支部副书记吴勇牵头，众筹资金约37万元，顺利完成3栋楼共37户外墙保温工程。

（二）聚焦“如何激励、如何持续”，依托信用体系促进全员共治。将全县推开的信用体系建设嵌入社区治理中，充分发挥信用积分的激励引导作用，增强党员群众参与治理的主体意识、责任意识、集体意识。一是县级统筹资源搭平台。成立桓台县社会信用中心，投资300万元搭建“信用桓台”平台，县财政每年拿出100万元、撬动社会资金1600余万元，打造涵盖衣食住行、水电气暖等的信用积分应用场景86个，真正让居民得实惠、享荣誉，在众议众筹中动起来。全县已有14.5万人享受信用激励，560余名居民因参与众议众筹信用评级达到“AA”，80余人达到最高等级的“AAA”。二是社区立足实际抓推广。结合老旧小区老年人多、老干部多的实际，拓展“信用+长者食堂”“信用+养老服务”等应用场景，鼓励老年人发挥自身“余热”、提升社区“温度”。宝龙社区根据众议次数、众筹金额情况给予信用积分奖励，重阳节期间集中为147名居民兑换176张“长者食堂”就餐券。三是网格细化考核促实用。建立动态管理台账，实行“一人一登记”，每季度评选“红旗网格”“优秀网格员”，从信用

★宝龙社区开展2023年信用积分兑换仪式，为积极参与众议众筹的居民发放“长者食堂”免费就餐券。

基金中列支专项资金进行奖励，激励引导对标学习、争先进位。西苑小区楼道粉刷项目中，对单元内居民出资粉刷楼道并保证楼道内环境整洁的，一次性发放千元奖补资金，已累计筹资60余万元，粉刷楼道118个。

（三）聚焦“怎么众筹、怎么使用”，形成由动议到实施完整闭环。深入开展“我为发展献良策、解难题、建新功”活动，在健全机制、完善环节、强化监督上做文章，打通“意见收集—党员带头—群众参与—问题破解”工作链条，及时为群众解难点、疏堵点、除痛点。一是主动问需于民。网格党支部班子成员入户上门，摸排诉求、宣传政策、征求意见、解答疑虑，形成居民认可的改造清单、改造计划和改造方案。宝发社区第一网格党支部先后6次走访社区，面向4幢192户居民收集意见建议30余条，拟定处理方案并全票通过，众筹资金5万余元，完成覆盖24个单元的“飞线治理”。二是上下联动支持。在坚持居民自愿、直接受益、量力而行原则的基础上，依托“街呼县应、上下联动”机制，社区党组织联合行政执法、住建、民政、审计等职能部门，并邀请相关专业人员，对“众筹解众愁”项目进行审核把关、给予专业指导，及时消除问题和风险，保障项目有序实施。

★东城社区党委牵头召开飞线治理众议众筹协调会。

三是公开透明监督。议定事项通过社区公示栏、网格微信群等进行公开，并组建众筹资金监督小组，让群众既当监理员，又当宣传员。东城社区针对工区宿舍未供暖供气问题，组织众筹资金4.2万元，由热心居民、红色楼长和城建部门专业人员组成监督小组，定期在网格内公示资金使用、项目进度、居民诉求，保障了项目顺利实施。

三、成效与探讨

（一）建强组织体系，破解老旧小区治理“小马拉大车”难题。城市基层党建是一项系统工程，涉及的主体多元、要素多样，需要系统协调配合。实践证明，做好新形势下的城市社区治理，要把党的建设贯穿全过程，健全以网格党组织为核心的基层治理体系，实现从“单独式”向“互动式”转变，推进治理融合发展。桓台县深刻认识居民小区这一微单元党建工作重要性，由集中精力抓社区深化为下沉一级抓小区，找到利益相关方的最大公约数，以党组织的联建共建，带动资源的集成整合，让基层治理底盘更加坚固。

（二）坚持以人为本，破解老旧小区治理“供需不匹配”难题。随着社会主要矛盾发生新变化，人民群众的利益诉求和服务需求也呈现多层次多样化趋势，如何办好群众“身边小事”、托起群众“幸福大事”是必须答好的重要时代命题。实践证明，做好新形势下的城市社区治理，要改变以往“大包大揽”“内部循环”惯性思维，通过搭建议事平台、激活共治活力，共同画好基层治理“同心圆”。桓台县聚焦居民小区的治理重点领域，通过问需于民、问计于民、问政于民，真正做到协商于决策之前、协商于决策实施过程中。

（三）育强带头力量，破解老旧小区治理“无能人干事”难题。选准关键人物，可以使基层议事协商从“单点突破”到“全面开花”，产生事半功倍的效果。实践证明，做好新形势下的城市社区治理，要育强带头的骨干力量，推动党员干部常态化下沉一线，吸引社区居民共同参与基层治理。桓台县通过“众筹解众愁”微治理工作法，既解决问题、化解矛盾，也在这一过程中汇总凝聚了一批常态化的治理能人和志愿力量，在网格内构建起从党内动员到社会动员的体系。

枣庄市创新实施一线党支部“四全”模式

中共枣庄市委市直机关工委

枣庄市委市直机关工委聚焦“强工兴产、转型突围”目标，坚持把一线党支部建设作为机关党建服务保障中心工作的重要载体，探索在重大工程、重点项目、招商引资等急难险重任务一线成立临时党支部，着力打造“攻坚‘枣’行动”一线党支部品牌。“四全”模式得到市委主要领导两次批示肯定，在中央和省直工委媒体刊物上发表推广，获评“枣庄组织工作创新奖”和全市“十大创新”改革典型案例。

一、坚持“全覆盖”建强组织，把牢项目建设“定盘星”

一是健全支部，举好组织引领“指挥棒”。立足党建实际，充分发挥市直机关基层党组织和党员干部作用，在全市161个重点项目同步成立党支部101个，把支部建在一线，把党旗插在一线。指导各区（市）、枣庄高新区成立临时党委7个，由县级领导或机关工委书记担任党委书记，由机关工委负责沟通联络，及时了解党支部运转情况、党员思想动态和工作推进情况等。二是配强队伍，点燃工作推进“加速器”。各党支部内部均明确由党性觉悟高、责任心强、工作细致的项目推进专员担任党支部书记，并将项目建设单位的党员全部纳入党支部管理。同时，根据工作需要，由市、区（市）直部门或有关镇街、项目建设单位负责同志担任支部委员，共同参与党支部活动。三是支部共建，绘出思想合力“同心圆”。明确党支部职责定位，将政治思想建设贯穿于项目建设全过程，举办“攻坚突破，从我做起”主题党日活动、打造党课“实景课堂”、开展机关党支部和项目党支部党建共建等一线党的组织生活，推动党的工作全覆盖，党建与项目建设目标同向、工作同步、责任同担。

★ 2023 年 9 月，枣庄市加强重点项目一线党支部建设助力工业倍增现场推进会会场。

二、坚持“全方位”布局谋划，打好项目建设“主动仗”

一是党建领航强使命。将重点项目党支部建设作为市委市直机关工委书记突破项目暨基层党建创新引领项目的重要内容。同时，将重点项目党支部作为机关党建品牌创建主体，把其建设情况纳入机关党建年度考核、模范机关和模范党支部“双创双评”重要内容，以强有力的党建引领保障“工业倍增”等重点任务落实落地。二是一线指导促落实。督促市直部门党组（党委）高度重视一线党支部工作，定期听取各党支部工作进展情况，并深入一线开展现场调研，指导一线党支部建设，研究解决工作推进过程中的重点、难点、堵点。三是强化保障筑根基。统一配发党旗、党员徽章、《党支部工作手册》、《党员实用手册》、党建学习资料等，在助力重点项目建设中持续增强一线党支部的组织力、凝聚力、战斗力。此外，市委市直机关工委向重点项目党支部划拨专项经费，用于开展疫情防控和党建工作。

三、坚持“全过程”党建引领，吹响项目建设“冲锋号”

一是选好配强“领头雁”。在项目建设过程中，充分发挥党支部书记、项目推进专员及派出单位优势，积极开展对上争取、牵线搭桥、沟通协调等工作，切实帮助项目争取更多政策、集聚更多资源。以党支部书记为中坚力量，与青年党员在一线结为“师徒”，通过谈心谈话、专题辅导、以干代训等方式，全面提升一线党员队伍能力素质。二是锻造培育“先锋队”。通过设置“党员责任区”、组建“党员突击队”、成立“党员技术攻关小组”、开展“亮身份、亮职责、亮承诺”等措施，引导全体一线党员在项目规划、立项、资金筹措、安全施工等方面以身作则，带动技术骨干、企业职工大干快干拼命干，凸显先锋模范作用。三是构建党群“共同体”。围绕提升精细化服务企业质效，市委市直机关工委联合市

★ 2023 年 7 月，枣庄市直机关“情系职工 夏送清凉”活动现场。

总工会开展“情系职工、夏送清凉”活动，组织市直机关各基层工会为项目推进专员和一线职工发放防暑降温物资，联合市行政审批服务局开展“为企服务好窗口”活动，联合团市委举办“我在窗口写青春”活动，组织市直机关青年理论学习小组开展优化营商环境专题学习，多措并举有力推动营商环境优化。

四、坚持“全链条”攻坚突破，跑出项目建设“加速度”

一是上好作风建设“必修课”。全体一线党员牢固树立“我就是枣庄”的主人翁意识，大力发扬“严真细实快”的工作作风，把服务重点项目建设作为思想能力作风建设的“实践课”“大考场”，全身心投入、全周期管理、全流程服务，在项目建设中练就过硬本领，积极争当枣庄创新转型高质量发展的尖刀连、排头兵。二是拧紧项目建设“责任链”。各一线党支部坚持党建引领，切实把思想和行动统一到党的二十大精神和市委、市政府决策部署上来，集中精力、集中资源，靶向施策、靠上服务，聚焦项目单位诉求，想方设法助企纾困。2023年，一线党支部党员共开展政策争取、手续办理、要素保障、宣传推介等方面工作410余项，切实为重点项目加快建设赋能助力。三是传递建设成效“好声音”。组织开展特色党支部创建活动，总结运用“措施在一线落实、难题在一线解决、活动在一线开展、作风在一线锤炼”的“四个一线”党支部工作法，建强组织、抓牢队伍、凝聚力量，促进瓶颈难题大破解、项目建设大突破。及时发现、总结攻坚一线涌现出的基层党组织和党员典型，开设专栏专题广泛宣传一线党支部的亮点工作、创新做法和先进事迹。召开全市加强重点项目一线党支部建设助力工业倍增现场推进会，编印《重点项目一线党支部工作案例选编》，推广典型经验14个。

“枣工快递”开辟稳就业保用工新路径

枣庄市政府决策研究中心

枣庄市发挥“互联网+”作用，创新开发“枣工快递”小程序，通过“企业提需求—专班领任务—部门同落实—企业作评价”模式，构建起“即时响应、分级受理、部门协同、全程追踪”的企业用工服务保障机制，实现了小程序解决用工大难题、保障就业大民生。2023年，全市有5606家企业注册使用，帮助600家重点企业解决用工23549人。央视财经频道《经济半小时》栏目进行了报道，引起良好社会反响。

★市级“枣工快递”智慧调度平台展示图。

一、整合力量、齐抓共管，职责定位角色化

成立市保障企业用工工作专班，分管市长任组长，工信、人社部门主要负责人及组织部、政府办分管负责人任副组长，发改、财政、教育、工会、驻枣院校等部门单位主要负责人为成员，专班办公室设在市人力资源社会保障局。在“枣工快递”中，专班组长、副组长为领导者，全程监管用工工作；专班办公室为任务分发者，拟定任务执行人；专班成员单位为任务执行者，解决企业用工需求；企业为任务制定者，所有工作均围绕企业的任务目标开展。通过角色定位职责，各部门单位各司其职、各负其责，推动了服务企业用工流程的高效运转。

二、企业吹哨、部门报到，任务响应高效化

一是用工信息获取快。通过小程序，企业快速提报用工信息，各级用工领导小组即时获取企业需求，改变过去“人海战术”收集信息的局面，大幅提升工作效率。二是用工任务分发快。小程序对企业用工规模、技能要求、薪资水平等进行分析，借助数据支持、精准定位，组织服务专员226人“一对一”跟进，即时提醒部门领取任务、对接企业。三是企业用工匹配快。服务专员收到信息后，通过山东公共招聘网、网站及公众号、人力资源市场等“线上+线下”招聘渠道，有针对性地发布推介用工信息，提高企业用工适配度。2023年6月28日，华兴服饰有限公司通过“枣工快递”反映缺少普工16人，山亭区当天即获知并与之联系，29日就在山东公共招聘网、山亭人社公众号等平台发布招工简章，引导劳动者对接求职，7月初16名普工全部到岗。

三、部门联办、上下协同，缺工解决台账化

“枣工快递”建立上下分级管理、部门横向联动的协作机制。用工领导小组建立台账，统筹分配任务，本级部门无法解决的统筹其他部门联合解决，区（市）难以解决的提交市级协调解决，做到需求台账化、销号式处理。天润服饰有限公司主要为海澜集团产品代加工，2023年5月通过“枣工快递”发布需求，招聘缝纫机工200名、辅助工60名。薛城区协调部门介入发现解决用工存在困难，将任务提交市级，市专班立即进行任务分解和推办。两天后，市、区人力资源社会保障局及枣庄职业（技师）学院、枣庄学院等单位纷至沓来。经协商，将符合条件的毕业生推荐到企业就业，达成用工意向200人。

★“枣工快递”与支付宝就业召开业务推进座谈会。

四、催办督办、跟踪办理，工作落实闭环化

一是自动预警催办。系统设定部门接受任务、联系企业、解决用工具体时限，超出时限，系统自动预警催促受理部门快速办理。二是实时跟踪催办。市专班实时在线查看区（市）服务企业用工进展情况，对进度慢、效果差的，在线实时催办督办、限

时整改落实。三是领导重点督办。将规模以上企业、重点在建项目等有大量用工需求或需市、区两级专班协调解决的重点用工任务，列为专班组长督办事项定期调度，情况特殊的提请市长督办，确保用工需求落实办理到位。

五、评价考核、强化引领，目标导向责任化

重点是建立3个机制。一是企业满意度评价考核机制。在小程序中开辟企业满意度评价模块，鼓励企业参与满意度评价，督促专班成员单位快速高效解决问题。二是推介宣传考核机制。将小程序推广使用情况纳入对区（市）考核，定期调度通报，迅速在全市范围内掀起使用小程序的热潮。三是解决用工反馈考核机制。将解决用工完成率作为重要指标，纳入对区（市）企业用工考核，印发《工作快报》通报反馈，监督跟进解决用工问题。山东联合王晁水泥是用工大户，企业负责人感慨地说："'枣工快递'解决了我们的大问题，过去自己招工又慢又麻烦，现在足不出户政府帮着招工，既快又省，真是服务到家了。"

六、几点启示

一是稳就业保用工，要善用信息化手段，抓住供需精准匹配关键打通堵点。长期以来，用工荒和就业难并存，主要在于供需双方信息不对称、匹配效率低。"枣工快递"对企业和劳动者精准画像，企业招工"一点发布、全市共享"，劳动者找工"一点填写、精准送岗"，用工信息双向汇合、有效衔接，供需"最后一米"精准匹配，实现了企业用工和群众就业的双赢。二是稳就业保用工，要强化部门协同联动，建立工作闭环机制落实责任。稳就业保用工是一项系统工程，需要形成共同参与的机制和部门协作的合力。"枣工快递"打破层级间、部门间缺乏沟通、各自

为战的局面，“即时响应、分级受理、部门协同、全程追踪”形成闭环管理，事事有回应、件件有着落，过程可控、责任可溯、绩效可评，让企业和劳动者既省时又省力，把提升服务效能、办好民生实事落到了实处。三是稳就业保用工，要营造公开透明环境，加强用工监督监管规范秩序。过去，就业市场存在一些乱象，虚假招聘、非法用工等时有发生。“枣工快递”为政府、企业和劳动者提供开放、对等、交互、实时的三方信息化公共平台，政府动态掌握企业需求，对招工行为进行“诚信评定”；企业在政府指导和监管下，确保用工信息的透明度、准确性、可靠性；求职者了解岗位安全放心，避免陷入招工陷阱。应鼓励各级政府“搭台”以信用背书，将更多企业用工信息纳入平台，提高企业的诚信守法意识，增进劳动者对企业的信任度，打造健康有序的企业用工和群众就业市场。

振兴基层、服务三农的枣庄供销实践

枣庄市政府决策研究中心

枣庄市供销社把“固本强基”作为深化改革的首要任务，大力实施基层组织振兴行动。截至2023年底，全市有47家基层社达到“六有”（有证照、有场所、有标识、有人员、有收入、有为农服务项目）标准，占比近80%，建成省级以上示范社16家，基层社综合实力和为农服务能力得到显著提升。

一、抓规范、壮家底，夯实基层组织振兴“硬基础”

一是明晰产权。针对社有资产权属不清、恶意侵占、低价长租等问题，聘请第三方审计评估，开展账务清理、资产清查、产权界定、价值重估、损溢认定、资金核实，全面摸清家底，明晰产权关系，规范资产租赁合同。对久拖不决的历史欠款，启动司法诉讼程序，依法依规清理。对土地设施等资产集中整治，清理腾退一批长期非法占用项目用地的“钉子户”。累计清出土地35.8亩、房屋234间，规范资产租赁合同167份，增加收益271.22万元，挽回经济损失1100万元。二是盘活资产。对新清理和原闲置资产，委托第三方进行评估，运用公共交易平台公开竞标、阳光拍租、规范发包，促进资产盘活利用和保值增值。峄城区阴平镇供销社加油站通过公开竞标，拍出每年53万元的租金价格（原年租金4万元），实现了社有资产大幅增值。三是加强监管。组建社有资产管委会和资本运营公司，完善资产管理、租赁、处置、监督、审计等12项规章制度，推行财务统一管理，确保资产安全完整，累计收回借款268.26万元、收益284.81万元、项目资金393.49万元。

二、抓主业、拓服务，筑牢基层组织振兴“硬支撑”

一是流通网络融合发展。将基层社发展与镇级服务站、村级服务社规划建设紧密结合，完善购物消费、快递配送、农产品购销、便民缴费等功能，健全镇村商贸流通服务网络体系，全市37家基层社参与建设220处村级服务社，建成镇级服务站21处，新设4家村级供销社，滕州、台儿庄成功创建全省商贸流通示范县和全国总社强县。滕州市社与省、市两级社共同成立鲁供农服集团鲁南公司，引导16家基层社入股，在农资供应、测土配肥、统防统治、农业科技、托管服务、土壤修复等方面拓展服务，推动农资经营由卖商品向卖服务转型。二是土地托管嫁接发展。出台《关于深化土地托管服务的实施意见》，支持基层社推进土地托管、获取服务收益，改变以往靠资产收入和租金吃饭、遇事等靠要的现象。截至2023年底，已在23个乡镇54个村开展“土地股份合作+全程托管服务”试点，全托管2万余亩，增加种植面积10%，粮食作物亩均增产10%—20%，化肥使用量亩均减少15%—20%，每亩为农民节支增收200元，基层社年均增加3万元收入。三是社企联合抱团发展。围绕农机服务、农资供应、粮食烘干储存和农产品加工等服务，市、区两级牵头，联合服务基础、经营能力和口碑信誉较好的49家农业服务公司、专业合作社、农资经营企业，成立全省首家农业社会化服务联合体，依托省社为农服务信息平台，与基层社实现信息、资源共享，打破基层社发展“孤岛”。联合体以土地托管为切入点，提供农机服务、农资供应、飞防植保、烘干仓储、粮食购销、农产品加工、秸秆回收、生物制肥等服务，年销售农资1.5亿元，年加工粮食50万吨，农业社会化服务能力达60万亩次。

三、抓协同、聚资源，提升基层组织振兴“硬实力”

一是考核驱动。将供销社推进农业社会化服务纳入全市乡村振兴考核指标体系，在全省率先推行差异化业务评价和考核，结合各区（市）条件、发展潜力和优势特色，合理确定基层组织建设评价标准和办法，对基础较好的区（市），加大示范社创建考核比重；对基础较差的区（市），加大对基层社改造提升、恢复重建的考核比重，科学量化赋分，发挥激励导向作用。二是资金撬动。市社列支200万元入股鲁供峄农、鲁供农服公司，争取市级财政资金200万元、列支本级合作发展基金200万元，采取双线运作方式，支持8个基层重点项目，撬动总投资1.2亿元的项目建设；滕州市列支300万元资金支持流通网络强县创建；薛城区列支25万元资金支持流通服务网络建设。通过资金扶持，有效解决了基层缺少启动发展资金的难题，推动了全系统基层社改造提升和县域流通强县建设。三是企业带动。依托鲁供农服、贵诚集团、三兴物流、家乐佳等龙头企业，与基层社联合合作、带动发展。鲁供农服鲁南分公司与滕州16家基层社开展合作，发展完善农资经营网络。鲁供峄农公司整合润农农机、瑞菲农机等4家合作社服务资源。贵诚集团合作帮带基层社3家，构建“社有企业+基层经营服务主体+基地+农户”模式，实现农副产品“最初一公里”与“最后一公里”高效对接，促进农民保收、城市保供。2022年以来，完成采购量3640吨、2100万元，带动每家基层社获利5万余元。四是部门联动。市社与市农商银行、省农担公司、太保财险、市邮政管理局、国新粮油集团签订合作协议，在农业全程社会化服务、金融信贷担保服务、农业保险、快递分拣配送、商贸流通、产销对接等方面开展全方位、深层次合作，实现优势互补、资源共享、互惠共赢，提升了供销社品牌影响力。

四、抓统筹、盯重点，强化基层组织振兴“硬保障”

一是科学谋划实施。积极融入全省供销社系统基层组织振兴三年行动，科学制定任务目标，明确“因社制宜、分类施策、定量攻坚”的发展思路，对实力较强的基层社，按照“三体两强”（自主经营实体、农民社员主体、合作经济组织联合体和综合实力强、为农服务能力强）目标推进；对实力较弱的基层社，按照“六有”（有证照、有场所、有标识、有人员、有收入、有为农服务项目）标准改造提升。选取8家基层社纳入重点改造提升范围，采取项目化推进和联系帮包机制，建立动态管理台账，一月一调度、一季一通报、半年一观摩，全力推动项目建设。滕州南沙河、薛城陶庄等5处基层社完成改造提升，滕州姜屯等9家基层社获评省级高质量发展基层社。二是县基一体推进。依托县级社统筹整合基层社资源，实行资产管理、网络运营、项目建设一体推进，破解部分基层社没人干活、没钱办事、没地经营的困境。市中区实行经营人员统一调配、财务统一核算、公章及资产统一

★薛城区陶庄镇供销社改造前后对比。

管理，投资3500万元，启动基层社改造提升，全区基层社统一规范名称、标识、服务，面貌焕然一新；薛城区采取清欠注入、财政支持、合作发展基金补充、项目建设单位赊欠等“六个一点”办法，筹资1000余万元，协调争取38亩建设用地、2000平方米回迁安置房，用于基层社新建和恢复。三是充实人员力量。针对基层社人员老化、专业技术人员缺乏、面向社会招聘困难等实际，采取兼职和内部调剂方式加以解决，选优配齐配强基层社班子。滕州市东郭社实力较强，该社主任兼职薄弱基层社党山社主任；薛城区社选派机关人员兼职陶庄社、临城社主任；市中区社选派5名年富力强、工作能力突出的人员到郊区社挂职任职，迅速打开了工作局面。

东营市创建党建引领幸福家园“市域样板”

中共东营市委组织部

为深入贯彻落实习近平总书记视察东营重要指示要求，东营市委连续两年将“党建引领幸福家园建设”作为书记抓基层党建突破项目，着力把一个个城市社区打造成组织有力、邻里有爱、生活有质、和谐有序、幸福有感的幸福家园。2023年3月，全省城市基层党建引领基层治理工作会议在东营召开；10月，由全国党建研究会指导、省委组织部主办的“牢记嘱托、感恩奋进，建设人民群众满意的幸福家园”研讨交流会在东营召开。全国基层党建重点任务推进会推介了东营党组织领办公益市集、建设幸福家园社区学院做法。相关工作经验先后14次在《瞭望》、中组部《组工信息》等媒体刊发。

一、构建“党委统筹、高效运行”的党建统领体系，搭建幸福家园建设“四梁八柱”

一是书记挂帅顶格推进。在全省率先成立市委城乡基层治理工作委员会，市委书记担任委员会主任，5个县（区）全部建立由县（区）委书记任主任的领导机制，街道建立由党工委书记为召集人的城乡基层治理工作联席会议，形成市、县、街道三级贯通的统一领导体制。二是单设机构实体运行。在全省率先组建市县两级实体机构，市委组织部单设城乡基层治理协调指导科，在县（区）组建正科级城乡基层治理服务中心，真正发挥各级组织部门牵头抓总作用。三是专班推进聚力攻坚。市委城乡基层治理委员会下设红色物业、网格治理等6个专项工作组，由分管市领导担任组长，定期召开调度会议，先后推动政务服务事项下沉、社区工作者“定岗网格”等35项工作落实落地，凝聚起强大工作合力。

二、构建“覆盖全面、引领有力”的组织架构体系，筑牢幸福家园“坚固基石”

在小区网格，全面推进小区网格党建“五有两化”，即有组织引领、有力量支撑、有阵地保障、有经费投入、有运行机制，实现党建引领具体化、治理服务精细化，小区网格党组织覆盖率达到100%，构建“社区党委—小区网格党支部—楼栋党小组—党员中心户”四级党的组织链条，建立2.4万人的网格长、楼栋长、单元长、庭户长“四长”队伍，常态化开展“敲门问需”，让党的组织和工作进楼入户。在楼宇商圈，加大辖区内商务楼宇、商圈市场等区域性党组织覆盖力度，健全联席会议、党建联建等工作机制，实现各类组织在社区党组织领导下统一行动。在群众组织，坚持群众需求在哪里，就把组织建到哪里，以“业缘、趣缘、地缘”为纽带，组建文艺团队、志愿服务队等各类群众组织2100余支，吸纳3.7万余名居民组建872个社区社会组织，持续扩大功能型党组织覆盖，让每个人都成为有组织的人。

三、构建“服务为本、幸福有感”的标准评价体系，打造幸福家园价值标尺

一是政策制度系统化。市委制定《关于深化城乡基层治理建

设幸福家园的意见》，围绕领导组织、服务、治理、发展、保障"六大幸福指标"，完善党群服务中心迭代升级、社区党组织领办"公益市集"等N个配套措施，建立起以幸福家园建设为核心的"1+N"政策制度体系。二是建设目标具体化。将幸福家园建设具化为5个方面25条内容，细化为18项创建标准，确保基层党组织行动有方向、工作有重点、落实有抓手。建立幸福满意评价标准，开展幸福社区、幸福小区、幸福楼道评选，让好的更好、弱的变强，以此塑成有标志性、有影响力的党建引领幸福家园建设品牌。三是服务供给标准化。分类制定全龄服务、政务服务、物业服务、民生服务、智慧服务、全科服务六大服务标准和内容，确保社区服务种类更全面、质量更精细。比如，民生服务方面，紧盯"一老一幼"两个重点群体，开办76处社区"幸福食堂"、133处养老服务中心，更好满足群众生活需求；智慧服务方面，积极建设智慧社区，为居民提供"应急呼叫""智能安防""一键送餐"等服务，以信息化手段推动社区服务优化升级。

★利津县利津街道津苑社区举办社区运动会。

四、构建“人人有责、共商共治”的全民参与体系，营造幸福邻里场景

以打造具有人情味、烟火气的活力社区为导向，带动社区群众积极参与基层治理。创办“公益市集”。由社区党组织主导，居民群众为主体，动员机关事业单位、社会组织、爱心企业、志愿者队伍等各类组织共同参与，依托居民小区公共场地等城市公共空间，提供常态化、互助化、多元化公益服务，推动居民走出家门、融入社区、参与治理。2022年以来先后领办“公益市集”1800余期，参与居民55万人次。推广“逢十议事”。推行每月10号党群议事会制度，通过“书记见面会”“吐槽会”“板凳会”等方式，开展议事协商2.1万余次，解决居民急难愁盼问题6900余项，让居民的牢骚有人听、事情有人管、意见有人办，涌现出“圆诚”“茶为媒”等多个议事品牌。开展“场景营造”。围绕居民“进得来、可参与”，推动528处党群服务中心（驿站）迭代升级，着力打造创业、教育、养老等六大场景。同时以“小场景”切入“大治理”，在小区内打造“四邻议事厅”“邻家茶馆”等微场景，形成微治理项目，吸引居民主动认领、积极参与，不断提升社区居民认同感、归属感。

五、构建“力量充盈、常态赋能”的队伍发展体系，激发幸福家园建设活力

一是推动一支队伍抓治理。着眼解决“没人干”，市财政列支3387万余元，分批将符合条件的专职网格员纳入社区工作者队伍管理，并面向社会公开招聘372名社区工作者，构筑“一支队伍抓治理”的善治格局。二是打造干而论道赋能平台。着眼解决“不会干”，高标准建设山东幸福家园社区学院，成为全省首家

以“党建引领城乡基层治理建设幸福家园”为主题的综合性实训赋能阵地，着力打造干而论道的赋能平台，开展社区工作者“全员大轮训”，已先后承办培训班次42个、培训学员3600余人次。三是打破职业发展天花板。着眼解决“不想干”，加强社区党组织书记队伍建设，每季度举办1次全市社区书记论坛、开展1次“新赛道”擂台比武，建立从优秀社区书记中招聘事业编制人员长效机制，为城市基层治理注入强大动能。

科学防治互花米草
守护黄河三角洲生态安全

东营市海洋发展和渔业局

20世纪90年代，互花米草作为固岸护坡物种被引种至东营沿海，2010年后进入爆发期，迅速蔓延扩散到黄河三角洲潮间带，总面积达到10547.4公顷，阻隔了湿地水文连通，造成生物植被破坏、生物多样性下降，严重威胁黄河入海口湿地生态系统和海岸带生态系统安全。2021年10月，习近平总书记亲临东营视察指出，“要抓紧谋划创建黄河口国家公园”。东营市坚决贯彻习近平总书记重要指示要求，把互花米草防治作为保护黄河口湿地生态系统安全、推进黄河口国家公园创建的重要措施，探索建立“高位推进、政策保障、公众参与”的领导推进机制、“全域

★ 2023 年 11 月 28 日，东营市召开第二次全国互花米草防治工作现场会。

一体、科技先行、系统治理、生态修复”的科学防治机制、“三年攻坚、三年防护、常态长效”的除治目标要求，走出了具有东营特色的互花米草防治新路径。

一、全面加强组织领导，推动互花米草防治走在前列

一是强化高位推动。市委、市政府将互花米草防治工作作为贯彻习近平生态文明思想和落实黄河重大国家战略的重大政治任务，列入市第七次党代会报告和市政府工作报告重要内容，市委常委会、市政府常务会专门作出部署，并纳入市对县（区、市属功能区）高质量发展综合绩效考核。市委、市政府主要负责同志带头研究谋划，定期听取工作汇报，经常深入防治一线，现场办公解决难题；成立由市政府主要负责同志任组长的治理专班，统筹推进工作落实，将防治任务层层分解、压实责任，为全面完成防治目标提供有力组织保障。二是强化支持措施。将互花米草纳入全国首个市域地方生态保护和修复立法——《东营市黄河三角洲生态保护与修复条例》，以法治力量防治互花米草、保护生态环境。接续出台《东营市互花米草防范治理工作方案（2020—2022年）》《东营市互花米草防治攻坚行动方案（2023—2025年）》，明确“三年治理、三年防护”的攻坚治理“时间表”和“路线图”。探索“上级支持+市级配套+县区自筹”多渠道资金筹措机制，在中央和省级支持资金基础上，明确市、县（区）事权划分，统筹海洋生态、环境保护、湿地修复等各类资金4.398亿元，保障互花米草防治工作需要。三是强化督导监督。建立治理任务工作台账，实行挂图作战、销号管理，严格落实每周一调度、每月一通报、半年一考核的工作机制，加速推进治理进度。成立5个督战队，实行现场督办、督帮一体，现场督导治理方式、治理效果、治理进度，确保除治到位。创新社会监督方式，

召开全市互花米草治理情况新闻发布会，多渠道发布社会监督公告，公开社会监督热线，广泛收集问题，限时核查整改，增强监督实效，推动除治工作持续走深走实。

二、坚持系统除治攻坚，推动互花米草防治科学高效

一是做实调查摸底。综合利用无人机航拍、遥感影像识别、现场调查等技术手段，对市域互花米草现状进行摸底，逐一核实分布范围、具体斑块和详细面积，精准绘制互花米草全域分布图，根据入侵严重程度，划分攻坚治理区8724公顷、重点防治区1458.6公顷、监测防控区364.8公顷，实行科学精准治理。二是聚力科研攻关。联合中科院烟台海岸带研究所，连续3年实施互花米草治理实验项目，攻坚突破入侵机制与治理技术，研制和改装适宜潮间带滩涂作业的机耕船、旋耕机等关键作业机械。经过多次对比试验，科学确定了刈割时间、留茬高度、翻耕深度、围淹水深、治理频次等技术指标，同步创建“刈割+围淹”“刈割+翻耕”等科学治理模式，在全市广泛应用推广。三是开展科学治理。紧紧抓住互花米草种子成熟前的治理黄金期，9月底全面完成分布区刈割工作，阻断种源传播和扩散，在此基础上，因地制宜实施围淹、翻耕、挖埋等后续治理方式。对低中潮滩区的互花米草采取围淹治理，在外围修建临时围堰，利用涨潮引入自然海水，使互花米草残留部分浸泡150天，当年清除率可达到100%；对高潮滩区的采取翻耕治理，连续实施不少于3轮的碎根翻耕，当年清除率达到90%；对零散分布的采取挖埋治理，将互花米草拔除后填入深坑并覆土压实，当年清除率达到95%。四是实施生态修复。以互花米草入侵前的原生生态系统为参照，开展水系疏通、湿地微生境改造、盐地碱蓬和海草床恢复等生态修复，构建更加多样、更为稳固的生态关系，提升滨海湿地生态系统稳定性

和持续性。近3年，实施总投资近10亿元的黄河三角洲湿地综合恢复工程10个，疏通被阻塞潮沟76千米，恢复盐地碱蓬5万余亩、海草床1500亩，底栖生物种类增加近30%，黄河口生物多样性显著改善。

三、建立管护一体机制，推动互花米草防治常态长效

一是深化联防联控。健全“1个市级专班、6个县（区）推进组、N个部门专项小组”常态化运行机制，建立“市抓统筹、县（区）落实、镇街管护”三级网格化管理体系，确保每个防治区块责任到底、责任到人，形成分工明晰、协调有序、监管严格、运行高效的互花米草长效防治格局。积极动员社会力量，依托幸福里、红柽柳等公益组织，3年累计在治理区开展清岸净滩、河海环境巡护等海洋环保活动60余次，志愿服务5200人次，群策群力助推共防共治。二是加强动态监测。建立“人工+智能”监测运行机制，建设全市互花米草动态防治数据库，运用卫星遥感、无人机监测等现代智能手段，及时识别互花米草复生区域和相应坐标，在春夏秋重要时间节点，实行无人机全域日巡飞、巡护队伍周勘察制度，为互花米草“早发现、早除治”提供精准数据支撑。三是创新管护模式。探索创新社会资本参与日常管护，通过优先保障海域使用权、减免海域使用金、倾斜政策项目资金等方式，引导涉海养殖企业主动承担确权海域周边互花米草防治，2023年以来协管共治300余公顷。探索创新“两年施工、三年管护”方式，落实延伸治理项目实施单位巡查管护责任，组建专业化队伍，实行日常化管护，有力巩固治理成效。

牢记嘱托担使命　奋楫扬帆黄河口

东营市发展和改革委员会

东营市深入学习贯彻习近平总书记视察东营重要指示要求，锚定“走在前、开新局”，加快建设高水平现代化强市，努力在落实黄河重大国家战略中争一流、走在前，取得一批突破性、标志性成果。

一、扎实推进防洪减灾能力建设，黄河安澜保障水平明显提升

一是强力推进防洪减灾工程建设。统筹推进堤防加固、河道整治、防汛设施和防潮体系建设，实施黄河下游“十四五”防洪工程和黄河引黄涵闸改建工程、刁口河流路河道整治疏浚、马新河治理等治理工程，完成河道整治工程19处，重特大水旱灾害防御能力有效提升。探索实行“河湖长+生态警长+检察长+法院院长”四长联动护河机制，黄河岸线“四乱”治理实现动态清零。二是扎实做好滩区展区群众迁建安置。全面完成19个滩区村旧村台改造提升工程，实施黄河南展区村庄搬迁改造，建成龙居、胜利、杨庙3个社区，搬迁安置范围内全部完成协议签订。跟进强化黄河滩区旧村台改造、南展区村庄搬迁改造后续扶持工作，持续增进群众福祉。三是全力提升灾害应对能力。市县两级物资储备分别达到4万人、5000人转移安置标准。推进城市防洪排涝体系建

设，2022年以来改造完成67.71公里市政道路、1302个建筑小区雨污合流管网，实现整县（区）制建成区雨污合流管网清零。

二、强力推进黄河口生态保护治理，生态环境质量显著改善

一是加快黄河口国家公园创建。调整完善《黄河口国家公园矛盾冲突处置方案》，退出确权海域、盐田、养殖坑塘42.4万亩，核心保护区内矛盾冲突全部处置完成。二是系统开展生态环境保护修复。全面开展湿地保护修复工作，两年来新增湿地7.4万亩，总面积超过30万亩，增殖底栖生物1650亩，湿地生态系统稳定性显著增强。协同推进互花米草治理、盐地碱蓬修复、海草床修复和底栖生物增殖四大工程，互花米草分布区地表植株基本实现动态清零。建设沉沙池清淤工程，清理引水渠、沉沙池，建成“引、输、蓄、排”科学生态补水体系，引水能力由不足40立方米/秒提高到131立方米/秒，近两年生态补水均超过1.75亿立方米，充裕的淡水使得盐碱水不再向上渗透，土壤盐碱度走低，植物生存环境持续改善。构建“河—陆—滩—海”连通体系，连通水系115公里，疏通潮沟76公里，恢复了黄河与海洋的水文连通。持续推进海洋生态保护修复工作，累计完成滨海湿地修复面积2063.2公顷。建成黄河三角洲生态监测中心、黄河三角洲生态环境定位观测研究站。在全国率先建立黄河流域生态保护地方性法治体系，加强行政边界地区生态环境执法联动，推广黄河三角洲生态损害赔偿与生态修复结合新模式。启动实施了沿黄生态长廊建设，重点对沿黄大堤外侧、南展大堤两侧宜林地和绿化断档实施造林绿化和补植提升，全市累计完成新造林0.75万亩，绿化补植提升2.87万亩，保护修复湿地0.79万亩。大力实施道路绿化工程，新建城市绿道、口袋公园等，城市建成区绿化覆盖率

不断提升，基本实现市民出门“300米见绿、500米见园”的目标。三是突出抓好生物多样性保护。推进实施湿地修复和生物多样性保护项目，划定野生大豆保育区7.46万亩，治理互花米草13.1万亩，每年生态补水近1.8亿立方米。根据监测，自然保护区鸟类由1992年建区时的187种增加到373种，一级保护鸟类增加至26种，连续两年东方白鹳繁殖数均超过450只，黑嘴鸥繁殖数稳定在1万余只，东营市已成为东方白鹳全球最重要繁殖地、黑嘴鸥全球第二大繁殖地，荣膺“中国东方白鹳之乡”“中国黑嘴鸥之乡”等称号。四是全方位贯彻“四水四定”原则。在全省率先制定落实“四水四定”责任分工并建立健全协调联动机制，制定市级深入推进节水型社会建设的实施意见，2023年全市万元GDP用水量较2020年下降17.13%。在全省率先开展长江水与黄河水省内水权交易，加强黄河水资源超载治理。五是扎实推进环境治理。加强全域生态治理，坚决打好蓝天、碧水、净土保卫战，推进“无废城市”建设，探索形成城市排水“两个清零、一个提标”网格化、人性化、清单化、长效化“四化”并举东营模式，PM2.5浓度稳定保持国家空气质量二级标准，国控断面优良水体比例达到近年来最好水平，黄河入海断面和近岸海域水质大幅改善。

三、突出抓好盐碱地科技创新和综合利用，粮食安全水平进一步提升

一是着力突破盐碱地科技创新。国家盐碱地综合利用技术创新中心实体化运行，成为全国第23家、农业领域第5家国家级创新中心，搭建起面向全国的“1+3+16”协同创新体系，并成功举办首届盐碱地技术创新大会、盐碱地特色农业发展会议。黄三角农高区已汇聚中国科学院、中国农科院等48所高校院所、108支专家人才团队，新设立3个院士工作站，共建各类科研平台53

个，先后承担实施国家和省重大科研项目59项，取得各类科技成果226项，突破转化关键核心技术23项。省黄三角农高区耐盐碱植物育种平台布局建设了多个适应不同植物、不同品种的育种加速子模块，模拟自然的光、温、水、气条件，筛选耐盐碱品种，实现植物育种加速迭代。二是着力突破盐碱地种业创新。种子是农业的“芯片”，东营市建设了山东黄河三角洲耐盐碱作物种质资源库，搜集保存耐盐碱种质资源2万余份，在种质资源圃种植大豆、苜蓿等13类作物1万余份种质资源。搭建国家盐碱地综合利用技术创新中心数字育种加速器，已筛选培育大豆、藜麦等耐盐碱作物新品种（系）55个，18个新品系进入国家、省区域试验。三是着力突破利用模式创新。扎实开展国家盐碱地等耕地后备资源综合利用试点，争取中央财政资金5.55亿元，持续推进40个试点项目片区建设，推进盐碱地综合改造利用。制定发布全国首个大豆玉米带状复合种植地方标准，全市完成复合种植面积51.7万亩、大豆单作种植面积10.4万亩。

四、全力建设现代能源经济示范区，能源综合保障能力不断提升

一是提高油气能源保障水平。全力支持服务油田勘探开发、增储上产，胜利油田保持稳产2340万吨以上，胜利油田国家级页岩油示范区正式揭牌，胜利东营原油库不到一年建成投产、成为国内首个“碳中和油库”，中海油千万方原油储备基地建成投用，渤海亿吨级垦利油田群全面投产。二是加快清洁能源开发利用。作为全国重要能源城市，东营市盐碱滩涂、光照风能等独特资源丰富，是能源开发地、加工地、消纳地、配置地兼具的区域。大力发展海上风电、光伏、氢能等可再生能源，加快推进鲁北风光储输一体化基地、渤中海上风电基地等重点项

目，渤中海上风电A场址项目发出全国平价海上风电第一度“绿电”。山东单体容量最大的渔光互补光伏项目——华润财金红光渔业800兆瓦光伏发电项目建成投用，该项目建成后，每年可提供清洁电量11.21亿千瓦时，节约标煤37.92万吨，减少二氧化碳排放量约90.2万吨，项目同时伴生渔业养殖并形成文旅景点，为当地居民进一步增收致富发挥作用。全市可再生能源装机容量达到636万千瓦，超过火电成为第一大电源，发电量增速居全省首位，加快打造全国现代能源基地、绿色储都。三是扎实推进“双碳”战略。推进实施《东营市碳达峰工作方案》，实施能源绿色低碳转型行动等“十大行动”。重质油全国重点实验室碳中和联合研究院正式揭牌。充分发挥全国首个百万吨级CCUS示范项目示范效应。

五、加力推动绿色低碳转型，东营高质量发展新优势日益凸显

一是加快新旧动能转换。突出石化产业转型升级，实施威联化学PX及PTA、利华益ABS树脂、亿科高端树脂新材料等一批高端项目，加快推进中国中化山东化工原料基地、东营港PX上下游配套2个龙头项目，烯烃材料产业集群入选国家级中小企业产业集群，化工产业增加值占规模以上工业比重达到34.8%，已高于炼化7.2个百分点。新材料产业近3年营收复合增长率达15.9%，现代海洋物流产业、黄河入海旅游产业集群入选省“十强”产业“雁阵形”集群。规划建设6平方公里海上风电装备产业园，吸引上海电气、中船海装等15家头部企业入驻，建设速度、产业集聚度、链条完整度走在全省三大海上风电装备制造基地前列。中船海装18兆瓦海上风电机组刷新全球海上风电机组单机功率、风轮直径纪录，中国中车全球最大功率20兆瓦半直永磁

风力发电机成功下线。加速发展“新三样”，大力推进华东智能网联汽车试验场、宁德时代绿能零碳产业园、锦程新能源专用车产业园等重点项目建设，着力打造国内知名的锂电基础材料、储能、新能源汽车零部件、智能网联等4个百亿级产业链。二是发力攻坚突破数字经济。规划建设15平方公里悦来湖数字经济产业园，落地26个重点项目，全市数字经济核心产业增加值连续两年翻倍增长。三是持续强化创新驱动。加快高水平国家创新型城市和黄河三角洲区域创新中心建设，培育碳中和联合研究院等36家国家级创新平台，新建省级创新平台20家，省级“专精特新”、瞪羚企业增速均超过100%，高新技术企业连续3年保持30%以上增长，高新技术产业产值占比提高幅度居全省第一位，入选国家知识产权强市示范城市。

烟台市奋力推动人才与城市双向奔赴

烟台市人力资源和社会保障局

烟台市围绕产业人才需求，持续开展青年人才集聚专项行动，围绕政策引才、平台聚才、活动揽才、服务留才等关键环节，全力做好外招内引文章，力求把国内外青年人才“引进来”、把驻烟高校人才“留下来”、把烟台籍学子“请回来”，加快集聚人才来烟创新创业，努力实现人才与城市双向奔赴，在烟台成为“万亿之城”的冲刺中夯实人才智力支撑。

一、聚焦政策惠企引才，做强“近者悦、远者来”吸引力

深入落实“人才兴市”战略，先后出台企业引才育才补贴、社会力量引才奖励、招才引智工作站等一揽子政策，进一步完善全要素、全方位、全周期人才政策扶持体系。一是全力支持企业引育人才。将企业引才全过程、各环节纳入政策扶持范围，建立“参加活动有补贴、定制引才有补贴、预引人才有补贴、设立奖学金有补贴、招聘面试有补贴、项目引才有补贴”政策支持体系，让企业招才有活力、抢才有底气。二是大力吸引青年人才来烟留烟。深入落实生活补贴、购房补贴、人才公寓、应聘补贴等政策措施，加大从博士后到大专生普惠性生活、购房补贴发放力度，2023年全市共发放青年人才补贴5.91亿元，惠及人才2.8万人

次，让人才来烟有动力、留烟有保障。三是强力定制地方特色政策。出台促进驻地高校毕业生留烟就业创业实施意见，建立健全市区联合、校地协同、政企联动工作机制，推动留烟率保持5个百分点的增长。鼓励各区市“因地施策”“一县一策”招引青年人才创新创业。例如，龙口市出台了青年人才新政“金十条”，将博士、硕士、双一流本科、普通本科生的补贴标准分别提高至最高30万元、15万元、10万元、5万元、2万元，补贴发放实现翻倍增长。

二、聚焦平台助企聚才，搭建“广覆盖、高精准”资源池

一是瞄准高端智力资源。与清华大学签约共建研究生社会实践烟台基地，接受硕士、博士生来烟，到万华化学、泰和新材、东方威思顿等知名企业，开展科研攻关实践活动。针对清华大学、北京大学开展“清北学子烟台行”活动，吸纳100多名清、北硕博生来烟开展暑期社会实践。二是积极搭建育才平台。邀请青岛科技大学、太原工业学院等高校来烟洽谈，新增实习基地20处、累计达到120处。新增博士后科研工作站2个、博士后创新实践基地7个，全市博士后工作站、博士后创新实践基地分别增至31处、30处，2023年新招收博士后69人，同比增长81.58%。三是用好线上引才平台。按照“简便好用”的原则，契合青年人才线上求职的潮流，开发“优聘·烟台引才云平台”，搭建起企业与人才精准对接平台，求职人才只需用微信搜索“优聘引才云”即可使用，可在线填写简历或一键上传特色简历，可根据人才求职期望、招聘单位岗位要求等条件，为人才自动推送岗位，为单位自动推送人才。平台上线以来，入驻用人单位4449家，累计发布岗位18748个，吸引全国110多所高校、5.7万名青年人才注

册，投递简历18486份，达成来烟留烟意向8183人。

三、聚焦活动援企揽才，开行“通四海、达八方”直通车

树立“需求人才分布在哪，校园专场招聘就办在哪”“企业想去哪，直通车就开到哪”理念，夜以继日抢运力、聚才智，力求把驻烟高校人才“留下来”，把国内青年人才“引过来”，把烟台籍学子“请回来”。一是坚持“抢先机”与“广覆盖”相统筹。提前对接高校、组织企业，抢抓3月底至4月初黄金区间，精心设计省内、东北、西北等路线，利用不到20天时间，先后赴11个城市、30所高校开行“名企名校行”直通车，在省内打响招才引智“第一枪”，在全国“抢才大战”中赢了先机、占了优势。二是推进“引人才”与“荐城市”相结合。联合发改、文旅等部门，通过市领导宣讲、视频推介和政策解读等多种方式，努力构建“人才招聘+产业优势、文旅资源、人才新政”推介模式，累计开展各类宣讲会6场次，搭建起高质量宣传烟台资源禀赋、吸引优秀人才的对接交流平台，做强企业抱团招聘优势，激发来烟留烟就业创业激情。三是立足“解近渴”与“管长远”相统一。聚焦产业发展人才需求，先后帮助521家（次）用人单位到34所高校开展引才活动，引进各类青年人才1.5万人，为企业持续发展储备了一批优秀青年才俊。夯实扩大人才引进规模基础，聚焦校企深度合作、校地深入融合，先后与兰州大学、兰州理工大学、西北大学签署人才引进合作协议，建立烟台市太原理工大学招才引智工作站，聘请招才引智大使5名，合作高校达到54家，烟台高校“朋友圈”进一步壮大。

四、聚焦服务便企留才，绘制“城市暖、人才聚”同心圆

助力更多优秀人才选择烟台、扎根烟台，提供“如沐春风”的服务，让“千里马”竞相奔腾，真正在烟台实现安居乐业、各展所长。一是突出精准服务。优化高层次人才精准服务，全方位为高层次人才提供配偶安置、子女入学、医疗保障等28项特惠服务，累计发放优才（青）卡19197张。深化“智慧人社”综合政务平台建设，推行线上线下综合柜员窗口改革，大力实施就业参保“一件事”等“一链式”服务模式，企业和人才在任何窗口可全量、一站办理业务。二是突出主动服务。推行“揭榜挂帅”机制，定期发布企业人才需求“求贤榜”，2023年全市发布青年人才岗位16209个，组织“魅力烟台体验日”“烟台学子看家乡”等沉浸式体验活动，促进企业人才深入对接。三是突出暖心服务。升级人才补贴申报平台，最大限度地集成和调取相关数据，人才补贴实现“零跑腿”一键发放。优化“零门槛”落户、“全天候”人事代理、“全网办”档案转递及人才公寓、免费公交、青年联谊等系列贴心服务，叫响“爱在烟台·难以离开”“留在烟台·青春无忧”城市品牌。

五、聚焦以赛引才，构筑“人才来、项目落”新模式

积极承办全国第二届博士后创新创业大赛，研究制定大赛成果落地专项优惠政策，对来烟落地的创新项目最高给予600万元资助、来烟创业的项目最高给予300万元资助，出台园区孵化、创业贷款、创业投资等一揽子资助政策，争取最多的人才和项目成果落地。以“慧聚烟台·共赢未来”为主题，围绕重点产业需求，连续举办7届“中国·烟台海内外精英创业大赛”，累计吸

引20多个国家（地区）的2200多个高层次人才创业项目参赛，156个优质项目落地孵化，投资总额16亿元，吸引风投1.7亿元，已认定高新技术企业5家，落地项目负责人中先后有45人入选国家、省、市三级重点人才工程，实现了“慧聚烟台”的示范效应。大赛在吸引集聚海内外高层次人才来烟创新创业、优化人才发展环境、提升城市品牌知名度等方面发挥了积极作用，成为全市重要的招才引智品牌活动，形成了以项目落地为导向、注重匹配创投资金以及全程契约化跟踪服务的办赛模式和经验。

全力打造耕海牧渔“烟台样板”

烟台市海洋发展和渔业局

烟台市牢固树立大农业观、大食物观，以建设海洋牧场示范之城为抓手，坚持生态优先，坚决扛起向海洋要食物的光荣使命，多途径开发渔业空间和潜力，打造乡村振兴齐鲁渔业的生动样板，为全方位夯实粮食安全根基提供有力支撑。

一、加强顶层设计，保障海洋牧场建设顺利推进

深入贯彻落实农业农村部等八部委《关于加快推进深远海养殖发展的意见》，科学制定印发《海洋牧场发展规划（2019—2025年）》《关于加快海洋牧场建设的实施意见》《现代化海洋牧场建设实施方案》《关于支持海洋牧场健康发展的若干措施》

★“耕海一号”现代化海洋牧场综合体项目。

《烟台市海洋牧场“百箱计划”项目三年行动方案》等政策文件，强化海洋牧场建设资金政策保障，形成科学系统、梯次推进的建设总纲。制定出台《关于加强国家级海洋牧场示范区监督管理的意见》，从项目资格审查、实施、验收、运营等4个方面14个关键环节，加强项目全生命周期监管。开展《烟台市海洋牧场管理条例》协同立法，2022年5月经省人大审查批准实施，为海洋牧场规范健康有序发展提供坚实保障。2019—2023年连续5年争取将海洋牧场建设纳入政府工作报告加强统筹部署，按照规模化、工程化、智慧化、绿色化的要求，将水产养殖、精深加工与旅游、文化、康养等深度融合，全力打造海洋牧场示范之城。经过5年的努力，烟台市已建成省级以上海洋牧场示范区46处，其中国家级示范区20处，约占全国1/8。

二、坚持生态优先，持续改善海洋生态和资源环境

牢固树立“绿水青山就是金山银山”理念，推动海洋牧场绿色发展。烟台海洋生态环境优良，管辖海域面积1.16万平方公里，拥有莱州湾、龙口湾等7处较大海湾，烟台海参、鲍鱼等海产品享誉海内外。烟台市定期组织开展水生动物外来入侵物种普查面上调查工作，全面摸清烟台市渔业水域水生动物外来入侵物种的种类数量、分布范围、发生面积、危害程度等基本情况。采取投放人工鱼礁、增殖放流、培植海藻床等措施，在海洋牧场区构建和修复海洋生物繁殖、生长、索饵、避敌场所，海洋牧场示范区投礁规模突破350万空方，每年增殖放流各类水产苗种10亿单位以上，有效维护了水生生物种群稳定和生物多样性。长岛综试区通过腾退近岸养殖和拆除育苗厂，大力向深远海发展海洋牧场，多年未见的大叶藻、海萝等藻类重现，白江豚、鲸鱼、北海狮等现身长岛，对生态质量要求很高的斑海

豹、东方白鹳、黄嘴白鹭等种群数量明显增多，海洋生态保护修复成效显著。2023年，烟台发布全国首部《海洋牧场建设蓝皮书》，中科院海岸带研究所及国家海洋局烟台环境监测中心站对全市海洋牧场的环境质量、生物生态、渔业资源等五大方面101个指标进行全面“体检”。综合评估表明，海洋牧场建设明显提升了牧场内生态环境质量，改善了生态环境条件，与2016—2017年的调查数据相比，部分海洋牧场投礁区基础生产力提升63%，生物量增长5.6倍。烟台市近岸海域一类、二类海水水质海域面积达到99%。

三、坚持创新驱动，推动海洋牧场建设提档升级

持续推进海洋牧场“百箱计划”。发挥中集来福士等海工装备企业的科研优势，在全国率先建造半潜式、自升式海洋牧场多功能管理平台以及深远海智能网箱、管桩大围网等。2023年新开工建设8座深远海养殖网箱，累计建成深远海养殖设施32座。“经海”系列深远海智能网箱已有8座下水，单个网箱养殖水体达到7万立方米以上，年可养殖鱼类1000吨，相当于60个普通深水抗风浪网箱。创新“陆海接力”兼容模式。大力发展陆基工厂化循环水与深水网箱融合养殖，通过陆基、海基“无缝衔接”，做到全时空养殖，实现斑石鲷等名贵品种“南鱼北育、南鱼北养”。注重信息化建设。依托山东省现代化海洋牧场综合管理平台及中集蓝海洋科技有限公司“九仙云”海洋牧场实时监测平台，实时监测海洋牧场中鱼类生长、气象、水文等海洋数据，实现自动投饵、成鱼回收等多项功能，单个网箱日常管理仅需3—4名员工，为实现海洋牧场精准科学养殖提供信息化支撑。加强保险和管理创新。依托中国（山东）自贸试验区烟台片区，创新开发针对海洋牧场的“抗击风浪自然灾害险”“网箱养殖波高指

数险”。在全国首创海洋牧场平台确权新路径，形成由“渔业检验部门主导—船级社参与—海洋渔业主管部门颁证—纳入立法监管”的确权路径，赋予海洋牧场平台合法身份。农业农村部中国水产流通加工协会授予烟台市“中国深远海养殖之都”区域特色品牌称号，省农业农村厅批复同意烟台市开展深远海养殖试点，并报农业农村部备案。

四、坚持“大渔带小渔”，水产养殖业持续提升

近年来，受港口、工业用海影响，烟台市拆除近岸养殖超70万亩，渔业稳产保供和渔民增收面临较大压力。为切实保障优质水产品有效供应，带动渔民增产增收，烟台市充分发挥海洋牧场示范带动作用，创新建立“科研院所+龙头企业+合作社+养殖户”合作共赢的新型发展模式，实现了渔民收入与企业发展同步提升、海域生态与产出效益同步改善的多赢效果。制定印发《2023年烟台市水产绿色健康养殖技术推广“五大行动”实施方案》，示范推广生态健康养殖模式，推动水产养殖业绿色高质量健康。在全省率先开展海上养殖容量评估工作，重点评估莱州湾、长岛和市区东部重点海域养殖容量，合理确定养殖密度，优化养殖结构，加快构建水产养殖绿色发展新格局。经过积极争取，长岛“蓝色粮仓”海洋经济开发区批复设立，成为全国首个海上经济开发区，长岛综试区列入国家级水产健康养殖和生态养殖示范区创建名单，长岛综试区渔港经济区获批2023年国家级沿海渔港经济区试点，烟台渔港经济区试点总数达到2处。加快现代渔业园区建设，重点推进莱州金城现代渔业产业示范园和黄渤海新区海投科创中心建设，打造渔业高质量发展新载体。中国农业大学与山东海洋明波水产联合建设国家数字渔业创新中心山东分中心，对鱼类行为识别等数字渔业关键技术开展攻关应用。山

东蓝色海洋科技股份有限公司采取“公司+渔户”的方式，牵头组建泽潭渔民专业合作社，有效整合流转海域16万亩，带动渔民共同致富。经海渔业有限公司结合现有经海系列网箱，搭建“企业+合作社+渔户”平台，依托自身资源优势，与周边养殖渔户合作，签订幼鱼供应合同，开展接力养殖，形成“大渔带小渔”共赢模式。2023年，全市渔民合作社总数达到300家，辐射带动渔民2万多户，全市水产品养殖产量达到138万吨，约占全省1/4，渔民人均纯收入3.8万元。

莱山区打通基层治理“最后一米”

中共烟台市莱山区委员会

烟台市莱山区创建基层综合业务平台，打造“上下贯通、左右衔接、协同联动、高度集成”的基层数据应用体系，破解基层数据壁垒、重复多头报表、治理方式单一等一系列难点问题，运用数据打通服务群众“最后一米”。全区7个街道园区、126个村居全部开设账号应用平台，累计上传数据63万余条、调用数据7000万余次。获批国家政务数据直达基层试点，入选中国信息协会“数字城市创新成果与实践案例”，相关经验获省政府主要领导肯定性批示。

一、打破信息孤岛困境，变“数据茧房”为“纵横汇通”

一是调用上级数据“通堵点”。成功申请国家级数据节点，依托“数据支撑平台”模块，向国家、省、市三级民政、卫健、公安等33个部门，调用生存状态核验、学历信息查询、企业信息查询核验等200多类数据，实现国家、省、市、区、街、村六级数据互通，解决获取上级数据无门的问题。通过“企业精准画像”功能，可查看企业规模、纳税贡献、信用等级、职工参保等实时信息，全面掌握企业整体经营状况。二是归集基层数据“解难点”。构建“基层基础数据库”，对全区街道园区、村居（社区）进行数据采集、梳理、清洗、归集，累计汇集数据63万余条。建立“一人一档、一房一档、一企一档”数据库，做到人、房、企信息相互关联、多向匹配，拥有“以房找人、以人找房”等功能。三是整合零散数据“消痛点”。依托平台绘制“重点项目场所一张图”，将全区产业园区分布、重点企业和项目点位、厂房位置等信息都在地图上利用打点或者区块形式呈现出来，并对所有点位进行图片示例及详细信息介绍，形成“数字+经济发展”模式。建设残疾人辅助器具适配、养老待遇资格认证、计生奖扶等45个无证明应用场景，并对接30余个证照和数据，实现老年人、残疾人、低保户等20多类人群各项服务政策自动筛选，减轻基层人员重复排查负担。

★烟台市莱山区黄海路街道基层运行管理平台。

二、降低操作使用门槛，变“低效重复”为“增效减负”

一是工作围栏“减任务”。上级通过工作围栏发布任务，村居社区按照43项准入清单事项和工作职责有关规定，对辖区内工作范围和边界进行全面梳理，凡上级安排工作在职责范围内的必须填报提交，不在的可退回，既更加精准地承办上级任务，又避免随意摊派问题发生。二是智能台账“降负担”。开发“智能免填工作台账”功能，推动数据集成、数据共享、业务协同，精简归并基层工作者录入工作，解决重复调度、数据打架等问题。平台运行以来，基层表格缩减34%、填报缩减52%。三是数据工具“提效率”。利用“复用云端数据”模块，实现报表自由定制、数据自动复用、结果实时统计，农户资产核验信息比对由2个工作日缩短为10分钟，农村贫困户月度监测预警信息汇总由原来的3个工作日缩短为半天。

三、丰富功能配置体系，变“人跑人管”为“云算云治”

一是打造“多元”应用场景。分类梳理业务管理要素和运行流程，用数据链再造业务链，搭建经济发展、城乡建设、农业农村、民生保障、综合治理、安全生产等九大专题功能模块、270个应用场景，配置规模以上企业管理、高龄津贴发放人员数据比对、残疾人两项补贴核验、九小场所监督等286个功能，推动涉及基层数据应用的线下业务“应上网尽上网”。二是延伸“多项”功能平台。以基层综合业务平台为软件核心，搭建IOT物联感知应用、视频监控等平台功能，对接城市大脑等不同层级、不同部门的信息化系统，配建高空抛物视频监控、一键呼救、智慧灯杆、智慧图书柜、智慧门禁等硬件设备，通过AI智能分析算法、物联网等技术，在安防、食堂、养老等方面实现社区服务智慧化。三是开发“多型”使用端口。在电脑端的基础上，开发社区服务手机端应用程序，上线物业保修、居家养老、诉求反馈、二手交易等热点功能，居民可以“一键拨打”社区工作者，实现社区通知及时下达、居民呼声及时上报、和谐社区全民共建。莱山区黄海路街道祥隆社区获批全省首批标杆型智慧社区。四是构筑“多重”安全屏障。严格执行国家和省、市有关信息安全相关规定，设置保密协议签订、口令密码登录、不同等级权限赋予、水印姓名背景显示、敏感信息查询手机号码验证、后台操作记录全程留痕等6道安全屏障，实现安全责任可追溯、可倒查，破解敏感信息泄露的痛点。

潍坊市以改革创新塑造一流产业生态

中共潍坊市委改革办

潍坊市把良好的产业生态作为塑造区域核心竞争力的关键，创新有效制度供给，着力打造系统完备、互联共生、创新活跃、安全稳定的产业生态，推动先进制造业呈现更强、更优发展势头。全市规模以上工业企业营业收入突破万亿，涌现出19家国家级、123家省级制造业单项冠军，冠军企业总数居全省第一。

一、推进“链长制”改革，抓牢“主心骨”

一是研链谋链。立足潍坊发展基础和前景，聚焦动力装备、高端化工等15个重点产业链，实行“一名市级领导包靠、一个责任部门跟进、一个服务专班靠上、一套实施方案引领、一批重点项目支撑、一个产业园区依托、一支产业基金保障、一个产业联盟推进”的“八个一”工作模式，“一链一策”研究谋划产业链发展。出台“光刻胶16条”“集成电路9条”等专项政策，助推产业发展，省领导对潍坊市“链长制”做法予以批示肯定。全市动力装备、高端化工、食品加工、新一代信息技术4条产业链规模已超千亿。二是融链固链。围绕高端铝材、纺织服装等重点产业链实施“专精特新”企业融链固链行动，助力80余家企业与链主、平台精准对接、卡位入链。积极发挥产业联盟在资源统筹、强化产业内关联协同、融通发展等方面的组织作用，增强产业链供应链稳定性和竞争力，已有12个产业联盟成立运营。由潍柴动力、豪迈集团、华丰动力等11家企业发起成立的潍坊动力装备产业联盟，首批已有54家企业加入，在协同创新、全产业链技改、培育引进高层次人才、项目策划等方面已形成一批合作成果。三是补链强链。梳理“1张图谱+N张清单”，挂图作业，瞄准产业链堵点、断点，精准招引，努力形成高效畅通的产业循环。动力装备产业链招引了简森能源高端气体项目，建成全省唯一的氦气工厂，补齐该领域短板；招引世界领先的轨道车辆和商用车辆制动系统制造商德国克诺尔，项目精准对接潍柴高端发动机零部件需求，带来增量动能。

★潍柴动力生产车间。

二、强化企业梯队建设，打造“朋友圈”

一是抓产业链领航企业。发挥12家省级、67家市级“链主”企业的头雁引领作用和生态主导优势，支持企业积极开放产业链、供应链资源，领建专业配套产业园，引进、投资或孵化产业内有竞争力的企业或项目，吸引上下游企业集聚发展。高端铝材产业链的领航企业华建铝业，领建的中欧节能门窗产业园引进落户了23家高端铝门窗加工企业，带动密封胶、模具、粉末喷涂、玻璃等配套产业不断发展壮大。二是抓制造业单项冠军企业。倡树“心无旁骛攻主业”之风，引导企业持续打磨、精益求精，将一米宽的市场做到一百米深。全市省级以上制造业单项冠军达到129家，居山东省第一位。动力装备产业链上集聚了8家国家级制造业单项冠军，轮胎模具等产品市场份额全球第一。三是抓“专精特新”企业。出台“专精特新”中小企业认定管理办法，与工业和信息化部国际经济技术合作中心共同搭建“专精特新”高质量发展服务平台，构建从孵化培育、成长扶持到推动壮大的优质企业全生命周期梯次赋能生态体系，提高专业生产、服务和协作能力。全市共培育国家级专精特新“小巨人”企业67家，其中重点“小巨人”企业11家；省级“专精特新”中小企业392家，市级905家。

三、创新园区集聚模式，构筑“强磁场”

一是集约协作模式。根据园区产业定位，定向招引上下游配套企业落户，放大空间集聚效应，推动供应链本地化，增强链上企业互动和共享。潍柴国际配套产业园瞄准整机整车、新能源、发动机三大业务板块吸聚企业，为潍柴配套的同时还可以互相配套，既降低了运输和交易成本，又形成了规模效益。园区已引进德国克诺尔、瑞士泰科、意大利索菲玛等全球细分行业领军企业37家，13家已投产达效，一二期厂房已全部预订一空。二是飞地外溢模式。出台“双12条”政策，吸引深圳科技工业园集团在中国北方设立的首个分园区——深圳（潍坊）科技工业园落地，通过品牌输出、异地复制，将深圳科技工业园的产业资源、运营模式、专业服务、高端人才等导入潍坊，带来更多创新元素和智慧活力。园区产业方向主要集中在新能源新材料、高端装备、生物医药、新一代信息技术等方面，11家优质企业已入驻。三是有机社区模式。把园区作为集产业、居住、文化、娱乐于一体的综合性生态园区，拓宽产业园区生产、生活功能，打造多功能城市产业综合体。潍坊嘉实孵化产业园采取“管家式”运作模式，除建设标准化厂房、提供完备的路水电气等基础设施外，还配套建设了园区企业共用的科技孵化基地、综合服务中心（会议、接待、展销等）、电商服务中心、仓储物流中心、人才公寓、幼儿园、超市、健身中心等功能场所，实现了生产、仓储、办公、金融、商务、生活服务等集中集聚。全市各大重点产业园区周边逐步导入高端教育、医疗、养老、商业等城市公共服务功能，为产业集聚发展营造良好生态。

四、推进平台互联共生，点燃“助推器”

一是搭建公共创新平台。在重点产业领域建设共性技术创新平台，加快行业共性关键技术攻关，推动上下游企业之间协同创新，国家燃料电池技术创新中心、潍坊先进光电芯片研究院、光刻胶省重点实验室、SDL科学实验平台等重大创新平台相继挂牌建设。国家燃料电池技术创新中心建立了企业、高校、科研院所联合攻关的创新协同体，加快产业链技术瓶颈突破和产业化落地，成功开发了15–200kW系列化氢燃料电池发动机，推动形成了氢能热电联供、高速加氢站等一系列转化成果。二是搭建公共服务平台。积极搭建行业性乃至跨行业服务平台，实现技术服务和资源共享，帮助企业提升工艺、降低成本。潍坊铸造产业通过“政府+科研机构+龙头企业”合作模式搭建四大共享平台，提供技术提升、工业设计、模具制备、3D打印、设备共享、产能共享等线上线下一体化服务。其中的山东省铸装工业云服务平台，累计服务省内企业1700余家，发布产品服务2600余件/次，线上产

★高新技术创业服务中心。

品技术交易额突破2亿元，为潍柴动力降低年研发投入约4500万元。三是搭建公共培训平台。积极打造“市、县、企业”三级中小企业“教育+互联网”素质提升综合服务平台，引入高端培训服务资源，加强对企业家的培训，提升企业家素质，促进中小企业提质增效。全市已建成一级平台1个、二级平台7个、三级平台13个，组织培训专场100余场，培训9500余人，近1100家企业受益。

促进乡村文化和产业振兴的潍坊做法

中共潍坊市委政策研究室

潍坊市把“手造”作为非物质文化遗产、传统工艺、文创产业融入现代生活的重要方式，创新搭建传习、联营、体验、保障4个平台，促进全市优秀传统文化“两创”发展，助力乡村文化、产业双振兴。截至2023年底，全市已发展风筝、年画等各类传统工艺企业和家庭作坊近2000家，年产值达207亿元，帮助10万多农村群众就近就业、增收致富，经验做法获省领导批示肯定，并在全省推广。

一、搭建传习平台，解决“谁来干”的问题

一是推广带头人制度。创新评先树优、经费扶持双激励机制，对经过认定的优秀非遗带头人和项目，在经营场所、税收优惠、奖励补助等方面提供支持，鼓励“手造”类项目带头人开展技艺传承、技术培训，将传统手艺传承下去。全市通过持续实施“百乡千人培训计划”，已培养“手造”类生产经营人才和技术骨干6000余人。二是构筑人才培养机制。常态化组织开展技能培训、创意设计大赛、职业竞赛等活动，以竞赛的形式培育和选拔人才，加快非遗传承人职业化发展，锻造年龄、级别结构更为优化的传承人队伍。两年来，全市组织各类竞赛230余场次，已培育国家级工艺美术大师、行业大师4人，省级大师61名，数量位

居全省前列，“手造”从业者、工艺美术师、工艺大师三级梯队机制逐步完善。三是建立人才储备机制。与潍坊职业学院等17所高校达成合作意向，通过设置传统工艺项目课程、录制传统技艺教学视频、建设产学研教育基地、探索现代学徒制道路等方式，将“手造”开发与教学实践深度融合，逐步构建起“产学研”协同人才培养体系。“潍坊风筝”等非遗传承项目已纳入专业特色教学，一批非遗项目传承人、工艺大师、技能大师担任相关学校技艺指导教师。中小学校园非遗教育传承“薪火工程”影响力逐渐深化，每年组织校园传承活动2000场次以上，中小学生工匠精神、非遗传承精神不断提升。

二、搭建联营平台，解决“怎么销”的问题

一是发展乡村手工艺合作社。结合风筝、年画、草编等传统手工艺产业链实际，探索形成“传承人+”模式，由传承人负责订单、技术培训、质量管控和销售，村民按照订单要求生产获取劳动报酬，形成传承人引领、村民自愿入社、参与方式灵活的长期互助合作方式。已成立“手造”合作组织100多个，为周边群众提供就业岗位2000余个，人均增收1万元以上。二是建设非遗特色村落（社区）。组建由专家、调查员、志愿者等构成的专门队伍，深入梳理村（社区）非遗资源和“手造”产业基础，分类策划培育非遗特色村落（社区）。借助临朐入选山东省“非遗在社区”试点契机，积极推动非遗参与社区治理，拓展一批乡村非遗新业态、带动形成一批乡村“手造”龙头品牌，吸引更多优秀非遗项目扎根社区。全市先后培育建成高密市聂家庄、青州市井塘村、临朐县北杨善村等特色村60个，因手工艺特色旅游受益的群众超过20万人。三是打造“线下+线上”手造展销体系。线下，依托齐鲁文化（潍坊）生态保护区综合传承教育实践基地、

“手造”博物馆、风筝博物馆、年画博物馆和十个非遗园区、千个“潍坊手造一隅”网点，构建起“一基地、三平台、十园区、千网点、全覆盖”为主的“手造”展销体系，群众到现场即可购买或定制心仪的“手造”产品。线上，依托印象商城和“美非遗”网上商城，开设“山东手造·潍有尚品”专区，已入驻“手造”传承人200余名，“手造”产品超过1500种。

★葫芦烙画省级代表性传承人葛懋新正在烙制图案。

三、搭建体验平台，解决“受众少”的问题

一是创新推出主题式旅游。立足不同资源禀赋，采取政府引导、多方参与的方式，建立国有资本、民间资本、招商引资、社会捐助等多元投入机制，激活旅游市场活力，已先后推出“多彩民艺、秀美山村、寻古探幽、渔盐耕读”4条全长约600公里、具有鲜明“手造”特色的主题旅游线路，推出十笏园“手造”博物馆、杨家埠大观园、红高粱文化产业园等40余个“手造”特色景区、景点，预计年接待游客可超2000万人。二是大力推进研学旅游。通过政府购买服务、旅游企业与传承人合作等多种方式，将适合展演的“手造”类项目植入A级景区，对接省内外学校前来开

展研学旅游，推动潍坊市非物质文化遗产传播推广。已通过非遗嘉年华、传统节庆、手工艺免费体验活动、文化讲座等方式，开展各类制作花灯、风筝、年画等非遗研学、传习活动1400余场，来自北大附中、101中学等学校的上百万学子来潍体验学习。

四、搭建保障平台，解决“发展难”的问题

实施潍坊“手造”创新推广计划，由政府组织，注册统一品牌，提供个性化扶持，提升潍坊“手造”的影响力、竞争力。开展国际文化贸易交流。抓住获评世界“手工艺与民间艺术之都”契机，搭建艺术家、“手造”艺人、青少年及社会民众相融共进的常态化交流机制，打通与世界其他295个创意城市合作交流通道。实施“潍坊好手艺”世界行计划，依托风筝会、文展会等大型节会与110个国家和地区建立合作关系，通过输出展览、共同开展线上展销等方式，拓宽传统手工艺产品销售渠道，潍坊风筝的国际占有率高达85%，昌乐鄌郚镇电吉他出口占全国总量的36%。帮扶老字号打造品牌。精准对接“手造”企业需求，组织潍坊农商银行为杨家埠木版年画、柳疃丝绸技艺等传统非遗行业的老字号企业量身定制额度大、利率低、放款快的“非遗传承贷”，由政府部门提供担保和支持，为受疫情影响的老字号企业提供有力的金融支持和保障。已为13家非遗企业授信2070万元、用信1620万元，帮助经营困难企业顺利渡过难关。

潍坊市创新“社区微业”就业服务机制

中共潍坊市委政策研究室

2023年以来，潍坊市以建设国家公共就业服务能力提升示范项目为契机，在全省率先推行“社区微业”就业服务机制，让群众在“家门口”即可享受精准、高效、便捷的高质量就业服务，有效满足了群众多层次、多样化就业需求。“社区微业”创新做法被列入山东省2023年度就业工作要点，在全省复制推广。

一、突出党建引领，探索构建基层就业服务新体系

一是创新探索“党组织+”就业服务模式。探索将基层就业服务融入党建引领下的基层治理范畴，依托社区党群服务中心，打造标牌标识、专兼职人员、服务功能、设施配备、活动场所、政策资料“六统一”的标准化就业服务站，就近为居民提供政策、就业、创业、培训等“一站式”服务，实现了就业服务端口前移、重心下移、服务下沉。已在全市128个社区开展了试点。二是创新组建“党员+”就业服务队伍。着眼强化基层就业服务力量，组建由社区书记担任“首席就业指导师”，社区党员干部担任“就业指导员”、社区工作人员担任宣传员调查员、人社部门“就业服务专员”提供政策保障的“1+N”社区就业服务团队，为社区群众集成提供失业登记、需求归集、岗位推送、能力提升、创业推介、职业指导、政策宣传等就业服务。全市“社区

微业”服务队伍已超过2000人。三是创新打造“党建+”就业服务联盟。为强化资源协同，加快形成促进就业的有效合力，由社区党组织主导，联合辖区企事业单位、商业楼宇、社会组织，探索建立社区就业联盟，整合盘活社区各类就业信息、岗位资源，引导用人单位优先向社区居民提供就业岗位和就业创业培训，努力为求职群众和用工商户提供高质量就业服务。已在全市13个县（市、区、市属开发区）建立社区就业联盟，吸引800余家单位参与。

★坊子区凤凰街道“社区微业”培训。

二、聚力平台赋能，积极构建重点群体“家门口”就业新格局

一是搭建“微就业”平台，实现帮扶“精准化”。依托社区，深入开展用工信息走访，精准了解群众就业需要和企业用工需求，建立社区用工数据库，线上依托潍坊市公共就业综合服务平台，实现24小时不间断发布需求和岗位；线下依托社区小广场，定期组织辖区企业进社区开展小型就业供需见面会，创新打造“家门口”就业岗位集市，帮助社区居民尽快实现就近就业。

已开展社区“微招聘”149场次，帮助4648名有就业意愿的社区居民实现就业。同时，根据社区公共管理、公共服务、社会事业、设施维护和社区治理需要，精准开发社区公益性岗位8600多个，兜底解决了大龄失业人员、低收入人员等城乡困难群体就业问题。二是搭建“微创业”平台，打通创业“快车道”。聚焦“出门就有就业机会，身边都是创业资源”目标，积极盘活利用社区各类存量房屋资源，创新搭建集社区工厂、社区工坊和社区工友为一体的“社区三工”创业平台，在为创业者提供低成本场地支持的基础上，通过开设“匠心大讲堂”，组织同技能、相近需求的劳动者打造创业共同体等形式，积极为社区创业人员提供场地找寻、项目推介、创业辅导、政策咨询、开业指导等全方位创业服务，全力支持群众自主创业。累计开发“小修小补”“小贩经济人”“创业手工坊”等社区微创项目44项，扶持创业174人，人均月收入增加1000元，让社区真正成为创业“港湾”。三是搭建“微培训”平台，跑出就业“加速度”。针对部分劳动者文化程度不高、技能有短板导致就业困难等情况，创新精准培训模式，逐一建立培训需求清单，推动技能需求和培训供给有效衔接。一方面，探索建立社区就业培训机制，创新打造“零星学堂”“社区夜校”“周末课堂”等新型培训载体，充分挖掘社区技艺传承、手工手造、匠艺师傅等技术能手资源，设立“能工巧匠工作室”，组织这些技术能手利用夜间或周末零散时间，为社区居民传授电商、家政、维修、花样面点、传统手艺等实用型技能，对于培训鉴定合格的，发放技能鉴定证书，推动就业群众向技能人才转变。已组织各类技能培训170余场次，通过培训直接实现“家门口”就业1290人。另一方面，创新建立“互联网+职业培训”社区线上培训模式，打破资源利用门槛，将潍坊职业培训网、“青桔创客”等线上平台培训资源下沉到基层社区，让各类技能培训随时随地触手可及。线上注册学习人数已达50万人。

三、优化制度供给，全力构建就业服务保障新机制

一是构建一体化协同推进机制。充分发挥全市就业和农民工工作领导小组作用，健全完善“市级抓统筹、区县抓推进、镇街抓落实、社区抓实施”的工作体制，市级设立1500万元专项资金，人社、财政、城管、市场监管等10余个部门建立联席会议制度，及时研究解决推进中的问题困难，统筹为社区居民提供工商注册、用房保障、摆摊设点、权益保障等就业创业服务，构建起党委政府统筹领导、部门横向协同、社会广泛参与的就业一体化推进机制。二是构建多元化品牌示范带动机制。尊重基层首创，加强典型带动，创新开展“一社区一品牌”行动，印发《潍坊市“社区微业”推进指导方案》，在全省率先制定推出社区微业服务标准，对服务场所设置、服务机构和人员配置、服务内容与要求、服务管理、服务评价与改进等方面作出明确规定。在此基础上，积极引导各地结合各自产业特色、地域特色、群众需求大胆探索，打造了一批定位准确、特色鲜明、功能完善的特色就业品牌，全面放大“社区微业”效应。7月20日，召开高规格的全市“社区微业”示范项目现场推进会，推广了奎文区金都社区“兴业金都”、潍城区西南关社区“乐业西南关”、临朐县杨善社区“非遗小院”等一批社区就业服务品牌项目。三是构建全方位劳动权益保障机制。针对社区就业者就业形式和时间随机性强、劳动权益缺乏保障的问题，升级潍坊市公共就业综合服务平台“就业码”功能，创新建立灵活就业人员电子实名档案，统一提供劳动报酬、补贴领取、安全保护、意外保险、法律援助等方面的全链条服务，让劳动者就业更省心更舒心。

探索矿产资源节约集约利用“微山模式”

微山县自然资源和规划局

2023年，微山县紧盯矿产资源节约集约模式创新、技术创新、制度创新和管理创新，探索出“政府—矿山—专家”协同节约集约利用的“微山模式”，推进矿产资源全面节约和高效利用，矿产资源综合利用工作取得积极成效。2023年，微山县被自然资源部认定为“全国首批自然资源节约集约示范县（矿产资源类）”。

一、强化制度保障，不断夯实节约集约利用基础

（一）专班跟进，盯紧靠牢推动创建。成立微山县自然资源节约集约示范县创建工作专班，抽调精干力量开展申报、创建工作。认真分析梳理分解矿产资源节约集约创建10项指标，编制实施《微山县矿产资源总体规划（2021—2025 年）》，明确部门责任、做好政策衔接，为申报创建奠定坚实基础。

（二）优化布局，提倡资源节约利用。全面摸排辖区矿山，统筹分布区域及需求，对矿产资源进行合理规划与布局。保持大中型矿山企业集约规模，通过矿产资源整合、矿业权设置、矿山规模结构调整，形成以大中型矿山为主、小型矿山为辅的矿山新格局。鼓励企业创新发展，积极进行采选冶技术、设备升级改造，推动煤炭产业向低能耗改进，有力促进产业结构优化升级，

开采回采率提高12.96%，原煤入选率或回收率提高24.96%，综合利用率提高25%，为推动现有矿产资源节约集约高效利用提供了坚强保障。

（三）严格监管，建立健全长效机制。强化自然资源和规划领域综合执法监察工作，加强对矿产资源开发过程日常监管，促进矿产资源管理公开透明。充分发挥好矿产督察员的监督作用，每年开展4次矿产资源督察，杜绝“采富弃贫”矿山出现；加强矿山负责人培训，促进“三率”稳步提升，实现产业集中度保持100%，税收贡献率提升5%，单位矿业产值能耗降低7%，历史遗留矿山生态修复治理率提升至100%，单位采矿业工业产值用地降低5%。建立健全矿产资源节约集约、合理开发利用的长效管理机制，加强节约集约制度体系建设，以资源要素配置改革为抓手，加强政策引导、重点推动，进一步提升自然资源节约集约利用水平。

二、突出综合治理，持续提升节约集约利用水平

（一）精准施策，提升综合利用水平。加大采煤塌陷地治理力度，通过探索实践，成功推出“农业复垦、生态复垦、产业复垦”的采煤塌陷地治理模式，确立了“宜农则农、宜渔则渔、宜工则工、宜游则游”的治理思路，引导煤炭企业利用自筹资金，实施采煤塌陷地治理工程，督促相关镇街联系对接有关部门，吸引第三方公司，投入资金8000万元创建生产、加工和休闲、观光旅游为一体的生态立体高效湖滨生态农业园区，逐渐形成粮经作物、蔬菜、水产、禽牧养殖基地，促使治理项目长期发挥社会效益、经济效益、生态效益，推动全县经济社会健康有序发展。

（二）紧盯实效，不断提升经济效益。近几年，完成采煤塌陷地治理近8万亩，恢复耕地近4万亩。其中，实施的夏镇街道曹

庄村等6处采煤塌陷地，成功复垦农业土地1200余亩，形成了一地两用（即上台田、下鱼池）、一水两养（即鱼虾+水生植物）的高效良田和水产养殖区；山东大卫集团公司在1100亩煤炭塌陷地建设的大美微山湖生态园，实现营收近1亿元，不仅成为生态复垦亮点，还为傅村街道的居民增加就业岗位1000余个。

★微山县欢城镇利用采煤塌陷区约3600亩水面建设的渔光互补项目。

三、创新驱动发展，扎实推进矿产资源高效利用

（一）科技创新，驱动矿业持续发展。在县政府的主导下，对矿企承担的改革创新试点，予以减税等有效激励政策，持续加强矿产资源开采利用与生态环境保护等环节的科技创新，构建煤炭产业“经济、生态、循环、区域、环保”循环发展模式，完成采选冶技术、设备升级改造。指导岱庄煤业公司，锚定“山东能源集团充填开采示范矿井”的建设目标，积极融入枣矿集团“矿区型”充填开采示范区建设，成功实施膏体充填开采工艺；引导七五煤业企业，加大矿产资源开采利用与生态环境保护等环节的科技创新，完成污水处理厂生产设备技术提升改造，推动选矿废水循环利用等。

（二）标准领跑，推进绿色矿山建设。用绿色矿山建设标准规范矿产资源勘查、开发利用与保护，明确绿色矿山发展目标，制定规划、产业政策和建设标准，压实矿山企业主体责任，积极转变矿业发展方式、调整优化结构与布局，重点抓好矿山设计、建设、采矿、选矿、地质环境恢复治理、闭坑等关键环节绿色矿山建设的落实。督促矿山企业自觉按照绿色矿山建设标准不断改进开发利用方式，提高开发利用水平。促进节能减排，落实企业社会责任实现合理开发、节约资源、保护环境、安全生产和社区和谐，为绿色矿山建设工作营造良好环境。微山县持证生产9家矿山，均已完成绿色矿山建设，实现资源效益、生态效益、经济效益和社会效益的有机统一。

★两城镇荒山绿化。

（三）治管结合，实现开发保护兼顾。建立矿产资源节约集约利用长效管理机制，不断深化“政府—矿山—专家”协同的节约集约利用创新思路。每年组织开展不少于4次的矿产资源督察，加强对矿产资源开发过程的日常监管，改变以严重破坏环境、浪费资源为代价的粗放开发方式；聘请专家对矿山企业每年进行不少于2次的技术培训，指导矿山企业合理布置工作面，规范采掘顺序，不断完善掘进管理模式，引导矿山企业依托管理创新和技术革新，对生产工艺系统不断改造升级，实现产业集中度保持100%，税收贡献率42.34%，单位矿业产值能耗0.2857吨/万元，历史遗留矿山生态修复治理率85%，加快形成节约资源和保护环境的产业结构、空间格局，矿产资源开发利用秩序得到进一步规范。县域内的傅村煤业有限公司，新规划建设10余个智能化项目，累计投入1.68亿元，2023年上半年均通过山东省能源局、国家矿山安监局山东局验收，达到Ⅱ类中级智能化示范煤矿、中级智能化选煤厂；七五煤业有限公司被山能集团评定为“智能化建设条件Ⅱ类矿井”，共建成10个智能化采煤工作面；新安煤业有限公司、微矿集团崔庄煤矿等均进行了智能化设备升级改造，智能化程度、自然资源节约集约水平得到大幅提升。

构建县域养老服务体系的鱼台实践

中共鱼台县委办公室

鱼台县通过构建“县镇村户”四级养老服务体系，逐步完善养老服务设施布局，持续优化养老服务供给，不断健全养老服务体系，全面提升养老服务质量，被评为2023全省县域养老服务体系创新示范县。

一、建设医养康养中心，托起县级养老幸福“夕阳红”

一是坚持国企办医。借鉴重庆青杠模式，依托总院区资源优势，建设鱼台县医养中心（康养项目）。项目总投资2.64亿元，设计床位577个，建成后交由县医院运营，吸引有先进管理理念、专业服务团队和优质服务资源的团队进驻，为辖区内失独、空巢、身患疾病的老年人就近提供集中照护服务以及完善的养老和康复护理服务，惠及9.25万人口。二是科学合理选址。项目周边无高层建筑，坐拥完善周边配套的同时，远离城市喧嚣。中心配备医疗设施，具有专职医生，备有足够的医疗物资，且距离县人民医院北院区仅有500米，可实现医疗、护理、养老、康复全程无缝连接，让老年人享受到医疗、护理和康复“一站式”服务。三是功能设施齐全。房间内沙发、衣柜、茶几、餐桌、电视机等俱全，每栋楼均配套护理站、布草间、康复室、陪护室等功能室。

二、创新“两院一体”模式，破解镇街“医养”难题

一是坚持试点先行。在深入调研的基础上，选取5所镇街卫生机构为试点，将镇街养老院嵌入卫生院，先行先试建设颐养院。县委编办将试点卫生机构的主要职责进行调整，增加“养老服务”等职能，实现医疗机构和养老机构一个法人、一体化管理运营，打通了公立医疗机构合法合规开展养老服务通道。5处颐养院已全部建成运营，入住老人及特困人员131人；其他4处颐养院正在加快建设。二是完善工作机制。制定《“两院一体”建设颐养院的工作方案》《医养结合工作实施方案》，由县卫生健康局牵头，民政、财政、医保等部门及相关镇街协同配合，各医疗机构具体负责，围绕医疗和养老服务的深度融合，细化职能任务，创新服务管理，推进“两院一体”医养融合模式落地落实。三是强化保障力度。县财政拨付专项经费1835万元，投入乡镇卫生院医养结合项目建设。落实医养结合机构在行政事业性收费、微小企业财税等方面的优惠，对在社区提供日间照料、康复护理等服务的机构，给予税费减免、资金支持、水电气暖价格优惠等扶持政策，减轻税费负担。建立长期护理保险制度，将慢性病、

★鱼台县第三颐养院组织老年人开展休闲娱乐活动。

失智失能、康复护理等纳入医保支付。

三、整县制推进农村幸福院，探索农村养老新模式

一是科学谋划推进。研究制定《关于推进幸福院+邻里中心建设的实施方案》，建立政府主导、民政主办、部门配合的工作机制，县财政列支专项资金778万元，全力保障工作开展。坚持试点先行，将基础条件较好的11处村级幸福院优先打造，三年内实现“幸福院+邻里中心”全覆盖。二是明确功能定位。以邻里党建为引领，统筹幸福食堂、文体广场、卫生室和超市等便民场所，村卫生室全部入驻邻里中心，便于老年人就近看病。同时，在幸福院原有基础功能上，增加快递点、四点半课堂、儒学大讲堂、戏剧大舞台等新功能，让老人足不出村即可享受高质量养老服务。三是规范运营管理。以村党组织为主体，每处明确2名村干部定期维护管理，并制定村干部轮流坐班值守制度，全员参与管理维护。建立村级主办、镇级指导、入住老人自我管理为辅的管理机制，规范幸福院健康运行。全县234个行政村“幸福院+邻里中心”全面投入使用，实现全覆盖，服务老年人6000余人次，为群众办成各类实事185件。

四、发挥村级组织“平台”作用，破解赡养老人难题

一是强化法治思维，坚持制度先行。出台《养老保险财政资金预发实施方案》等14项制度文件，形成赡养费垫付追偿、养老金现金按期发放、司法保障兜底等配套制度。二是村委居中担保，签订三方协议。组织老人、子女、村委会在平等协商的基础上，签订三方协议，明确“三方”的责任义务，村委会作为老人和子女间的“平台”“中介”，履行居中担保、代付职责，对不按时缴纳赡养费的由村委会垫付后，按照协议约定，依法向子女

★鱼台县罗屯镇冯楼村2023年中秋节赡养费发放仪式。

追偿。全县农村10459名70岁以上不与子女共同居住的老年人，均已签订三方协议。三是整合各方资金，及时发放赡养费。把赡养费和国家基础养老金合二为一统一发放，于每年春节、中秋节前，分两次全部以现金形式发放给老人，确保一方健在的老年人每月不低于300元，双方健在的每月不低于500元的零花钱，基本可满足老年人日常生活需要。2023年度，累计收取赡养费2043万元，加上基础养老金1552万元，共计3595万元，已全部按时足额发放到位。

“金种子”绘就嘉祥绿色强园新画卷

中共嘉祥县委员会

嘉祥县瞄准“种业强县”战略目标，以深入实施种业振兴行动为主线，以绿色商业化育种理念为引领，构建基地绿色化、科企融合化、全链标准化、营销品牌化的现代育种体系，探索出一条产业增效、农民增收、生态增色的绿色强园新路径。

一、搭建政科企协同攻关平台，突破大豆育种卡脖子关键技术

（一）高水平搭建育种创新平台。围绕建设“技术攻关、中试验证、成果转化”创新链，率先建成大豆院士工作站、大豆种质资源创新与育种技术重点实验室等3个国字号创新平台。搭建共享创建平台，园区14家企业加入黄淮海大豆育种协作网，与科研单位共建国家大豆种业创新中心、国家区域性大豆育种联合创新研究院、黄淮海大豆科技创新中心，7家种业企业在海南建立南繁基地。组建企业创新平台，推行“一家企业主导对接一个科研单位”的模式，累计审定自主知识产权大豆品种165个，其中华亚农业自主选育的“郓豆1号”单产达369.7公斤，获2023年全国大豆“清种夏播”组第一名。

（二）高质量实施“三个一”招才引智行动。引进一批尖端型专业人才，成立大豆种业专家智库，柔性引进齐鲁杰出人才、

泰山产业领军人才80余人。对接一批高能级科研院所，与山东省农科院合作共建大豆种业产业技术研究院。培育一支领军型研发团队，支持圣丰、华亚等龙头企业与中国农科院油料所等院所签订人才培养引进协议，打造了一支以38名博士生和硕士生为主的育种科研团队。

（三）高标准开展大豆新品种研发。研发高油高产大豆新品种，建成国内首个“大豆周年杂交平台”，全程使用智能化育种机械设备，实现育种材料收割“零混杂”。选育耐盐碱大豆品种，建立耐盐碱大豆产业创新中心，建设国家耐盐碱大豆种质资源研发基地和耐盐碱种业应用示范区，建成耐盐碱品系鉴定171个，国家大豆产业体系耐盐碱评比试验12个。

★大豆周年杂交平台人工气候室育种场景。

二、培优大豆种业领军企业，强化育种创新主体地位

（一）培植全链式创新企业群体。育强链主企业，园区有“育繁推”一体化企业2家（全国5家），国家级农业产业化龙头企业1家、省级2家，全国大豆种子销售总额前10名企业3家。融入沿黄大豆产业集群，华亚农业等企业群体与中国农科院等单位

合作设立加工专用大豆良种培育中心，建设高标准大豆种子仓储库9000平方米，大豆年加工能力新增2.16万吨。

（二）建设种质资源库。投资2000万元高标准建设中期贮藏库，配备近红外品质分析仪等先进设备，开展种质资源多样性分析、真实性鉴定、分子标记辅助选择，建立种质资源价值评估、利益分享和资源共享机制。收集高抗、耐密等性状种质资源，依托山东农业大学专家团队收集“八月炸”“天鹅蛋”“牛毛黄”等种质资源12份，种质资源保存能力达到7万份，山东圣丰大豆种质资源库获评山东省农作物种质资源保护单位。

（三）出台大豆种业专项激励政策。创新生产基地奖励政策，制定出台15项扶持政策，对企业自主研发获国家和省级审定的大豆新品种，分别给予30万元、20万元的一次性奖励。创新设立“种子产业链条贷”，优先支持绿色育种企业融资，推出惠企信贷新产品，组织银行对制种企业、繁种大户等发放专项贷款119户、11784万元。

三、实施高质高效行动，加快生产方式转型升级

（一）推广大豆免耕覆秸机械化技术。升级种子包衣，用杀虫剂、杀菌剂、成膜剂、微量元素等科学配方升级种子包衣，实现种药菌肥全程绿色生产，农药用量降低3%。推行精量播种，推行大豆专用精量播种机加装卫星导航辅助驾驶系统，亩均节省种子用量20%。集成应用先进农机农技，推广“加、增、促、助、减”五步提单产关键技术措施，带动全县大豆平均单产提升10%，平均亩产达240公斤。

（二）实施化肥农药减量增效行动。推广精准减量施肥技术，应用低氮控释肥等新产品，测土配方施肥实现全覆盖，氮肥

使用量每亩降低40%，水肥一体化面积达到5万亩。实施绿色防控替代行动，应用杀虫灯、粘虫板、性诱和食诱剂等绿色防控技术，绿色防控覆盖率达到46%，大豆等主要农作物病虫害实现全域统防统治。

（三）构建秸秆生态循环利用体系。健全完善秸秆收储体系，实施山东省秸秆综合利用重点县项目，建设1个县级收储中心、7个镇级收储站点，年收储量10万余吨。推进秸秆饲料化全量利用，粉碎大豆秸秆加工精致饲料，年饲养小尾寒羊及青山羊17万只、鲁西黄牛5.6万头。拓展秸秆基料化生物利用，21家菌菇种植合作社利用秸秆基料年产食用菌1万余吨，带动农民就业4000余人。

★自走式桁架喷灌机作业场景。

四、构建全产业链标准体系，规范引领大豆产业发展

（一）制定大豆种业技术规程。创立育种技术规程，从源头入手，制定统一“四圃制”原种繁育技术、统一田间管理技术、统一技术培训、统一机械收获等“四统一”大豆制种技术规程，种子商品率提高到90%。参与行业技术标准制定，牵头起草《大

豆种子加工技术规范》《大豆种子包衣技术规范》《黄淮海夏大豆区大豆良种繁育技术规范》3项团体标准，联合制定《大豆繁育基地建设标准》，率先在黄淮海区域推广应用。

（二）全域推进标准化繁育生产。推进全程按标生产，制定优于国家标准、行业标准的“嘉祥豆种”地方标准，严把品种种质、投入品管控、产品加工等关键环节，实现全程“有标贯标、缺标补标、低标提标”。开展标准化生产培训，邀请大豆领域栽培技术专家、岗位体系专家，开展“一对一”定制化服务、全过程“保姆式”指导。创新社会化服务模式，培育豆种繁育标准化服务组织15个，提供农资供应、农机作业、烘干储藏、物流贸易等服务，带动农户亩均增收150元。

（三）建设标准化生产和加工示范试点。开展加工储运标准化示范，分区域推进种子仓储、加工等基础设施设备的标准化建设，确保杂质≤1%、水分≤12%、完整粒率≥85%、损伤粒率≤8%。开发豆制品绿色加工技术，引导嘉冠粮油选用瑞典阿法拉伐离心机等设备和德国鲁奇油脂精炼工艺，研发高蛋白副产品加工技术，嘉冠牌大豆油入选“好品山东”农产品品牌，成为中国十大食用油品牌之一。

五、健全“嘉祥豆种”品牌发展和保护机制，增强市场竞争力和发展能力

（一）实施“嘉祥豆种”品牌战略。策划实施品牌培育方案，制定《“嘉祥豆种”区域公用品牌战略定位及品牌价值策划方案》《“嘉祥豆种”品牌管理办法》，培育了“圣豆”“嘉豆”“华豆”等企业产品品牌，注册豆种商标27个。开展品牌形象创意设计，规划建设嘉祥大豆展览馆，统一“嘉祥豆种”Logo，上线“嘉豆豆”微信表情包，央视频道城市名片展播

宣传，《山东嘉祥聚力建设种业产业园赋能大豆产业高质量发展》被农业农村部发文推广。创新品牌营销业态，承办全国粮油等主要作物大面积单产提升现场观摩暨秋冬种工作部署会、第六届大豆种业高质量发展大会暨大豆良种现场观摩会，“嘉祥豆种”品牌知名度、影响力持续提升。

（二）健全品牌监管保护机制。推动种子协会行业自律，成立济宁市首家种子协会，制定《嘉祥大豆协会自律公约》《嘉祥良种繁育基地管理办法》，加强行业自律，引领健康发展。保护大豆品种知识产权，成立山东省首家大豆产业知识产权保护联盟，保护创新成果。推进全产业链数字化监管，建设现代种业大豆信息系统，构建种子质量溯源体系，溯源标识包括大豆种子生产、加工、销售记录，实现一物一码产品身份标识管理，园区农产品质量安全例行监测合格率达到100%。

泰安市新质生产力赋能发展新模式

中共泰安市委党史研究院

2023年，泰安市委坚持把新型工业化强市建设作为加快发展的总引擎，聚焦绿色低碳高质量发展，坚持以“链长制”为核心抓手，以培育壮大特色优势产业链（集群）为根本任务，聚焦规模以上工业企业主营业务收入和企业数量“双倍增”目标，聚力“双大双强”，推进五链融合协同发展，打出“321”链式发展组合拳，搭建起工业经济发展的“四梁八柱”。

一、坚持强力推动，深化聚力攻坚新格局

（一）高位组织推动。2023年，市委、市政府多次合并召开市委常委会会议、市政府常务会议，定期召开市工业推进委会议，专题研究工作要点、工作制度、重点项目清单、要素保障办法、考核办法、阶段性评估等重点工作，确保各项任务扎实有序推进。市委、市政府主要负责同志亲自研究谋划、安排部署、组织推动。全市重点要素保障部门就保障问题多次召开保障会议、推进会议等，多措并举、全方位为新型工业化强市建设提供强力支撑。

（二）链长领衔攻坚。“一企带一链，一链成一片。”全市持续深化梯次培育，加大“链主”企业、骨干企业跟踪服务力度，激发企业发展动力，推动企业聚链成势，梯次成长。把“双

大双强”作为突破口，优选确定重点企业、重点项目，由总链长、链长提级包保，组建攻坚作战单元，集中领导力量重点推动，以身作则、靠上服务，深入企业、现场办公，召开调度推进会，协调解决融资贷款、项目用地等难题。

（三）强化体系保障。树牢系统观念，强化体制机制创新，持续完善3个“1+N”工作体系，加快释放链式裂变效能。在全国首创新型工业化立法工作，制定出台《泰安市新型工业化促进条例》，2023年9月1日该条例正式实施，同步制定该条例任务分工，聚焦重点任务，逐一明确责任单位、推进方案、督导办法，全力推动重点工作落实落地。

二、坚持比拼问效，掀起项目建设新热潮

（一）跑出项目建设加速度。聚焦优质产业项目，盯上靠上服务，压茬推进项目建设。对项目储备，立足优势产业链，围绕延链补链强链环节，高质量抓好项目策划；对在谈项目，发挥各级领导带头招商的引领作用，拿出最大诚意，全力推进项目签约落地；对签约项目，由专班靠上办理手续，加快开工速度；对开工项目，县（市、区）明确专人盯靠工地，协调解决各类要素资源，力促项目尽快建成投产；对投产项目，跟踪做好工程验收、设备调试、工人培养等后续服务，力促项目尽快达产满产。

（二）布局产业发展新赛道。坚持质量第一，大力招引建设产业赛道新、创新活跃、技术密集、发展前景广阔的产业项目，光伏器件、储能电池、半导体材料、精细化工材料、现代食品等重点项目投资拉动明显。

（三）强化要素保障硬支撑。要素保障部门立足工作职能，主动担当、靠前服务，确保项目顺利实施推进，千方百计提高服务工业企业质效。深入落实《泰安市重点工业项目要素保障实施

办法》及《实施细则》，市级层面每年统筹能耗、煤耗、环境容量等总量指标，优先支持新型工业化重点项目建设。开展要素保障大集活动，强化双向对接，集中解决企业要素方面的诉求。创新绘制项目地图，实行五色标识，指导企业按图索骥、精准选址、快速落地。纵深推进“才聚泰安·链通未来”人才赋能行动，深入实施“十万大学生留泰工程”，为推动新型工业化强市建设汇聚人才动能。

三、坚持五化引领，激增培强做大新动力

（一）瞄准高端化培育链上龙头。深入实施企业梯度培育工程，推进“千项技改扩规、千企转型升级”，增强“链主”企业对全产业链及链上关键环节的控制力，重点培育一批产业联动能力强、成长空间大、提升潜质高的龙头“链主”。建立瞪羚企业、“专精特新”企业培育库，设立“专精特新”企业加速中心，“一企一策”为企业量身定制培育方案，形成龙头企业引领、大中小企业融通发展的格局。

（二）瞄准协同化加速链式融合发展。大力推进协同发展，出台实施方案，聚焦产业链内部、产业链之间、区域之间、产学

★ 2023 年 3 月 23 日，工业和信息化部“促进数字经济和实体经济深度融合全国行”暨泰安市工业企业数字赋能大会在宁阳召开。

研之间、要素之间、政策之间、一二三产之间等重点领域，梳理细化协同发展项目清单，以项目化思维推动协同发展“实效化”。高起点谋划建设泰山产业会客厅，运用数字化手段面向全社会全景展示泰安的资源禀赋和企业产品，为产业上下游企业提供“一站式”供需对接和金融、物流服务，着力打造支撑制造业协同发展的综合网络平台。树牢链式发展理念，增强“链主”企业对全产业链及链上关键环节的领导力，加强产业链上下游企业联动配套，推动企业降低物流成本、加速科技研发、共同做大做强，不断提升产业链集聚集约发展水平。

（三）瞄准数字化推动转型“换道”。注重数字经济与实体经济深度融合，制定出台《泰安市制造业数字化转型实施方案（2023—2025年）》和“数转八条”支持政策，开展“十百千数字赋能”“共性场景复制推广”行动，实施“培基、固本、强链、育群”四大工程，在全省率先探索实践“一县一策、一链一策、一企一策”数字化转型新路径。

（四）瞄准智能化强化科技支撑。大力开展“五链融合、科技支撑”行动，纵深推进10项行业领域卡脖子问题攻关、10项重大科技成果转化项目落地“双十”攻坚，深入开展“百名专家泰安行”“百家企业院校行”活动，精准链接匹配科创资源。以服装学院与纺织服装产业链企业校城融合发展为样板，大力推广“人才共育、技术共研、资源共享、招商共促、项目共建”的“校链企”融合发展模式。

（五）瞄准零碳化选准赛道深耕。坚持以最低能耗、最低排放推动工业制造业经济大发展，将绿色低碳根植赛道选择、项目策划、招商引资、企业培育全过程。

四、坚持满意导向，塑造产业发展新生态

（一）持续优化营商环境。打响“泰好办”服务品牌，深化重大项目“绿卡”制度，纵深推进“我为企业办实事”，全方位、深层次打造便捷高效的政务服务环境。强化金融服务保障，创新推出“链长行”“产业链金融辅导队”“金企协同·融链共赢对接会”“上市赋能团”等专项服务。认真贯彻落实《泰安市重点工业企业（项目）问题协调处置办法》，坚持“谁主管谁负责、属地管理、分级解决”原则，对企业和项目单位反映的各类诉求，分级分类抓好解决，切实提升企业满意度。

（二）持续提升素质能力。巩固提升企业管理者、机关干部“双赋能”成果，赴深圳、四川、武汉、上海等地开展“标杆游学”，链长、副链长与“双赋能”学员通过看现场、听实情、学真经，有力提升了赋能培训实效。

（三）持续深化考核激励。充分发挥考核指挥棒作用，对县（市、区、功能区）和产业链实行差异化考核，对市直部门（单位）实行“清单式”考核，大力实施产业链赛马，重点任务进展快的标“骏马”，按时完成的标“黄牛”，进展缓慢的标“蜗牛”，以高质量综合考核，助力项目建设提速增效，营造竞相发展的浓厚氛围。

（四）持续搭建协会平台。充分发挥商（协）会桥梁纽带作用，组建“1个制造业联盟（协会）+13个产业链行业商（协）会”的商（协）会体系，市制造业联盟内设科技创新专委会（联盟）、金融服务专委会（联盟）、数字化服务专委会（联盟）等5个专委会（联盟），每个产业链商（协）会组建科技创新专业委员会，加强技术难题联合攻关，搭建政企之间、企业之间、校企之间合作交流平台，全面助力政产学研金服用融合发展。

（五）持续强化党建引领。坚持把党组织建到产业链上，实

施“泰山红链”工程，完成产业链党委功能性党委组建，积极发挥产业链党委“把方向、议大事、聚合力、促发展”职能作用，着力以党建推动资源整合、发展融合。坚定不移推进全面从严治党，扎实开展学习贯彻习近平新时代中国特色社会主义思想主题教育，从严抓好市工业推进机构自身建设，全力打造学习型、实干型、服务型、纪律型“四型”铁军。

岱岳区创新“众议众调三步走”工作法

泰安市岱岳区夏张镇政府

泰安市岱岳区聚焦涉众行政决策矛盾纠纷涉及面广、诉求难统一、调解难度大等问题，以夏张镇为试点，创新形成“选定议题、应议必议，众议众调、调必有果，分类落实、一解到底”的“众议众调三步走”工作法，有效化解土地流转、征地拆迁、项目建设、公共事业等涉众行政决策矛盾纠纷，推动“小事不出村、大事不出镇、矛盾不上交”。2023年11月，相关做法入选全国新时代“枫桥经验”先进典型，是山东省唯一列入“枫桥经验”陈列馆的经验做法。

一、系统研判选定议题，群众诉求“全响应”

有效破解诉求不畅通、审查不合法、流程不规范等难题，切实提高群众诉求响应处置效率。

（一）诉求全面筛查。镇“一站式”调解中心牵头，每周对镇级民生服务热线、网格上报、综合受理窗口受理、“岱您调解”小程序、线下摸排等渠道反映的全镇各类矛盾纠纷、民生诉求，进行全面汇总、分析研判，对3户或3人以上反映涉及土地、拆迁、“三资”管理等村镇涉众行政决策问题的，纳入拟众议众调范围。

（二）依法依规审查。坚持将法治思维和法治方式贯穿矛盾纠纷多元化解各环节，镇“一站式”调解中心组织镇司法所、相关镇直部门等，对拟众议众调诉求进行合法性审查。对于合法诉求，列为众议众调议题，镇“一站式”调解中心会同相关镇直部门、行政村拿出初步解决方案；对于不合法诉求，由镇司法所、相关镇直部门、行政村做好法规释明、情绪疏导等工作。

（三）党委研究审议。镇“一站式”调解中心将众议众调议题及初步解决方案报镇党委，镇党委对初步方案进行综合分析研判，研究同意后，组织开展众议众调。2023年以来，仅夏张镇就确定项目占地、土地托管、厕所改造等众议众调议题68个，涉及村民1100余户、3700余人。

二、创新实施众议众调，群众诉求“全保障”

围绕“谁来众议众调、如何众议众调”，规范程序、管控过程，确保众议众调有实效，“12345”民生服务热线诉求量、信访总量同比下降25.2%、32%。

（一）确定调解主体。工作中充分尊重群众意愿、主体地位，采取“8+X”架构。“8”为固定成员，即当事人、当事人所在行政村“两委”干部、相关镇直部门工作人员、法律工作者、人民调解员、镇（村）“一站式”调解中心工作人员、派出所干警、“两代表一委员”。“X”为非固定成员，根据矛盾纠纷化解需要，随时邀请有关部门、单位、人员参加，形成镇村联动、部门协同、广泛参与的工作架构。

（二）召开调解会议。会议一般由镇（村）“一站式”调解中心主持。在程序上，主要是宣布众议众调规则，相关镇直部门负责人、法律顾问进行政策解读、法规释明，对初步解决方案进行说明，当事人及其他参会主体依次发表意见，就如何达成一致意见进行磋商。众议众调过程中，遵守专事专议、推举代表、有序发言、充分讨论等议事规则，重点把握不跑题、不打岔、不违规、不攻击、不泄私愤“五不原则”。实行监督员制度，法律顾问全程监督，确保过程合法。

★夏张镇东城村为民协商议事会议。

（三）达成调解共识。经过磋商，当事人对解决方案一致同意的，一次性达成共识；一次众议众调未果的，可以多次众议众调；多次众议众调未果的，引导当事人进行民主表决。对达成的调解协议进行合法性审查，当事人提出司法确认要求的，启动司法确认程序，做到公开透明、依法依规、合法有效，确保调解的各类矛盾纠纷化解经得起法律检验。比如，史家庄村14户、35名村民，因王家院水库供水项目施工影响承包地复耕产生纠纷，经众议众调达成调解协议，妥善化解了纠纷。

三、分类落实闭环管理，群众诉求“全结果”

根据矛盾纠纷性质、类型及众议众调共识，打好矛盾纠纷化解“组合拳”，确保众议众调成果落实。

（一）坚持调后即结。对于行政决策没有偏差，当事人存在误解的，达成共识后，按既定部署要求落实。对情况复杂、现场难以解决的，建立台账，限期整改，由镇（村）“一站式”调解中心督促整改完善，按照规定期限进行“回头访”，组织群众代表进行检查验收、满意度测评，并对结果进行通报，切实提高群众知晓率。比如，裴家庄村项目占地等20件矛盾纠纷，主要为当事人对政策了解不全面，经众议众调，误解消除，纠纷化解。

（二）坚持调后督办。对于行政决策没有偏差，当事人诉求不合理的，做到依法办事与思想教育相结合，达成调解协议后张榜公示，镇村包联到人、督促履行，履行情况纳入个人信用体系，接受党员群众评议，每季度编印《夏张镇矛调工作“三牌”案例》，将群众满意评价作为重要评选标准，把群众参与贯穿评选全过程。比如，北庄村土地征收等26件矛盾纠纷，主要是当事人提出过高要求，达成调解协议后，申请司法确认，全部落实到位。

（三）坚持调后整改。对于行政决策存在偏差的，坚决落实群众诉求，系统抓好整改，及时张榜公示，接受社会监督。同时，对71个村实行“一季度一检查一通报”制度，对矛调工作落实成效显著的标“骏马”、对工作成效不明显的标“黄牛”、对工作进度缓慢的标“蜗牛”，推动矛调工作成果真落实、见实效、有特色。比如，杨家坡村土地托管等22件矛盾纠纷，按照众议众调形成的处理意见，镇党委督促相关镇直部门和村调整规划、优化政策、完善措施、限时办结，确保问题解决、群众满意。

宁阳县坚持靶向破题服务民营企业发展

泰安市农业农村局
中共宁阳县委员会

宁阳县针对县域民营企业发展遇到的一些困难，2022年以来，出台民营企业重点项目土地款缓交、贷款贴息、国企入股等扶持政策30余项，累计为民营企业落实减税降费及各类扶持资金7.3亿元。

一、突出把服务民营企业工作做好做实

（一）做好产业链上的服务，破解县域企业“小弱散”问题。一是依“链”而建。针对企业“单打独斗”问题，组建高端化工、新能源等7条重点产业链联盟，引导“链主”企业开放资源与平台。汽配产业链发挥“链主”企业惠尔制革头雁引领作用，招引惠诺新材料、恒凌等企业，链上企业达到20家。二是按“链”培育。针对企业“小打小闹”问题，建立规模以上工业企业、科技型中小企业、“小升规”培育企业、中小企业、小微企业等5类梯次培育库，推动企业扩规升级。2022年以来，新培育规模以上工业企业40家，国家级“小巨人”企业1家、省级“专精特新”中小企业40家、省级创新型中小企业66家。三是沿“链”聚合。针对企业“零零散散”问题，依托经济开发区、工业园区规划“区中园”“园中园”，打造产业集群。化

工园区打造以“气化岛、动力岛、环保岛”为核心的产业生态圈，其中气化岛“合成氨—硝酸—硝基苯—橡胶助剂”产业链产值突破35亿元。

（二）做好关键时点的服务，疏通企业发展“急难困”堵点。一是保证生产运行，探索“走着治病”帮扶困难企业新模式。借助经济运行分析监测平台，对困难企业深入研判、全面摸排，“一企一策”制定帮扶措施。如2022年，针对华兴集团出现的停工停产、债务缠身等问题，成立工作专班，采取“让企业走着、站着治病”的工作思路，通过市场化手段引入裕联科技，盘活企业资产，推进复工复产，逐步兑付1200余名职工权益，实现职工满意、企业发展、政府放心的多赢局面。二是加强数字赋能，探索“智改数转”企业升级新路径。投资4700万元，与华为合作建成县级数字赋能中心，为企业数字化转型提供解决方案、在线问诊等“一站式”服务。宝胜电缆实施特种电缆智能制造项目，用人成本降低71.4%，产品质量提升44.7%，获评国家级专精特新“小巨人”企业、全省工业互联网标杆工厂。三是加强信用融资支持，构建供应链融资模式。建立“信用共同体”，将产业链核心企业信用向上下游转移，

★与华为合作建设的数字赋能中心。

帮助链上企业解决融资难题。用好“中征应收账款融资服务平台”，12家县域银行机构全部入驻平台。四是做实绿色转型，探索“环保管家”新举措。化工园区聘请环保管家，精准“把脉”企业存在的环保问题，对症下药开出“良方”，督促照“方”落实。2022年，投资10.95亿元建设5300米园区公用管廊，园区企业互联互通，底层输送原料、蒸汽，上层排放工业污水，既降低了运输成本和安全风险，又实现了工业污水“全收集、全处理、全达标”。

（三）做好让企业安心的服务，构建县域经济“亲清实”环境。一是创新县域公共服务体系。组建中小企业公共服务中心，在镇街、园区设立7个分中心。2023年以来，开展线上、线下企业申报辅导培训9期、2200余人次。二是搭建惠企政策智慧平台。开发“宁阳惠企政策通”网上服务平台，自动抓取最新涉企政策信息向全县所有企业推送，实现惠企政策“一站汇聚、一键匹配、精准推送”。三是优化项目审批流程。优化升级工业项目“闭合式”并联审批，实现项目“拿地即开工”常态化。四是弘扬企业家精神。2023年授予2名民营企业家“改革创新、攻坚克难”优秀企业家称号。连续10年开办网络问政直播节目，每年为民营企业解决上百件难题。创新设立企业家接待日，开设县委书记信箱。2022年选派68名机关干部担任企业服务专员，2023年又根据项目建设需要，重新选派83名科级干部任企业服务专员。创新实施“企业（项目）警长”制度，破获涉企违法犯罪案件36起。五是创优人才支撑。2022年以来，调剂人才专项事业编制，引进394名硕士研究生以上学历青年人才。对企业急需紧缺人才，采取“县聘企用”，选派到企业全职工作。建立校地联席会议制度，与北京化工大学、齐鲁工业大学联合建立中试基地，助推科技成果就地转化。2022年，投资6.9亿元建设中京智能产业园，吸引华阳集团、亚荣生物等13家企业研发中心入驻。

二、启示和建议

（一）加强链式发展与企业培强统筹谋划。企业总体数量少、万人拥有数量落后、发展活力不足，是县域民营经济发展普遍面临的短板。宁阳县探索依“链”催生上下游配套企业、按“链”培育升级创业企业、沿“链”聚合配套发展载体的模式，有效形成了创业者敢创业、会创业，企业家创成业、创大业的良性格局。

（二）加强精准纾困与提质增效一体推进。既要找准民营企业发展中遇到的痛点难点，及时帮助纾难解困，又要强化要素赋能，推进提质增效，才能帮助民营企业度过危机、实现涅槃。宁阳县“走着治病”“智改数转”“环保管家”等新模式，在解决历史遗留问题、深化数字赋能、加快绿色发展上精准发力，引导企业走“专精特新”之路，为民营企业持续健康发展打下了坚实基础。

（三）加强政府服务与社会运作有机融合。县域民营企业服务机构少、水平不高、质量不优，而到大城市购买服务，民营企业不仅要付出高昂成本，还享受不到精准服务。宁阳县打造“优简快”服务体系，营造“亲清实”发展环境，规划建设公共服务中心、政策智慧平台、创优服务平台，形成了订单服务、分类服务、就近服务的新格局，让专业的人扎根本地，深耕对本地企业的服务工作，有效提高了服务的精准度和匹配度。

威海市加速推动海洋渔业转型升级

中共威海市委改革办

近年来，威海市着眼更好发挥海洋资源禀赋，坚持生态优先、绿色转型、品牌赋能，聚力做好“良种、良育、良品”三篇文章，实现海洋渔业质量优化、产量稳增、效益提升，全市海产品年产量达328万吨，连续30多年稳居全国地级市首位，2023年，全市渔业经济总产值达1501亿元，近3年年均增长5.23%。获批全国首个国家水产养殖绿色发展示范区，获评“中国海洋种业之都”“中国海带之都”“中国海参之都”“中国牡蛎之乡”等区域特色品牌称号。

一、实施海洋种业振兴行动，从“一苗难求”变身为“种业之都”

出台全国首部海洋种业中长期发展规划，构建育繁推一体化的现代海洋种业体系，实现种业科技自立自强、种源自主可控，全市海洋种业产值达30亿元，占全省36%。一是打造北方种业“芯高地”。全面提升种质资源保护能力，建成国家级水产种质资源保护区8处、全省最多，省级以上原良种场25处，原良种品类涵盖鱼虾贝藻参等19个主要经济物种，实现了北方主要养殖品种全覆盖。同时，加强水生生物资源增殖养护，4年来累计放流中国对虾、梭子蟹、许氏平鲉等14个海水物种和鲢、鳙、草

★现代化微藻养殖基地内部生产场景。

鱼3个淡水物种，达到64亿单位，移植大叶藻种子125.68万粒、植株77.64万株，构建了丰富的海洋物种生境，实现水生种质资源有效恢复。二是打造新品繁育“试验田”。依托国家海产贝类工程技术研究中心等一批“国字号”创新平台，联合中国海洋大学、中国水产科学研究院等高校院所，开展海带、对虾、扇贝、鲆鲽类、海参、鲍鱼等人工繁育关键共性技术联合攻关，培育出“崆峒岛1号”“长牡蛎前沿1号”等国家审定公布的名优新品种14个，其中“寻山1号”填补了国内北方海域耐低温鲍苗种空白，全市海水养殖良种覆盖率超过70%。三是打造良种推广“策源地”。4年来，实施海洋种业基地建设项目50余个，新改扩标准化车间100多万平方米，全市总育苗水体达240万立方米，年育苗产量607亿单位，其中大菱鲆、牙鲆苗种年产量2.7亿尾，占全省62%、全国40%，海马苗种存量达500万尾、占全国70%，1家企业入选中国水产种业优势企业、3家单位入围国家种业阵型企业。

二、推广绿色健康养殖模式，从“粗放养殖”转变为“生态疏养”

一是打造绿色生态养殖环境。编制《威海市养殖水域滩涂规划（2018—2030年）》，严格按照禁养区、限养区和养殖区管制要求规范养殖行为。制定省内首部区域协同立法法规《威海市海洋牧场管理条例》，进一步规范牧场的规划建设、生产经营、平台管理，成功创建国家级海洋牧场示范区16个、省级海洋牧场示范区33个。启动197万亩海域海上养殖容量评估工作，科学分析水域生物承载力，合理确定各水域的适养物种、养殖规模、养殖密度。持续推进“海上生态浮漂更新行动”，累计更换海上生态浮漂2200余万个，源头减少海上塑料垃圾。二是探索立体综合养殖模式。改变单一养殖海带或贝类的传统养殖模式，创新桑沟湾“浅海多营养层次生态养殖模式”，对藻类、滤食性贝类、投喂性鱼类按照7：2：1的比例进行立体混合养殖，上层养殖海带、裙带、龙须菜等藻类，中层养殖贝类，底层打造人工鱼礁，利用藻类、贝类、鱼类等品种间互补优势，推动营养互补、污染“共消”，在保证水质优良的同时，综合养殖效益平均提高26%以上，新模式已推广至14万亩，并获联合国粮农组织推广。三是健全养殖质量监管体系。推行水产品质量安全网格化管理，建立市县乡三级监管体系，35个涉渔镇街全部设立水产品质量安全监管机构。建立水产品质量安全例行监测、专项监测、监督抽查和

★荣成市桑沟湾海域多营养层次立体养殖场景。

快速检测“四位一体”的监测体系，围绕禁限用药物违法使用等风险，加大池塘、工厂化养殖品种的抽检力度，进一步增强风险防控和预警能力。推广水产品质量安全承诺达标合格证制度，构建“信息可查询、来源可追溯、去向可跟踪、责任可追究”的全链条闭环管理机制，最大限度保证了水产品质量安全和消费者权益，2023年共开具食用水产品合格证154万张、涉及水产品1.45万吨。

三、构建产品价值赋能体系，从“低价走量”升级为“溢价销售”

一是建立“1+3+N”渔业品牌体系，以知名度提升价格。以“威海海鲜”整体区域品牌为引领，以“威海刺参”“荣成海带”“乳山牡蛎”三大特色区域品牌为支撑，辐射带动“N”个企业产品品牌加快发展。“威海刺参”品牌价值超56亿元，荣获中国百强农产品区域公用品牌；“乳山牡蛎”品牌价值达193.85亿元，居国家地理标志牡蛎品牌价值排行榜首位；“荣成海带”作为全国首批、省内唯一藻类水产品上榜“2023年农业品牌精品培育计划名单”；“好当家”牌海参等10个企业产品入选山东省知名农产品企业产品品牌；4家企业获评山东省农产品出口示范企业。二是培育海洋预制菜产业链体系，以深加工促进增值。紧抓预制菜产业“爆发式”发展契机，出台加快推进预制菜产业高质量发展的实施意见，配套16条扶持政策，制定冷冻鱿鱼制品、速冻调制食品、预制菜包装菜肴等地方及企业标准6个，并开展预制菜加工标准化试点，为产业良性发展提供保障。成立了由137家企业组成的预制菜产业联盟，将上下游骨干企业“串珠成链”，构建起上游原料丰富、中游加工精细、下游渠道多元的海洋预制菜产业链体系。全市海产品年加工能力超500万吨，海洋预制菜生产企业超400家，海洋预制菜品种达到1000多个，产品销往欧美、日韩等89个国家和地区，威海市被授予“中国海洋预制菜之都”区域特色品牌称号，这是我国海洋预制菜领域首个国字号荣誉。

威海市推进内外贸一体化发展

中共威海市委改革办

威海市着眼更好发挥紧邻韩国的区位优势，通过定向争取专项政策、精准投放服务资源、创新打造载体平台，加快构建国内国际双循环的物流大通道。威海口岸对韩进出口规模在全国口岸中排第三（仅次于上海、深圳），全市外贸出口依存度达42.7%、全省第一，以往主要外销的渔具、海洋食品等优势产品内销比例分别达到61%、86%。

一、挖掘差异化区域优势，变全国交通末端为东北亚物流枢纽

一是发挥对韩区位优势，推动威海与仁川“四港联动”。利用韩国仁川机场作为全球十大航空货运枢纽的优势，创新推动威海与仁川两地海港、空港开展多式联运。2023年12月19日，中韩多式联运（威海—仁川）整车运输试运行正式启动，在该模式下，装载货物的运输车辆在一国境内陆路运输后，整车上船通过中韩班轮抵达另一国，原车下船，直接开到目的地，与现行运输模式相比，减少了报关、装卸及换车等环节，物流成本降低约30%，物流时间缩短5小时左右。二是抓住全省港口一体化优势，拓展海铁联运通道。借助威海港整体划入青岛港的契机，开通了“威海—青岛”“威海—潍坊”集装箱航线与“威海—青岛”双

向对开集装箱海铁联运班列，青岛、潍坊周边的出口日韩货物可迅速向威海港集聚，威海的货物也可以通过青岛港快速“走出去”。同时，大力发展海铁联运，开通威海至德国杜伊斯堡、乌兹别克斯坦塔什干、蒙古乌兰巴托等铁路班列，以及“威海—重庆”冷链班列业务，威海国际物流多式联运中心项目入选国家级多式联运示范工程名单。三是借助远洋渔业规模优势，构建全链条冷链物流体系。实施渔业“走出去”战略，拥有专业远洋渔船361艘、占全省67%，远洋捕捞能力在全国地级市中位列第一，作业海域已涉及太平洋、大西洋、印度洋三大洋公海和加纳、索马里等多个国家的管辖海域。依托远洋渔业规模优势，加大自捕回运力度，构建“国家骨干冷链基地+冷链集配中心+两端网点”三级节点网络，拓展中韩海产品冷链海运、中韩日冷链多式联运、“威海—仁川—欧美”冷链物流三大物流通道，推动远洋捕捞、海上养殖、海上运输、冷库仓储、精深加工全产业链发展。截至2023年底，远洋渔业自捕水产品80%实现了回运，其中自捕鱿鱼实现100%回运，全市远洋渔业产量45.6万吨，产业链规模突破100亿元。

★中韩多式联运（威海—仁川）整车运输试运行正式启动。

二、集聚特色化功能服务，变小港口为“三最”口岸

一是推出特色化通关服务。获批进口冰鲜水产品、进境食用水生动物等11个特定产品指定口岸，占全省特定产品进口口岸数量近40%，是全国最大的进口帝王蟹暂养基地、鲜奶进口口岸。深化通关服务改革，全面落实“提前申报”“两步申报”“船边直提”“抵港直装”等改革举措，创新实施“集中审像+先期机检+智能审图”集成改革，出口正常货物当天100%放行；推行海事“云登轮”远程监管，开展“先行检验、检证分离”船舶检验和“容缺预审、并联办理”船舶登记新模式，实施边检行政许可“一地办证、区域通用”，国际航行船舶通关手续实现“一次办妥”。威海口岸整体通关平均时间为进口23.04小时、出口1.1小时，仅为全省平均时间的一半，通关效率保持全省领先。二是打造跨境电商全模式服务体系。率先开通中韩海运EMS速递邮路进出口业务，启动海运、邮运、空运3种方式对韩跨境电商直购进口业务，建成全省首个全模式跨境电商创新产业园，为电商企业提供从集货、仓储、展示到支付、结汇、配运等全流程服务，经山东口岸入境的韩国化妆品、食品、日用品有2/3通过威海口岸进入。构建“口岸仓+海外

★威海综合保税区跨境电商多模式监管中心作业。

仓”网络体系，在韩国、日本等8个国家设立25个海外仓，同时与韩国仁川、日本东京电商企业建立紧密协作关系，整合国内国外线上服务平台、仓储资源，建设多元化物流仓储中心，将威海打造成为中国对韩日出口的口岸仓和韩日对中国出口的海外仓。全市跨境电商进出口年均增长50%以上，跨境电商出口连续6年居全省第一。

三、搭建专业化载体平台，变货物“中转站”为外贸转型“策源地”

一是以“三同”工程促外贸企业开拓新市场。创新开展“三同三进”活动，从“三同”企业地方标准、标志、企业认定以及“三同”产品进商超、进平台、进校企活动等入手，以“标准化+产业化+市场化”的威海模式支持外贸企业加快融入国内市场。发布实施全国首个综合性“三同”企业地方标准——《威海市同线同标同质企业建设指南》，率先将“三同”企业从食品行业拓展到消费品、工业品领域，发布全省首个“三同”备案标识，已有64家企业被认定为威海市“三同”企业，在第二届韩国（山东）进口商品博览会试点设立“三同”产品展区，不少企业从中受益。比如，宇王集团内贸销售比例由5年前的20%提升到80%，光威户外装备国内销售保持40%的高速增长。二是以数字赋能促外贸产业拓展新模式。推动重点外贸企业加快“智改数转”，以数字化、互联网思维重塑产业生态、培育新兴业态，进一步提升市场竞争力。比如，推动迪尚集团打造服务全行业的尚织工业互联网平台，已进驻全球3000多家面辅料供应商，为400多个品牌提供设计研发服务，形成了覆盖全球的纺织服装线上供应生态。推动康派斯房车与海尔集团联合打造房车专用零部件公共服务平台——房车家园，发展用户体验互动、在线设计等个性化定制服务模式，企业生产订单提高50%、综合采购成本下降7%，入选国家级服务型制造示范名单。三是以展会平台促外贸环境打开新局面。借助中韩自由贸易协定开放红利，推动威海与仁川互设城市形象展示馆，为促进两地投资洽谈、贸易提供平台，两馆已接待中韩客商千余批次，促成贸易意向额超5亿美元。顺应国内消费新需求，高标准举办韩国（山东）进口商品博览会，引入中国最大的零售业组织联商网参与，将商品出口和国内采购有机结合，达成采购意向56亿元，拉动进出口超100亿元。连续举办15届威海国际渔具博览会，通过线上线下齐发力、出口进口“双向输出”，帮助渔具企业同步开拓国际国内市场，汉鼎、宝飞龙、拓钓等知名钓具品牌国内市场占有率达到15%。

威海市探索缺水滨海城市水生态文明建设新路径

中共威海市委改革办

威海市统筹做好“治水、兴水、节水”3篇文章，以系统集成思维、绿色低碳路径、精细精准手段，创新水资源治理体系、开发模式、管理制度，全市水安全保障能力和水生态文明建设水平持续提升，地表水资源拦蓄利用率10年间提高了17个百分点，万元GDP、万元工业增加值用水量只有全省的53.7%、65.3%，人均用水量、耕地灌溉亩均用水量等指标均明显低于全国平均水平，河长湖长制经验获国务院督查激励，被评为国家节水型城市、全国节水型社会创新示范城市。

一、打破“九龙治水”工作格局，以系统治理思维提升水环境质量

坚持市域一体、力量统筹，推动治水多规合一、河湖湾长合一、水利水务合一，进一步提高治水管水效能。一是“一个总规”管长远。按照“以水四定”原则，构建“1+8+8”的市域一体水利发展规划体系，将所辖7个区（市、开发区）全部纳入“一个规划”里，统一“底图、底数、底线”；同时对接产业、生态环境、城乡建设等8个专项规划，共享数据、统一标准，解决了各个规划相互打架的问题。二是“三长合一”管日常。针对

★水美乡村。

以往陆地、海上、河里各管一摊的问题，全国首创“三长合一”管理体制，同一水系的“三长”均由一人承担，管理范围不仅包括水系涉及的河湖湾，还涵盖了沿岸150米范围内的陆地。在县级，设立生态文明建设协调中心，全面整合“三长”办公室管理职能，日常工作也从“兼职干”变成了“专职干”，治理效能大幅提升。辖内流域面积50平方公里以上河道绿化达标率超90%，获批全国水系连通及水美乡村建设试点。三是“一个大脑”管全程。建设全市统一的水利“数据中心”和水利专题数据库，开发水资源精细化管控、黄垒河智慧管护等5个应用系统及手机App应用，实现对蓄水、供水、用水、排水、节水等的实时监测、科学调配，数字孪生黄垒河先行先试项目入选水利部全国优秀应用案例，成为全国中小河流洪水治理示范。

二、突破“大兴土木”传统模式，以绿色低碳路径扩大水资源供给

针对传统水利开发投资大、占地多等问题，创新资源集约、环境友好的绿色开发模式，最大限度减少对生态环境的不利影响，大中型水库兴利库容比2015年翻一番，每年减少外调水资

源近1亿立方米。一是以“地下水库”更好利用雨洪资源。依托主要河流，建设地下水库3座，通过河道沙层存水、闸坝控制蓄水，实现“落闸为库，开闸为河”，增加有效库容8400万立方米。与常规水库相比，投资压减了80%、工期缩短了2/3、减占耕地1.8万亩。配套实施河库水系连通工程，通过库库连通、河库连通，每年可增加雨洪资源利用量5000万立方米。二是以“海湾水库”更好蓄积入海河水。利用入海河口较多的优势，借鉴新加坡“御咸蓄淡”方式，在河流入海口建坝成库，通过内蓄淡水、外避咸潮，既能拦蓄河道雨洪资源，也能阻挡海水入侵，还能涵养地下水源，已建成海湾型水库3个，新增蓄水1.7亿立方米，减占耕地2.76万亩，海洋岸线生态环境也得到改善。三是以“抬田水库”实现少占地扩大库容。转变通过增加水库淹没面积来拓展库容的传统模式，探索以增加水库纵深的方式实现增容，即从水库库底开挖取土，抬高周边需要淹没的土地，实现征地变造田、薄地变肥田，先后实施增容工程6项、新增蓄水1.2亿立方米，不但减少占用耕地2.5万亩，而且利用库底淤泥新增耕地3000亩。四是以“海洋水库”拓展非常规水资源。发挥滨海优势，大力发展海水淡化产业，打造海水淡化利用示范工业园区，鼓励热电、

★米山水库抬田增容工程。

核电等工业用水大户优先利用海水，在远洋渔船、海洋平台推广海水淡化装置，实施华能电厂（威海）海水淡化及市区4处集中供水工程，全市海水淡化能力达到5万立方米/日，城市供水保障能力提升20%。

三、扭转“大水漫灌”用水方式，以精细精准手段提升水利用效率

将“精细节水”理念融入城市建设方方面面，综合运用管理创新、税费减免、财政奖补等手段，加强对节水行为的正向激励引导，有效调动起各方面节约集约用水的积极性。2023年万元GDP、万元工业增加值用水量分别为12.91和8.01立方米。在城市，水务经理、中水回用、政策+节水“三管齐下”。全国首创水务经理制度，在年用水量超1万立方米的380家用水企业设置水务经理，负责日常用水监管，同时对标行业节水标准，推动企业调整用水模式、改进工艺流程、更新生产设备，企业平均节水率超18%。推进城区污水处理厂提标改造，尾水水质提升至地表水Ⅳ类标准，形成了工业用水、市政杂用、生态补水的再生水利用模式，全市再生水利用率达55%，“国家典型地区再生水利用配置试点”在水利部中期评估中获得优秀等次。率先以地方立法形式出台节约用水条例，配套制定加强水资源集中管理、城市供水管理等8个规范性文件，严格实行用水管控。出台节水激励政策，鼓励用水大户建设节水载体，已建成节水型小区60个，节水型单位169个，中心城区居民整体用水量缩减14%，节水型高校建成率达70%。同时，对实施公共污水处理、海水淡化等项目的企业，给予所得税“三免三减半”的政策支持，越来越多的企业“拧紧”了水龙头。2023年全市规模以上工业用水重复利用率达92.5%，全市重点监控用水单位中的高耗水行业节水型企业建成

率达100%。在农村，农业水价改革促“节流”、生活污水综合利用促“开源”并举。针对70%耕地处于丘陵山区、无大中型灌区的特点，创新推出集中管理、分散管理、新型经营主体管理3种农业水价改革模式，分别以镇、村、种植大户作为主体，集中管护水利设施，开展水费收缴工作，涵盖种植面积146万亩、节水2800万立方米。探索“绿色为主、灰色（污水处理厂）为辅”的农村污水治理模式，统筹考虑村庄自然地理条件、经济发展水平、环境消纳能力等情况，根据污水回用途径和排放去向，综合采用纳入城镇污水管网处理、单村联村建设集中污水处理设施、单户联户建设小型治理设施、分散收集集中拉运等4种模式，1244个村已完成生活污水治理，完成率达52.23%。

日照公安创新资金数防智控模式
“慧”就经济安全

日照市公安局

日照市公安局依托资金查控中心，扭住“资金”和“数字”两个关键，聚力做优信息化建设、数据化实战、智慧化服务，竭力当好维护经济安全的“前哨兵”“守门员”。中心自2022年6月运行以来，开展经济风险研判160多批次，服务重点项目27个，化解养老、金融等重点领域风险隐患20余次；直接参与侦办经济大案要案53起，挽回损失超3亿元。2023年7月，日照市公安局资金查控中心被确定为山东省公安厅资金查控中心分中心。

★日照市公安局资金查控中心组织开展非法资金流向研判。

一、数字为介"慧"融合，建设一体化信息化"云上中枢"

一是用数字链合队伍，推动工作力量高效融合。强化数字聚合思维，沿用资金链路分析建模、总结规律，确定公安、税务等18家核心卡口单位，抽调骨干人员，成立联合战队。狠抓党建业务互促融合，成立联合党支部，在实战中练、在练兵中建，打破成员单位间的壁垒藩篱，培养云端"经"英队伍，实现打防力量聚优释能"齐步走"。二是用数字再造流程，推动工作机制高效融合。坚持用数字流打通决策流、业务流、执行流，根据资金流动轨迹，拓展"查、追、控、处、研、防"六大功能，建立联合研判会商、联合调查整治等工作机制，搭建起跨层级、跨部门的协同工作体系，形成拳头合力。三是用数字牵引共享，推动经济数据高效融合。实施"数通工程"。一方面，打通公安系统内部数据，在汲取全市公安数据基础上，争取上级公安机关支持，获取12个警种的数据资源权限，将分散存储的有限"静水"汇集成动态碰撞的海量"活水"；另一方面，联通市内部门综合数据，有效引入外汇、不动产、税务、医保等90余类社会数据和行政监管数据，实现全市经济数据整体性、系统性、协同性研判分析，将中心打造成传输高效、标准规范、支撑有力的动态经济数据"水源地"。

二、数智赋能"慧"作战，铸造高水平高效能"经侦利剑"

一是数字导防，超前预警。坚持打防结合、重在预防，梳理10余个重点领域已发案件，采用"智能算法+人工修正"方式总结提炼风险特征，明确监测预警指标，搭建39组资金监测模型，为同类案件预警提供“教科书式”指引，打破传统“跟着风险走”的被动局面，转型向“找着风险打”集结，赢得更大主动权。二是数字导侦，断根打击。把“资金流”作为经济类违法犯罪侦查领域的DNA，循迹资金流向，对人员链、信息链、技术链等进行全链条追踪，实现上查犯罪源头、下查资金流向、倒查灰黑链条“三查”协同。三是数字导控，重点管制。把涉经济违法犯罪相关人员的管控作为打防经济犯罪的重要抓手，归拢11类人员数据资源，通过对区域内高风险人员动态信息、现实表现的分析研判，达到管人、布线、控面的层层递进效果。2023年，立查经济犯罪案件357起，抓获犯罪嫌疑人823人，分别同比增长85.9%、126.7%，避免和挽回经济损失14亿元，破获日照市建市以来涉案金额最大的“11·30”假币专案、全市首起涉期货领域“2·14”非法经营案等一系列大要案件，集群战役发起数位居全省前列。

★日照市公安局资金查控中心参加日照市第五届涉企惠企政策大集活动。

三、数据开路“慧”服务，织密多维度多触角“风控网络”

一是开展招引项目全方位过筛。为确保招引安全，推动“招商引资”向“挑商选资”转变，中心将嵌入的公安、外汇、税务、市场、金融等领域数据“结线成网”，建立起新招引项目、新注册企业全方位过筛机制，交叉认证指标信息，评判项目投资风险，为市委、市政府招引提供决策支持。二是提供重点领域嵌入式服务。探索建立嵌入式服务工作站，在中央活力区等重点行业园区和集聚区等驻点服务，依企业申请开展“一对一”个性化服务，帮助其分析经营合作过程中的风险点，将隐患发现在早、处置在前、解决在小。累计向园区企业提供个性化服务200多件次，提出意见建议56条，帮助33家企业成功规避风险，让企业安心、放心地在日照发展。三是落实民营企业零距离护航。组织民警进企业开展送法服务上门、风险漏洞排查、涉法问题帮办等“保姆式”“贴靠式”服务，零距离护航企业、项目发展。以机械工业为重点，全面延伸服务制造装备产业链上下游企业，市县一体构筑护企防线、推进助企行动、完善安企生态，帮助其行稳致远，取得涉企案件快办、行业领域服务、营商环境提升三方面成效的最大化。

日照市打造“三高一强”精品美丽海湾

日照市生态环境局

山海天旅游度假区位于日照市东北部。曾经的小渔村，36公里海岸线上养殖场、滩涂遍布，渔家乐、渔业经营网点散布呈现着传统渔业经济形态。2019年以来，日照市以入海排污口整治工作为契机，以落实重点海域综合治理攻坚战各项任务为抓手，着力打造海湾环境高质量、生态系统高水平、亲海空间高颜值、群众幸福感显著增强的“三高一强”精品美丽海湾。2023年省控以上入海河流全部消除劣V类水体，入海河流总氮同比实现改善，近岸海域水质优良比例100%，张北湾率先创成第一批省级美丽海湾。

一、陆海统筹，推进高质量污染防治

实施两城河、金银河及其支流生态修复工程，提升河道自净能力，累计清淤面积约49万平方米。加强沿海污染源治理，开展入海排污口整治，落实“一口一策”“一抓到底”整治措施，制定《山海天旅游度假区入海排污口整治工作方案》，加强部门分工合作、协同联动，采取纳管、截污、封堵等方式，实现入海排污口动态化、清单化管理，完成404个入海排污口整治和销号，销号率达到94.2%。为进一步减少面源污染，先后累计投资近5.5亿元，改造扩建山海天污水处理厂，新建两城污水处理厂、秀水河污水处理厂，完善污水管网60多公里，新增污水处理能力3.8

万吨，完成主城区28个小区、7.95公里市政管网雨污分流工程，实现建成区以及部分农村污水应收尽收，改善了全域生态环境。通过一系列海湾整治措施，湾区滩面干净整洁，近岸海域水质优良率常年保持100%，入海河流两城河北海路桥断面均值达到地表水Ⅳ类标准，较考核要求提升一个类别。

二、精准施策，实现高效能生态修复

投资约7630万元实施两城河口湿地修复工程。通过恢复植被、整治护岸、退养还滩等生态保护措施，完成两城河口湿地1730米生态护岸、植树种绿5.4万平方米，栽植各类苗木30余种，有效提升岸线稳定性，恢复海域生态系统功能，维持生物多样性，实现了“水清、河畅”。投资约2.7亿元实施龙山湾修复工程，在秀水河两岸沿原岸线整治、新建河岸约3170米，新建生态绿道6995平方米，种植滨海植被1.3万平方米，为市民游客提供了岸绿可憩、景美可赏的滨海休闲空间。实施太公岛湿地修复工程，在原有300亩荒废养殖池、荒地上开展海岸带整治修复，打造了一处兼具生态、休闲、游憩等综合功能的市民共享城市滨海公共空间。通过一系列修复工程，良好的生态资源每年吸引50余种鸟类在此迁移、越冬、繁衍，实现了人与自然和谐共生。

★太公岛湿地修复前后对比。

三、人海和谐，打造高颜值亲海空间

以改善生态环境、提升亲海品质为核心，多措并举打造优美的旅游观光和休闲度假亲海空间。将沿海水产育苗场在保持原有构造的基础上进行升级改造，形成了具有日照特色的爆款网红民宿项目。打造国内最大、展示内容最丰富、展示手段最先进的海洋科普专业展馆。场馆占地面积3万平方米，每年接待游客30万人次。按照精致城市建设要求，建成28公里的阳光海岸绿道。将太公岛湿地公园、海洋美学馆、海洋科普馆、日照海滨国家森林公园、两城河口湿地公园等沿海景区串珠成链，贯通日照最靓丽、最生态、最具特色的滨海岸线。

四、齐抓共管，共建高水平长效机制

积极构建“陆域—流域—海域”海湾环境监测监管制度体系。一是完善涉湾工作协同机制。厘清“管委—街道—村居”纵向权责利关系，逐级压实海湾管护责任，同时建立以海湾为基础单元的横向联防联控和协同治理体系，夯实了地方政府主体责任和行业主管部门的常态化监管责任。二是创新涉湾政企合作机制。根据海湾生态保护和环境治理项目的特性，采取政企合作模式，将入海河流（道）、海湾沙滩日常管护工作委托给国企承担，通过政企合作方式建立沙滩及海上环卫工作机制，开展净滩行动2次，整改完成问题103个。做好入海河流（道）、浅海、滩涂和陆域垃圾、浒苔清理处置工作。三是强化涉湾科技支撑机制。联合生态环境、海洋、海事、海警、海监等部门建设日照市湾长制综合信息管理平台、海洋生态环境监测平台、日照市海洋防灾减灾海岸带视频监控系统、山海天旅游度假区“智慧环保”高空瞭望综合监控预警系统，形成了“两平台两系统科技赋能”多部门联动长效机制。

莒县积极构建“三位一体”现代种业发展新格局

中共莒县县委办公室

莒县通过创新优化种业“保育繁”路径，推动以做强种业“芯片”带动乡村产业振兴。截至2023年底，全县有39个农作物种质资源入选国家种质资源圃；选育出葡萄新品系7个，获得新品种登记证书2个；育成朝月油蟠桃、朝霞油桃等13个省级审定品种，8个国家级审定品种；“东禽1号麻鸡”配套系是山东省自新中国成立以来唯一由民营企业培育并通过国家审定的配套系。莒县先后被确定为国家农业现代化示范区、国家级农产品主产区、全国蔬菜产业重点县。2023年，莒县保种育种繁种做强种业“芯片”做法获评全国200个地方全面深化改革典型案例。

一、健全种质资源全域普查机制，保护“好种苗”

一是全面摸清种质资源底子。成立农作物种质资源普查与征集行动领导小组，以及由粮食、果蔬、茶叶、食用菌、中药材等栽培作物专业技术人员组成的专家组，印发《莒县农作物种质资源普查与收集行动实施方案》，采取县、乡、村三级联动，围绕县情民情、地理环境和作物分类开展全面普查，掌握各类农作物的种植历史、栽培技术和品种更替等信息，摸清特色种质资源重要特性和分布区域，全面普查传统农家种植品种、特有稀有农作物、野生近缘种等种质资源。全面梳理1956年、1981年和2014年种质资源信息，收集有价值种质资源信息200余条，专项普查全县优异农作物种质资源160个，征集优质种质资源155个，其中135个农作物种质资源入选国家种质资源圃。二是分类做好种质资源保护。以各乡镇（街道）和地方农业研究所、农业企业为主，建立特色种质资源保存圃，全县1600个地方种质资源入圃保存。如，莒县桃树研究所现有桃树保存圃60亩，保存种质资源976份，其中野生种质206份、地方品种400余份。三是规范做好种源管理监督。注重种质资源保护培训，规范登记备案管理，不断提升种业服务监督水平。重点加大对南涧小米、峤山大姜、小店绿芦笋、龙山秋风蜜桃、陵阳实梗芹菜、乌鳢、琅琊鸡等种质资源保护力度，科学合理开发利用油桃、葡萄、丹参、黄芩等本地珍稀种质资源，开展稀有种苗繁育栽培研究和产业化试验示范。设立农作物新品种展示示范基地，每年展示示范农作物新品种100个以上。

二、健全多元科技攻关机制，推进“产学研”

一是校企联合攻关。建立以市场为导向、企业为主体、产学研一体化发展的种业科技创新体系，构建科企合作发展模式。如，志昌葡萄与中国农科院、山东农业大学、以色列、罗马尼亚等国内外多家科研院校建立产学研合作。莒县桃树研究所与中国农业科学院郑州果树研究所建立长期合作关系，联合研发的7个葡萄新品系、13个油桃类省级审定品种，直接在莒县落地转化，促进了企业高质量发展。二是专业人才攻关。依托种业企业内引外联，加强育种人才队伍建设，探索人才培养引进、资金筹措、成果有偿使用、竞争性研发等机制，集中力量开展育种攻关。截至2023年底，全县共有注册农业科技特派员131名，省

★莒县志昌农业葡萄育苗组培室。

级以上优秀科技特派员3名，形成种业企业“强龙头”和种业阵型企业“领头雁”。三是企业联合攻关。集聚北方奇异果（日照）技术研究院、莒县种子有限公司等创新能力强、发展潜力大的特色种业企业，整合各方面要素资源，突出特色种业优势，不断加大新品种的繁育推广。截至2023年底，全县已建成标准化良种繁育基地6000余亩。

三、健全特色产业发展机制，建强“产业链”

一是加强“一区多园”基地建设。立足特色种业主导产业，以科技创新、绿色发展为牵引，实施种业提升工程，延长产业链，推动特色产业高质量发展。规划建设省级农高区，打造以特色种业“育繁推”一体化为核心的农业高新技术集聚地。根据产业基础、区域特色、功能定位，规划建设葡萄良种繁育示范园、畜禽育种育苗全产业链示范园、油桃良种繁育示范园、花卉果蔬良种繁育生产示范园、桑蚕良种繁育示范园、种业机械化生产示范园。二是推进农副产品精深加工。坚持种业、种植、加工、销售全链条发展，大力培育发展精深加工产业，促进果蔬、粮油、

★山东种业数字化农业产业示范园项目。

畜产品等产业集群化发展。莒县被评为省级现代农业十强县、省级农业“新六产”示范县、省级农产品加工业示范县、山东省首批畜牧业高质量发展先行县。2023年，全县规模以上农产品加工企业83家，产值166.84亿元。三是打响特色产业品牌。以“三品一标”为抓手，挖掘利用地方特色优势种质资源，实施“品牌兴农”战略，大力开展特色农产品区域公用品牌、企业产品品牌等创建工作，积极打造产业鲜明、竞争力强的特色农业乡镇、特色村，推进特色农业产业化、产业品牌化。截至2023年底，全县共有“三品一标”认证产品163个，莒县丹参、莒县黄芩、莒县南涧小米、莒县绿芦笋4种农产品获评农业农村部地理标志登记保护产品，果庄油桃、安庄黄桃、莒县花生、莒县桑蚕等16个品牌成功注册国家地理标志证明商标。莒县黄芩、丹参产量占全省50%，绿芦笋出口量占全省70%，烟叶生产综合指标全省县级第一，桑园面积和蚕茧总产量均居全省县级第一。

兰山区构建深植红色基因的大思政课程体系

临沂市兰山区教育和体育局

临沂市兰山区是山东省教育工作示范区、全国义务教育发展基本均衡县区。全区现有各级各类学校170所，在校学生36.9万余人，在职在岗教师约1.85万人。各级各类幼儿园530余所，在园幼儿9万余人。近年来，兰山区坚持以弘扬沂蒙精神为主旋律，不断加强课程体系建设，探究红色基因传承途径，构建培根铸魂、启智润心的德育工作新模式，实现春风化雨、润物无声的育人效果。

一、探索与实践

（一）实施资源植入工程，打造“看得见”的大思政体验阵地。一是打造红色实践基地，构建体验式育人模式。依托兰山区中小学生综合实践基地，规划建设传承红色基因主阵地，含“一馆三区一园”。“一馆”即“红色薪火”主题教育馆，占地1000平方米，分红色精神、人民英雄、红色沂蒙、红色课堂、红色剧场5个体验区，是中小学生研学实践的必修课。“三区”为室外展区，是师生课余参观学习党史国史的重要场所。其中“沂蒙之光”展区重点展现了沂蒙人民解放历程和斗争史；“红色征途”展区用临沂特有的14种矿石建成展示墙，展示中国共产党和新中国的发展奋斗历程；“不忘初心”展区以宣誓墙为主场景，系统介绍党建知识。“一园”即占地10亩的“红园农场”体验园。同时，构建起以“传红色薪火、育时代新人”为主题的“五育融合”课程，其中“树德课程”包括红色记忆、红色薪火、红色成长三大模块，设置了红色信仰、红色征途、沂蒙之光、分田到户、火线运输等30项体验课程，每年培训中小学生近5万人，被确定为全国青少年道德培养实验基地。二是创设红色育人场馆，营造浸润式育人氛围。各校融合办学理念，开发整合校内红色育人空间，建设红领巾广场、红色文化长廊、红色书屋、红色影院等“红色驿站”。临沂三小追溯百年红色校史，投资建设“不忘初心”校史馆，设置了“岁月留痕”校史墙、“溯梦沂蒙”浮雕文化墙，以及“崇贤尚德”系列展板；玉龙湾小学投资建设“红立方”思政教育阵地，包括党史馆、沂蒙精神馆、红领巾学院等，均营造了浓厚的校园红色文化氛围。三是拓展校外红色阵地，开辟研学式育人途径。各校普遍注重开发校外德育教育阵地，深入企事业单位、社区、敬老院等，寻访革命英雄、“时代楷模”，组织开展尊老敬老、致敬英雄等教育活动。充分利用沂蒙山区特有的“红色基因库”，开辟华东革命烈士陵园、沂蒙革命纪念馆、大青山革命烈士陵园、八路军115师师部旧址等红色教育阵地，开展义务讲解革命历史、宣讲沂蒙精神、缅怀革命先烈，以及研学旅行等实践体验活动，不断拓展思政教育社会大课堂。临沂第一实验小学的红色义务解说活动被新华社报道。

（二）实施课程纳入工程，编写“讲得好”的红色沂蒙家谱。一是落实“双主体”育人。与区委组织部联合打造了“红色沂蒙”“从胜利走向胜利”和“生死与共”3期沂蒙精神艺术党课，讲述革命战争年代沂蒙精神诞生的烽火往事，回顾新中国成立后党领导人民摆脱贫困奔小康的奋斗记忆，诠释沂蒙精神与伟大抗疫精神的时代价值和历史传承。“党课+舞台艺术”的形式新颖独特，感人至深，在市内外产生广泛影响，被评为省级优秀党课。二是创办“兰山教育大讲堂”。开发教师发展、学生成长、家长公益3类课程，已外播67期，收看人次达520余万。融合各系统文化优势资源，13个部门联合成立了12个区级宣讲团，吸纳宣讲员119人，并组建直属单位、镇级、校级宣讲队伍515支，开展线上线下区级宣讲活动79场，受众约13.2万人次，工作经验被《临沂改革专报》推介，《山东新闻联播》予以报道。三是构建红领巾讲红色故事课程体系。引领30余万名少先队员寻访红色记忆，挖掘红色史料，从革命传统、沂蒙精神、群众领袖、人民英雄、时代先锋5个类别，创编故事、小品、舞蹈、戏曲、情景剧等作品。区教体局持续举办“红领巾讲红色故事”“沂蒙小小讲解员”比赛，入选“弘扬沂蒙精神·传承红色基因”十大行动，累计参赛11万余人次，评选优秀作品310余个，获奖率占全市的60%，2人获全国优秀红色讲解员称号。四是鼓励各校因地制宜开发红色校本课程。创编红色故事集、红色绘本等，承担省级红色教育重点改革项目，特色鲜明，育人成效明显。比如，临沂一小创编的系列校本教材《红色沂蒙》《红色齐鲁》《红色中华》；北城小学编写的《红色绘本》《红色故事》《红色书籍》《红色精神》，承担的省级重点改革项目《小学红色课程群的构建策略与实施路径的研究》；临沂三小编写的《沂蒙红色故事集》，承担的省级重点课题《小学阶段沂蒙红色基因课程的开发与实施》；十七中与“雷锋班”的德育共建课程；九中的“红色青春志愿行”；三十四中的红色研学课程等。

（三）实施课堂融入工程，创新“思悟行”的思政课堂教学模式。一是开展一体化大思政教研。制定下发《中小学思想政治理论课改革创新行动方案》《中小学红色沂蒙思政课一体化推进实施方案》《沂蒙精神教育融入思想政治课教学指导意见》等系列文件，全方位提升思政课质量和水平。建立纵向跨学段、横向跨学科的交流研修机制。纵向上，定期开展小学、初中、高中思政课集体备课、教学研讨和课程研究，实现各学段教研活动一体化，搞好学段之间思政教育的衔接与沟通。横向上，开展跨学科“大教研”活动，深度挖掘各学科课程蕴含的思政教育资源，发挥所有课程育人功能，构建全面覆盖、类型丰富、层次递进、相互支撑的课程体系，使各类课程与思政课同向同行，形成协同效应。二是创新思政课堂教学模式。构建了核心素养导向的小学“新课堂”、初中“学本课堂”、高中“本真课堂”，组织开展小初高一体化思政课堂教学展示和“金课”评选活动，激发思政课堂教学创新活力。临沂六中“123”新教学模式为初中思政课教学提供了样板。三是加强思政课师资队伍建设。通过公开招聘，配齐各学段思政课专职教研员，择优补充思政教师队伍。健全思政课教师专业发展体系，制定序列化培训课程，持续开展新课标、新课程、新教材的全员培训，实行名师工作室制度，搭建思政课教师专业成长平台，涌现出一大批国家级、省级思政课优秀教师。实施“红色沂蒙思政课一体化推进”课题研究，涵盖各学段23所学校；广泛开展“沂蒙精神融入思政课教学”优秀课例征集活动，临沂十一中的德育课程建设项目在全省推广。四是落实沂蒙精神读本进课堂。按照市委统一部署，每年为新升小学四年级和初中一年级的学生统一订阅《沂蒙精神教育读本》，并将教育读本纳入学校德育教学计划，融入思政课教学，做到了有计划、有课时、有教案、有师资、有考评，推动弘扬沂蒙精神和红色基因传承常态长效、走深走实。全区近40万师生收看《德育学堂》活动被新华社予以报道。

（四）实施活动注入工程，开展“情所系”的红色情感培育活动。一是整体规划红色基因传承工程。先后出台了《全区教育系统实施红色基因传承发展工程的工作方案》《中小学传承红色基因三年行动计划》，按照梳理规范、深化提升、总结推介的总体思路，统筹实施课程深化、示范课堂、资源提升、文化建设、情感培育、研学实践、网络引领“七大工程”，统筹设计“7+2”系列活动，包括唱红歌、写征文、讲故事、画红卷、敬党旗、作报告、赛党史以及“红色打卡”、典型案例征集，创新形式，丰富载体，广泛发动，凝聚沂蒙力量，放大红色情怀。二是持续开展红色主题教育活动。区委教育工委深入开展“发现榜样”“我的入党故事”“我来讲党课”等活动，精选60篇优质党课学习交流。大力倡导校长为师生讲党课，丰富思政课的内容和形式。结合校园艺术节，设计开展以“颂梦中华”为主题的文艺展演活动，引领师生演红色人物、唱红色歌曲、颂红色精神，陶冶情操，净化心灵。团委、少先队组织广泛开展“我为沂蒙精神代言”“争做新时代好队员”“红领巾相约中国梦”“好队员在行动”等主题活动，通过听得懂、看得见、能体验、能实践的方式，传承和弘扬爱国主义和沂蒙精神，承办全市“向英雄致敬”红色升旗仪式现场会。三是充分开发红色节日教育活动。抓住重要时间节点，实施情感培育工程，深入挖掘清明、“七·一”、“八·一”、“十·一”、烈士纪念日等节日、纪念日蕴含的红色教育内涵，广泛开展“我和我的祖国”“红心向党”“清明祭英烈”等各种纪念活动，唱响爱党爱国主义旋律。挖掘春节、端午、重阳等传统节日蕴含的人文精神，广泛开展文明创建活动，引领广大中小学生传承家国情怀，争做时代新人，承办市级以上观摩会20余次。

二、成效与感悟

（一）激发了学校办学活力。结合弘扬沂蒙精神，各校深入挖掘区域文化资源，总结提炼校园核心价值观，构建校园文化实施体系，促进了良好校风、教风和学风的形成，已有各级文明校园83所。深入开展学校特色品牌创建活动，全区创建国家级和省级体育运动特色学校67处、市级体育美育“一校一品”特色学校19处，20处学校体育场地设施向社会开放；创建国家及省市级国防教育、健康教育、绿色学校、乡村温馨校园、节水型校园等特色学校102处。已有省市级特色高中2处、省市级高中学科基地4个。

（二）提升了学生综合素养。每年评选“新时代践行沂蒙精神好少年”，崇德向善、见贤思齐成为中小学生的主流风貌，全区获评市级好少年183人，优秀团队员市级205人、省级24人、国家级1人，齐鲁环保小卫士76人。全区中小学生体育代表队参加市级体育比赛获得87金、57银、39铜，蝉联市级联赛团体总分第一名，参加省级运动会获得优异成绩。学生艺术素养不断提升，已有5个省市级高水平学生艺术团，参加省级艺术展演连年取得优异成绩，先后被评为全国第七届艺术展演、全省校园艺术节、全省校歌MV大赛优秀组织单位。

（三）发挥了辐射带动作用。每年均有100余家市内外兄弟单位、近万人次到兰山区参观考察、观摩学习，承办了山东省教育厅组织的“沂蒙精神润校园”媒体行活动，新华社、《人民日报》、《人民教育》、《中国教育报》等10余家知名媒体对兰山红色教育工作予以专题采访，并持续深度报道。兰山区总结形成的《构建深植红色基因的大思政课程体系》被评为全国“立德树人落实机制”优秀案例，临沂北城小学在全国红色教育现场会上作典型发言。同时，在“双减”工作、校家社协同育人、劳动教育、强镇筑基、强校扩优、教育评价改革等方面，先后多次在省市级会议上作典型发言，20余篇案例被教育部及省市有关部门推介。

兰陵县全力打造全市乡村振兴先行区

兰陵县农业农村局

兰陵县按照“12345”乡村振兴发展思路，以5项重点工作为抓手，以数字赋能、链式发展、循环共生、共富共享统筹推进乡村发展、乡村建设、乡村治理，全力建设实力的、农民的、活力的、宜居的、奋进的乡村振兴先行区。兰陵县先后获批国家乡村振兴示范县、国家农业现代化示范区、省级乡村振兴示范县、山东省现代农业强县。

一、“数字赋能模式”打造优质基地

（一）借智育苗。借助高等院校和高新企业智能化繁育理念，与中国农科院、山东省农科院、山东农业大学等科研院校和青岛金妈妈、登海、华盛等国内大型种业公司开展合作，建设种业研究和示范基地，构建产研并行、繁育一体的全产业链集约化育苗模式，全县培育集约化育苗企业、合作社及家庭农场70余家，可提供优质蔬菜种苗6亿株。

（二）借力育品。落实省市标准化、品牌化生产思路，出台《打造长三角“菜篮子”工作方案》《关于争当对接长三角“三步走”先行区的工作方案》等政策文件，促进兰陵蔬菜在品类、品牌、品种、品质、品相上的全面提升，培育、引进新品种100余个，认证“三品一标”农产品169个、省级知名农产品企业品牌5个，改造优质农产品基地228个，创建市级长三角中心城市农产品供应基地39家、粤港澳大湾区菜篮子基地3家，被新华社、中国品牌建设促进会授予“全国品牌产业园示范基地”称号。

（三）借数提升。实施数字农业建设试点项目，新建室外气象站、温室巡检机器人等设备系统1639套，创建168个数字化示范温室大棚；建设农业综合服务平台，集中存储和管理设施大棚、气象、市场等相关数据，为农户提供决策支持；开发数字农业App，实时监测作物生长、温度、湿度等信息，远程控制温室大棚自动卷膜及灌溉，节省用工30%到40%，提升劳动生产率18%。截至2023年底，已创建10家省级智慧农业基地，兰陵数字农业典型经验入选山东省数字乡村发展创新实践典型案例。

二、“链式发展模式”壮大产业集群

（一）打造产业链平台载体。紧盯对接一批预制菜研发、加工、营销大项目大企业，形成特色产业集聚效应，构建园区平台带动、项目产业拉动、链式发展驱动的发展格局。整合全县预制菜产业发展资源，建设各具特色的预制菜“一园五区”，建设1000平方米的预制菜孵化中心、运营中心，88家预制菜企业联合成立兰陵县预制菜产业发展共同体，构建了园区集聚生产、中心孵化运营、共同体抱团发展的“三位一体”发展模式。

（二）提供产业链技术支撑。与山东省农科院合作成立农业科技成果转移转化站，研发技术专利11项，设计改进加工、仓储等装备53套。建设山东省预制菜产业联盟质量标准中心，协助制定《预制菜（畜禽类）中式菜肴》等4个山东预制菜团体标准。建立预制菜产业链、供应链常态化质量安全评估体系，健全守信联合激励和失信联合惩戒制度，实现预制菜专供农产品源头基地生产全程质量安全可追溯。

（三）拓展产业链价值内涵。发布省级预制菜区域公共品牌“鲁味好品、兰香天下”，推出预制菜品牌Logo“苍山味”，扩大农产品市场占有率和影响力。创作兰陵蔬菜漫世界数字文创产品——大型动画剧《兰陵卫》、美食系列短视频《兰陵味》、线上线下互动体验项目《兰陵未》，通过数字化视听体验传递品牌价值、塑造品牌认同。推出“美食游+休闲游”“美食游+研学游”等旅游项目，打造预制菜文旅融合新亮点。

（四）培育产业链延伸动能。发挥政府支撑引领作用，制定《关于培育发展预制菜产业发展的十二条实施意见》《加快农产品加工业发展“抓量提质、培优育强”的十七条意见》等政策文件，支持农产品加工企业实施智能化改造，开展“中央厨房”示范建设，全县预制菜链上企业达到450余家、注册商标110余个，在长三角、京津冀、粤港澳地区开办实体店、设立预制菜专柜600处，实现上游食材供应链、中游菜品生产链、下游全场景消费链融合发展。

★山东小厨鲜食品有限公司。

三、“循环共生模式”激发生态效应

（一）县镇村“一套体系”抓循环。县级层面搭建机制框架，印发《兰陵县建设绿色低碳高质量发展先行区三年行动计划（2023—2025 年）》等文件，将循环农业纳入全县生态文明建设的大框架。镇级层面立足规划示范，全域17个乡镇（街道）均构建1处以上的循环农业应用场景，比如苍山街道探索建立种、养、菌“三元双向”循环农业模式，打造了以农光互补融合发展产业园为主的食用菌产业带。村级层面突出创新示范，带动村民发展业态多样的循环农业，比如兰陵县资荟养殖专业合作社采用“党支部合作社+养殖大户”模式，带领村民探索“稻蛙种养”模式，每年可为村集体增收2万元。

（二）工哺农“二元互促”抓循环。推进工农互促，实现“变废为宝”。围绕济钢国铭铸管公司生产过程中产生的大量余热，实施“一热三用”，向周边社区提供余热供暖50万平方米，改善农村居民生活环境；利用余热每天生产蒸汽500余吨、发电1.2万千瓦时，用于周边工农业生产；利用余热供给30条EPS新型包装材料成型机生产线运行，年产值3.6亿元，利税2000万元。结合县域内矿区环境治理工作，在兰陵镇实施“渔业复垦”，将废旧塌陷地坑塘改造成标准化养殖鱼塘，亩增收益近2000元。

（三）新农村“三生共融”抓循环。绿水青山就是金山银山，大力发展绿色农业，全县秸秆综合利用率95.66%，畜禽粪污处理利用率90%，测土配方施肥技术推广覆盖率达到92%。引进大仲村镇农牧固废无害化处理项目，每年可将15万吨农业废弃物转化为高效微生物有机肥料；投资9000万元建设复合生物质碳源项目，通过自主研发技术，将大蒜废弃物转化为生物质碳源。整合古镇研学、红色文化等资源，开发旅居康养、非遗“手造”、沉浸体验等业态，特色宜游乡村初具规模，彰显乡村“生态美”。苍山街道打造以苍山暴动纪念地为中心的产学研一体红色教育基地，以华夏酒城为中心的特色产业体验带，以压油沟田园综合体为中心的全域旅游目的地，已有全国乡村旅游重点村1个，省级旅游重点村、景区化村3个。

四、“共富共享模式”推进普惠多赢

（一）“四雁工程”拓宽共富路径。创新实施“四雁工程”，激发各类人才扎根基层干事创业活力，逐步形成“头雁领飞群雁舞，共同飞向振兴路”的生动局面。充分深挖“四雁工程”潜在功能，激活内生动力，对“四雁人才”进行多方位、全流程激励扶持，配套出台《农民专业合作社规范提升行动指导意见》等9项政策文件，发放“四雁振兴类”贷款13.4亿元。通过典型引领、模式发展，探索出合作社产业联合、“国有农企+村集体经济组织+四雁基地+零散农户”等多利多赢联盟模式，聚力打造“航母级”雁阵，带动村集体、村民双增收。2023年底前已组建22个跨村跨镇示范联合社、联合体，实现全县乡镇（街道）全覆盖。

（二）“田园新城”打造共富样板。以代村为中心，制定“一主五新”社区建设规划和“五区一带”产业发展规划，建设既有完备城镇功能，又保持田园风光的田园新城。打造以兰陵农业企业园、兰陵国家农业公园、新农人培训中心为主的南部产业集群，安置就业创业4000余人，实现人均年增收5000余元，有效辐射带动周边群众创业就业，引导帮扶周边村庄发展新型集体经济。将代村“幼有早育、学有优教、劳有多得、病有良医、老有颐养、住有宜居、弱有善扶”的民生目标向周边村庄辐射推广，实现教育、康养、生态等资源共享。

（三）“乡创共同体”搭建共富平台。以促进共同富裕为目标，建立“党、政、产、民、金、研、社、媒”8个推进路径，以闲置资产和沉睡资源为载体，促进“三农”与人文、科技、生态等集成创新，打造17处区域特色明显、辐射带动面广的“乡创共同体”。比如，兰陵镇注重传统文化与时尚元素结合，打造以荀子文化园、美酒小镇等为主体的乡村文化产业园；庄坞镇发挥牛蒡产业优势，建设中国牛蒡博物馆、食创文化一条街、展销中心、研发中心等，建设兰陵牛蒡文化乡创共同体示范园。

沂南县加快构建紧密型县域医共体

中共沂南县委员会

沂南县聚焦基层群众看病就医实际需求，以建设县域医疗集团为路径，构建“1+3+3+3”工作体系，组建了三大医疗集团，通过集团化运行，统筹医疗资源配置，推动医疗资源三级贯通、上下联动、均衡布局，促进县乡村医疗体系深度融合、同频共振，逐步形成“县强、乡活、村稳”和“全覆盖、上下联、融合型”的紧密型县域医共体。截至2023年底，县内住院人次占比87.4%，同比提高5.8%；县域内就诊率91.3%，同比提高7.6%；基层医疗机构门急诊占比68.6%，同比提高8.8%。相关做法被《人民日报》、《光明日报》、新华社等10余家主流媒体宣传报道。

一、建立“一套机制”，系统推进改革

一是强化组织领导。把县域医疗集团建设路径探索作为“一县区一改革品牌”，并列入全县“十大改革创新”项目，提高各级各部门对医改工作的重视程度。成立由县委书记、县长“双挂帅”的医疗卫生体制改革工作领导小组，制定《沂南县紧密型县域医共体建设工作实施方案》，明确12大项重点改革任务，卫健、财政、医保、编办等17个相关部门“一把手”亲自抓、负总责，协同推进。二是完善推进机制。在卫健部门设立医改办公室，配强人员力量，实体化运行，负责细化分解改革任务，统筹

协调任务进度。医改办牵头完善部门协调联动和督察督办工作机制，实行“周例会、月督察、季通报、年评估”，倒排工期、挂图作战，压实各方责任。三是健全规章制度。制定《沂南县紧密型县域医共体章程》，明确医疗集团外部管理体制、内部运行机制、医改领导小组成员单位职责、医共体议事规则等。制定《2023年度沂南县紧密型县域医共体建设考评工作实施方案》，将考核结果与医疗集团医保支付、评优评先、绩效工资总量核定等挂钩，并作为集团领导班子考察任免的重要参考，推动医疗集团各项工作落到实处。

二、组建“三大集团”，统筹资源配置

一是科学规划布局，统筹定位发展。在充分调研论证、摸清医疗资源布局的基础上，按照就近连片、优势互补原则，采取“3+23+389”模式，分别由县人民医院、县中医医院、县妇幼保健院3家县直医院牵头，整合23处乡镇卫生院、389个村卫生室，组建三大医疗集团。科学界定三家医疗集团“多元化并存、差异化发展”的目标定位，县人民医院围绕疑难重症，提升综合能力，为全县提供技术支撑；县中医医院突出中医特色，着力中

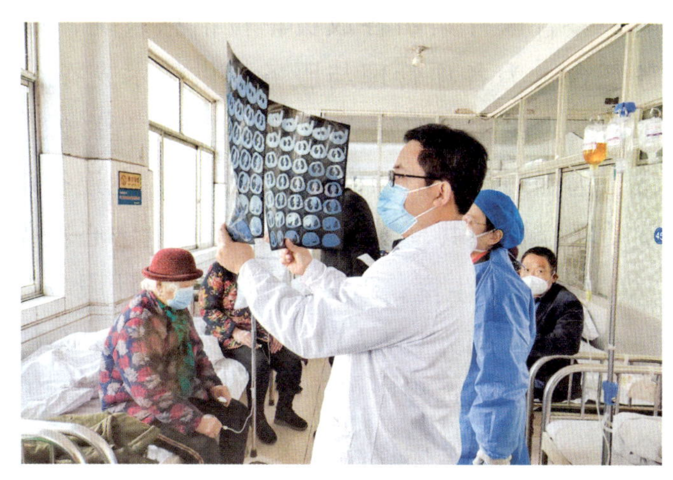

★沂南县县级医院下基层常态化帮扶。

医康复、中医适宜技术普及提升；县妇幼保健院突出妇女儿童卫生健康，巩固“专科向综合”转型成果。二是优化整合资源，实行统一管理。各医疗集团内实行“六统一”管理。行政上，落实“一个法定代表人”治理架构，实现行政后勤资源共享。人事上，按照“关系不变、双向流动、上下互动”原则，总院对各类人员统一培训、管理和使用。财务上，各基层院区单独设账，由医疗集团财务管理中心进行统一管理，各院区只保留报账员。业务上，采取人才、资源双下沉，推进医疗同质化服务。药械上，基层各院区上报药械采购计划，由医疗集团统一采购、配送和支付。绩效考核上，由医疗集团统一进行绩效考核，激发活力、提升动力。

三、完善“三项支撑”，筑牢基础保障

一是突出党建引领。针对县直医院党组织关系隶属县直机关工委管理、乡镇卫生院党组织关系隶属乡镇党委管理，党建与业务相脱离的“两张皮”现象，成立医疗集团党委，卫生院党员由属地管理转入集团管理，健全完善党建和业务工作同谋划、同部署、同落实、同检查的一体贯通运行机制。二是强化平台赋能。整合医疗集团各成员单位信息系统，搭建全民健康信息服务平台，为各项管理与服务提供技术支撑，实现信息互联“一张网”。集团总院建立远程心电、远程影像、远程检验、远程会诊、远程病理、消毒供应六大中心，上连省市、下通镇村，实现优质医疗资源共享。其中，远程心电中心覆盖全县23家卫生院和260家村级卫生室，2023年以来，累计服务2.57万人次，发现急性心肌梗死病人151人次，通过与胸痛中心的有效联动，全部得到成功救治。远程影像中心累计为基层院区出具诊断报告3.67万余份，在解决基层诊断人员不足的情况下，大大提高了诊断符合

率。三是规范监督管理。卫健部门建立医疗质量监管清单，加强对财政资金使用、人事薪酬改革政策、医保支付方式改革政策执行情况的监督管理，做好医共体的DRG（按病种付费制度）执行率、病人实际补偿率、县内就诊率等关键指标的监管与考核，考核结果作为评价医疗集团运行和调整的重要依据。加强对医疗机构住院病人医保资金规范使用情况的调查核实，依法打击违法执业、欺诈骗保、药品回扣等行为，确保医疗服务质量水平持续保持全市前列。

四、聚力“三个提升”，释放改革红利

一是有效提升医疗技术水平。投资近8亿元，建设县中医医院新院区、扩建县妇幼保健院。集团总院加强与省立医院、齐鲁医院等省级三甲医院的合作，累计创建省市级重点专科38个，150余项技术处于国内先进、省内领先行列，13项科研成果获省市科技进步奖。三大医疗集团下派技术团队101支，专家和骨干医师204人，帮助基层院区新建24个特色专科，开展新技术、新项目40项。2家乡镇卫生院创建二级综合医院，5家乡镇卫生院“优质服务基层行”达到国家推荐标准。二是有效提升医防融合能力。发挥医疗集团“一张网”优势，总院医生编入家庭医生服务团队并担任组长，提升家医队伍影响力、健康干预精准率、疾病诊疗有效性。创新摸底、筛查、治疗、转诊、建档、随访全链条“六步闭环”健康管理新模式，初步实现“健康有管理、住院无缝隙、转诊有通道”的链条式服务，医防融合能力显著提升。截至2023年底，全县家庭医生团队340支，家庭医生1572名、65岁以上居民建档率85.78%、老年人中医药健康管理率70.89%，全县慢病规范管理率63.43%，居省市前列。三是有效提升群众就医满意度。针对12345政务服务热线和群众满意度调查反映比较

集中和突出的卫生院医疗水平不高、药品短缺、看病排队时间长等问题，指导各医疗集团制定了《关于基层院区医务人员轮训的通知》。截至2023年底，共计362人（其中医生101名、护士261名）到总院进行轮训；对基层常用、供应不稳定的盐酸二甲双胍缓释片、硝苯地平控释片等20种药品，建立医疗集团统一采购、调剂使用保障机制；完善医疗集团“互联网医院”功能，实现挂号预约、诊间支付、结果查看、入出院结算等在线办理，缓解群众反映较多的排队等候时间较长问题。2023年度沂南县医疗满意度位居全省前列、全市第一。

“一件事陵承办”打造陵城区服务新品牌

中共德州市陵城区委员会

德州市陵城区深化“放管服”改革，推进政务服务“双全双百”工程，从“办好一件事”到“服务全周期”，创新构建“审管分离”运行机制，打造精简高效的政务数字化运营模式，擦亮“一件事陵承办”政务服务新品牌。

一、健全政策机制，简化办事流程

一是集成办理，构建“一件事”全生命周期新模型。为适应新形势下政务服务水平提升、行政效能优化的要求，营造更优营商环境，陵城区运用政务服务全生命周期理论，用“矩阵思维”构建以企业为中心的新型政务服务模型。已梳理出涉及食品生产、商超餐饮、医药器械、娱乐服务、农业服务、职业教育、教育服务、交通服务共八大行业，覆盖公安、人社、医保、不动产、公积金、税务等21个部门。个人全生命周期中“出生一件事”，通过流程再造，申请人可直接在助产机构的出生“一件事一链办”窗口办理业务，群众办事时间同比减少90%，办理材料压减12份，同比减少64%。二是证照联办，解决新办企业“准入易、准营难”。积极落实营商环境评价中牵头的开办企业、办理建筑许可、政务服务3项指标，通过采取一系列积极有效的措施，在持续完善线上申报平台和电子证照库的基础上，使电子化登记方式更加多元化、智能化、便利化，实现企业开办所涉及的营业执照申领、社保登记、医保登记、住房公积金登记、印章刻制、涉税办理及银行开户预约7个事项“一网通办”。推行“证照联办”机制，持续提升企业开办便利度，优化营商环境。三是无缝对接，构建陵城特色“审管互动”运行机制。为建立审批与监管“无缝对接”的机制，形成审批监管良性互动，杜绝出现“监管空白”，陵城区打造“创新构建陵城特色审管互动衔接工作机制”创新项目。已经完成审管信息推送工作平台的建设、调试等工作，并组织各部门、乡镇（街道）开展平台应用培训，为各部门、乡镇（街道）匹配开通平台应用账号，确保“审管互动”工作有效推进。同时，成立由区委编办、区司法局等相关部门组成的审管互动争议裁决办公室，负责对审管双方提交的争议事项和问题进行裁决，并监督裁决执行。

二、创新服务方式，提升服务质量

一是帮办代办，提供“一对一”全程服务方式。始终以企业群众为中心，全面推行全生命周期帮办代办服务，通过构建帮办体系，创建代办平台，设立帮办代办中心和帮办代办自助服务区，现场解决问题，安排专业队伍和人员为企业提供精准化、精细化服务。依托帮办代办体系和平台，实现服务“零死角”全程帮代，并通过“一对一”精准对接，为企业群众提供更加专业、高效、周到的代办服务，打响“您来说，我来办”陵城帮办代办服务品牌。同时，为解决老年人办理业务腿脚不便、不懂线上操作等问题，推出多项“适老化”服务方式，开设“老年人绿色通道”，安排专人为老年人提供全流程“一对一”帮办代办服务，设置老年人及特殊群体“爱心专座”，购置轮椅、老花镜、助听器、急救箱等物品，提升老年人办事体验。二是延时服务+无休服务，实现“全时段服务”。为切实解决广大企业和群众工作日因故无法办事、休息日无处办事的难题，陵城区通过实施“延时+无休”服务，打造“5+2”全天候常态化服务机制，针对100多项高频事项，周末和节假日不打烊。对于有特殊需求的项目，提供预约服务，提前上班办理业务，进一步提高企业和群众的办事感受，把“最多跑一次”落到实处，每周累计提供延时、错时服务达200人次。三是不见面审批，实现零跑腿“线上服务”。拓宽“网上办”渠道，通过网上申报、视频踏勘、告知承诺、电子证照、免费邮寄等方式，陵城区最大限度地实现不见面审批，将建设项目链条内审批事项全部归集到系统上，企业既可自行外网申报，也可发送电子扫描件由工作人员录入，既可自行下载打印，也可选择免费邮寄，实现“不见面”“零跑腿”。

三、优化审批程序，提高工作标准

一是联合审查，部门协同实现“精准服务”。成立建设项目联合审查小组，对于新上的项目，特别是招商引资项目，在对接项目之初，根据项目性质、规模、位置等特点进行联合“问诊”，通过项目策划生成系统和项目联审座谈会的形式对项目“把脉”，找出项目在审批过程中可能出现的难点、堵点，提前拿出解决方案，推动项目尽快落地达产。二是智能审批，实现秒批秒办智能服务。运用人工智能和机器人流程自动化技术，通过采用智能比对、智能秒批、跨网抓取数据、远程踏勘等手段，减少人工审批工作量，提升审查效率和质量，实现24小时不打烊“随时办”服务，让企业和群众可以随时随地申报业务，其中水土保持方案（报告表）审批、抗震设防要求确定等部分事项实现了“提交即办结”，并推进更多事项进行上线测试，让建设项目审批更具科技感、实时性。三是标准化建设，推进行政审批“高效、公开、透明”。对服务指南、审批流程、审批制度、窗口服务、档案装订、文件管理等方面进行规范，建成涵盖行政审批事项全过程各环节相互配套协调的标准体系，实现工作高效、公开、透明、标准化运行。实行目录清单管理，编制权力清单，并进行动态管理，做到所有权力行使都在清单范围内。同时，公开行政审批事项目录、法律法规依据、申请条件、提交材料、办事程序、办理时限、办结情况，做到审批事项公开透明。

四、打造特色亮点，实现工作效能

一是证照“三联办理”，让企业开办“一趟清”。陵城区开展企业营业执照与许可证件联合开办、联合变更、联合注销“三联办理”，为企业提供“全科服务”，让企业办事由以前找部门“事项点单”审批向政府提供“套餐定制”服务转变。根据企业或群众常办的高频事项，梳理出涉及食品生产、商超餐饮、医药器械和教育服务等八大行业设立、变更、注销3个阶段同步办理服务指南，通过推行“并联受理、后台分流、同步办理、一次办好”的“三联办理”集成办理流程，做到“减环节、减材料、减时限”，最大限度减少群众跑腿次数，降低企业开办耗能，让更多企业享受“三联办理”改革红利。同时，陵城区在“三联办理”的基础上，积极开展“一业一证”改革，将审批结果涉及的多个许可证整合成一张行业综合许可证，许可信息以二维码形式加载在许可证上，从而实现“一个窗口、一次收件、一个二维码、一证准营”的“一业一证”模式。二是智慧“二维码”，让许可审批“一码见”。按照“进度相似、并联打包”的原则，积极推行分段联合验收，各相关部门出具专项验收意见后，区行政审批服务局发放《联合竣工验收意见书》，通过手机扫描二维码得到相关信息，一方面精简了审批流程，另一方面也增强了监管部门的认可度，实现了审管互动的有效衔接。同时，充分运用互联网和数据共享技术，申请人可以通过山东政务服务网进行申报，符合审批条件就可以秒批秒办、即时办结，通过电话全程指导申请人注册账号、完善申报信息，直至办理完成此项业务。对建设项目链条上的审批事项以及与建设领域相关联的建筑业企业资质、房地产开发资质、商品房预售等事项进行智能审批推广，让更多业务审批加入“无感审批”行列。三是“一门一网”，让政务服务“一次办”。以提供线上全领域、全流程、全时刻政务服务为目标，全面推行“一窗受理”，持续推进政务服务“一网通办”，深入开展“跨省通办”“全省通办”。群众办事，只需进陵城区政务服务中心一个门，用一张网络，一次就能把一件事办好。常态化实行延时服务，实施“360无休服务”；推行政务服务向13个乡镇（街道）、77个农村社区延伸，选派“下沉式”代办员，开展上门服务、代办服务、远程服务等个性化服务。已助力菜篮子冷链物流产业园、中粮粮谷、正辰科技产业园、德州兴豪皮业等20余个招商引资项目顺利落地。

打造黄河流域生态保护和高质量发展的齐河样板

中共齐河县委员会

齐河县以实施黄河重大国家战略为牵引，全力建设黄河下游重要生态功能区、水资源高效利用试验区、高质量发展增长极、乡村振兴引领区和文旅融合发展示范区，打造黄河流域生态保护和高质量发展的样板典范。入选国家生态文明建设示范区、山东省生态文明十强县；在全国，连续10年跻身全国综合实力百强县，同步入选绿色发展、投资潜力、科技创新、新型城镇化质量百强县；以全国第一、全省唯一的成绩入选全国乡村振兴重点工作督查激励县。

一、变“黄河之美”为全域秀美，打造生态保护齐河样板

一是共同抓好大保护。实施山水林田湖草系统治理，管好全流域，千名河湖长常态化巡河，动态清零涉河“八乱”，推动骨干河流水系相连，打造全国县域综合治水示范样板。当好水管家，坚决落实“四水四定”，深化节水评价、用水定额、水税征收、节水推广、水网提升“五水五改”，获评全国县域节水型社会建设达标县。增添绿能量，打造百里黄河绿色生态廊道，建成117处公园游园，荣膺山东省首个县级国际花园城市。构建微循

环，万亩湿地植被恢复230万平方米，生物多样性显著提升，引来极度濒危物种青头潜鸭等120余种陆生野生动物栖息。二是协同推进大治理。聚焦打好蓝天、碧水、净土保卫战，实施压煤、抑尘、控车、除味、增绿五大工程，建成数字化监控平台、秸秆禁烧高空瞭望系统等重点环保项目，PM2.5浓度在山东省内陆县（市、区）中率先达到国家二级标准。推进饮用水源、黑臭水体、工业废水、城镇污水、农村排水“五水共治”，获评全国农村生活污水治理示范县。加强建筑垃圾、生活垃圾、危险废物、畜禽养殖、工业固废“五废联治”，加快推进“无废城市”建设。深入实施“四减四增”行动，推进绿能投资、绿电生产、绿色振兴，坚决守好改善生态环境生命线。

二、变“黄河之利”为发展红利，打造产业强县齐河样板

一是动能转换塑成优势。坚持“龙头带产业、产业延链条、链条成集群、集群建园区”，推动龙头企业层级跃升，中国企业、中国制造业企业双“500强”企业永锋集团在全省率先建成钢铁短流程绿色环保智能示范项目，实现长短链条接续；与宝武集团共建德瑞智能制造产业园，钢铁制品产能加速释放。中国化

★齐河境内黄河。

工500强、山东民营百强企业金能科技积极推动产业延链，4万吨山梨酸钾项目即将投产，建成业界领先的山梨酸钾生产基地。推动新兴产业延链聚合，培强以中合新能源为核心的新能源产业，以宝鼎重工、森峰激光为主体的高端装备制造产业，以百多安、前沿生物为引领的生命健康产业，迅速抢占绿色发展新赛道。二是人才引领创新赋能。聚焦融通创新，打造高兼容性创新联合体，培育省级以上产学研融合双创平台195家，获评山东省双创示范基地。实施“百千万人才集聚计划”，3年引进培养省级以上领军人才100人、高技能人才1000人、返乡双创人才1万人，入选青年人才首选山东20强城市、山东省人才工作表现突出单位。三是重农固本振兴乡村。坚决扛牢粮食安全政治责任，2023年粮食总产达到29.25亿斤，率先实现30万亩全国最大面积集中连片“吨半粮”，连续16年入选全国超级产粮大县，保障粮食安全工作在中央党校作了典型发言。坚持以规模化、组织化、标准化、智能化、品牌化、产业化“六化”为导向，高标准建设国家农业现代化示范区、国家现代农业产业园，与山东农业大学共建全国唯一的小麦育种全国重点实验室、小麦产业研究院，农业强县建设经验入选《推进和拓展中国式现代化案例选》，作为全国干部培训教材。

三、变“黄河之水”为源头活水，打造开放聚合齐河样板

一是扩大对内对外“两个开放”。对内抓牢“双招双引”首位工程，突出投资强度、税收额度、科技高度、链条长度、环保程度、能耗限度，精准打造“政策洼地”、靶向招引“大高外强”，先后引进甲醇增程式发动机等投资过50亿元重大项目，为后续发展积蓄了强大后劲。对外深度融入“一带一路”，与40多

个国家和地区建立贸易往来。二是优化县内县外“两个环境”。围绕激发市场主体活力，坚持“外地能办的齐河也能办”“外地不能办的，只要有利于发展，创造条件也要办”的有解思维，推动全县域可办、跨市域通办、全领域快办，荣获山东省优化营商环境优异县。三是拓展国内国际“两个市场”。抢抓“强省会”建设机遇，立足济南都市圈“核心圈层”功能定位，主动引进省会公共服务资源创业创新主体，山大产业园、山东文化艺术职业学院新校区等项目加快实施，京台高速齐河段改扩建工程、济南大西环齐河段建成通车，齐州黄河大桥开工建设，带动济齐加速融合。

四、变“黄河之魂”为水乡根魂，打造文化“两创”齐河样板

一是传承弘扬文化根脉。传承以黑陶为代表的龙山文化、以晏婴为代表的齐文化等地域文化，民俗博物馆、黑陶艺术馆、晏婴祠等文化场馆相继建成。高标准建设文化地标项目黄河文化博物馆群，全景展示中华民族治理黄河的勇气和智慧，全方位讲好新时代“黄河故事”，入选中宣部国家文化产业发展项目库。二是打造文明城市标杆。举全县之力创建全国文明城市，坚持文明为人民而创，大力弘扬“大义齐河”精神，让城市正气充盈。坚持城市为人民而建，以一线城市标准规划、建设和管理齐河，打造全功能城市经济核心区，城市承载力、吸引力、“青和力”大幅提升。三是推动文旅深度融合。积极融入黄河文化旅游带，全面做好“文旅+”文章，集群布局泉城海洋极地世界、欧乐堡梦幻世界、中国驿·泉城中华饮食文化小镇等标志性项目，建成国家A级景区13处，新建续建黄河水街等21个重点文旅项目，“吃住行游购娱”全产业链不断完善，先后获评国家全域旅游示范

区、全国旅游标准化示范县，黄河国际生态城旅游度假区创成国家级旅游度假区，2025年山东省文旅产业高质量发展大会主会场花落齐河。

★黄河文化博物馆群。

五、变“黄河之治”为城乡善治，打造共同富裕齐河样板

一是护一河安澜。坚持系统治河，建成百里标准化堤防，形成综合性防洪减灾体系，顺利通过国家级水利工程管理单位复核验收。坚持智慧巡河，实现视频监控、无人机、视频会议“三个全覆盖”，为科学防洪提供智慧支撑。坚持常态护河，严格落实黄河防汛责任制，组建1.4万人的群防队伍、1600人的专业抢险队伍，常态化开展防汛应急救援综合演练，以齐河段安全助力全流域安澜。二是惠一方百姓。树牢以人民为中心的发展思想，在“幼有善育、学有优教”上，深入实施学校建设三年攻坚行动，21处中小学、幼儿园建成投用，全县新增学位2.2万个、新招聘教师3200余人，确保孩子应上尽上、教师应招尽招、学校应建尽建、待遇应保尽保。在“病有良医、老有颐养”上，投资50亿元建设现代化高端医疗综合体，新增医疗服务面积35万平方米、

床位3500张，新招聘医务工作者838人，形成覆盖百万人口的高端医疗集群，入选中国康养百佳县市、全国智慧健康养老示范基地。在“劳有厚得、弱有众扶”上，全面落实就业优先政策，设立城乡环卫、助残助弱等“齐享”公益岗8600余个，更多群众就地就业增收。完善县乡村三级社会救助体系，获评山东省特困人员监护试点县，全国、全省未成年人保护试点县。三是守一方平安。坚决守好能源、网络、金融等“一排底线”，安全生产持续稳定，创成平安山东建设示范县。完善“党建引领+网格化治理”模式，营造起安定祥和的社会氛围，获评省级法治政府建设示范县、山东省平安建设示范县。

全力打造临邑制造业高质量发展强大引擎

中共临邑县委员会

临邑县聚焦“高质量发展重点突破年”，坚持实体经济为本，工业制造业当家，提速制造业项目建设，打造制造业经济高质量发展的强大引擎。2023年，地区生产总值增长6.8%，固定资产投资增长8.2%，规模以上工业增加值增长16.9%。

一、顶天立地，突破重特大项目

坚定不移把重特大项目作为工业强县的“四梁八柱”，重点招引10亿元以上重特大项目，招引行业独角兽企业、瞪羚企业或隐形冠军企业，以大手笔项目展现工业制造业气魄，重塑工业制造业格局。一是大规模大体量提供硬核支撑。投资41亿元的恒源石化高端碳材料产业园项目占地1184亩，每年生产高品质针状焦15万吨，占全国油系针状焦产量12.8%，是山东省最大单厂产能，性能对标日本水岛X级焦，达到与进口产品同级别，打破了国外对中国高端电极行业原料的垄断，对推动国内新能源、电弧炼钢及军工产业的发展具有重要作用。二是高层次高水平加快融入新格局。高性能永磁产品自动化生产线项目总投资20亿元，建筑面积13.3万平方米，购置磁场成型压机等设备2271台（套），年产高性能永磁产品8000吨，项目建成后，将成为全球第二家拥有此类生产工艺的企业，德州将实现永磁产品从“零基础”到“领跑者”的跨越发展，是深化德州市融入京津冀协同发展战略的重大成果。投资10.5亿元的薛记食品大供应链项目总建筑面积16.8万平方米，购置进口设备212台套，将建成国内最大的炒货类头部企业，是临邑县加快全方位融入济南的生动实践。三是动力强劲锻造新高峰。兰剑智能物流连续投资10亿元打造占地总面积300亩，年生产仓储机器人、穿梭机器人、搬运（移动）机器人等300台的智能超级未来工厂。瑞来新材料年产20万吨顺酐项目，打响氨纶产业链第一仗，力争在德州市建成第一个以顺酐为龙头，以氨纶化纤为最终产品的氨纶全产业链，打造中国知名的“氨纶产业谷”。

★临邑县恒源高端碳材料产业园。

二、无中生有，突破整链项目

从产业链招商向整链引进转变，重点引进电子信息产业、大健康产业、新能源产业，实现后发赶超、跨道发展。一是瞄准

“一号产业链”攻坚。对标深圳“华为松山湖”，规划建设了占地340亩的德州临邑“侗芯谷”半导体产业园，引进芯邑半导体封测项目，实现从晶元到终端产品的全产业链覆盖；江苏淮安源杰电子产业园项目实现从开模到注塑、到芯片封测、到线束组装的智能电声扬声器全产业链覆盖，打造北方声谷，临邑半导体产业实现从零到有、集群崛起。二是聚力短板弱项发力。传化物流智慧公路港项目具备交易、信息、专业运输、专业仓储、流通配送和转运六大中心功能，打造集“物流+互联网+金融服务”的中国公路物流新生态，降低商贸及制造业企业物流成本20%以上。三是冲刺新赛道开局。积极培育发展新质生产力，围绕氢能、人形机器人等未来产业，绘制上下游产业配套招引线索地图，分产业、分区域全国招商。充分利用碳氢资源优势，抢抓“氢进万家”机遇，出台《支持氢能产业发展的意见》，引进建设氢动力核心装备产业化及重卡示范运营项目、氢燃料电池与氢动力总成项目等总投资28亿元的8个项目，建设德州首个制氢、储氢、输

★临邑县氢能产业园。

氢、加氢、用氢氢能全产业链条。引进南京景曜智能科技巡检机器人项目等4个项目，布局人形机器人产业。

三、有中生优，突破发新芽项目

增量、存量两手抓两手硬，用好技改关键一招，让既有企业享受招商企业同等政策，增强信心、开拓市场，增资扩能、加快裂变。一是向传统产业赋能。山东桦超化工有限公司是一家从事液化气深加工的民营企业，破产重整期间，被山东华邑化工有限公司整体收购，并与山东港口集团建立合作关系，重新焕发勃勃生机，2023年实现销售收入40亿元，纳税1.3亿元。齐鲁制药新上甲维盐和高端创新药项目，6种产品市场占有率全国第一。二是向高端智能借力。德宜新材料深化与清华工研院合作，建成了年产1.5万吨偏氟乙烯生产基地，入选省“双招双引”签约项目，成为国内唯一生产动力电池用正极油性粘结产品的企业，助力制造业向高端智能化方向发展。投资17.6亿元的卓越高新材料项目，采用国际领先的大罐体煅烧炉、余热综合利用、连续石墨化炉等技术，产品主要用于生产锂电池负极材料，已与上海璞泰来、宁波杉杉股份、潍柴动力等行业领军企业建立合作关系。三是向新市场新需求借力。临邑华莱士北方生产基地集聚6个项目，打造名副其实的“中央厨房”，与半天妖烤鱼共建青花椒烤鱼品牌，成功进入预制菜市场，3年时间成长为华莱士全国第五大、江北第一大生产基地。

四、集成精准，突破项目要素供给

围绕项目建设全周期，加大服务集成力度，优质项目优先保障，让“好马吃上好料”。一是真金白银政策支持。召开企业家表彰大会，评选出17名功勋企业家，为每人颁发价值20万元的

400克纯金奖牌一块。在骨干企业培植、科技创新、企业上市、人才引进、数字经济、发展服务业等6个方面出台扶持政策，每年拿出不少于5000万元支持企业高质量发展。创新推出“一件事断点续办”“拿地即开工”“多评合一”等27项改革措施，充分实现“优服务、减材料、减环节、减时限、减跑动次数”。二是搭建高等级平台。打造经济开发区、东部高新产业园、北部化工产业园“一区两园”发展平台，开发区获评省级绿色低碳高质量发展先行区建设试点，化工产业园获评国家级智慧化工园区、省级工业互联网园区和省级生态工业园区。重点依托全县29家省级以上“专精特新”企业，谋划建设29个“专精特新”产业园，变“链条集群”为“模块集成”，以“区中园”的运营模式，实现产业链中专业化、特色化爆发式发展。三是营造活力生态。组建20余人的“企业服务先锋队”，制定政策找人事项清单100余项，审批人员走出窗口，为重点企业上门送政策、办业务、批手续，赠送企业开办“大礼包”，将实惠送到企业“家门口”。引进天津艺点意创，打造齐鲁（德州）数字经济创新生态基地，为年轻创业者免费提供办公场所、超低价提供1套青年公寓，为每个创业公司提供10万元无息创业贷款。

绘就“千年运河”崭新时代聊城画卷

聊城市文化和旅游局

聊城市境内拥有运河河段近百公里、运河文物馆藏3.2万件、大运河世界遗产8处。大运河国家文化公园建设启动4年来，聊城市立足黄河以北段运河水资源短缺但文化底蕴深厚的实际，严格落实国家建设方案，大力实施“五大工程”，推动“千年运河”塑成文化标志、焕发勃勃生机，成为加速高质量发展的生态高地、文旅廊道。

一、实施保护传承工程，留住“千年运河”文化根脉

坚持保护为先、传承为要，聊城市委、市政府联合高校院所、国有公司、专业团队组建运河保护开发委员会、文物保护委员会、国家文化公园工作专班和文保巡查队伍，出台《大运河遗产山东聊城段保护规划》《大运河国家文化公园（聊城段）建设保护方案》等规划方案，确保公园建设高规格推进、文物文化原真性保护。激发大运河文化保护利用活力，由财政、社会资本联合成立文物、非遗保护基金，推动非遗项目、传承人、传习所、生产性保护基地、生态保护区“五位一体”保护传承，启动省级黄河、大运河交汇带文化生态保护（实验）区创建，建成全国首个运河文化博物馆，打造了运河文物文献展览馆、贡砖文化基地等展示平台，常态化举办“运河研学游”“非遗嘉年

华”，让大运河文化深度融入群众生活。4年来，实施运河样板段建设、临清钞关片区环境整治等保护修缮工程50余项，市县镇村建立非遗传承展示场所300余处，推出城市文创、形象IP200余件，培育东昌雕刻葫芦、临清贡砖等非遗产业化项目100余项、年产值38亿元。

★聊城中国运河文化博物馆。

二、实施研究发掘工程，彰显“运河文化”时代价值

以专业视角、历史维度，系统挖掘、充分展现大运河文化和精神内涵。一是深化“千年运河”理论研究。发挥高校“智库”作用，成立全国首家大运河研究实体机构——聊城大学运河学研究院，组建运河史、运河文化等3个研究中心，对接世界运河历史文化城市合作组织（WCCO）等研究机构，举办大运河文化研讨会等学术论坛，纵深挖掘大运河理论内涵。编纂全国首部《中国大运河蓝皮书》《中国大运河年鉴》，开展“明清运河区域社会变迁”等国家级研究课题25项，理论研究走在行业前沿。二是加强“千年运河”精神阐发。坚持借古鉴今、古为今用，组织历史学者、原住居民等对运河沿线历史街区、文物文化遗存深度

阐释、复原盘活，再现生生不息的“运河精神”。立足明清时期漕运兴盛，保护发掘了山陕会馆、中洲古城等运河商贸集聚区，传承开放包容的商业精神；以贡砖产业园为载体，打造“工厂+博物馆+传习所”一体化平台，临清贡砖再次用以故宫、天坛修缮，精益求精的“工匠精神”延亘不绝；建设运河钞关廉洁文化教育基地，以景说廉，夯实党员干部廉洁从政思想根基。三是讲好“千年运河”聊城故事。组织多部门联动，通过情景再现、课堂教学、现代演艺、胡同游等途径解读运河故事、历史人物，构建大运河文化宣教体系，运河文化家喻户晓、深入人心。聊城大学开设20余门运河学通识课，《古往今来话运河》上线国家“爱课程”慕课平台；运用声光电技术编排的历史故事武松打虎、梆子戏《孔繁森》、情景剧《泥土芬芳》等在课堂、剧场广泛展演，张自忠纪念馆、季羡林国学小镇、孔繁森精神党性教育基地成为传承运河精神、赓续红色基因的重要载体。

三、实施环境配套工程，塑强“两河明珠”城市名片

以黄河、大运河为主轴，优生态、塑环境，打造“两河明珠”城市。一是以水为魂，打造“流动的河”。开展运河贯通补水行动，在全省率先出台综合性节水激励政策，构建河、湖、库、渠、坑塘互联互通“长藤结瓜式”水系，实现地表水、地下水、黄河水、长江水和中水“五水”共补，助力大运河2022年实现百年来首次全线水流贯通。设置市县乡村四级河湖长，推行“河湖长+基层管护员”网格化巡护、“河湖长+公安警长+检察长”法治化治理机制，推广“公众护水”App，实现运河水环境联防联治、智慧管护。二是以绿为美，打造“生态的河”。实施大运河沿岸生态修复工程，建设美丽幸福河湖1000余条、6000余公里，以被确定为“南竹北移”永久会址为契机打造运河竹林

风光带，构建河畅、岸绿、景美运河生态。大力开展造林绿化行动，建成山东首个、全国少有的平原地区“国家森林城市”。三是以人为本，打造“幸福的河”。推动城市更新，在运河两岸建设亲水湿地公园、滨河生态节点、河湖景观工程，形成“城在水中、水在城中”的水城风貌。构建“15分钟生活圈”，利用运河边角区域建设“口袋公园”，扮靓城市“微空间”，让居民推窗见绿、转角遇美。全域设置彰显运河文化元素的雕塑、标识，打造河湖秀美大水城。

四、实施文旅融合工程，发展“鲁风运河”全域旅游

坚持“文旅兴市”战略，健全文旅项目策划设计、要素保障、落地运营“全生命周期”服务机制，构建“两河之约”文旅品牌、“我家门前有条河”推广品牌、“山东手造·聊城有礼”文创品牌体系，完善“吃住行游购娱”全产业链条，把运河文化“软实力”转化为发展“硬实力”。持续夯实运河游基础，以国有资本为杠杆、社会投资为主体，创新运用集体资源入股、闲置资产盘活、释放政策红利等途径，投资73亿元的运河文化博物馆提升、中华葫芦文化园、高唐书画小镇等20个项目竣工运营，

★光岳楼。

投资322亿元的古运河文化活动中心项目等40个文旅项目快速推进，2023年围绕大运河国家文化公园建设谋划实施52个总投资300亿元重点项目，不断丰富运河游供给。东昌水上古城引入主题民宿、网红书店等业态140余项，汇集非遗项目44项、非遗产品2000多类。运河风情园以大运河文化体验为主题，打造“非遗+美食+国潮+园林”多元业态，以“天下运河、非凡临清”特色风貌吸引八方游客。

五、实施数字再现工程，打造“数字运河”共享平台

运用信息化手段，推动大运河文化数字传承、原景再现，实现互联网时代历史资源活化利用。一是搭建运河文化“数字化”平台。坚持数实融合，依托聊城大学成立数字运河研究中心，建设国内首个大运河文化数据平台，系统采集、数字集成运河资源信息4万余条，构建运河文献资料、学术成果、文化资讯模块，实现资源数据化保存、网络化共享，为保护传承大运河文化提供数据支撑。二是推动文化遗产“数字化”展示。实施博物馆数字化保护展示工程，建设文物“云端”展示传播项目，建立非遗档案及数据库，制作非遗纪录片200余部，让运河文化传承插上数字翅膀。发展博物馆数字化新业态，建设《飞阅大运河》沉浸式CAVE影院，利用3D技术展示大运河重要历史节点，获2023年度缪斯创意奖。三是构建媒体传播“数字化”矩阵。围绕“两河之约”品牌，对接“智慧旅游云平台”，搭建多元化新媒体矩阵，多角度展示两河交汇聊城风采。“文旅聊城”抖音号、头条号进入全国市级文旅新媒体传播力前十强，“探索聊城”小程序入选山东省新型智慧城市“惠民”“兴业”场景优秀案例。

打造中医药传承创新“东阿样本”

中共东阿县委办公室

东阿县依托高度聚集化发展的“阿胶+”产业，着力建设全国中医药文化传承创新先行区。全县已拥有阿胶类生产企业103家，阿胶药品（OTC）生产企业3家，规模以上阿胶企业20家，阿胶及“阿胶+”产业集群入选山东省“十强”产业“雁阵形”集群。东阿县被授予“全国基层中医药工作先进单位”、全国中医药文化宣传教育基地，东阿阿胶制作技艺列入第一批国家级非物质文化遗产名录、商务部中华老字号守正创新十大典型案例。

一、从做强实体抓起，促进中医药文化“树壮根深”

一是统筹做好产业发展规划。高标准编制《中医药大健康产业规划》，加快建设以中医药、生物医药为主的东部医药产业基地和以医疗、康养为主的西部医养产业基地，形成东西部两翼齐飞、“防未病和治已病”同步发展的中西医产业协同发展格局，打造比较优势明显、多业态融合发展的鲁西大健康产业高地。二是切实抓好骨干企业培育。依托东阿阿胶、阿华医疗、华润生物3家链主企业，发挥技术攻关、产品配套、品牌渠道等方面优势，实施“51510+N”骨干企业培育工程，引导县域中小企业“卡位入链”、错位差异化发展，即利用5年时间，培育产值过100亿元企业1家，过10亿元企业5家，过亿元企业10家，N家产业相关配套骨干企业，形成大中小企业融通发展的共生共赢生态。三是全力建好园区集聚平台。按照集聚集约发展思路，实施“三园一体”攻坚行动，建设中医药大健康、华润生物、常青藤生物3个产业园区和医养健康综合体，“筑巢引凤”培育一批具有核心竞争力的大健康企业。总投资40亿元的中医药大健康产业园一期项目即将投入运营；华润生物东阿产业园已建成并投入运营，16种生物药陆续在产业园进行中试孵化和上市生产；占地94亩的常青藤生物产业园已有上海益纤生物、山东润世医疗等5家企业入驻；占地130亩的医养健康综合体项目被列入2023年山东省重大实施类项目，已完成规划编制。

二、从有利传承出发，促进中医药文化“行稳致远”

一是精心“谋”，全域推动。县委、县政府秉持“弘扬中医药文化，塑造民族滋补品牌”理念，抢抓中医药传承创新政策机遇，成立促进中医药发展领导小组，设立阿胶产业发展服务中心，制定《加快阿胶及“阿胶+”产业集群高质量发展的20条意见》，围绕胶源品质、品牌打造、胶旅融合等方面，深入挖掘阿胶文化、养生文化、中医药文化，打造齐鲁中医药文化名片。

★ 2023 年 6 月 10 日，中华老字号中医药发展大会暨首届中医药传承创新发展会议在东阿召开。图为中华老字号掌门人圆桌论坛。

二是深度“挖”，传承经典。搭建全国中华老字号中医药发展论坛，系统梳理和保护中医药文化资源，组建中医药文化研究团队，对阿胶及其部分系列产品进行循证医学和机理研究，搜集整理阿胶古代经典和民间验方3200余个，组织编写《阿胶历史文化通典》。坚持传承经典、“遵古炮制”，每年举办冬至阿胶汲水炼胶祭告大典，彰显对自然规律、传统文化的尊重和执着。三是创新“宣”，弘扬国粹。搭建传播载体，建设全国唯一以“滋补养生”为主题、以单品种中药材为主线的阿胶专题性博物馆，被确定为全国中医药宣传教育基地，免费对外开放；在东阿阿胶城景区建设了中医药种植园、中医药文化展示馆、鲁西非遗展馆等子项目；20余家阿胶企业分别设置博物馆、展示馆、膏方馆等文化体验平台，形成以东阿阿胶为核心、东阿阿胶城景区为支撑、阿胶制品企业多元布局的中医药文化宣传教育体系。以东阿阿胶建厂70周年宣传为契机，发起“炼行计划”阿井水万里行传递活动，把对品质的坚守、振兴中医药的信念传递到全国各地，讲好中医药故事，扩大“好阿胶东阿造、买阿胶选东阿”的品牌影响力。

三、从创新赋能用力，促进中医药文化“历久弥新”

一是研发创新，丰富品类。推动企业与中国中医科学院、山东中医药大学等高等院校合作，建成行业内唯一的国家胶类中药工程技术研究中心，建设中医类省级临床医学研究中心、中医药传承创新中心以及重点实验室，承担国家、省部级科研课题29项，参与质量标准研究60项，率先突破阿胶口服含化创新技术，研发出东阿阿胶粉、阿胶速溶粉、阿胶奶茶等22款新品，实现传统阿胶与时尚茶饮完美融合，使阿胶真正走进年轻消费群体。二是管控创新，淬炼品质。申请注册“东阿阿胶”地理标志，搭建追溯防伪数据库，对县域内阿胶企业统一核发使用，实行“一品一码”防伪管理，维护品牌形象。高标准推进5G智慧示范工厂建设，确保生产管理精细化和产品质量均一性，实现了在线检测和微机集控系统967个参数的精确控制，产品农残、重金属、二氧化硫等842个项目抽检合格率100%。强化现代技术应用，国胶堂、百年堂等一大批企业将DNA分子鉴定技术应用到驴皮原料把控、生产过程、阿胶成品检测等环节，使DNA技术成为传统阿胶生产的行业标准。三是营销创新，数字赋能。聚焦阿胶企业数字化转型，利用5G移动互联网建立全渠道数字化营销平台，消费者下单后实时安排生产，并与顾客连线进行过程互动，实施“工厂直达顾客”个性化定制模式，实现了“足不出户，运营一座城”。特别是通过个性化定制熬胶平台带动线上销售大幅提升。2022年全年熬胶服务64万人次，“双11”商品交易总额达到1.5亿元，全年数字营销实现营业收入6.3亿元。

四、从三产融合落脚，促进中医药文化“枝繁叶茂”

一是持续丰富“阿胶+”产业链条。以创建全域旅游示范区为抓手，构建全产业链中医药文化旅游模式，将上游毛驴养殖、中游阿胶产品研发生产、下游中医药健康体验有机串联，形成了以东阿阿胶城4A景区、阿胶世界智能制造、阿胶博物馆、国家黑毛驴种质繁育中心等文旅项目为支撑的“中医药+旅游”体验模式。在疫情影响下近三年累计接待游客300万人次，综合收入超20亿元。东阿阿胶体验之旅入选全国乡村旅游精品线路，东阿阿胶城入选首批全省老字号集聚区。二是深化拓展中高端体验服务。投资4.2亿元实施中医药膏方特色融合发展产业项目，以阿胶膏方为原料，配套中医全息七项疗法，在东阿阿胶城建设了双胶膏方国医体验馆，邀请全国百余名著名老中医轮流坐诊，吸引了各地群众前来问诊。正在建设7.4万平方米的中医药大健康产业园双创中心，共规划设置中医药文化主题康养、中医食疗、茶疗、膏方智能制造等13个功能区，着力打造全国最大的中医膏方“医、康、养”服务基地，重点吸引中老年、亚健康群体来东阿康养旅游、康养诊疗，项目运营后年可生产膏方70万料，提供诊疗服务150万人次，实现产值20亿元。三是培育塑强大健康产业竞争优势。依托“吉祥·福寿”的传统文化寓意，突出吃、住、行、游、购、娱、学、思、健等多个旅游元素创意，将中医药标识、符号创意设计融入城市发展框架，集中打造喜鹊文化、黄河鲤鱼生态馆等特色展馆，加快建设阿胶文化、仓颉文化、黄河文化等十大主题公园，有序推进杂技文化展示带、阿胶养生文化国际博览城等项目，筑牢“康养东阿”品牌形象，弘扬中医药传统文化精华，为企业和产业带来超额溢价，有效提升文化自信，促进县域经济社会高质量发展。

工业反哺农业的“茌平实践”

中共聊城市茌平区委办公室

聊城市茌平区打破传统农业思维模式，依托信发集团工业生产先进理念、技术和资金资源优势，以小刘新村为核心，高标准打造国内首个三产联动、双园共创、实现零碳目标的现代生态循环农业示范园区，并辐射带动小刘新村及周边村庄发展设施农业、实现乡村振兴、迈向共同富裕，走出一条工业反哺农业、惠泽一方乡土的新路子。

一、支起“工业灶”煮香“农业饭”，探索“以工带农”实践路径

一是规模化布局。遵循“不干则已，干就干一流的事，干就干成一流”的理念，成立信发集团农业有限公司，利用小刘新村建设腾出的土地，规划建设信发现代农业产业园。园区计划总投资50亿元，分两期建设，一期核心区占地1200亩，完成投资20亿元，涵盖综合砌块智慧樱桃大棚、玻璃温室草莓大棚、加州鲈鱼养殖场三大产业板块。二是集约化经营。推动经营理念从粗放型向集约型转变，广泛应用新材料、新技术、新工艺，全方位提高土地亩均产出和效益。比如，大棚墙体选用90厘米的新型材料替代传统的土墙；日光膜支撑选用热镀锌钢管替代传统的竹竿，较传统日光温室土地利用率增加1倍，达到93.3%，保温

★草莓“长在空中”，工作人员采摘草莓。

效能提升60%，抗灾强度提升10倍，使用年限长达50年。草莓种植采用国内最先进的“天瀑”、三层立体技术，实现上中下空间梯度利用，空间利用增加2倍。鲈鱼养殖配套数字化智能管控系统，实行工业化高密度养殖，效率较传统坑塘提升30倍。预计园区亩产效益可达10万元以上。三是智能化管理。采用先进科技手段，对农作物生长环境、要素进行数字化设计、智能化控制和科学化管理，一举打破传统农业“靠天吃饭”产量效益不稳定等瓶颈。比如，园区建有数字农业大数据应用服务平台，搭建农作物生长数字模型，结合农业物联网自动化感知系统，实现气温、湿度、养分、土壤温/湿度、光照、EC值等13项指标智能化控制，始终保持作物生长最适宜的环境。草莓种植采用进口椰糠无土栽培、自研肥水系统自动滴灌，避免了病虫害和重金属污染，采摘期延长3—4个月，产量是传统玻璃温室5倍多；樱桃种植采用人工智能自动补光技术，独家研发精准控温系统，人工制造四季变换，实现9月休眠、1月上市，填补国内消费市场空白。四是品牌化营销。积极推进信发集团与首农集团合作，通过打造“信发农业”品牌，实现品牌高端化，全力打通“需求侧”高端市场后半篇文章。加快净菜基地建设，专注鲜切蔬菜加工，配套5个净菜加工厂，拥有多项净菜加工工艺和保鲜专利，日加工能力近600万吨。依托首农集团北菜鲜农批发平台，成立北京信农供应链管理有限公司，在全国范围内打造完善的品牌供应链，为“鲁菜进京”提供全方位支持。

二、串起“循环链”结成“生态果”，打造“工农互补”循环体系

一是打通工农“大循环”。将工业生产产生的固废、余热变成农业生产所需要的资源和能源。比如，园区大棚墙体采用大宗固废生产的砌块建设，不仅增强了棚体抵抗自然灾害的能力和寿命，还比传统大棚土地利用率增加120%。将化工园区产生的工业余热、液氨输送至农业园区，满足整个园区日光温室、玻璃温室及水产养殖低成本供热、制冷和反季节种养殖，有效提高了工业余热利用率，减少了能源消耗，年可节省标煤6880余吨。二是培育农业“小循环”。打造永续的封闭、半封闭生物链循环

★信发现代农业产业园鸟瞰。

系统，形成低消耗、低排放、资源综合利用的农业生产格局。比如，“草莓天瀑”采用水肥一体化精准灌溉技术，全自动水肥闭合循环系统可收集和重新利用营养液，实现水和肥料的循环利用，既不污染环境，又大幅节约水和肥料。鲈鱼养殖运用国际先进的循环水处理技术，产生的粪便经过加工后用于樱桃的肥料；产生的废水过滤后用于樱桃的浇灌，种养结合、循环利用，实现了水产养殖零排放，打造了“鱼果共生”的绿色循环农业新模式。三是助力园区“碳中和”。通过园区大面积农作物种植，每年可固碳120吨以上。与清华大学、大连理工大学等联合攻克工业废气中捕集二氧化碳的技术工艺，通过碳捕集、碳利用增强光合作用，提高园区果蔬产量及品质，年可降低工业二氧化碳排放量1.71万吨，实现了低碳工业与富碳农业的互补发展。科技研发攻关获得“一种基于太阳能光伏发电的低能耗作物大棚”等发明、实用新型专利5项，利用新农村建设和鲈鱼养殖厂房的房顶建设光伏发电项目，并规划建设微风发电项目，降低火力发电使用率，推动能源替代，助力打造“零碳”园区。

三、建起“联姻桥”踏上“共富路”，构建“村企联建”共赢格局

一是打造和美乡村“新样板”。小刘村牵头推进土地流转，为信发集团进驻发展现代农业提供便利，并且积极引导村民参与到生产经营中来，促成村为企提供土地和人力，企为村反哺就业岗位和资金技术，全面实现双方资源共享。村企联建不但带活了乡村产业发展，也带动了乡村环境治理。小刘村原村庄布局散乱、闲置率较高，既浪费土地资源又影响村容村貌。信发集团积极参与到农村人居环境整治中来，对小刘村进行规划改造，新建144套庭院式住宅，配套现代化智能设备和公共服务设施，

整个村庄旧貌换新颜。土地使用效率大幅提升，原村占地166亩，新村仅占地69亩，节约土地58.4%。二是拓宽多元增收“新渠道”。村集体发展“楼顶经济+高端产业”，利用小刘新村楼顶空间，安装光伏发电设备，年收入约120万元。村民开启“五金”收入模式，即土地流转有“租金”，村民将土地流转给村集体，村集体再统一流转给信发集团，每亩可获得租金1400元；园区打工有“薪金”，村民将土地流转后，剩余劳动力到现代农业产业园打工就业，月收入3000元左右；资源入股有“股金”，小刘新村集体土地作为资源入股信发现代农业产业园，在获得租金保底的基础上，再收获一份现代农业发展效益分红；70高龄有“贴金”，村集体为村里70岁以上老人每月提供300元的生活补助，改善老年人生活水平；评优树先有“奖金”，对考上大学、参军当兵及各项评先树优中获得荣誉的家庭给予奖金奖励。综合以上收入，村民人均年可支配收入已突破5万元。三是绘就辐射带动“新愿景”。周边村镇若有村民经营现代化设施农业项目，信发集团提供种苗、种养殖技术、冷链设施、电商销售及交易市场等全链条服务，以保底扶持为保障，带动村民共同富裕。

打造黄河流域发展“滨州样板”

滨州市发展和改革委员会

黄河流域生态保护和高质量发展战略实施以来，滨州市深入贯彻习近平总书记关于黄河战略的重要讲话、重要指示批示精神，抢抓战略机遇，全力推进各项工作，取得了重要阶段性成果。

一、坚持“系统谋划、全局统筹”，战略实施体系“更优”

一是构建协同推进体系。出台《进一步建立完善黄河流域生态保护和高质量发展工作统筹推进机制的意见》，每年定期召开市领导小组全体会议，不定期召开市领导小组办公室专题会议，建立月调度、季通报机制，强化统筹协调。二是构建规划政策体系。制定《关于深入学习贯彻习近平总书记重要讲话精神扎实推动黄河流域生态保护和高质量发展的决定》及《贯彻落实习近平总书记在深入推动黄河流域生态保护和高质量发展座谈会上的重要讲话精神和视察山东重要指示要求责任分工》等政策文件，配套制定“十四五”实施方案、每年工作要点，构建起“10年规划+5年方案+1年要点”的规划落实体系，确保任务清晰明确、责任层层压实。三是构建法治保障体系。市人大常委会结合实际制定出台《滨州市城市节约用水条例》，2023年4月1日起施行，因地制宜解决实际问题；固化完善“生态警长”机制，依法严厉打击破坏黄河流域生态环境、野生动植物资源等违法犯罪活动，营造了“有法可依、有法必依、执法必严、违法必究”的法治环境。

二、坚持“重在保护、要在治理”，城市生态环境“更美”

一是“地更绿”。积极开展国土绿化，完成沿黄生态廊道示范工程建设，至2023年底，新建郊野公园7处，林木覆盖率达31.8%，成功创建“国家森林城市”。加强湿地保护修复，小开河灌区成功创建全国首个引黄灌区国家级湿地公园。全市湿地面积总量保持144721.18公顷以上，保护面积48249.08公顷以上，湿地污染基本得到遏制或解决，湿地保护管理能力显著提高，全社会湿地保护意识明显增强。先后获评中国水土保持生态环境示范市、国家园林城市、全国水生态文明城市、国家森林城市。二是“水更清”。持续推进美丽幸福示范河湖建设，编制520条河湖“一河一策”综合整治方案，至2023年底，已建成40条394公里“美丽幸福示范河湖”，河湖环境得到历史性改善。积极推进水污染防治，系统推进城市建成区雨污合流管网清零、城市黑臭

★黄河滩区生态廊道。

水体清零、城市污水处理厂提标改造“两个清零、一个提标”，全市7个县（市、区）整县制雨污合流管网清零并通过省级抽检，4座污水处理厂实现出水水质准Ⅳ类提标。深入实施黄河流域横向生态补偿机制，2023年全市国控断面优良水体比例达到63.6%，比2019年提高30个百分点，省控以上断面全部消除V类水体，市控以上河流断面水质全部达标。三是“天更蓝”。深入推进蓝天保卫战，打好重污染天气消除、臭氧污染防治、柴油货车污染治理三大攻坚战，环境空气质量持续改善。PM2.5由2019年的53微克/立方米改善为2023年的38微克/立方米，城市空气质量优良天数比例由2019年的56.4%增加到2023年的69%。

三、坚持“集约高效、安全可靠”，水资源保障能力“更强”

一是推进重大水利工程建设。2019年以来，滨州市累计投资271亿元，清淤疏浚河道620公里，新建水库24座，除险加固中小型水库16座、水闸30座，滨州市的防洪减灾能力比2019年有了显著提升。2021年黄河滨州段经受了1988年以来最大洪水考验，守住了黄河安澜这一底线。二是强化水资源管理。全面贯彻“四水四定”，深入落实最严格水资源管理制度，制定《滨州市黄河水资源超载区治理实施方案》，出台《滨州市引黄调水管理办法》，全力推进水资源节约集约利用。全面完成403万亩引黄灌区农业节水工程，整治渠道1865公里，4个灌区荣获“全国节水型灌区”称号，数量列全省第一。全面实施国家节水行动，先后获得“全国节水型社会建设示范区”“国家节水型城市”等称号，全市7个县（市、区）全部创建为“节水型社会建设达标县（区）”。三是提升应急救援能力。组建261名水旱灾害防御专家库、9支水旱灾害防御队伍和27支城市防汛队伍，备足备齐防汛物资，常态化开展应急防汛演练，确保出现汛情时能够拉得出、用得上。

四、坚持“产业转型、绿色低碳”，发展质量效益“更高”

坚持精明增长，持续推进产业转型升级，主导优势产业迈向产业链的“关键环”。2023年，五大千亿级产业集群总营收达到1.2万亿元以上，其中高端铝4331亿元，精细化工2338亿元，智能纺织1844亿元，食品加工1952亿元，畜牧水产1592亿元，53项产品产量或市场占有率位列全球或全国第一位。坚决压减转移产能。坚决落实省委、省政府决策部署，累计关停转移地炼原油一次加工能力970万吨，焦化产能450万吨，钢铁产能1738万吨，电解铝产能148.8万吨，为全省新旧动能转换作出了滨州贡献。坚决严控能耗煤耗。近3年，万元GDP能耗累计下降21.3%，2023年再下降11.2%，超时序完成省定任务目标；省对市煤炭消费压减考核连续3年获得满分。坚决增加新动能。创新动能不断增强，规模以上工业企业研发活动覆盖率达65.8%，连续2年列全省第一位；全社会研发投入占GDP比重达3.72%，连续3年列全省第一位，被评为“全国科技进步先进市”。新兴动能持续壮大，“四新”经济占比由2019年的35.5%提高到2023年的38.5%，列全省第二位。

五、坚持“守正创新、兼收并蓄”，滨州文化魅力“更足”

一是做强文化旅游品牌。以打造黄河生态、孙子文化、高端制造业工业、红色文化、临海文化五大旅游品牌为重点，积极培育壮大“文旅+”“+文旅”等新业态，加快推进黄河旅游项目、蒲湖文化创意产业园、黄河植物园等项目建设，成功举办千人黄河大合唱、“走进黄河·运动滨州”全民健身等系列赛事活动，滨州黄河风情带马拉松赛、环滨州黄河风情带国际公路自行车赛分别获评当年度山东省十大路跑类精品体育赛事、山东省十大高端精品体育赛事，持续擦亮“到滨州必看黄河，看黄河必到滨州”的名片。二是加强非物质文化遗产保护。加强对胡集书会、滨州剪纸、黄河号子等非物质文化遗产的普查、挖掘、保护，截至2023年底，共有国家级非遗项目10项、省级52项、市级214项，国家级传承人2名、省级34名、市级198名。三是开展跨区域文旅合作。成功举办黄河流域景区发展论坛暨文化旅游发展大会，与中国旅游景区协会签署战略合作协议，联合沿黄省区、企业发布《黄河流域景区发展滨州宣言》，合力打造“中华母亲河”文化旅游品牌，成立“黄河谣”黄河文化旅游带联盟。围绕高标准建设黄河文化旅游带，探索打破区域、所有制、业态等界限，整合沿黄景区、酒店、餐饮等行业，成立黄河文化旅游带联盟，一体化推进黄河文化旅游融合发展。

以现代化城市管理“绣”出品质滨州

中共滨州市委政策研究室（市委改革办）

滨州市深入践行“为人民管理城市”理念，以城市精细化管理推动服务品质升级，努力打造公共空间精致、公共服务精细、公共文化精彩的高品质城市环境。2023年，滨州市入选全国32个城管便民生活服务地图App重点推进城市，城市建成区绿地率、绿化覆盖率、人均公园绿地面积均进入全省前二位。

一、沉浸式思维谋划，打造全域优享的公园城市

一是打造绿色低碳的生态空间。大力实施增绿攻坚行动，至2023年底，累计建成各类公园绿地307处、总面积3611万平方米，城市城区绿地率达41.17%，居全省第二位。落实“双碳”战略，开展乡土植物降碳品种研究，发挥园林植物汇碳、降碳生态调节作用，城市热岛效应明显缓解。大力推广下沉式绿地、植草沟等技术应用，打造雨水花园，建设透水型园路和生态停车场，资源化收集和再循环利用雨水。二是打造优质均衡的生活空间。采取拆违建绿、拆墙透绿、见缝插绿等形式，至2023年底，全市共建设口袋公园211处，打造国家标准体育公园7处、口袋体育公园150处，建成绿道710公里，开放共享公园绿地60余万平方米，市主城区公园绿地服务半径覆盖率达88%。实施公厕便民提标三年行动，全市新建改建公厕165座，提升改造儿童娱乐场等多处

沙场，在城区主要公园安装智能售货机，让城市生活更精致。三是打造功能齐备的生产空间。大力实施硬化、绿化、亮化、净化、序化工程，实现“园区建设到哪里，公共服务就延伸到哪里”。按照“建设一条风景带，带动一条经济带，形成一条产业链”的思路，打造秦皇河、北新开河等风景带，辐射带动周边园区、企业、人才享受环境颜值和资产增值收益。截至2023年底，累计为科创园区、人才公寓等配套建设道路160余公里，公园绿地350余万平方米，路灯1.8万余盏。

★滨州市全民健康文化中心项目效果图。

二、地图式思维布局，打造全民共建的和美城市

一是规则制定人性化。深入践行地图思维，市级统筹谋划、市县乡三级联动，广泛征求市民群众、瓜（果）农意见建议，推出系列便民服务地图。2023年，设置应季瓜果临时经营疏导点109处、便民维修临时经营服务点129处，向社会发布388处烧烤市场、77处农贸市场、13处城区大集等点位信息，帮助近1200户瓜（果）农在城市“安家落户”，129家维修摊主就近搬进“新家”，实现惠农、便民和市容管理“三方共赢”。二是服务供给

精准化。认真践行“721工作法”，通过线上线下双向发力维护城市经营秩序。新闻媒体向瓜（果）农发送“点位信息”“温馨提示”，教育引导经营人员自觉遵守、主动参与市容环境卫生管理，做到“人在地净、摊走地清”。对不按规定行为当事人以劝导教育为主，并引导点位外流动摊贩入点、入市经营，暖心服务、柔性执法成为城管执法队伍的行动自觉。三是治理参与多元化。吸收群众意见建议，实施“惠眼滨州”便民地图扩容提升工程，让便民服务更全面快捷。聚焦群众的烦心事、操心事，开设“我爱滨州·我管城市·我有话说”、城市管理“半月谈”等多个互动专栏。2023年，征集并及时答复群众意见建议510余条，满意率达98.5%。建立城市管理社会动员常态机制，深入推进“城市管理进社区”，建成城管服务站95个，开展进社区活动523次，解决群众诉求8636件。

三、代入式思维提升，打造全龄友好的幸福城市

一是儿童与城市温情互动。积极创建儿童友好型城市，将儿童优先理念融入城市服务全过程，让儿童享受城市便利、感受城市温情。将公共空间纳入“一米高度看城市”儿童视角，在综合性公园和“口袋公园”等儿童游玩集中区域，实施全方位“适儿化”改造，增加儿童游乐设施、提升儿童游玩兴趣，至2023年底，全市共打造儿童友好公园29处。高标准建设植物园科普中心，为儿童开展内容丰富、生动有趣的植物科普教育活动。二是青年与城市双向奔赴。以建设青年发展友好型城市为载体，策划举办大型青年联谊活动，推出“青春市集”、新兴领域青年聚集区和“城市新青年”品牌，丰富青年人才的业余文化生活，吸引广大青年来滨州择业、就业、创业，激发“年轻态”城市活力。完善青年志愿服务体系，建设青年志愿服务站，引导青年热心支

持环卫保洁、公共服务等公益事业，开展志愿服务活动2.3万余次，让青年在服务社会中成长成熟成才。三是老人与城市互相支撑。聚焦康养示范城市建设，上门征集老年人代表对城市建设管理的意见和建议，纳入工作计划推进落实。例如，对反映集中的运动设施少、休息座椅布局少等问题纳入年度工作计划，主城区安装健身器材110余组、休息座椅600余组。针对老年人集中的老旧小区，常态化开展“路灯暖人心”“清掏服务进小区”活动，改善老旧小区居住环境，让老年人住得安全、舒心。

四、系统式思维管理，打造全息响应的精致城市

一是数字赋能、跨界协同。归集整合“惠眼滨州”、“12345”政务服务热线等数字资源，2023年，对主城区28万余件城市管理事件普查确权，将1900余条视频资源接入数字城管平台，建立反馈问题信息数据库，为城市精细化管理提供数据支撑。成立多部门党建联盟，建立跨部门指挥体系，将自然资源规划等七部门管理职责纳入城市管理调度范畴，由城管部门对市民反馈问题进行精准派单、跟进督导、及时反馈，形成了部门齐抓共管、联动响应、一体推进的工作格局。整合城市基础设施安全运行监测系统、智慧水利综合信息平台等多个平台，接入城市运管服平台，提升城市治理智慧化水平。二是再造流程、闭环管理。以城市管理全过程管控、全市域覆盖、全领域融通为目标，充分发挥城市管理调度中心枢纽作用，打通行政区域、部门职责、管理范围3条界线，让城市管理工作接办快捷、转办顺畅、交办高效、督办有力。建立城市规划建设管理闭环机制，将公园绿地、垃圾分类等基础设施纳入源头规划，对建设项目提前介入指导，有效保障工程项目整体质量。完善城市管理工作全过程管控制度，至2023年底，共起草4部地方性法规、2部政府规章、

2个规范性文件，出台《城市精细化管理标准》，实行网格化包保机制，对群众反映问题实行受理、办理、反馈、回访全周期管理。三是延伸触角、全域服务。积极搭建服务平台、建设服务队伍、提升服务质效，推动城市管理服务进基层、到一线。至2023年底，全市90个乡镇（街道）全部建立综合执法中队，队员总数达1800余人，实现了执法队伍全覆盖。采取分片包干、责任到人的方式，探索和推广出“1+2+3”工作模式，即每个乡镇（街道）至少1支执法中队，每个执法中队至少2名队员包保社区，每名执法队员至少联系3个住宅小区或村居，将城市管理工作延伸到基层的每个角落。各级城管执法队伍通过开展下沉式、延伸式、沉浸式服务，累计为群众解决各类难题3.8万件，主动为群众办理民生实事2500余件。

滨州市坚持“四个融入”推动机关党的建设

中共滨州市委市直机关工委

滨州市委市直机关工委深入落实党建过程管控机制，在党建与业务融为一体上下功夫，做实“融”字文章，让党建深度融入发展、融入服务、融入治理、融入民生，真正以党建激活凝聚力、生产力、创新力、竞争力。

一、筑牢思想之基，强化“融”的意识

如何破解党建与业务“两张皮”的难题，转变思想认知是前提。滨州市委市直机关工委采取培训、研讨等方式，强化理论研究，加速思想转变，促进广大党员干部牢固树立“围绕业务抓党建、抓好党建促业务”的理念，确保党建与业务贴得紧、融得进。推进组织培训，实现思想“破题”。聚焦“大干2023·机关党建争先向前”主题，深入实施干部全员思维训练计划，先后在北京大学、南京大学、滨州乡村振兴党员干部培训基地等地多批次开展各类培训20期，累计培训党员13000余人次。分批组织市直青年干部到苏州、合肥、上海等地区体悟实训，真正实现在学习中见世面、长才干、转思维、破难题，提升党员干部抓党建促业务的能力。抓住“关键少数”，实现领学促学。严格落实“第一议题”制度，持续学习贯彻习近平新时代中国特色社会主义思

想和党的二十大精神，及时跟进学习习近平总书记最新重要讲话、重要指示批示精神，努力做到学懂弄通做实。列席旁听市直机关中心组学习31次，切实发挥领导干部领学促学作用。优化市府办创新学习模式，建立“议学、导学、帮学、评学、述学”新机制，不断强化“头雁效应”。抓好“重点群体”，实现带动发展。常态化推进青年理论学习工程，推行导师导学制，选聘导师13人，选树表扬“优秀青年研习社”25个、“青年学习标兵”87名，以重点群体带动党员整体，切实增强理论学习效果。滨州市水文系统每季度定期开展“青年学习汇”活动，举办“滨州水文大讲堂”10期，让青年成为“学”的主角、“讲”的主力。

二、瞄准党建切口，明确“融”的方向

推动机关党建与中心任务深度融合必须瞄准党建切入口，围绕大局抓重点，寻找融合突破口。围绕市委“1+838”争先向前工作格局、“1+8+1”重点任务落实体系、品质滨州建设要求，树牢“强党建”思维，确定融合方向。瞄准品质滨州建设的突出问题，抓重大任务落实，以党建“软实力”助推业务“硬发展”。深度融入发展。将党的建设与重点产业、重大项目、重大工程深度融合，突出服务发展，发挥共产党员带头、带动、带领“三带”作用，冲在一线、干在一线、服务一线，成立临时党组织83个，把党旗插在工作一线、生产一线、科研一线、项目一线、教学一线，始终将战斗堡垒建在链上，开展“创新滨州我担当”、争创“招商先锋”等活动，搭建融入发展的活动载体。在市直机关开展“成就企业家梦想·机关党员在行动”“创新滨州我担当”案例评选，引导机关党员干部争当改革创新“开路人”、干事创业“领头雁”。深度融入服务。开展“四个融入”示范点建设，上报示范点93个，重点培育10个；新建2个党代表

工作室，均被评为首批党代表工作室市级示范点，展播“成就企业家梦想·机关党员在行动”优秀案例8期，充分发挥党组织战斗堡垒作用和党员先锋模范作用。市行政审批服务局以政务服务中心为主阵地，成立滨州市政务服务“1+3”党建联盟，构建“服务+发展+金融+科创”一体发展新模式。深度融入治理。构建常态化联系基层机制，推动直属党组织书记确定突破项目86个，确定部门单位班子成员党支部联系点428个，组织下沉调研485次，协调解决问题330个。市住房城乡建设局组建“智慧共享·服务民生”党建联盟，依托“水电气暖信视”共享营业厅，发布便民地图，打破行业壁垒，实现“强党建”带动“强服务”，让群众享受更便捷、更舒适、更幸福的生活服务。深度融入民生。在市直机关常态化开展“我为群众办实事”系列活动，巩固深化“民情民意我来听”“有困难找党员”等活动成果，持续推进“党建引领·窗口点亮”行动，组织开展“惠民政策进基层”等活动110余次，助力民生品质更实。市民政局采取5项慈善工作新举措，积极打造“阳光慈善”示范点，助推“阳光慈善”品牌化建设，建立政府救助与慈善帮扶的有效衔接机制。

★2023年9月13日，“滨周到”政务服务“1+3”党建联盟启动活动现场。

三、坚持守正创新，丰富“融”的载体

机关党的建设既要在继承中创新，又要在创新中发展。市直机关工委创新用活载体，激发党组织活力，在推进党建与中心任务融合中结出累累硕果。品牌深化促融入。打造品牌矩阵，积极构建“一支两品”品牌体系，打造党建廉洁双品牌，开展优秀党建品牌和支部工作法评选；扩大品牌影响，全年举办党建成果展、“身边榜样”等活动20余场次，集中展示品牌成效。市委政法委把党建领航作为营商环境全面优化的“红色引擎”，创新打造全国首个“一站式”法智护航中心，服务保障“成就企业家梦想行动”，荣获法制日报社“2023年度政法智能化建设智慧治理创新案例”。联盟共建促融入。加快党建联盟建设，凝聚工作合力，指导36个党建联盟、124个部门单位，健全完善联动机制，努力形成互帮互学、共创共赢的党建联动新格局，为联盟企业解决手续办理、贷款融资等实际问题424项。2023年6月29日，市医保局在全国率先创建“医保+商保+医院+药店”“四位一体”的滨州医保党建联盟，将“党建链”融入“三医联动链”，形成互帮互学、共创共赢的党建工作新格局。“三级联动”促融入。坚持“联”是基础、“动”是关键，加强协同联动，实现党建与业务一体推进。市直机关工委部署开展省市县三级联动工作，31个部门单位对接省直部门，开展“三级联动”活动116次，争取黄河生态示范带建设等资金3.9亿元。2023年10月，市委市直机关工委联合市民政局承办全省民政系统第一批、第二批主题教育衔接联动暨模范机关建设工作推进会议，以联动力量奋力开创品质滨州建设新局面。

四、践行务实作风，突出“融”的效果

以求实效为目标，真正出实招，全力做实功。市委市直机

关工委坚持在“实”字上下功夫，抓实抓牢党建，落严落实管党治党责任，实现在中心任务上融得紧、融得深。落实过程管控。通过“一月一提醒”，变“事后改”为“过程抓”；“一季一讲评”，变“述一次”为“述全程”；半年一观摩，变“纸上谈”为“现场评”；年终一评议，变“看一时”为“看一贯”。市公安局坚持将党建工作融入公安工作全过程、全领域，积极构建覆盖全警、贯通融合、全程闭环的党建带队建过程管控机制。严格日常管理。督促落实“三会一课”制度，指导725个基层党支部规范召开组织生活会，开展“不忘初心、牢记使命”主题党日682次，开展二十大新党章专题学习交流624次，严把党员“入口关”，规范发展党员78人。市应急管理局出台《党建工作责任制实施办法》《党委议事规则》等20余项规章制度，严格落实党委理论中心组学习、“三会一课”、主题党日、组织生活会等制度。深化作风建设。印发《关于开展“廉洁文化品牌化、警示教育精准化、廉政谈话常态化”工作的实施意见》，指导市直部门单位认真执行，共有71个单位按要求上报。其中，建立廉洁品牌44个，开展廉政谈话87次，进行警示教育98次。市工业和信息化局发挥党建在清廉机关建设中的引领作用，打造“廉润工信·惠企花开”廉洁文化品牌，将纪检工作、廉洁文化和主责主业深度融合，营造风清气正的政治生态。

菏泽市加快推进全域视联感知网建设

中共菏泽市委政策研究室（市委改革办）

菏泽市积极探索社会治理数字化新模式，聚焦“集约高效、共建共享”目标，创新利用视联网、物联网、云计算、大数据、5G等技术资源，全面构建全域视联感知网，以数字化治理新模式推动社会“治理”转向数字“智理”，“智慧菏泽”建设迈出坚实步伐。

一、强化引领，找准数字化治理新路径

一是高位推动，强化保障。加强统筹谋划，建立市级领导领衔推进机制，将“支持新型智慧城市建设”纳入新一轮“突破菏泽，鲁西崛起”三年行动计划，将“加快推进全域视联感知网建设”写入《2023年经济社会发展责任目标分工方案》，全面探索打造走在全省乃至全国前列的立体有机感知系统。二是规划引领，聚势赋能。立足市域实际，充分借助外部优势资源，全面提升全域视联感知网建设规划水平。与山东铁塔签署战略合作协议，制定“四步走”发展战略规划。第一步，搭建高点视频感知网基础架构；第二步，增点扩面，实现乡村全域智慧应用全覆盖；第三步，城区重点场景覆盖，搭建算法仓，延伸至智慧城管、智慧交通等应用，实现一系统多能；第四步，整合低点视频，建设算力中心，实现高低联动的立体有机监管，全面完成全

域视联感知体系建设。按照“一机多用、资源共享、节约投资”原则，建立感知、分析、服务、指挥、监督“五位一体”联动推进机制，切实提高社会治理智慧化水平，夯实菏泽数字城市建设基础底座。

二、集约高效，搭建全域感知四梁八柱

一是借“塔”立柱，赋能有限资源。利用铁塔“点多面广、站高望远、配套齐全、24小时供电”的优势特色，通过“铁塔+摄像头+5G+AI”运行模式，将遍布全市8000余座“通信塔”变成“数字塔”，有效避免了重复建设和资源浪费，实现数字化基础设施共建共享。二是架“高”成梁，满足多样需求。积极推动搭建高点视频感知网基础架构，在全市建设高点监控673处，其中高清激光球机404处，服务全市各县（区）国土违建执法监管；热成像摄像机164处，主要用于东明、定陶、单县、成武等县（区）国土违建执法和环保秸秆禁烧监管；105处全景摄像机用于城市管理及政法铁路护路，基本实现了覆盖全域的“可感知、可防控、可研判”的智能视频感知功能。三是高低联动，实现立体防控。聚焦低点视频设备老化、运维不及时等问题，在东明县、成武县积极探索转变政府采购方式推进试点，由采购资产变为采购服务，有效提升低点视频使用效能。积极构建视频资源高低共享联动、指挥处置体系闭环管理体系，有效改善了监控体验和提高指挥效率，实现了前端采集设备、后端服务存储、监管人力资源3个集约复用。

三、共建共享，探索应用场景多元智能

一是利用科技防控，助力智慧化水平提升。通过“挂载各类高空视频摄像机+人工智能算法+闭环派单执法流程+整合各类中

低点视频资源”方式，采取信息化技术手段，全面采集人、地、车、事、物、组织等信息，通过与已建信息系统进行对接，重要信息均能在监控画面直观展示，着力打造“多角度、分层次、全方位、全天候”立体有机监控视频感知网络，形成总揽全局和掌控细节的全方位立体化综合监控系统。二是打破部门壁垒，实现多行业共享复用。统筹整合各部门视频资源，推动资源统一管理和共享，增加算法仓和算力资源，实现对多行业监控场景适配国土违建、秸秆禁烧、应急管理、交通监管等各类算法，全力支撑环保、国土、应急、交通等多部门监管工作，大力提升城市高效运行、精细化治理效能。三是突出应用导向，打造闭环全流程执法。全面实施全域视联感知网联动推进机制，助推监管执法部门实现“预警—研判—处置—反馈”的闭环管控，由被动处置转向主动发现，改变了“以人盯人、以人盯地、车辆巡逻”的传统监管方式，真正做到了打早、打小、打了。比如，在秸秆焚烧执法方面，前端智能摄像机自动轮巡，平台算法自动分析，发现类似烟火特征图像，立即定位并在监控大屏自动告警，经研判后，将告警推送至一线网格人员手机App，一键导航直达现场灭火并取证，执法结果反馈监控中心，生成考核报表，做到了全程闭环管理。

巨野县探索全生命周期服务改革

中共菏泽市委政策研究室（市委改革办）

巨野县积极推进企业全生命周期服务集成改革，创新推出一系列改革举措，初步形成市场主体全生命周期服务体系，实现涉企审批服务事项集成化、场景化，为推动全县经济社会高质量发展提供有力支撑。2023年，全县共新增各类市场主体4430家，营商环境软实力得到持续提升。

一、深化开办企业领域改革，全力提高企业办事效率

一是提升企业设立便利度。依托山东省政务服务网（巨野县）企业开办“一窗通”平台，将企业开办合并为1个环节，开办时间从3个工作日压缩至2个小时，实现企业涉税办理、公章刻制、社保登记、就业登记、医保登记、公积金缴存登记、预约银行开户等业务一网通办、随时可办。成立县级新登记市场主体工作专班，发动镇街力量，整合各类资源，大力稳存量、扩增量、提质量，为市场主体倍增夯实基础、厚植沃土。2023年以来，全县新增市场主体网办率达100%。二是扩大电子证照覆盖面。在全县范围广泛开展“我为群众办实事——电子营业执照下载使用推广活动”，在涉企许可及备案各领域、各环节，全面推广电子身份证、电子营业执照及电子许可证，服务数字化水平显著提升。全县市场主体80298户，已下载电子营业执照48180户。三是实现企业开办就近办。制

定印发《关于全面向乡镇（街道）、重点镇赋权推进政务服务“县乡通办”改革的通知》，成立“县乡通办”工作专班，将19个赋权部门和专营单位的102个政务服务事项赋权给镇街实施，召开“县乡通办”改革工作会议，组织签订委托协议，移交业务手册、授权网络账号，确保赋权事项“放得下、接得住、办得好”，真正实现企业开办“就近办”。

★为企业办理“一照多址”营业执照。

二、推进项目审批制度改革，持续提升项目服务水平

一是工程建设“一窗受理”。聚焦“逾期办理”“隐形审批”等痛点堵点，充分发挥工程建设项目审批制度改革工作专班作用，将涉及工程建设项目的审批服务事项，全部纳入省政务服务网和市工改系统，不断完善工改专窗服务功能，实现一窗受理、全程网办、无差别受理。健全完善“多部门参与、充分衔接集中会商”机制，加强项目要素保障，积极协调项目落地，确保应批尽批、按期审批。2023年以来，共完成各类投资项目立项29项，颁发施工许可证12个。二是并联审批“一次办好”。完善“容缺受理+告知承诺”服务机制，变串联审批为并联审批，着力破解“缺少个别材料不能受理”困境，帮助企业抢开工、保

进度。并联审批率达90.9%，告知承诺率达63.6%，社会投资核准类、备案类项目立项均压减至1天，较全省承诺审批时限压缩35%；建筑许可领域从用地预审到开工建设，全流程审批时限控制在20个工作日内，实现项目提前一个半月开工建设。三是优化服务“一个专班”。树立“项目为王、服务至上”的理念，成立项目服务专班，2023年以来，先后开展集中走访10次，为巨丰新能源、华阳药业、金牛车业、卓航新材料等21家重点企业提供主动上门服务，提前介入送上材料清单和办事指南，通过“面对面”倾听企业发展需求，避免项目申报走弯路，助力企业实现“拿地即开工”。

三、探索退出市场机制改革，全面优化诚信发展环境

一是优化企业注销程序。结合电子营业执照应用和自然人身份认证、签名功能，帮助企业在线完成简易注销“全程网办”，推动债务债权关系清晰、需求明确的企业方便快捷退出市场。探索实施“代位注销”模式，将简易注销公告时间由45天减为20天，有效解决特殊情形下企业“注销难”问题，为市场主体新的投资选择创造更多便利。二是提供歇业备案服务。疫情期间，为受影响暂时无法经营、但仍有较强经营意愿和能力的市场主体，宣讲歇业备案政策和配套服务支持，消除企业思想顾虑，“面对面、手把手”指导办理歇业备案业务，切实减轻市场主体生存压力。已为2家企业提供歇业备案服务。三是探索信用审批机制。以社会信用体系建设为重要抓手，对信用良好的企业和个人，在次要申请材料临时缺失的情况下，推行容缺办、承诺办、秒批办等“信用+”办事模式，实现“信用赋能、审批提速”，推动形成“守信激励、失信制约”的良好市场环境。

东明县打好人才“引育留用”组合拳

中共菏泽市委政策研究室（市委改革办）

东明县大力实施“人才强县”战略，聚焦人才“引得来、育得好、留得住、用得上”目标，积极拓宽人才工作思路，探索建立招才引智工作新机制，形成高站位、分类别、全周期的人才“引育留用”制度体系，为县域经济社会高质量发展提供坚强人才保障。经验做法先后被中组部《组工信息》、省委组织部《山东组工工作》和新华社、《大众日报》、《瞭望》等报纸杂志刊发推广。

一、坚持“引才”方向，打造人才集聚洼地

一是面向发达地区打造“人才驿站”。探索建立发达地区常态化驻外人才招引机制，不断优化招才引智布局。创新打造“人才驿站”招引模式，将“守土引才”转变为“进驻引才”，先后在新加坡、中国香港、北京等地建立“人才驿站”平台7个，与47名高层次人才建立长期合作关系，探索出一条“工作生活在外地、服务贡献为东明”的柔性引才模式。二是面向各类名校开通“人才直通车”。由组织、人社等人才工作主管部门和东明石化等重点企业组成人才招引小组，面向“双一流”高校定向开展招才引智活动，举办名校“人才直通车”“归雁兴东”等招才引智系列活动20余场，引进博士3人、研究生123人、大学生4300余

人。三是面向企业需求实行“私人订制”。坚持企业主体地位，聚焦产业发展需求，创新推行“龙头企业+产业+人才”招引模式，主动征集企业人才技术需求，量身定制高层次人才招引目录，集中面向省内外高校、科研院所定向发布，引进产业急需紧缺高层次人才326人、专家（团队）132人。

★企业引进高校毕业生补贴发放仪式。

二、创新“育才”模式，打造人才成长高地

一是谋划“校地企合作”工程。聚焦县域打造高端化工产业集群发展目标，深入推进产学研深度融合，加大科研成果转移转化，先后与山东大学、兰州大学、中国石油大学等48所高校建立产学研合作关系。东明石化与中国石油大学联合研发的原油直接催化裂解制烯烃（UPC）成套技术，开发的专用金属氧化物催化剂属世界首创、国际领先，拥有自主知识产权，有效提升高端化工产业发展能级。二是实施“乡土人才”工程。采取“课堂+田间”“线上+线下”“理论+实操”等形式，举办“乡村振兴大讲堂”30余期，培训人员1.5万余人次，有效提升乡村人才素质技能，成为推动乡村振兴的主力军。三是开展“企业自培”工程。

探索建立“以市场为导向、以企业用人单位为主体、以职业技能等级认定为主要方式”的企业技能人才评价制度，支持县域内企业自主开展技能人才评价，发放职业技能等级证书，已认定技能人才自主评价企业23家，企业自主培养高技能人才800余人。

三、完善“留才”机制，打造人才创业基地

一是制定人才保障政策。出台人才金融支持政策，设立专项扶持基金2000万元用于返乡创业融资支持，提供业务余额达5000万元的“人才贷”服务，为市级以上人才工程入选者创新创业赋能续航。升级人才“优居”服务，启动人才公寓建设工作，全县已建成投用人才公寓10处914套，为人才营造舒适温馨的生活环境。二是强化人才关怀措施。实施人才专员“点对点”服务机制，从科技、发改、人社、工信等13个职能部门中挑选36名业务骨干，通过走访调研、座谈会等形式，到企业宣传人才政策、了解企业问题需求，帮助企业解决困难问题43个，申报重点人才项目46个，帮助人才解决关心的“关键小事”78件，以务实的行动为人才营造安心干事的“大环境”。三是建立人才服务机制。推动人才服务关联事项“打包办”、高频事项“提速办”、所有事项“简单办”，建立人才服务绿卡制度和人才服务联席会议机制，为高层次人才在落户、配偶随迁、子女入学、就医等方面提供绿色通道服务。

四、拓宽“用才”空间，打造人才干事宝地

一是聚焦乡村振兴，让人才在基层一线集结。建立引导人才向基层流动机制，出台《关于突破乡村人才瓶颈的实施方案》等政策文件，明确基层人才培养、成长通道，形成持续健康发展的“人才流”。已引导200余名优秀人才下沉基层一线。二是聚

焦项目突破，让人才在科研一线攻关。创新“揭榜挂帅”用才机制，搭建“揭榜挂帅”市场化平台，探索形成“政府搭建平台、用人主体唱戏、供需双方对接”工作机制，通过“企业提”“部门找”等方式，征集张榜“卡脖子”重点攻关项目6个，揭榜总金额高达2200万元。三是聚焦技能竞赛，让人才在生产一线发力。以“深度融合技术资源、精准打造工匠高地”为目标，整合教育、卫生、纺织、税务、家政、化工、环卫等不同领域不同行业29个工种，开展全县职工职业技能大赛，评选技术标兵42人、技术能手84人、优胜选手126人。先后承办全市棉纺织细纱值车工技能大赛和全市化工行业高质量发展技能大赛，着力打造集培训、练兵、竞技、攻关、突破、转化为一体的完整链条，全力搭建学习交流、共享资源、合作发展、成果展示四大平台，带动各级开展技能竞赛200余场次。

调研报告

推进基层治理体系和治理能力现代化路径研究

刘 强

党的十八大以来，习近平总书记多次就加强社会治理作出重要指示，强调要切实做好创新社会治理这篇大文章，推动社会治理重心向基层下移。党的二十大报告指出，要推进以党建引领基层治理，健全城乡社区治理体系。作为山东省会，济南实有人口已过千万，社会治理特别是基层治理责任大、任务重、挑战多。如何深入贯彻落实习近平总书记重要指示要求和党的二十大精神，更好在基层治理中发挥党建引领作用，努力走出特大城市现代化治理新路子，是我们必须要完成好的重大课题。

围绕做好调查研究，我系统学习了习近平总书记关于基层党建和基层治理工作的一系列重要讲话和重要指示批示精神，在理论上加深了对基层党建引领基层治理规律性认识。调研过程中，聚焦落实习近平总书记关于调查研究“深、实、细、准、效”五字要求，先后到3个社区、20家企业、8家医院学校和部分“两新”组织开展实地调研，召开社区工作者队伍建设、数字赋能基层治理等专题会6次，向社会各级各层面发放并收回调查问卷近6万份，较为全面地了解了各级各层面的意见和诉求。总的感到，近年来全市各级各部门牢固树立大抓基层鲜明导向，坚持抓党建与强治理统筹谋划，在网格服务管理、社区工作者队伍建设、数字赋能基层治理、红色物业建设等方面作出积极探索，基层党建引领基层治理工作具备了一定基础，但还存在一些亟需研究解决的问题，要求我们必须坚持问题导向，适应形势变化，以务实改革加快推动传统治理模式转型，使各项工作更加体现时代性、把握规律性、富于创造性。

一、济南市基层党建引领基层治理基本情况

全市有132个街道、29个镇，4698个行政村、1006个社区，各领域基层党组织3.1万个、党员62.8万名。近年来，全市各级各部门大力推行“综治中心+网格化+数字化”治理模式，取得阶段性进展。一是协调联动的工作格局基本建立，形成四级书记牵头、各方协同用力、上下联动攻坚的工作格局。二是衔接配套的政策体系基本搭建，研究出台《城市基层党建引领基层治理实施意见》等系列政策文件，对一系列重点难点问题逐一专题研究破解。三是纵横覆盖的基层组织体系基本确立，做实5900多个网格党支部、3.1万多个楼院党小组，优化设置全市基础网格12625个，创新划设经济网格4600个；推动3912名党员担任业主委员会成员，全市业主委员会组建率提升45个百分点。四是素质优良的基层骨干队伍体系基本完善，探索建立社区工作者“3岗20级”职业体系、实行星级奖励金制度，市、区县财政每年列支11亿元进行保障；全市80%的村实现“一村一名大学生”。推进党群服务中心“迭代升级”，近3年全市新增社区综合服务设施面积超过30万平方米。五是服务大局的支撑保障体系基本成型，在疫情防控中全市2.1万个党组织、23.4万名党员冲锋在前，在大战大考中彰显了党的组织优势、组织力量。

二、调研发现的主要问题

从综合调研、蹲点调研、走访调研、问卷调研及各级各层面反映的问题看，全市在以党建引领基层治理上，还存在不少亟待解决的短板弱项，主要表现为“多与少”“粗与细”“快与慢”“新与旧”“权与责”“热与冷”6个矛盾。

（一）“多与少”的矛盾，即村（社区）现有资源力量不足以应对实际需求。城市社区工作者力量不足，区县（功能区）配置不平衡。部分村庄“小散弱”。全市211个“强基”村中，还存在干部服务意识差、组织动员能力弱等问题；全市村“两委”成员平均年龄48.9岁，高于全国44.5岁、全省44.4岁的平均水平。村级集体经济不够强。截至2022年底村均收入70万元，其中经营性收入仅占比32.32%。

（二）“粗与细”的矛盾，即粗放治理方式无法满足群众对服务精细化的要求。治理“网眼过大”，每名社区工作者服务800—1100人，工作压力较大，精细化治理的作用不够。部分“村改社区”党组织基础薄弱，村改社区党组织功能转变不到位。“红色物业”建设水平与社区居民需求相比还有差距，社区与物业企业“双向进入，交叉任职”工作有待完善。基层治理骨干队伍管理有待优化，街道网格化服务管理中心人员少、任务重。

（三）“快与慢”的矛盾，即数字治理带来的效能提升与数字壁垒同步存在。基层数据系统偏多，有的街道在用系统多达28个，有的社区在用系统有12个。基层多个业务系统的功能雷同，甚至新旧版本同时存在。数据共享不畅，不少业务数据直接汇入国家、省、市的系统，基层无法共享使用。

（四）“新与旧”的矛盾，即传统基层治理组织体系和工作方式不适应新经济组织、新社会组织、新就业群体的大量涌现。

全市新就业群体数量已突破10万人，新业态组织达数千家。行业党委作用发挥不充分，党建工作力量相对薄弱，基层社会治理没有吸纳新就业群体参与，对新就业群体的关心关爱碎片化、浅表化、形式化。

（五）“权与责”的矛盾，即基层组织权限与属地责任不相匹配。街镇管理体制上还存在差异化职能配置不够、行政事业职能交叉、身份管理不利于激发活力等问题，基层缺乏承接相关事权的专业能力、专业力量；集体“三资”管理还需要进一步强化，村务监督委员会成员整体素质不高，一定程度存在着不懂监督、不会监督、不善监督的问题。

（六）“冷与热”的矛盾，即基层治理中枢作用的发挥与多方协同之间存在温差。基层公共服务供需不完全匹配，群众对文化娱乐活动、心理疏导等社区服务关注度很高，但普遍缺少活动资金和活动场地。双向联动机制亟待探索，市区两级对街道建立“街道吹哨、部门报到”工作机制提出明确要求，但在具体实施过程中缺乏有效抓手，存在沟通不顺畅、联动不及时的问题。基层治理评估体系不健全，基层治理的效果往往要通过突发情况、重大事件的应对处置才能真正检验出来，试错成本太高。

三、进一步推进基层党建引领基层治理的对策和思考

在调研的基础上，初步探索建立“1386”工作推进体系。“1”，就是坚持和加强党的全面领导“这一根本”。“3”，就是锚定让群众生活更美好、让基层运转更高效、让城市运行更安全“三个目标”。“8”，就是做好优化街镇管理体制、社区工作者队伍、网格管理机制、基层智治能力、村级党组织建设、村改社区治理体制机制、“泉城红色物业”建设、新兴领域治理8个方面重点工作。具体举措如下。

（一）优化街镇管理体制。探索扩大街镇在城市管理、便民服务等方面的管理服务权限。2024年推动街道综合管理、统筹协调、应急处置、行政执法等权力实质性落地，进一步提升街道抓全域党建工作质量。探索推进街镇行政职能和公共服务职责一体化设置，破解基层编制资源配置“条块分割”现象。对街镇工作岗实行“总量控制、动态管理”。

（二）优化社区工作者队伍。加强对社区工作者职业发展规划，建立优秀社区工作者人才库；加大从优秀社区工作者中招录（聘）公务员或事业编制人员力度。2024年全面建立起发展有平台、退后有保障、干好留得住的社区工作者职业体系。2025年底，全市社区工作者中专业社工人才比例达到60%，取得社会工作职业资格证书的比例突破50%。健全社区专职工作者定期招聘、动态补缺、周转调剂制度；探索制定从业标准体系和工作指标体系。

（三）优化网格管理机制。完善基层治理工作体系，建立“市—区—街—社区—网格”五级闭环工作流程，完善“网格吹哨，所队报到”和“街呼区应、上下联动”工作机制；全面推动网格党组织100%覆盖，并推动形成本地区的网格治理品牌体系。打造共建共治共享社区治理格局，激发社会组织参与社区治理活力；深化“三委三会”民主议事决策机制，大力营造共建共治共享新局面。

（四）优化基层智治能力。努力构建“1+4+2+2”数字法治体系，推动数据共享和业务协同。优化矛盾纠纷多元化解闭环管理流程，建设多元化矛盾纠纷调解模型。优化网格化服务管理平台，推动与其他数字化平台技术融合、业务融合、数据融合。2024年，部门业务系统全部接入市网格化服务管理平台；2025年底前，构建起网格全面覆盖、人员力量充足、各方协同联动、工作一网统管的网格化服务管理体系。建强全市大数据中心，组织实施数字法治“一网通览”平台建设，实现基层社会治理“综合集成、一屏总览、一体联动”。

（五）优化村级党组织建设。制定村党组织分类推进评估标准和验收办法，按照“示范”“创优”“强基”3种类型分类提升。2024年底前，“示范”村达到40%以上，党组织软弱涣散发生率控制在2%以内；2025年，打造形成一批在全省全国有影响力的农村基层党建示范点，基本消除党组织软弱涣散问题。健全“头雁指数”量化评价体系，建强用好“乡村振兴工作专员”队伍，实施在外优秀人才“回引”计划，力争2024年底前择优充实4000名左右返乡创业人员、退役军人、“乡村振兴专员”等纳入村级后备人才库，每村常态化保持3名以上后备力量。组建“党建联合体”，实施“万人下乡、千村提升”工程，2025年底前力争联合党委覆盖“千村提升”工程所有具备条件的帮扶村，基本覆盖1000人以下的村。加快推进村庄规划编制，强化“三资”监管，加强村党组织领办合作社，力争2024年底“千村提升”工程帮扶村年集体收入20万元以上的占比达到70%以上。推进实施“三治”融合，创新“三务公开”机制，2024年底，每个区县新打造3个左右“三治融合”典型村。

（六）优化村改社区治理体制机制。根据党员数量合理设置党组织，突出党建引领基层网格化治理，完善村改社区服务体系，建立好社区服务网络。强化党组织领导作用发挥，规范集体经济组织章程和集体经济组织运转，健全收益分配制度。严格执行农村集体经济组织财务制度要求，强化集体经济组织理事会成员任期和离任审计。充分发挥各级党组织统筹协调、决策把关等职责，有效防范和化解矛盾纠纷，平稳有序地推动村改社区工作。

（七）优化“泉城红色物业”建设。做实基层党建引领基层治理物业管理专项工作组，加强物业管理联席会议建设，完善社区物业管理议事协商机制；推行“一小区一支部”，引导居民群众有序参与物业服务管理工作。2025年底前，建立形成较为完善的党建引领物业协同共治机制。提高业主委员会党员比例，推动符合条件的业主委员会成立党组织。2024年，推动符合条件的住宅小区业主委员会应建尽建、有效发挥作用。深化推进“红色物业”建设质效评价，推行企业信用量化赋分。2024年底前，市级推选认定星级社区15个、星级企业15个、星级小区30个。

（八）优化新兴领域治理水平。健全新业态新就业群体党建领导体制，2025年底前，建立形成较为完善的新就业群体党建工作组织体系和制度体系。探索实行平台企业分支机构、项目团队党组织双重管理，建立流出地和流入地党组织双向管理机制。2024年，全面建立“楼委会”制度和“工业社区”管理服务模式；2025年底前，新培育100家左右楼宇园区党建工作典型、500家左右“两新”组织党建工作示范点。加强对新就业群体劳动关系界定等方面的制度设计，探索从新就业群体中定向招录社区工作者，拓展职业发展路径。2024年，基本实现暖心驿站城区社区和重点区域全覆盖，选树一批外卖、快递、直播电商、道路运输等领域党建工作典型。

“6”，就是强化组织、制度、平台、数字、品牌、考核“六个支撑”。具体举措如下。

（一）强化组织支撑。完善基层党组织联动机制，推动街镇、村居、网格（片区）等各级党组织联动。聚焦党组织领导弱化、虚化，抓落实存在的堵点、痛点等突出问题，完善基本规范、强化功能、强化示范引领，打造过硬街镇党组织、做优社区党组织、分级分类提升村党组织。

（二）强化制度支撑。健全基层治理党的领导体制，构建党委领导、党政统筹、简约高效的街镇管理体制，完善党建引领的社会参与制度，完善以财政投入为主的保障制度。各区县（功能区）、街镇党（工）委书记认真履行“第一责任”，每半年至少研究1次党建引领基层治理工作，每年领办1个创新项目，区县领导班子成员每季度至少到联系点2次。

（三）强化平台支撑。2025年，结合推进村党组织融合，每个联建村联合党委建成1处共享型党群服务中心，打造一批区域特色明显、架构体系完善、引领作用突出的党员教育和服务群众综合阵地。2023—2025年市财政每年列支2000万元、市管党费每年补助500万元，鼓励各级打造党群服务中心样板。2024年，基本实现党群服务中心（站）重点园区市场、商圈楼宇和社区网格全覆盖；2025年底前，街道党群服务中心全部达到1000平方米以上，社区党群服务中心面积达到每百户30平方米以上，形成布局合理、功能完备、全域覆盖的城市党群综合服务矩阵。

（四）强化数字支撑。提升基层干部数字能力，市、区县（功能区）每年开展1次专题培训。用好基层治理应用系统，强化城市安全运行监测预警和数据分析应用。

（五）强化品牌支撑。每2年评选一批党建引领基层治理示范街镇、示范村居。

（六）强化考核支撑。用好“突出重点、讲求细节、压实责任、形成闭环”工作方法，强化“不打糊涂仗、不搞花架子、不当太平官”作风保障，坚持项目化、工程化、清单化推进，研究制定全市及各区县（功能区）基层治理成效评估标准，把党建引领基层治理工作情况纳入巡察和基层党建述职评议考核，强化过程管控与跟踪问效，落实好“双十”行动各项工作任务。

（作者系中共山东省委常委、济南市委书记）

关于加力推动制造业高质量发展的调研报告

刘 运

制造业高质量发展是推进经济高质量发展的重中之重，是加快发展新质生产力的关键支撑。面对百年变局加速演进的大环境，面对新一轮科技革命和产业变革浪潮，面对各地竞相发展态势，聚焦推动制造业高质量发展，2023年10月组织实地调研、深入研究，全面梳理潍坊市基础优势和问题短板，认真分析面临形势，研究提出下步工作重点和具体措施，聚力推动先进制造业强市建设。

一、坚持用习近平总书记系列重要论述引领制造业高质量发展

习近平总书记就制造业发展作出系列重要论述，提出很多新思想新观点新论断，为我们提供了根本遵循和行动指南。

（一）深刻把握制造业的重要地位。习近平总书记多次强调，“制造业是立国之本、强国之基”，就推进新型工业化专门作出重要指示，指出“新时代新征程，以中国式现代化全面推进强国建设、民族复兴伟业，实现新型工业化是关键任务”，把制造业提升到前所未有的高度。必须深刻认识新时代新征程推动制造业发展的重大意义，自觉从战略全局的高度思考、谋

划、发展制造业，紧紧扭住先进制造业不动摇，持续发力、久久为功，加快提升制造业水平，不断夯实建设更好潍坊的产业支撑和物质基础。

（二）深刻把握制造业发展的趋势方向。习近平总书记在二十大报告中，强调“推动制造业高端化、智能化、绿色化发展”；在二十届中央财经委员会第一次会议上，要求“推进产业智能化、绿色化、融合化”。“高端化、智能化、绿色化、融合化”是习近平总书记着眼长远发展、把握产业规律，对制造业高质量发展方向的清晰描绘，是我们推动工作的重要遵循和指引。必须深入学习领会把握，沿着习近平总书记指明的方向，加快高端化、智能化、绿色化、融合化发展，着力构建以先进制造业为骨干的现代化产业体系。

（三）深刻把握制造业发展的方法路径。习近平总书记多次就制造业发展提出具体要求。关于科技创新，强调“整合科技创新资源，引领发展战略性新兴产业和未来产业，加快形成新质生产力”；关于产业升级，强调“坚持腾笼换鸟、凤凰涅槃的思路，推动产业优化升级”；关于发展重点，强调“把发展特色优势产业和战略性新兴产业作为主攻方向，加快改造提升传统产业，前瞻部署未来产业”；关于重点支撑，强调“科技是第一生产力、人才是第一资源、创新是第一动力”，提出“金融是实体经济的血脉”，要求“降低市场运行成本，营造稳定公平透明、可预期的营商环境”“更大力度吸引和利用外资”，等等。必须系统学用、贯通落实这些方法路径，加快突破重点任务，推动制造业高质量发展。

二、准确把握制造业高质量发展的阶段特征

以科技进步为先导、以市场化为动力、推动工业化和城镇化

相辅相成，是推进新型工业化特别是制造业发展的普遍规律。

（一）推动制造业高质量发展基础坚实。主要有5个方面的优势。规模优势，工业门类齐全，拥有全国41个工业大类中的37个行业，包含所有的31个制造业行业，规模以上工业总产值和营业收入双过1.1万亿、全省第二。不断壮大的产业规模，奠定了产业大市的地位，筑就了产业跃升的底盘。创新优势，800多家高能级平台加快建设，动力装备、磁产业等核心技术加速突破。创新活力汇聚起产业突破的强大动能，获国家科技进步一等奖和省科学技术最高奖。企业优势，有中国500强5家、中国制造业500强9家，省级以上优质企业946家，竞相发展的企业矩阵，成就了“冠军企业之城”的美誉。集群优势，省级“雁阵形”产业集群17个，动力装备、高端化工、食品加工、新一代信息技术4个产业集群规模过千亿，动力装备集群入选国家先进制造业集群，元宇宙集群入选全省首批先进制造业集群，群峰并起的集群优势，为制造业发展提供了坚实基础。人才优势，40多万名企业家承压奋进、劈波斩浪，132.8万名产业工人传承技艺、创新突破，取得了傲人成绩，打响了潍商品牌，为制造业发展增添了足够的底气。

（二）推动制造业高质量发展面临瓶颈制约。潍坊制造业正处在加快形成新质生产力、迈向高质量发展的重要关口，多年积累的一些矛盾、持续发展面临的瓶颈制约进一步凸显，突出表现在：产业结构偏重，新增长点偏少，质量效益偏低，资源要素偏紧。只有直面问题、迎难而上，加快跨过这些坎，潍坊制造业才能加速进入新的发展阶段。

（三）推动制造业高质量发展挑战机遇并存。从国际看，发达国家加速先进制造业回流，新兴经济体加速工业化进程，纷纷发布“再工业化”和重振制造业战略，制造业已经成为产业竞争博弈的角力场。从国内看，无论是北上广深等一线城市，还是苏州、无锡、东莞、济南、青岛等工业大市，都把推进制造业发展作为战略目标，竞争态势如火如荼。从潍坊实际看，制造业是当家产业，贡献了约3成的GDP、5成的税收。党中央、国务院大力推进新型工业化，省委、省政府加力提速工业经济高质量发展，推出了一系列政策措施，为潍坊实现制造业跨越赶超带来了更多机遇。必须把制造业摆在更加突出的位置，坚持工业立市、制造业强市不动摇，保持战略定力，明确发展方向，突出工作重点，以制造业高质量发展引领带动更好潍坊建设。

三、科学制定制造业高质量发展目标

总体目标：加快建设先进制造业强市，争创国家先进制造业高质量发展试验区。

第一阶段：到2025年，初步实现“五强”目标。整体实力强，制造业体量在全国进位争先，规模以上工业企业数量和营业收入规模在全省持续领先，争当全省工业经济发展排头兵。质量效益强，战略性新兴产业、“四新”经济占GDP比重稳步提升，打造一批千亿级、500亿级产业集群，形成一批世界一流企业和500强企业，培育更多国家制造业单项冠军、“专精特新”等优质企业。创新动能强，每年新增省级以上创新平台10个左右、高新技术企业200家左右，规模以上工业企业研发机构、研发活动覆盖率达到100%。融合能力强，制造业高端化、智能化、绿色化发展取得重要进展，高端制造、智能制造、绿色制造达到全省一流水平。产业韧性强，重点产业链供应链自主可控、安全可靠程度明显提升，形成空间高度聚集、上下游紧密协同、供应链高效集约的链群发展模式。

第二阶段：到2035年，制造业强市建设走在全省、全国前列，传统产业提质增效，新兴产业崛起成势，新质生产力明显提升，工业综合实力和产业支撑力、创新驱动力、整体竞争力持续攀升，高端化、智能化、绿色化、融合化发展取得明显成效，质量效益达到全国先进水平。

四、聚力推动制造业高质量发展重点任务

（一）产业布局优化行动。重点突出“五带两中心”。“五带”即，①世界级高端装备产业带，发展动力装备、海洋动力、环保装备、工程机械，推动动力装备集群向世界级集群迈进；②环渤海新材料新医药产业带，加快发展高端化工和生物医药产业，建设世界级海洋化工聚集区、高端盐化工基地；③高端汽车农机产业带，巩固扩大整车、农机制造产能，加快向新能源汽车赛道切换，打造新能源商用车制造基地；④预制菜产业带，推动食品加工业链条化、标准化、品牌化发展，打造预制菜产业名城；⑤绿色能源产业带，布局光伏、风电、储能项目，建设国家储能产业生产示范基地。“两中心”即，①元宇宙技术创新和产业中心，巩固拓展元宇宙产业优势，加力突破数字经济，打造元宇宙技术创新和产业之都；②磁技术产业中心，加快磁悬浮等关键技术研发和成果转化，建设国家磁悬浮产业基地和中国磁都。

（二）产业结构重塑行动。加力推动传统产业脱胎换骨，深入推进产业基础再造，滚动实施“千项技改、千企转型”，加快推动化工产业向新材料新医药转型、动力装备和汽车制造向新能源化转型、食品加工向以预制菜为代表的生态快餐转型。加力推动新兴产业加速裂变，聚焦元宇宙、工业母机、磁产业、氢能和新能源汽车等先发赛道，研究个性化扶持政策，推动增量崛起，形成更多新质生产力。加力推动未来产业破茧成蝶，力争在人工智能、生命健康等领域实现突破，抢占未来发展制高点。

（三）优企量质倍增行动。更大力度培育企业“航母”，支持潍柴、歌尔等企业组建创新联合体，实施协同创新项目、搭建产业平台，加快向平台化、生态化、服务化转型，带动上下游企业融入产业链供应链。更高水平培育优质企业，促进资源要素优先供给，推动重点工业企业产值倍增，支持企业走“专精特新”发展道路，打造一批深耕细分领域的“单打冠军”“精一赢家”。更有效率培育中小微企业，开展数字化赋能、科技成果赋智、质量标准品牌赋值“三赋”行动，持续推动“小升规”，打通进阶式企业成长“直通车”。

（四）链群能级提升行动。提速推动标志性产业链突破工程，聚焦整合“5+10+N”制造业重点产业链与19个新领域新赛道，加快打造一批集成能力高、带动作用强的现代优势产业链。推动产业融合集群发展，推进千亿级产业集群跃增发展、百亿级产业集群提质升级，加速突破中小产业集群。每个县（市、区）“一县一品”，打造1—2个特色产业集群。

（五）产业园区提质行动。推动开发区“二次创业”，加快建设新型工业化产业示范基地。突出“专”，做强做大主导产业，支持产业园区立足资源禀赋，大力推动园区产业特色化发展。突出“高”，深入开展亩均效益评价，坚持向创新浓度、经济密度、投资强度要效益。突出“优”，推动园区设施提档升级，完善全生命周期服务，加快优化产业生态。突出“活”，深化开发区改革，发挥国家农综区、跨境电商综试区等平台优势，在制度型开放上先行先试。

（六）重点项目突破行动。坚持项目为王，推动制造业企业投资跃增。围绕制造业重点产业发展规划、企业需求，聚焦500强、央企国企等加力招引，打好以商招商、以链招商、基金招商、中介招商、乡情招商等组合拳，加快构建涵盖驻外机构、中介公司、商协会和潍坊籍在外人士的招商网络体系，筛选一批重点项目开展“揭榜挂帅式”招商。坚持“走出去”“引进来”并重，抓住国家全面取消制造业领域外资准入限制机遇，加大对欧洲“专精特新”企业的招引力度。

（七）品牌品质提升行动。深入实施质量强市战略，推进产业、产品、工程、服务质量提升行动，用好科技创新标准化城市试点，健全高端品牌企业梯次培育机制，培育一批品牌标杆企业，厚植“潍坊制造”品牌优势。强化知识产权保护，创新知识产权转化运用模式，建立健全知识产权保护评议机制，扎实推进首批国家知识产权纠纷快速处理试点。

（八）绿色转型攻坚行动。优化产业结构、能源结构，加大新能源和可再生能源推广应用力度，加快制造业绿色低碳转型。坚持源头控碳、过程减碳、末端去碳，高质量建设绿色工厂，打造绿色园区，建立绿色供应链。支持企业加大绿色节能低碳技术研发应用，发展绿色环保装备制造等产业，提升绿色产品供给，打造绿色低碳、附加值高、竞争优势明显的绿色产品供给体系。

五、加快优化制造业高质量发展生态

（一）强化科技赋能。坚持以科技创新引领产业创新，推动科技与产业“血肉融合”，实施创新平台矩阵建设行动，推动国家燃料电池技术创新中心、磁悬浮动力装备技术创新中心等平台提能升级，打造更多重点实验室、新型研发机构。扎实开展研发攻关，围绕制约产业发展的关键技术、关键设备、关键零部件等，深化产学研合作，支持企业强力攻关，努力突破一批填补产业空白的创新成果。实施高新技术企业培强和科技型中小企业育优工程，壮大企业创新主体，加快形成新质生产力。

（二）强化数字赋能。深入实施数转智改三年行动，突出抓好工业数字化转型、企业数字转型、产业链智能提升，突出智能制造主攻方向，培优做强工业互联网，推动更多企业“上云、用数、赋智”。加快数字经济与先进制造业、现代服务业深度融合，着力促进数实融合、双向赋能、耦合共进。完善数字基础设施和服务体系，加快5G网络全覆盖，加强算力等设施建设。

（三）强化金融赋能。深入实施信贷增量扩面计划，扎实推进企业上市“鸢飞工程”，构建分层次、分行业、分梯队的滚动培育机制，推动更多优质企业登陆资本市场，借助资本力量实现高质量发展。着力优化创投生态，吸引集聚投资基金、新兴业态、中介服务等机构，加快创新资本与实体经济深度融合，全方位拓宽企业融资渠道。

（四）强化人才赋能。加快建强企业家、科研人才、技能人才3支队伍，大力弘扬企业家精神，实施新时代企业家培育工程，实行青年企业家培育“导师制”；完善人才引进、培育和激励机制，更大力度集聚战略科学家、科技领军人才和创新团队、优秀工程师和青年人才；发挥职业教育优势，实施技工教育“强基培优”计划，加快建设知识型、技能型、创新型产业工人队伍。

（五）强化服务赋能。完善党委统一领导、政府负责落实、企业发挥主体作用、社会力量广泛参与的工作格局。加力突破优化营商环境“一号改革工程”，推深做实服务企业专员制度，扎实开展“遍访企业”“我为企业找订单”等活动，建立全天候政务服务、全方位政策支持、全链条要素保障等机制，构建更加精准、优质、高效的产业服务体系。

（作者系中共潍坊市委书记、市人大常委会主任）

关于黄河流域生态保护和高质量发展情况的调研报告

杨洪涛

黄河流域生态保护和高质量发展战略，是习近平总书记亲自擘画、亲自部署、亲自推动的重大国家战略。对泰安来说，全面融入和落实好黄河重大国家战略，既是重大历史机遇，更是必须坚决完成好的重大政治任务。主题教育开展以来，我多次围绕黄河流域生态保护和高质量发展，与有关部门单位座谈交流，赴泰山区、新泰市、东平县等地进行实地考察，了解全市层面工作开展情况，研究分析存在的困难和问题，系统谋划下步工作思路和推进措施，在此基础上形成了调研报告。

一、基本情况

泰安市在山东省沿黄城市中有着举足轻重的位置，全省黄河流域面积1.36万平方公里，泰安境内就达到6457平方公里，占比高达47.5%，全市有83%的面积位于其中，涉及所有的县（市、区）。在国家确定的全省黄河干支流所流经43个县级行政区中，泰安也是唯一全域覆盖的市。特别是东平湖作为黄河下游重要的蓄滞洪区，常年水面达到208平方公里；大汶河全长239公里，是黄河下游最大支流，流经泰安市全域。同时，泰山区域是华北平原重要的生态屏障，泰山林场、徂徕山林场分别是山东省第一、第二大国有林场，泰山文化、黄河文化、大汶口文化、运河文化、红色文化等交相辉映，在黄河流域具有非常典型的代表性。

近年来，泰安市准确把握“重在保护、要在治理”战略要求，将黄河重大国家战略列入全市六大重点任务之一，成立推进黄河流域生态保护和高质量发展领导小组，坚持顶层设计，强化规划引领，完善政策措施，抓实重点项目，全力创建山东省黄河流域生态保护和高质量发展先行区。2023年10月9日，省政府同意泰安市建设山东省黄河流域生态保护和高质量发展先行区；10月11日，省发展改革委印发《支持泰安建设山东省黄河流域生态保护和高质量发展先行区实施方案》，明确提出5个方面19项重点任务，支持泰安市改革创新、先行先试。这成为山东省制定的首个以黄河战略为主题的重大区域战略，也是首次为泰安量身打造的重大省级战略，有力推动了黄河流域大保护、大治理、大发展。

（一）防洪减灾体系日益完善。着力完善防洪减灾保障体系，完成黄河东平湖防洪工程和分洪闸除险加固，实施金山坝迎汛除险工程，“十四五”防洪工程东平湖标段加快推进。完成18条中小河流治理、2座大型病险水闸和203座中小型水库除险加固。强化城市防汛排涝，编制泰城主城区排水防涝五年实施规划，建成海绵城市120.6平方公里。制定全市乡镇、村级防汛应急预案，配强市、县、乡三级防汛队伍，基本满足防汛救援需要，先后成功应对2019年“利奇马”台风、2020年强降雨及2021年“烟花”台风等考验。

（二）集约节约水平显著提升。强化水资源刚性约束，出台市水资源保护管理条例、全面加强水资源管理实施意见，获批筹建全国首家国家水资源计量装备产业计量测试中心。2022年，泰安市万元国内生产总值用水量、万元工业增加值用水量比2020年下降16.7%、8%。科学优化资源配置，投资23亿元实施80公里的“引黄入泰”管线工程，有效破解泰城水资源短缺制约。出台省内第一部水权管理规范性文件。大力推进节水控水，持续实施中型灌区续建配套与节水改造，县域节水型社会达标建设在全省率先实现全覆盖。

（三）生态环境质量明显改善。持续推进环境污染系统治理，被确定为2022年度全国生态环境领域真抓实干成效明显的9个市之一，获国务院督查激励。总投资166.4亿元的泰山区域山水林田湖草生态保护修复工程全面完成绩效目标。加快东平湖生态保护修复，打造了南水北调东线工程首个无渔业养殖湖区。2022年，全市空气质量综合指数改善幅度居全国168个重点城市第八位、全省第二位；水环境质量指数改善幅度居全国第七位、全省第一位，国控断面水质优良比例达到100%，大汶河戴村坝实现多年不断流。

（四）发展方式加快转型升级。推动科技创新，成功入选“科创中国”首批试点城市、第二家“科创中国”创新基地，创建行业唯一的国家级先进印染技术创新中心。深化动能转换，实施新一轮“四减四增”三年行动，严格落实能耗、煤耗减量替代，“四新”经济占GDP比重提高到29.5%。加快能源革命，建设鲁中先进压缩空气储能重点区，全力培植盐穴储能、储能装备制造、能源配套服务等产业集群，全市盐穴储能储气产业集群入选省未来产业集群，引进中储国能、中电建、华能集团等一批央企国企，新能源装机容量达到482.3万千瓦，占电力装机比重达到55.7%，居全省第二位。

（五）文化保护传承持续加强。厚植文化根基，成立泰山文化传承与高质量发展推进委员会、泰山文化传承发展示范区建设工作领导小组，制定三年行动计划，大力传承弘扬泰山文化新时代价值内涵。深化文旅融合，按照“串珠成链、山城联动、全域融合、转型升级”推进思路，实施重点文旅项目攻坚行动，出台促进文旅产业高质量发展奖补政策，推动泰安文旅二次创业。打造文化品牌，创作了《大泰山》《大汶口》等一批泰山文化题材文艺精品。泰山新闻出版小镇成为全国最大新闻出版产业集群和全国唯一图书类版权交易中心。

二、存在的问题和短板

经过一段时间的调查研究，在深入了解发展现状的基础上，全面对标对表习近平总书记关于黄河流域生态保护和高质量发展的重要讲话和重要指示批示精神，泰安市在落实黄河重大国家战略方面还存在一些不足，有不少问题亟待解决。

（一）黄河安澜屏障还需进一步巩固。泰安作为全省防汛任务最重的市之一，东平湖是2009年国务院确定的黄河下游防御大洪水唯一的重要蓄滞洪区，汛期面临蓄滞大汶河全部来水和分治黄河洪水双重压力。比如，金山坝防洪标准偏低，历来是东平湖防汛最大短板，坝顶高程与东平湖二级湖堤顶高程相差3米，大汶河发生较大洪水就容易溢坝。2021年受持续降雨和大汶河上游来水影响，27天超警戒水位0.75米运行，存在极大风险隐患，严重威胁坝西群众生命财产安全。

（二）生态环境治理还需进一步加强。黄河流域生态系统总体较为脆弱，泰安市山水林田湖草沙等自然生态要素兼具，作为黄河下游重要生态节点，生态环境保护仍处于攻坚期、窗口期，持续提升生态环境质量面临很多挑战。比如，全市仍有154处历史遗留露天开采矿山未完成恢复治理，部分矿山修复项目标准偏低；东平湖市级湿地自然保护区与东平滨湖国家湿地公园区位重叠，地方以湿地公园为依托发展旅游，影响东平湖生态环境。

（三）水资源利用水平还需进一步提升。泰安市是典型的资源型缺水城市，人均水资源占有量不足全国人均占有量的1/7。同时，对外调水、非常规水利用程度不高，坐拥大汶河、东平湖优势，雨洪资源利用等工作仍有潜力。比如，全市过度依赖地下水和大汶河地表水，每年1.21亿立方米引黄指标利用率仅为15.8%；东平湖常年蓄水量仅为3.5亿立方米，因库容原因，每年汛期至少有4亿—7亿立方米来自泰莱山区的水源泄入黄河，造成优质水资源流失。

（四）经济高质量发展还需进一步加快。黄河流域是著名的“能源流域”，丰富的煤炭、油气资源为沿黄地区工业化、城镇化发展提供了重要动力，但也使地方产业结构偏重，容易形成发展的路径依赖。比如，泰安市产业结构呈现低端产业多、高端产业少，资源型产业多、高附加值产业少的特点，产业结构不优、层次不高的局面尚未根本改变，高质量发展任务仍然艰巨。

（五）黄河文化传承弘扬还需进一步强化。泰安市历史文化底蕴深厚，但对泰山文化的丰富内涵挖掘不够深入，推动泰山文化和黄河文化融合力度不大，文创产品区域特色不突出，文化“两创”工作不够有力。比如，泰安作为国家历史文化名城，缺少一座现代化博物馆，泰安市级博物馆设在岱庙，一直以来“馆庙合一”形式制约了博物馆发展，难以适应现代化展览展陈需求。

三、下步工作打算和对策措施

深入学习贯彻习近平总书记关于黄河流域生态保护和高质量发展的重要讲话和重要指示批示精神，以先行区建设为抓手，加快推动发展方式绿色低碳转型，协同推进降碳减污扩绿增长，在推动黄河流域生态保护和高质量发展上打造泰安样板、贡献泰安力量。

（一）聚焦黄河长久安澜，构建抵御自然灾害防线。坚持以防为主、防抗救相结合，着力构建防洪减灾保障体系，全面提升综合防治能力，筑牢黄河安澜的坚固防线。一是全面提升防汛抗洪能力。实施黄河下游“十四五”防洪工程，巩固提升大汶河等主要河道标准化堤防，加强水库运行监测，实施病险水库除险加固，推进山洪灾害防治项目，提高应对处置灾害能力。二是推进东平湖蓄滞洪区综合治理。坚持以蓄滞洪作为东平湖首要功能，争取东平湖综合治理工程纳入黄河流域防洪规划，发挥东平湖保障黄河安澜关键作用。妥善做好清淤扩容、老湖区分区运用、居民外迁、蓄滞洪区运用补偿等重点工作，最大程度改善群众生产生活条件。三是构建现代化灾害防御体系。加快构建智慧水利体系，建设全市水利综合管理平台、数字水利工程等项目，实现灾害防御智能化。科学规划和改造完善城市河道、堤防、水库、排水系统等基础设施，科学推进全域海绵城市建设。

（二）落实“四水四定”原则，持续推动集约节约用水。坚持最严格的水资源保护利用制度，大力推动全社会节约用水，精打细算用好水资源，确保用水科学合理、平衡协调。一是强化水资源刚性约束。全面践行“四水四定”原则，实行水资源消耗总量和强度、地下水总量和水位“双控”，优先满足城乡居民生活用水、保障基本生态用水、统筹生产用水，筑牢水生态安全屏障。从严整治违规取水，严禁挖湖造景、造湿地，严禁超采地下水。二是优化水资源配置格局。统筹黄河水、大汶河水、南水北调水等各类水资源，全面优化调配体系。加快引黄入泰等调水调蓄工程建设，科学谋划一批中小型水库，对具备条件的水库进行清淤、增容。结合南水北调东线后续工程规划，稳步推进配套建设，将东平湖打造成为全省水资源调配中枢。三是推进深度节水控水。深化国家节水型城市建设，推动用水方式从低效粗放向高效集约转变。比如，推进农业节水增效和工业节水降耗，加快灌区现代化节水改造；严把取水关和用水关，严控高耗水产能发展，提高工业用水循环利用水平。

（三）加强生态修复治理，打造黄河下游生态廊道。牢固树立“绿水青山就是金山银山”理念，突出泰山、大汶河、东平湖三大重点区域生态修复，全面提高生态系统的稳定性。一是提升泰山区域生态功能。以泰山、徂徕山等国家森林公园为重点，实施森林生态修复绿化工程，守护泰山“齐鲁绿心”。加快破损山体治理工程建设，实施采煤塌陷地综合治理工程，探索创新黄河泥沙资源化利用新模式。二是加强大汶河流域生态修复。完善“治用保”相结合的治污体系，开展大汶河流域生态涵养林修复和水土保持综合治理，建设大汶河绿色生态廊道，积极推进东平县水系连通及水美乡村国家试点建设。三是推进东平湖区域生态治理。加大东平湖生态综合整治力度，建设沿湖生态隔离带，全力打造山东省生态安全重要节点。增强水体自净能力，推进东平湖水质持续改善，力争将东平湖创建成全国美丽河湖典型案例。

（四）强化环境污染整治，进一步提升整体环境质量。坚持系统谋划、标本兼治，围绕重点区域、重点领域、关键环节，打好蓝天碧水净土保卫战，扎实开展突出问题整改，持续改善生态环境质量。一是持续推进水污染治理。高标准实施黄河流域入河排污口排查整治行动，扎实推进城市建成区雨污合流管网、黑臭水体“两个清零”。加快老旧小区、城中村、城乡接合部污水收集管网建设改造，积极推进地下水污染防治试验区建设。二是开展大气污染联防联控。推进驻点跟踪研究，实施工业污染源提标改造工程，开展建筑工地扬尘、工业企业扬尘、矿山扬尘整治，强化移动源污染防治。加强煤炭清洁化利用，持续推动煤改气、煤改电工程，开展清洁取暖改造。三是加强土壤污染综合治理。大力开展黄河流域“清废行动”，严厉打击固体废物非法倾倒行为，严格建设用地准入管理，严控重点污染耕地，积极开展耕地土壤污染修复试点。

（五）坚定贯彻新发展理念，推动绿色低碳高质量发展。坚持质量第一、效率优先，坚定不移走绿色低碳高质量发展之路，加快发展方式绿色转型，破解“高质量发展不充分”这个最大短板。一是持续实施新型工业化强市战略。围绕构建“441X”现代产业体系，加快推进新型工业化，推动制造模式、生产方式和产业形态深层次变革。改造提升传统动能，深入开展制造业绿色化、智能化、高端化技术改造行动，滚动实施“千项技改、千企转型”。培育壮大新动能，抓好战略性新兴产业突破和未来产业发展，推进战略性新兴产业集群发展。推动现代服务业与新型工业化“双向赋能”，实施服务业发展三年攻坚行动，提升金融、物流、会展等服务功能。二是持续推动绿色低碳转型。深化能源革命，强化“两高”项目管控，统筹推进化石能源高效清洁利用和非化石能源规模发展，建设多元化、协同化、规模化的新能源体系，打造千万千瓦级“储能之都”和“泰山锂谷”。大力发展循环经济，推动重点领域节能降碳，开展园区循环化改造，提高资源利用率。积极创建试点示范，抓好绿色低碳试点示范和近零碳示范工作，加快建设国家级“无废城市”、生态产品价值实现机制试点城市，争创生态文明建设示范区。三是持续提升科技创新能力。抢抓先行区建设机遇，高效集聚创新要素，强化“创新50强”企业培植，培育更多专精特新“小巨人”“瞪羚”“独角兽”企业。加强校地企融合发展，深化“科创中国”试点、国家创新城市建设，提高科技成果转化率。发挥国家先进印染技术创新中心、省高性能复合土工材料制造业创新中心作用，打造产业链协同创新平台。大力实施岱宗人才工程，擦亮“泰爱才”服务品牌，打造人才高地。

（六）做好文化保护传承，讲好泰山脚下黄河故事。围绕“保护好、传承好、弘扬好”黄河文化，扎实做好山水结合文章。一是深挖文化时代价值。深入挖掘泰山优秀传统文化，加强对黄河文化的阐释推广，梯次推出一批不同类型、不同业态、特色鲜明的重点项目，高水平建设泰山文化传承发展示范区。二是推进文化遗产保护利用。推动非遗有机融入景区，实施文物保护修缮工程，推进大汶口遗址考古，统筹做好历史文化街区、烈士纪念设施、古树名木、大运河遗产保护利用工作。三是推动文旅深度融合。发挥泰安特色优势，坚持文旅融合发展，继续实施一批重点文旅项目，提升配套设施和服务水平，加快建设泰山博物院，落实国家文化公园（山东段）建设保护规划任务，推进泰山·黄河—大汶河文化旅游生态廊道建设，打造国家旅游休闲城市。

（作者系中共泰安市委书记、市人大常委会主任）

威海市加强财源建设的调查研究报告

闫剑波

习近平总书记指出，“财政是国家治理的基础和重要支柱，科学的财税体制是优化资源配置、维护市场统一、促进社会公平、实现国家长治久安的制度保障”。对城市发展来说，打造坚实稳固的财源体系非常重要，围绕财源建设这个主题，2023年12月到市财政局、市税务局、人民银行威海分行等部门，部分区市、开发区，以及部分重点企业、重点项目开展实地调研，通过摸清情况，查找问题，分析原因，理清思路，有针对性地提出意见建议，现形成调研情况报告如下。

一、近年来威海财税收入基本情况

近年来，威海财税收入增长出现较为明显波动。2018年，全市一般公共预算收入完成284.4亿元，达到历史高点。2019年，受大规模减税降费等因素影响，全市一般公共预算下降12.2%，随后2020、2021年出现恢复性增长，但增幅相对较小，分别为1%、5.2%。2022年，在疫情、减税等因素影响下，全市一般公共预算收入同口径下降8.9%。2023年由负转正，全市一般公共预算收入完成237.4亿元，增长5.4%。

2018—2023年，全市一般公共预算收入由284.4亿元下降至237.4亿元，年收入总量减少47亿元，年均增长-3.5%。其中，税收收入由230.3亿元下降至169.1亿元，年收入总量减少61.2亿元，年均增长-6%。全市一般公共预算收入总量由全省第10位下降到第13位。税收收入占一般公共预算收入比重呈逐年下降态势，由2018年的81%下降到2023年的71.3%（同口径）。

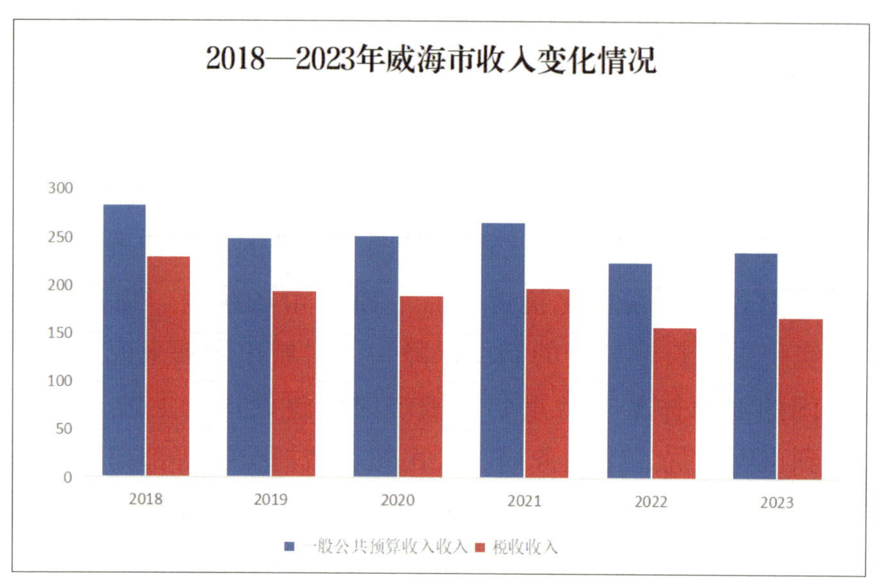

政府性基金预算收入方面，2018—2023年，全市政府性基金预算收入从299.2亿元下降至189.4亿元，年收入总量减少109.8亿元，年均增长-8.7%。除国有土地使用权出让收入由256.5亿元下降至152亿元之外，城市基础设施配套费收入、彩票公益金收入等均有不同程度下降。

二、影响收入增长的因素分析

（一）落实大规模减税降费政策形成直接减收。为减轻企业成本负担，支持企业轻装上阵、加快发展，国家从2019年以来连续实施大规模减税降费政策，通过深化增值税改革、小微企业普惠性税费减免、实施大规模增值税留抵退税等措施，不断释放政策红利，威海采取加强解读辅导、送政策上门等措施，确保全市企业税收优惠应享尽享。经统计，自2019年至2023年，每年较上年新增减税降费及退税、缓税、缓费分别为36.5亿元、20亿元、29.7亿元、110.7亿元、54亿元，对全市各级财税收入增长带来了较大影响。

（二）制造业受结构性制约支撑不够强劲。制造业是威海产业发展贡献最大的行业大类，是全市财税增收的支柱，2023年全市制造业产值占GDP的31.6%，税收占全市税收总额的40.9%，对威海税收的贡献要明显大于其他行业。2018—2023年，全市制造业税收由103.1亿元增长至122.6亿元，年均增长3.5%。除受疫情、减税、退税等因素影响外，威海制造业也面临一些结构性问题。一是高新技术企业占比较高，享受税收优惠较大。威海制造业产业结构好、科技含量高，全市高新技术企业产值占比达到75.5%，列全省第一；国家高新技术企业、国家科技型中小企业分别达到1370家、2325家，为创新发展带来很大优势。但高新技术企业和科技型中小企业大量享受研发费用加计扣除、企业所得税减征等税收优惠政策，税收贡献相较其他同等产值规模的工业企业要少。2023年，全市高新技术企业税收完成63.1亿元，占税收总额的21.1%，与高新技术企业总产值相比差距较大。二是中小企业较多，税收支撑力强的大企业偏少。截至2023年底，全市工业企业总量约1.4万家，规模以上工业企业为1329家，全市税收入库过亿元的单户企业24家，纳税最多的威海市商业银行股份有限公司为6.4亿元；若按集团纳税统计，超过10亿元的只有威高集团1家，合计26.5亿元。三是外向型经济发展较好，但税收贡献差别明显。威海外资外贸较为发达，进出口依存度为63.5%、全省第二，其中出口依存度49.2%、全省第一。全市共有外资企业1694家，列全省第三位，其中韩资企业达到1005家，占全省的22.3%。威海外资企业以加工类、外贸类企业居多，其中“两头在外”加工类企业826家，这些企业因研发、销售等都在国外，仅少量缴纳房产税、土地使用税等税收，贡献十分有限。四是部分行业受政策影响较大，税收波动明显。医药和医疗器械制造业是威海的主导产业之一，国家实施带量采购政策以来，部分企业利润、税收受到较大影响，对该行业快速发展态势形成一定制约。2023年，全市医药制造业完成全口径税收19.7亿元，增长8.6%。以心脏支架产品为例，在实施带量采购后，价格从平均1.3万元下降到469元，降幅达到96%。以心脏支架等医疗器械为主打产品的吉威医疗，缴纳税收从2019年的1.9亿元下降到2023年的3723万元。

（三）房地产、建筑业贡献趋弱。在过去较长时间内，房地产及相关产业在整体产业结构中占有较大比重，相关税收是财政收入的重要来源。但房地产和建筑业税收，本质上属于非持续性税源，行业对资源、资金依赖程度较高，且受政策调控、市场运行等因素影响较大，极易出现较大的波动性，影响财政经济的稳定性。2018年以来，受疫情、房地产市场调控等因素影响，威海房地产投资、销售呈现下降趋势。2018—2023年，全市

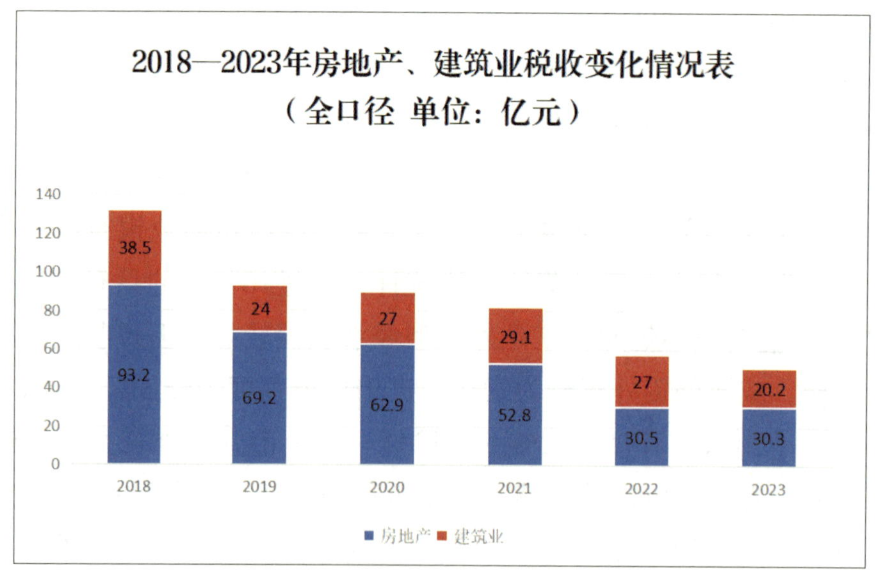

商品房销售面积从1043.7万平方米下降至381.8万平方米，降幅达到63.4%，房地产和建筑业税收总额由131.7亿元下降至50.5亿元，年均降幅21.1%，房地产和建筑业占全市税收收入的比重由36.7%下降至16.9%，其所形成的巨大减收空间短时间内难以通过其他产业的发展来弥补。

（四）骨干财源企业数量体量增长不快。骨干龙头企业是引领发展的排头兵，发挥了重要的税源支撑作用。2018—2023年，全市营业收入过10亿元的企业由37家增加到47家，营业收入过100亿元的企业由3家增加到5家，与其他地市相比企业膨胀发展较为缓慢，如滨州市仅2022年当年就新增营业收入过100亿元的企业7家。同期，威海规模最大的威高集团营业收入由449.6亿元增长至515.6亿元，年均增长3.5%，而烟台万华化学营业收入由606.2亿元增长至1655.7亿元，年均增长28.6%。从纳税骨干企业情况来看，2018年全市地方级纳税50强企业共缴纳地方级税收58.4亿元，2022年缴纳60.6亿元，年均增长0.9%，增长较慢。2018年地方级纳税过亿元的企业共18户，共缴纳税收38.8亿元，其中过10亿元的企业1户，为威高集团，缴纳税收12.3亿元。到2023年，地方级纳税过亿元的企业16户，共缴纳税收41.9亿元，过10亿元的仍然只有威高集团1户，缴纳税收14亿元。5年间，商业银行、迪尚集团、光威集团、亘元新材料等企业纳税增长较快，但三角集团、成山集团、华能发电、迪沙药业等传统纳税大户税收却出现了不同程度下滑。

（五）新增财源结构还需进一步优化。2018—2023年，全市税务部门正常管理纳税人由15.93万户增至21.51万户，年均增长7.8%。其中，累计新增企业纳税人约4.3万户，这些企业2023年度共计实现税收收入44.5亿元。新增企业有两大特点：一是小微企业居多。2018—2023年，全市新增税收过百万的企业仅666

户、占比1.6%，共实现税收36.5亿元、占比82%。近年来国家持续加大小微企业税收优惠力度，虽然其数量稳步增加，但对税收拉动作用微弱，8成新增纳税人贡献不足万元。二是高质量财源占比较小。2018—2023年，全市新增税收过百万的企业中，房地产企业占12.5%、贡献占比19.6%，建筑业企业占9.6%、贡献占比7.4%，而制造业作为可持续拉动增长的优质税源，5年仅新增了243家、占比36.5%、贡献占比29.9%。从新增税收过千万元企业看，32家企业中制造业仅有7家，分别为威高普瑞医药包装、迪尚医疗科技、威高肾科医疗器械、亘元新材料、玫德集团、源泉重型机械、嘉泰制衣，其中前3家为威海企业新设子公司或依托原有企业新注册企业；而房地产业有13家，包括兴茂置业、君和置业、金猴龙昊置地等，在房地产不景气的形势下，这些企业很难持续支撑税收增长。

（六）土地出让收入波动较大。威海财政收入对土地出让及房地产市场的依赖性非常高，2023年威海市一般公共预算收入完成225.2亿元，国有土地使用权出让收入完成309.6亿元，土地依赖度为137%，远远高于全省76%和全国32.8%的平均水平，在全国也处于较高水平，导致产生一系列影响。一是由于土地出让与房地产市场深度绑定，缺乏稳定性和可持续性，其所产生的政府性基金收入和相关税费收入极易受到政策和市场影响而产生较大波动。二是土地、房产等关联税收在威海一般公共预算收入中占比较大，全市“五小税”占比较大，主体税收占比在全省靠后，2023年全市主体税收占比仅为40.1%，文登、乳山、南海新区低于30%。三是土地出让收入作为政府综合财力的重要组成部分，是各级偿还专项债券、开展重点项目建设的重要资金来源，其发生较大变化不仅会影响政府综合债务率指标，加大后续融资难度，也会对各级政府偿还债务、开展项目建设带来直接影响。

三、关于加强财源建设的思路和建议

财源建设事关城市长远可持续发展，要坚持“开源”与“节流”并举，在增总量、提速度、优结构、要效益上下功夫，为积极融入全省绿色低碳高质量发展先行区建设、全力打造共同富裕先行区，不断开创“精致城市·幸福威海”建设新局面，争当新时代社会主义现代化强省建设排头兵提供财力保障。

（一）加强产业培育，厚植财源基础。制造业是威海财税增收的重要支柱，特别是骨干龙头企业，是关键的税收来源，加强财源建设，首先要抓好产业培育，打牢基础。一是重点支持纳税50强延链补链，打造财源主力军。培育一个龙头就能带动一个产业，纳税50强企业是全市税源的重中之重，从行业看，除了金融、房地产等行业，纳税50强中工业类企业有25家，主要集中在医药医疗器械、纺织服装、碳纤维、船舶与海工装备、专用汽车等产业链。要围绕这些重点，梳理产业链的上下游企业，有针对性地制定支持措施，推动产业链上的各类市场主体规模、质量、效益同步提高。二是积极支持中小微企业升规纳统，打造财源动力源。推动符合条件的中小微企业升规纳统，不仅可以助力企业扩大生产规模，也可以有效提高税收效益。要聚焦优势产业，梳理发展态势好、潜力大的优质中小微企业，精准支持引导，在助力优质企业成长壮大的同时，有效增加财税收入，为财源稳步发展提供持续动力。三是集中资源支持特色园区发展，打造财源主战场。加强市级统筹引领，围绕八大产业集群、10条优势产业链来布局打造特色产业园区，用好“飞地经济”等手段，打破过去区市“各自为战”“零散支持”的旧有模式，推动同行业、同链条企业向特色产业园区集聚，塑造发展新优势。

（二）提升招商引资实效，培育新兴财源。招商引资是财源建设的重要增量，但很多企业项目由于前期论证不足、研究不透，或是政策返利过大，导致落地后迟迟产生不出效益，没有形成有效的税收贡献。要在大抓招商的基础上，努力在提高项目税收和效益上下功夫。一是优化招商评估机制。建立健全招商引资项目综合效益评估工作机制，对拟招引的企业、项目，要综合考虑财税、投资、就业、产业链配套、节约集约用地等方面的贡献度，以效益为导向确定给予的政策条件，进一步提高招商引资实效，避免出现大量投入而没有实际效益的情况。二是强化项目落地支持。强化对重点招商项目“一企一策”的政策扶持，对发展潜力大、预期效益好、产业带动力强的项目，在落实税费优惠政策的基础上，结合项目实际，整合土地、资金、基金等资源，形成综合扶持合力，推动项目及早落地。三是加大安商稳企力度。现有企业的膨胀扩张也是招商引资的重要途径，要树立“稳商就是招商”理念，保证现有企业增资扩能同等享受招商引资政策，提高工业企业技改设备补助比例，支持本土企业发展壮大。同时，支持鼓励本土企业发挥自身优势，开展“以企招商”“以商招商”，积极引进产业链供应链上下游企业。

（三）挖掘资源潜力，拓宽增收渠道。针对资源利用不足、管理不到位、税源分散等问题，进一步加强统筹管理，做好挖潜文章。一是有效利用土地资源。土地出让收入是政府财政收入的重要组成部分，但一直存在管理不规范等问题，还有很大潜力可挖。要调整中心城区土地出让收入分配体制，修订完善城市基础设施配套费征收管理办法，对现有土地资源进行全面梳理，有序做好土地出让、开发工作，提升土地资源利用价值。二是挖掘海域资源价值。进一步严格规范海域使用金征管，对养殖用海审批和海域使用金征管情况开展全面清查，摸清用海底数，做好海域使用金清缴，盘活尚未得到充分利用的海域资源，确保海域使用金应收尽收。三是强化矿产资源经营管理。摸清全市矿产资源底数，深入挖掘地热、矿泉水、砂石矿等矿产资源开发潜力，加强优质矿产资源开发利用，最大限度提升矿产资源开发对财政收入的贡献。四是挖掘消费领域税收潜力。近年威海旅游业火爆，但从财税贡献角度来看，由于分布零散、纳统率低，旅游业发展带来的税收仍比较有限。要加强统筹整合，打造涵盖景区、演艺、餐饮、住宿、文创、特产的完整链条，实施规范化管理和产业化经营，加大住宿和餐饮业纳统和税收监管，聚拢零星税源，推动文旅消费向财税收入转化。

（四）强化综合治税，凝聚工作合力。财源建设是一项系统工程，不能只靠财政、税务部门单打独斗，针对管理较为分散、工作合力不够的问题，要用好新技术新手段，调整优化工作机制，凝聚财源建设合力。一是运用好大数据手段。将“以数治税”理念贯穿财源建设全过程，打通部门间信息壁垒，做好数据共享共用，及时掌握税种、企业、行业增减变动情况，强化数据分析利用，拓展财源增收空间。二是进一步优化扶持政策。对支持经济发展的各项政策进行系统梳理和绩效评估，结合产业规划、发展特点、企业需求，对扶持政策进行优化，集中资金扶持发展前景好、贡献大、潜力大的优质企业项目，清理减少投入分散、方向重复、绩效不高的政策，确保有限的政策资源用在“刀刃”上。三是完善财源建设考核激励机制。在保证财税收入不出现较大波动的情况下，突出优化结构、提高质量，对主体税收增长较快、收入质量改善进步较大、综合治税成效较好、新增财源增加明显的区市、部门，在资金奖励、考核赋分等方面给予重点倾斜，充分激发区市部门、优化收入结构、加强财源建设的积极性和主动性，促进财政的稳定可持续发展。

（作者系中共威海市委书记）

关于片区化推进乡村振兴的实践与思考

任 刚

打造乡村振兴齐鲁样板，是习近平总书记赋予我们的政治任务和历史使命。作为农业农村大市，全面推进乡村振兴既是践行党的根本宗旨的必然要求，也是加快现代化强市建设的现实需要。习近平总书记始终坚持运用系统思维分析问题、研究工作，反复强调广大干部要善于运用系统思维研究解决问题。我们牢记习近平总书记“让老区人民过上好日子”的殷切嘱托，学习借鉴浙江“千万工程”经验，自觉运用系统思维指导实践，探索了以规划连片实施、环境连片提升、产业连片发展、组织连片共建、资源连片投入为基本内涵的片区化推进乡村振兴路径，达到整合资源、促进均衡、带动共富的目的。省委书记林武多次给予肯定，5月份成功承办了全省乡村振兴齐鲁样板现场推进会议，6月央视《对话》栏目到沂水录制了“五级书记话乡村振兴”。

为深化拓展“五个连片”做法、加快推进沂蒙乡村振兴、全面开创现代化强市建设新局面，我按照党中央关于在全党大兴调查研究的决策部署和主题教育工作安排，围绕“关于树牢系统思维，片区化推进乡村振兴的实践与思考”进行了专题调研。在多渠道听取有关意见基础上，制定了调研方案和调研提纲，确定了片区拓展深化、增强内生动力、有效增收路径等5个方面的调研方向，以及科学规划设计、建设优质平台、打造系统样板等8个需要着力研究解决的问题。从市域北部、南部、中部、西部、东部5个区域，各选择2—3个片区、3—5个村，通过“四不两直”、个别深谈、集体座谈、问卷调查、专家论证等方式，随机走访部分农民群众、基层干部、经营主体、施工单位等不同群体，问卷调查1.2万人，了解真实情况、听取各方意见、作出深入思考、寻找问题答案。

一、基本情况

自2019年起，我们以乡镇为单元，每年选取24个片区给予3亿元重点扶持，市级以上示范片区达到62个、覆盖1064个村，坚持规划连片实施、环境连片提升、产业连片发展、组织连片共建、资源连片投入，一片一片地抓、抓一片成一片，打造具有鲜明特色的“沂蒙乡村”。

（一）形成乡村“抱团”发展之势。各级强化规划引领、统筹片区布局，扎实推动156个乡镇分类推进考核、西部六乡镇振兴、主城五区突破，构建起“提升北部、优化南部、盘活中部、突破西部、加强东部”的发展态势。座谈中，蒙阴县委王丽云说：“我们按照‘成方连片、突出特色’的思路，围绕桃产业、水文化、红色休闲、蒙山民宿等特色，规划36个片区，整合、撬动资金53.6亿元，建成21个，覆盖全县70%的村。”

（二）绘就乡村“串联”成景之美。创新实施“百千工程”，市县财政拿出36亿元，利用3年时间，集中打造100个示范村、连片提升1000个整治村。一期124个片区4544个项目顺利完成，把覆盖村庄打造成一条条“风景线”。实地调研时，费县农业农村局续利民说：“我们建设的‘胡阳喜柿’片区深挖西红柿文化，嵌入产业特色，将10个村串点成线，产村融合浑然一体，人居环境焕然一新，成为网红打卡地。”

（三）筑牢乡村“共富”繁荣之基。深刻领悟习近平总书记“要把‘土特产’这3个字琢磨透”的指示精神，坚持“一县一业”“一镇一品”，市县联动、链式发展，加快培育苍山蔬菜、沂南黄瓜等18个特色产业，做大做强畜牧屠宰、粮油加工等六大优势特色产业集群，狠抓农文旅融合，厚植了强村富民根基。村集体收入10万元以下的行政村全部清零，20万元以上的超过70%、50万元以上的达到35%；近3年农村居民人均可支配收入年均增长8.2%。

（四）催生乡村“同频”共振之变。深入贯彻落实习近平总书记“坚持大抓基层的鲜明导向”的要求，大力实施头雁领航、百村攻坚、千村共富行动，通过建强党组织带动各类经济、社会组织，全市农民专业合作社、联合社发展到2.5万家。实地调研时，沂南县大庄镇党委韩京振说：“我们以庙官庄村和坊前村为中心，将周边9个村集聚起来，打造‘雁阵村居’，建立联合党委，跨村调配资源，发展了久阳蔬菜合作社等9个产业项目，实现了把锅做大、把饭做多。”依靠经济融合、片区协同，全市乡村组织化水平有了显著提升。

（五）汇成乡村“多源”聚合之力。各级抓住“人、地、钱”等关键环节，调动部门、国企、社会等力量，倾力支持乡村振兴。2019年以来市级财政整合投入资金418亿元、年均增长8.5%，21%集中投向片区。创新推出“四雁振兴类”贷款、“美德信用贷”，2023年以来分别发放贷款149.8亿元、53.7亿元，有效解决了涉农主体无抵押、无担保融资难题。创新实施“乡村振兴合伙人”制度，建成全省首个乡村振兴综合服务平台，合伙成果6941个，合作资金71亿元。

综合起来，临沂乡村振兴有着相对明显的阶段特征。从面上看，主要有3个特征：一是区域性，整体呈现“县比区强，北部强于南部、南部强于中部，山区村比平原村强”，必须精准发力、重点突破。二是差异性，既有总书记点赞的全国样板代村，也有脏乱差的“后进村”，更多的是不上不下的“普通村”，必须“抓两头、带中间”。三是多样性，山区、丘陵、平原各占1/3，每个县都有2—3个主打特色产品，蒙阴蜜桃面积、产量居全国县级第一，兰陵蔬菜占上海市场的半壁江山，莒南花生油产能占全国的1/5，必须因地制宜、放大优势。从点上看，主要有5个特点：一是“老”与“新”并存，既有新型职业农民，也有传统的“老把式”，大量“50后”“60后”在从事农业生产。二是“合”与“散”并存，既有连片规模经营，也有一家一户的小农经营。三是“传统”与“现代”并存，农村的居住方式、文化文明、生活习惯、人情关系和道德规范，正在经历传统向现代的演变，二者相互交织。四是“进城入市”与“上山下乡”并存，城里的要素投向农村，农村的要素走向城市，城乡正在加速融合。五是“解放的生产力”与“落后的社会治理”并存，如今化身农民工、临时工、小商贩、小老板的农民，正在二产、三产化，但现实中沿用的仍是一产的治理结构。这些阶段特征，是我们制定政策的基本点。

二、主要问题

临沂市片区化推进乡村振兴工作虽然取得一定成效，但对照齐鲁样板“综合性、普遍性、先进性”特征，明显还有很多不足。主要表现在没有处理好“要与干”“远与近”“快与慢”“内与外”“多与优”“权与责”“严与活”7个关系。

（一）“要”与“干”的关系。习近平总书记强调，“贯彻党的群众路线，首先要对群众有感情，真正把自己当成群众的一员、把群众的事当作自己的事”。乡村振兴的建设主体、受益主体是农民，一定要充分尊重农民意愿，从农民欢迎的事做起，从农民有意见的事改起。调研中发现，个别片区村庄没有充分听取群众意见，大包大揽、“替群众做主”，“所干”和群众“所盼”存有温差。据统计，2023年“百千工程”投入道路提升资金5.8亿元、占总额42%，但问卷调查显示，50.8%的受访群众依然认为道路硬化最迫切，说明我们干的与群众想要的还有很大差距。

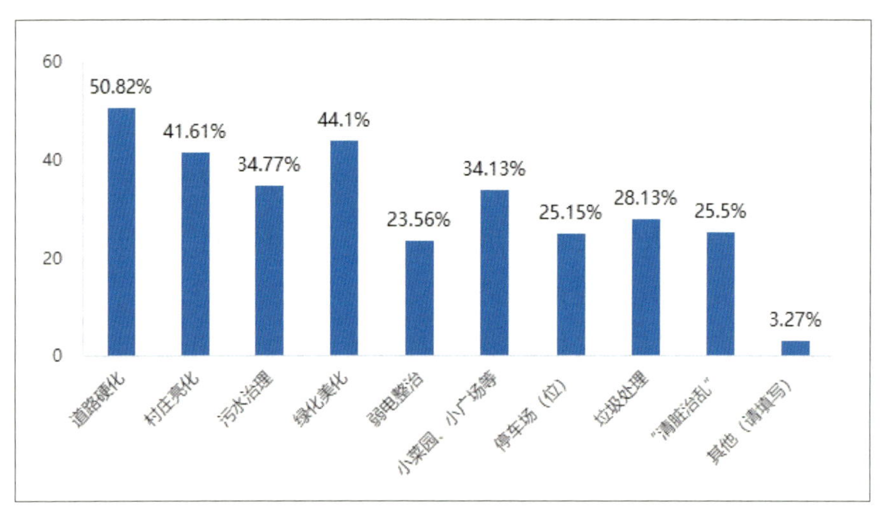

图 1　群众最迫切事项调查统计

（二）“远”与“近”的关系。习近平总书记强调，“实施乡村振兴战略要坚持规划先行、有序推进”。工作中，我们强化县域统筹，推进有条件、有需求的村庄规划应编尽编，做到无规划不建设。问卷调查显示，有59.6%的受访群众依然认为村庄产业发展规划编制不足，48.4%的反映基础设施和公共服务规划欠缺。走访中也发现，个别村庄规划没有体现全要素，只是侧重村容村貌等基础整治，对产业发展、文明建设、乡村善治等着墨不多，没有充分做到“五振联动”。比如，费县石井镇柴禾峪村辖6个自然村、2100人，没有产业项目，也未进行长远规划，村

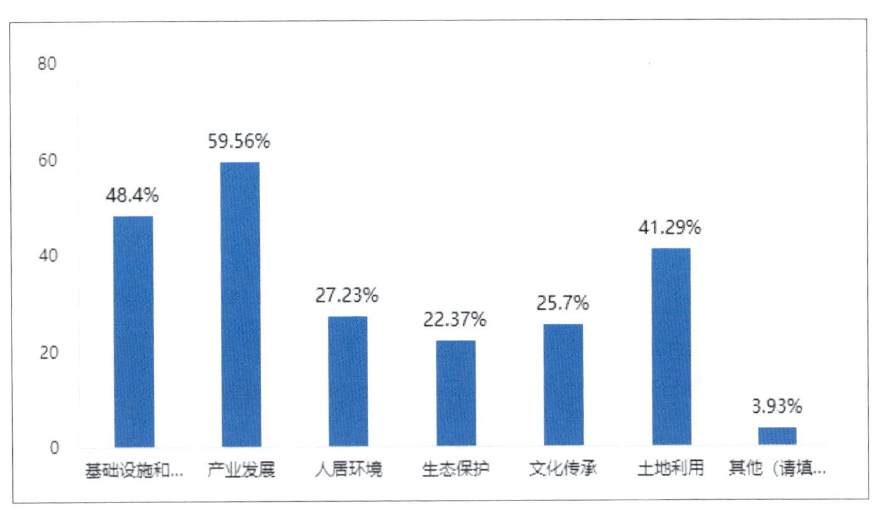

图 2　村庄规划短板调查统计

民无法就近就业，60%以上的人外出务工，留守人员只种花椒、甘薯和芋头等作物，产业发展滞后，成了“五个振兴”的“落后生”。调研还发现“等米下锅”现象突出。基层搞乡村建设，对“上级投入”依赖程度很大，“接受式发展”代替了“规划式发展”，有多少米就支多大锅，主观能动性不强。河东区太平街道罗官庄村罗守海说：“我们也想干好（环境整治），但村里没多少钱，基本靠土地发包，小打小闹还行，也就刚够村里的日常花销。要想修个路、架个桥，还得靠上级政府给钱。”

（三）“快”与“慢”的关系。习近平总书记对乡村振兴战略的一贯要求是，一件事情接着一件事情办，一年接着一年干，切忌贪大求快、刮风搞运动，防止走弯路、翻烧饼，让亿万农民有更多实实在在的获得感、幸福感、安全感。我们不盲目制定超越现阶段的目标，循序渐进，久久为功。调研发现，有的乡镇追求立竿见影的“地上、院外”打造，轻视见效慢的“地下、院内”建设；有的项目时序安排不够合理，个别村庄存在重复拆建情况。在兰山区汪沟镇东曹家庄村调研时了解到，该村前年刚完成“户户通”硬化工程，但没有预留排水沟，2023年9月份，又破碎路面开挖排水沟，现场能明显看到二次施工的痕迹，造成一定浪费；有的建管不同步，不注重长效管护、机制建设。

（四）“内”与“外”的关系。习近平总书记强调，发展要靠内生动力，如果凭空救济出一个新村，简单改变村容村貌，内在活力不行，劳动力不能回流，没有经济上的持续来源，这个地方下一步发展还是有问题。据统计，全市村干部呈“一高一低”特点，村党组织书记平均年龄49岁，其中50周岁、35周岁以下的分别为1911名、389名，占比分别为51.5%、10.5%；大专以上学历的1624名、占比43.8%，结构不优，跟不上乡村振兴要求。调研发现，有的村党组织在引领发展方面，“主心骨”作用发挥不够。有些村在发展过程中，主要依靠外部资金注入，缺乏内生性的资金来源。问卷调查显示，53.6%的人认为村庄发展的资金来源为上级财政资金支持，33.4%认为依靠村集体收入，村级自筹仅占7.7%。有些村主导产业不突出，缺乏有实力、能带富的龙头企业，缺少具有市场竞争力、品牌效应的农产品，村集体经济发

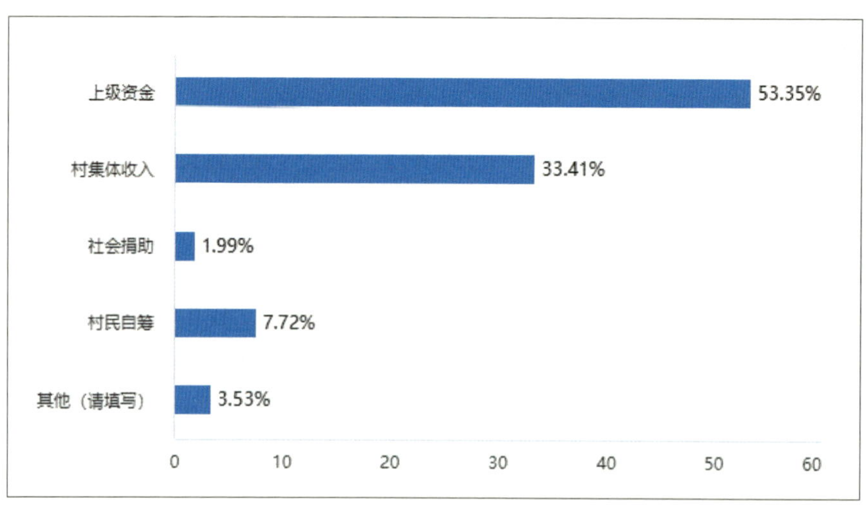

图3　村庄发展资金来源调查统计

展缺乏可持续性。2022年全市村集体经济组织总收入56.9亿元，其中，经营性收入35.1亿元（经营收入8.2亿元、投资收益2.1亿元、发包及上交收入13.9亿元、补助收入10.9亿元），自主经营收入和投资收入仅占全部经营性收入的29.3%。

（五）“多”与“优”的关系。习近平总书记强调，要依托农业农村特色资源，向开发农业多种功能、挖掘乡村多元价值要效益，向一二三产业融合发展要效益。2023年底，全市规模以上农产品加工企业2146家、全省第一，省知名品牌56个、全省第五（烟台69、济宁59、济南和潍坊57），但与区域品牌建设的规模化要求仍有较大差距。规模小。全市18个优势特色产业产值超过100亿元的仅有4个、占比22.2%；产值低于50亿元的10个、占比55.6%；市级以上农业产业化重点龙头企业904家，其中国家级农业化重点龙头企业仅10家，产值过百亿元只有金锣集团，没有1家农业企业上市。调研深入剖析河东区脱水果蔬产业发现，来料加工占到50%，受国外市场影响较大。链条短。全产业链开发不到位，没有实现“接二连三”，原字号、粗字号、初字号的“大

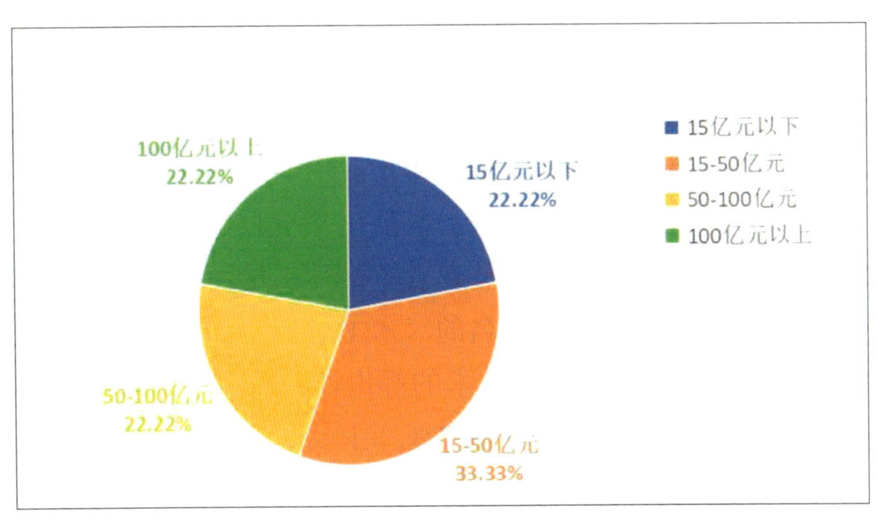

图4　全市18个优势特色产业产值分布图

路货”居多。调研发现，平邑金银花种植面积66.8万亩，年产量1.8万吨，占到全国总产量的60%，流通量占到全国的80%，仅有中平药业1家加工企业，还是为大型中医药企业提供原材料为主，长期处于产业链底端。功能弱。缺乏品牌带动特色产业发展的理念，很多农产品品质好效益低、有口碑无名牌或有牌不靓，具有竞争力的品牌较少。比如，沂水县亿佰利食品沙琪玛产量居全国前三，但仍有4成产品为“盼盼”“美多奇”等知名品牌商代工。

（六）“权”与“责”的关系。习近平总书记强调，全面实施乡村振兴战略的深度、广度、难度都不亚于脱贫攻坚，必须加强顶层设计，以更有力的举措、汇聚更强大的力量来推进。2023年以来，我们先后召开“十强农业乡镇”座谈会、西部六乡镇振兴发展座谈会、主城五区乡村振兴工作座谈会和“我为乡村振兴做了什么”市直部门述职会议等10余个会议，要求县区、部门都打造各具特色的乡村振兴齐鲁样板。但通过不同层面了解，特别是深入基层调研发现，工作平推平拥的多、创新突破的少。合力不强。8月底省委巡视组反馈，临沂市乡村振兴工作“统筹谋划协调形成整体合力不足”，部门主动跨前一步、紧密协同作战意识不强，对农村需要什么、基层到底怎么干、其他单位需要配合做哪些谋划思考不深，还未形成攥指成拳的强大合力。资源不聚焦。调研发现，乡村人才外流和老龄化、空心化问题较为突出，成为乡村振兴掣肘点。临沭县青云镇银马庄村民李健说：“我们庄总共1369口人，是远近有名的‘木工村’，光在外地干木工、装修的就有700多口，有点技术的都出去了，现在打墙盖屋都得出去找建筑队。”每个部门都掌握不少政策、资金、项目，但转化成乡村建设、上级支持的项目不够，一些好项目、好政策无法沉淀到农村。典型样板少。在沂水县许家湖镇调研时，袁中华说："我们镇有的村看起来像欧洲，有的村看起来像非洲。"这从侧面说明，我们打造的样板类型不够丰富、数量不多，"一招鲜"的亮点做法较少。

（七）"严"与"活"的关系。习近平总书记强调，中国式现代化应当而且能够实现活而不乱、活跃有序的动态平衡。调研过程中，不少村干部反映，在片区项目招投标时存在招标方式不灵活、程序复杂、周期长等问题。按国家发展改革委《必须招标的工程项目规定》，400万元以上的工程类项目必须公开招投标；《规定》对400万元以下的未作要求。据了解，实际操作过程中不管是否超过400万元，基层政府都要求走招投标手续。这样，一个六七十万的修路项目，走磋商简易程序至少要11天，走公开招投标至少需要58天；需要向第三方交纳代理服务费及公证费六七千元。蒙阴县旧寨乡东里庄徐志仓说："乡镇光想着不出事，一股脑都让招标。如果将技术含量低、建设难度小、工程分散、易于准确计量和控制且无安全隐患的工程，由乡镇询价、评估的方式确定给本土'建筑施工队'，既可减少繁琐的招标手续，还可以降低项目管理成本，增加当地群众务工收入。"

三、对策思考

通过系统总结连片推进乡村振兴的实践成果和深入理性思考，更加坚定了我们抓好"五个连片"建设的信心决心。总体思路是，遵循"12345"部署，即"1"一主多辅，突出农民这一主体，"2"加快城乡二元融合，"3"推动农业、工业、服务业三产贯通，"4"实施"新型工业化、信息化、城镇化、农业现代化"四化协同，"5"促进"产业振兴、人才振兴、文化振兴、生态振兴、组织振兴"五振联动；坚定不移抓好"四雁工程"、特色产业、精深加工、"百千工程"、循环经济五项重点工作和合作社发展、一产招商、村集体和农民增收，加快打造乡村振兴齐鲁样板、创建共同富裕沂蒙好例。

（一）把片区化推进乡村振兴的根本点放在凝心铸魂上。坚持把习近平新时代中国特色社会主义思想作为研究解决问题、推动片区建设的“总钥匙”，扎实开展主题教育，深学笃行“千万工程”蕴含的发展理念、工作机制、推进办法。在农委成员单位、县区、乡镇、片区、村庄中组织开展一次“三个一”活动，即进行一次集中研讨、明确一个赶超目标、集成一批扶持政策，切实把理论学透、标杆树好、路径谋实。集中研讨。落实“第一议题”制度，党员领导干部每季度参加一期读书班。召开全市打造乡村振兴齐鲁样板研讨会，探讨打造乡村振兴齐鲁样板的有效路径。赶超目标。各级各部门分别在省内或浙江确定本系统、本地区乡村振兴领域学习赶超的对象，有计划地走出去考察对标，找准差距、明确方向，立起各自打造齐鲁样板的标杆。扶持政策。各部门进一步梳理涉及乡村振兴的政策、项目，编制清单、精准推送、及时兑现，凝心聚力、加快打造各有特色的系统样板。

（二）把片区化推进乡村振兴的切入点放在规划实施上。遵循“建设应该讲成本，规划必须高要求”理念，指导各实施镇村结合村庄优势和村民意愿，科学规划布局、严格落地实施。科学规划。聚焦全要素提升，以乡镇为单位，建立健全片区建设规划为引领、村庄规划为基础的“1+N”规划体系，全面考虑“产业、人才、文化、生态、组织”五个振兴，统筹安排村庄、宅基地、基础设施、公共服务、生态保护修复布局，形成片区“一本规划、一张蓝图”。规范实施。严格执行“十准”“六不准”正负面清单，把片区和村庄分好类、排好队，把规划分解成年度实施计划和具体实施项目。从花钱少、见效快的农村生活垃圾集中处理、村庄环境清洁卫生入手，到完善基础设施、提升公共服务，再到培育产业、数字乡村。鼓励因地制宜建设小菜园、小花园，栽植“结果的”“开花的”，严禁铺草坪、搞城市园林绿化、建设景观亭等；允许根据实际情况利用10%—20%的墙面打造文化主题街巷，严禁简单刷白墙和粉刷土坯墙、石头墙、空心砖墙等行为。搞好衔接。强化片区一体意识，推广沂南县“雁阵村居”强村弱村抱团振兴模式，健全片区党委组织体系，基础设施联建共享、产业布局分工协作、人居环境共治共管，消除“片区留白”“村庄割裂”。健全部门会商协同机制，合理有序下达项目，防止反复拆建、浪费资金资源。

（三）把片区化推进乡村振兴的突破点放在五项重点上。五项重点工作是行之有效的抓手，必须在深化拓展中抓紧抓实。深化“四雁工程”。落实“16+40”条政策措施，推广“四雁融合创富”模式，分行业设立四雁人才联盟，在片区（村居）探索设立四雁人才驿站。对“土专家”“田秀才”实行动态管理，实行“学院+中心+基地”培养模式，新培育“四雁”人才5000名。做优特色产业。持续培育18个县域优势产业，实施“五品五标”提升行动，主攻蔬菜、蜜桃等产业集群，落实“五个一”推进机制，强化质量管理和认证，重点培育莒南花生、平邑金银花等5个区域公用品牌。每年列支1亿元财政资金，撬动金融资本、社会资本等15亿元，规范提升优质农产品生产基地100处左右，力争全市对长三角地区农产品销售额年增长12%。以2024山东省旅游发展大会在临沂召开为契机，谋划发展红色旅游、精品民宿、休闲采摘、创意农业片区。突破精深加工。咬定“2023年1750亿元、2024年2000亿元”产值目标，抓好食品加工产业“量质齐升”，争创省级农产品加工业高质量发展先行县。强抓招商引资，扩大目标企业名录，定期发布机会清单，每年实际利用市外资金200亿元以上。加快食品产业园区建设，鼓励劳动密集型加工企业向园区集中集聚，提高亩均效益和就业。深化“政产学研金服用”，全力突破大蒜素等高效提取转化技术，加快形成工业产能。发展会展经济，办好临沂食品博览会、沂蒙优质农产品交易会、兰陵菜博会，支持县区、乡镇举办形式多样的区域性展示展销活动，加大宣传推介力度。推进“百千工程”。锚定第二年度“大变样求突破”目标，市县财政继续列支12亿元，推动1100个实施村庄加快完善片区内路网建设、生活污水治理、绿化亮化提升、休闲场所布局，健全“户集、村收、镇运、县处理”城乡环卫一体化体系，打造240个省级和美乡村，建好2个乡村振兴齐鲁样板省级示范区。发展循环经济。聚焦“一县一亮点、一域一典型”，深化“四位一体”发展路径，推广费县“四全四新”、沂南废弃物多元化利用模式，推进化肥农药减量增效，扩大有机肥替代、水肥一体化技术应用和绿色防控覆盖面，争创绿色低碳农业发展展示区。开展生态循环农业3类“十佳”创建，遴选推介10种创新发展模式、发布10项主推技术、认定10个市级样板基地。

（四）把片区化推进乡村振兴的着力点放在促进增收上。实施村集体增收、农民增收、合作社建设三大工程。壮大村级集体经济。制定出台含金量高的政策措施，建立“市抓协调、县抓组织、镇抓落实、村抓实施”的分级负责机制。实施“三资”清理、“千村共富”行动，一手抓“颗粒归公”，一手抓“腾笼换鸟”。指导每个片区规范发展强村公司2家以上，盘活老校舍、老厂房、老仓库等闲置、低效集体资产。力争到2025年全市所有行政村集体收入超过20万元。稳步增加农民收入。全面落实财政、金融、用地、人才等扶持政策，实施党员带头致富、带领创富、带动共富“三带”行动，开发乡村公益性岗位，盘活闲置农村劳动力，加快实现人人有事做、家家有收入。建立农民终身职业技能培训机制，实施乡村工匠培育计划，争取农业农村部“耕耘者振兴计划”项目，开展现代高素质农民农业全产业链培训。每年举办技术培训200期、培训各类乡土人才2万人。高质量发展合作社。整合组织、农业农村、水利、市场监管、供销等部门资源，实施“清源、强基、培优、创品”行动。加快发展党支部领办村级合作社、镇级联合社、县级总社，推广临沭“双社联合”、蒙阴“双领双全”等创新模式，鼓励耕地“以好换孬”“以近换远”，促进成方连片、规模经营。每年扶优培强100家示范合作社、示范联合社，将合作社发展纳入乡村振兴观摩内容。

（五）把片区化推进乡村振兴的落脚点放在群众满意上。深刻领会习近平总书记稳固深沉的人民立场和真挚情怀，走好新时代群众路线。坚持农民主体。从“12345·临沂首发”、信访等渠道反馈的问题找突破口，摸清、先办农民“想要的”“有意见的”。片区建设实行“四议两公开”，建设方案征求村民意见，建设计划向村民公示，项目实施让村民参与，工程质量由村民评议，提高群众参与度、满意度。完善基础设施。持续实施“揭榜接题”，聚焦道路建设、饮用水供给、电网改造等生活生产难题，靶向发力。新改建农村公路1000公里，打造沂蒙美丽风景廊道。农村自来水普及率稳定在99%，千吨万人工程标准化管理达标率达到100%。健全田头市场仓储保鲜和冷链物流设施。提升公共服务。持续推进基础教育强校扩优、强镇筑基行动。实施医疗卫生标准化建设和能力提升行动，乡村医生执业化率提高5个百分点，织密“15分钟健康服务圈”。推进养老托育专项行动，建设提升一批普惠性养老服务机构和“幸福家园”助老食堂。加强文化建设。用好村综合文化服务中心等文化阵地，开展“我们的节日”、小戏小剧展演等活动。持续推进“反对浪费、文明办事”移风易俗行动，抓好公益公墓“建管用”，制止低俗婚闹。开展“星级文明户”等选树活动。

（六）把片区化推进乡村振兴的支撑点放在生产要素保障上。推动各类生产要素优先投向乡村振兴、片区建设。财政保障。健全正常增长机制，用好土地出让收入用于农业农村比例不少于9%等支持政策，重点投向农业高质量发展、乡村建设行动、衔接推进乡村振兴等领域。严格落实村级工作运转经费、党组织服务群众经费，对保障资金落实不到位、绩效评价结果差的，按规定扣减转移支付。金融赋能。将融资担保风险补偿资金池规模扩大到1亿元，再拿出1500万元资金按照每户贷款总额2%的标准对“四雁振兴类”贷款进行贴息，帮助农民解决无抵押物、无担保能力、“贷款难”、“贷款贵”问题，2024年争取再发放“四雁振兴类”贷款200亿元。推广兰陵县大棚证、蒙阴县森林碳汇等做法，帮助农民资产量化显化。国企助力。发挥市农发集团优势，推广基地“国企建设运营+合作社组织管理+农户包产种植”管理模式，帮扶100家合作社发展。依托上海、深圳、济南100个“产自临沂”运营中心和特产体验店，深化农产品品牌提升项目。全面推行“乡村振兴合伙人”制度，精准匹配“合伙”项目，引导民营企业、社会组织以直接投资、技术入股、创意合作等形式，参与乡村振兴，推动城市资源“上山下乡”。

（七）把片区化推进乡村振兴的着眼点放在长效机制上。搞好多目标平衡，先建机制、后建项目，防止“刮风运动”。常态管理维护。健全完善“谁受益谁管护”的责任机制，全面梳理、修订完善农村环境、公共设施、公共服务管理维护等方面规章制度。普查现有农村基础设施，摸清底数、建档立卡，推行“门前三包”、公益性岗位、志愿服务等自管方式。推广沂水县、费县

“美德+积分+金融”模式，鼓励村民参与村庄基础设施管护，当好人、做好事，挣积分、换贷款，提高积极性和主动性。优化招标程序。研究制定农村小型建设项目管理意见，简化优化招投标程序。对纳入片区或村庄建设规划、由村级组织在村域内实施、投资额不超过400万元、资金纳入财政预算管理、技术方案相对简单、建设内容较为单一的农村小型建设项目，实行自建自管，防止为规避监管责任强制招标，减少中间环节和中间费用。鼓励村民投工投劳、就地取材开展建设，吸纳更多农民就地就近就业。减轻基层负担。严格实行街镇职责任务清单动态管理机制，防止责任无限向村级转移，对于片区工作事项和村民委员会职责任务清单外事项，一律不得转嫁到片区和村庄。落实“三个区分开来”，健全完善容错纠错机制，清单式明确可以容错和不予容错的情形，既宽容探索之误又不搞“纪律松绑”。

（八）把片区化推进乡村振兴的关键点放在责任落实上。着力构建职责清晰、各负其责、合力推进的责任体系，举全市之力全面推进乡村振兴。广聚合力。严格“五级书记”抓乡村振兴责任制，逐级落实乡村振兴联系点制度，加强党委农办、工作专班、成员单位密切配合的工作机制，每年组织现场观摩会，定期召开乡村振兴重点工作调度会。教育、卫生、人社等部门持续提升片区公共服务水平，交通、生态、水利等部门一体推进基础设施建设，政法、民政、公安等部门探索片区综合治理路径，工商联、国资委组织好企业积极参与，财政、自然资源创新破解资金、土地制约。各创样板。持续开展市直部门“我为乡村振兴做什么”活动，每半年召开述职会、评比排名。督促部门打造各有特色的乡村振兴微样板，挖掘总结经验、形成宣传成果，加快构建全市“五振同频”的样板体系，争当全域全要素“五好学生”。重抓考核。健全完善县区党政领导班子和领导干部推进乡村振兴战略实绩考核，对年度考核优秀的予以表扬激励，在安排涉农资金时予以倾斜。深化乡镇分类推进考核，探索片区分级分类考核办法，评选乡村振兴先进乡镇、示范片区，强化结果运用，对符合条件的干部优先提拔使用。

（作者系中共临沂市委书记）

关于加强农村党组织建设促进行政新村融合发展的调研报告

李长萍

自2019年起，聊城市积极探索以“党组织跨村联建”为抓手推进村庄融合发展，将地域相邻、人文相近、产业相联的若干村庄进行优化整合成立行政新村。行政新村成立以来运行情况怎么样？取得哪些成效、存在哪些问题？下一步如何更好地融合发展？带着这些问题，2023年5月至9月，我同市有关部门一起深入8个县（市、区）和3个市属开发区开展实地调研，形成报告如下。

一、行政新村优化整合的基本情况

（一）整体情况。2019年全市共有行政村6260个，其中，500人以下的行政村1808个，占比近1/3，村庄数量多、村内人口少。一些地方出现了农村青壮年劳力流失、村庄空心化的现象，由此带来村级班子难配齐、集体和村民增收乏力、基本公共服务难保障等问题，成为推进乡村全面振兴的瓶颈制约。为破解这些难题，聊城市以“党组织跨村联建”为抓手，积极稳妥推进村庄整合，到2021年村“两委”换届后，全市行政村数量从6260个减少至2166个，包括行政新村1019个，保留的单建制村1147个。

（二）整合方式

1.社区化管理新村方式。这种方式多为借助土地“增减挂”

政策，通过推行“多村一社区”改革，将部分村庄由分散居住变集中居住，并实行社区化管理。在行政新村整合时，直接就地转化在全市行政新村中占比约2.65%。

2.原乡镇管理区转换方式。部分县（市、区）将原有管区管辖范围内的全部或部分村庄进行整合，形成1—3个行政新村，管区仍按照原有管理方式对行政新村进行管理，且管辖区域和服务对象不变，在全市行政新村中占比约65.75%。

3.优势产业（企业）带动方式。这种方式主要由发展效益较好的企业或产业的村庄，发挥其带动作用，整合周边网格村形成具有更大产业规模和更强承载能力的行政新村，在全市行政新村中占比约3.34%。

4.党组织强村带弱村方式。各县（市、区）都有一些示范强村，这些村的支部书记大多是各级的党代表、人大代表、政协委员、劳动模范等，对群众的领导力和号召力较强，整个班子同时也具有较强的战斗力和凝聚力。为充分发挥它们的示范带动作用，以其为龙头与周边村庄进行了整合形成新村，在全市行政新村中占比约9.22%。

5.联系密切就近合并方式。这种方式主要包括两种类型：一是将曾由一个村庄拆分形成的多个村庄进行合并，二是为保护历史文化名村而设置。这类新村往往具有清晰的历史分合脉络和相近的血缘关系，融合后村民融合度和认可度较高，在全市行政新村中占比约19.04%。

二、行政新村成立后的积极成效

（一）新村组织建设得到健全加强。新村成立后，为选好选优村级班子创造了有利条件。一是原来小行政村班子软散弱的问题得到了较好的解决。新村“两委”成员一般在7—11人，全市村党组织书记、“两委”成员平均年龄为50.2岁、48.7岁，分别较上届降低1.6岁、3.6岁；高中以上学历占比分别较上届提高11.5、18.7个百分点，年龄和学历结构实现“一降一升”，年轻化、专业化水平进一步提升，带动发展能力进一步提高。二是乡镇重点工作推进更加顺利。行政新村成立后，班子健全，成员分工明确，农村生产、生活、社会治理等各项事务都有专人负责，增强了党组织的公信力。安排工作任务统一政策、统一行动，更有利于做通群众工作，得到群众支持。三是村级“有章理事、有人管事”有了制度保障。市、县先后出台了《行政新村运行工作手册》《新村服务事项办事指南》等政策文件，进一步明确便民服务、干部管理、组织生活、村民议事、“三务公开”等方面配套制度，管理制度得到进一步健全。

（二）项目产业承载能力得到增强。行政新村成立后，以党支部领办合作社为承载主体，可以在土地、资产、劳动力、资金上统筹使用，在干部、人才上合理配置，显著提高了村级产业项目的承载能力。比如，利用耕地上千亩的现代农业产业园项目，原来需要好几个行政村联合起来才能凑齐土地面积。行政新村成立后，所有网格村在一个党组织的领导下，土地成方连片面积可达几千亩甚至到万亩，资金实力更加雄厚，干部决策议事思想比较容易统一。比如，东阿县牛角店镇金牛福苑新村，整合土地、政策等要素，引入山东鲁望农业发展集团，集约化管理新村2283亩耕地。整合上级扶持资金3000余万元，建设小微产业园，招引乖宝宠物食品有限公司等6家企业入驻，带动1400余名村民家门口就业。

（三）为民服务效能得到增强。一是行政新村活动场所有效保障。行政新村成立后，各县（市、区）通过财政补助、党费支持、村集体自筹等方式，对新村活动场所进行了提升。有些新建的行政新村党群服务中心，设置代表委员工作站、便民服务大厅、新时代文明实践站等多功能区，基层组织阵地硬件建设得到改善。二是服务群众能力增强。在加强硬件建设的同时，推动医疗卫生、社会保障、法律服务等便民事项下沉，实现民需事项直办、代办、协办，让群众少跑腿、服务更便民。行政新村成立后，在党群服务中心设立了矛盾调解中心，由村“两委”成员值班、律师轮班，及时化解群众矛盾。在行政新村范围内开设“信义超市”，进行“好婆婆、好媳妇”等评选活动，组织“村晚”“村BA”等群体性文体活动，涵养了文明新风，增强了行政新村村民的凝聚力、向心力。

三、促进行政新村进一步融合发展的思考

聊城市以“党组织跨村联建”为抓手，推动村庄融合发展，方向是正确的，成效是积极的，但也存在一些问题亟待解决。比如，有的县（市、区）整合形式重于实质，在规划引领、管理运转等方面研究不深、用力不够，推动新村发展的合力还未形成，群众的认可感和归属感还有待提升。这些问题是在新事物发展过程中形成的，我们必须坚持党建引领，结合乡村振兴示范片区建设，采取前瞻性、针对性、可操作性强的措施来加以解决。

（一）坚持党建引领，为行政新村融合发展增能赋权。一是强化“第一书记”协调指导职责。聊城市大部分的行政新村，都是在原来管区基础上进行合并，目前仍然依靠原管区书记作为乡镇派驻“第一书记”指导工作。乡镇派驻“第一书记”代表乡镇，在各个网格村之间地位超脱、权威性高，方便指导工作，对于推动行政新村融合发展的作用短期内不可或缺。建议乡镇党委对新村党委书记领导能力强、威信高的，放手把工作交给新村来办；对能力较弱、推动工作有难度的，发挥乡镇派驻“第一书

记”的指导作用，为新村党委书记扶上马、送一程，待行政新村步入健康发展轨道、新村党组织有效融合、工作运转顺畅后再退出。二是选准用好“头雁”。新村整合后，对村“两委”特别是新村党组织书记的能力素质要求更高，需要从农村致富能手、乡镇工作人员、退居二线的公职人员等更高层面选配党组织书记。同时，结合村“两委”换届“回头看”，建立行政新村党组织书记动态调整机制，对换届后发挥作用不好、不适应现职的果断调整。三是配齐配强班子。结合新村干部个人特长，进行优化组合，在村级事务上实行条块化分工，最大限度发挥新村党组织作用，加速新村融合步伐。比如，茌平区郭堤口新村将网格村里的年轻支部委员选入新村班子，实现老中青梯度搭配，新村党组织干事创业、为民服务的意愿和能力明显增强。四是合理赋权，增强内生动力。改革完善乡镇村管理模式，新村村级重大事项决策、重大产业项目安排、党员队伍建设、评先树优等工作，可以根据新村融合程度，逐步交由新村党组织研究决定。网格村财务支出、重点事项、党员发展等工作须经新村党组织同意，提升新村党组织班子的话语权。加大行政新村运转经费保障力度，保障新村正常运转。

（二）坚持规划先行，为行政新村融合发展破局开路。坚持县域统筹、镇街实施，用好用足各类支持政策，支持新村编制“多规合一”村庄规划。工作中应注意几点。一是坚持农民主体、群众立场。根据地理优势、资产资源、地方特色和村庄人口户数的实际情况，由专家指导、群众参与，积极稳妥做好县域统筹，做好基础设施及公共服务设施专项规划。二是充分用好国家土地政策。在充分尊重群众意愿的前提下，把“小增减挂项目”作为推进新村融合发展的有力抓手，加强政策支持，引导村民逐步向距城镇较近的村庄或中心村适度集中，防止“有村无人”浪费现象的发生。三是从增加农民收入的角度出发，搞好新村产业谋划。全面分析新村产业发展的基础条件和周边环境，盘点新村资源，选择合适的产业类型，策划“接地气”的项目，保障产业规划落地，引导形成“一村一品”。四是给村集体经济增收和基础设施建设留足空间。在规划时要充分考虑集体经营性用地及村庄留白用地，便于村集体乡村振兴产业项目落地和公共基础设施建设。五是与乡村振兴示范片区建设相结合。推进乡村振兴示范片区建设是落实“千万工程”的重要体现，是打造乡村振兴齐鲁样板的重要手段。要按照建设乡村振兴示范片区的要求，编制高标准发展规划，通过片区化打造促进村庄融合发展。

（三）坚持兴产增收，为行政新村融合发展夯基固本。行政新村要对各网格村有影响力光靠号召不行，必须增强经济实力和产业发展领导力，让网格村和群众真正能够得到实惠。一是理清新村资源“家底”，提高整合利用效率。要进一步发挥全市一体化农村综合产权流转交易平台作用，由新村党组织牵头，通过抵押贷款、重新发包等方式，积极盘活利用各网格村集体所有的房屋、厂房、农机设备、闲置校舍、闲置宅基地等资源，按照市场化原则高效配置，从“各炒一盘菜”变为“共办一桌席”。比如，高唐县三十里铺镇三十里铺新村，依托党支部领办的农业服务合作社联合社，建立“农机大院”，为全镇4万余亩耕地提供托管服务，每年可增加新村及周边村集体收入80余万元。二是因地制宜，重点发展优势产业。行政新村应承担稳粮保供的重任，引导粮食种植向种粮大户集中。乡村特色产业突出的行政新村，要集聚各类要素，扩大产业规模，延长产业链条，为集体经济发展壮大打下坚实基础。比如，阳谷县闫楼镇关庄新村，因势利导，成立合作联社种植订单式蜡质玉米800余亩。同时，发展香油、粉条加工、黄骨鱼订单养殖等产业，2023年新村集体收入达200万元。三是推进“三产融合”，带动村民增收致富。按照“一产往后延、二产两头连、三产走高端”的发展思路，大力培育新村股份制公司，建立多元化利益联结机制，有序发展“就业工场”“共富工坊”，在集体经济增收的基础上，带动更多村民就业致富。比如，临清市尚店镇尚店联合村领办尚品产城融合发展有限公司，将尚店的鸡蛋、平菇等近20种土特产以“尚店尚品”乡村品牌打包推广，带动村集体增收20余万元。

（四）坚持共建共享，为行政新村融合发展凝心铸魂。新村融合，既要塑形，更要铸魂。通过和美乡村建设，推进新村从“形合”到“心合”“神合”转变。一是丰富乡村文化生活。发挥新村党群服务中心功能作用，建设“乡村大舞台”、健身文化广场等场所，鼓励支持新村组建“锣鼓队”“秧歌队”“地方戏小剧团”等文体队伍，广泛开展群众喜闻乐见的文体活动，在丰富群众文化活动的同时，增进新村村民之间的沟通交流。二是倡树乡村文明新风。以新村为单位，深入开展社会信义体系建设，用好“信易+”、信义积分等务实管用的方法，对信义积分较高的村民在参军入伍、入党申请、办理执照等方面给予优先支持。开展“最美家庭”“好婆婆、好媳妇”“星级文明户”等评选活动，推动农村移风易俗，培育文明村风、良好家风、淳朴民风，增强广大村民对新村“一家人”的认同感。比如，东昌府区闫寺街道隋庄村以信义积分管理为抓手，通过开辟积分菜园、成立“小蜜蜂”志愿服务队、建设“信义小院”等方式，实现了小区管理由“整治”到“自治”的转变。三是推进宜居环境建设。加大投入力度，组织实施好乡村建设行动，提高乡村基础设施完备度、公共服务便利度、人居环境舒适度，让更多农民留在新村。加强对乡村文物和乡土文化的保护，通过建设村史馆、记忆馆、文化礼堂，留住乡村记忆，凝聚乡情乡愁，增强新村群众对自身文化的认同感、自豪感和归属感。

（五）坚持协同发力，推进行政新村融合发展行稳致远。推进行政新村进一步融合发展，需要市、县、乡三级同向发力，凝聚工作合力。一是转变思想观念。各级各部门要统一思想、坚定信心，增强做好行政新村融合发展的责任感和使命感，勇于开拓新路，切实解决新村融合发展中出现的各种问题，把行政新村作为乡村全面振兴的基础单元培育壮大。二是加强工作指导。推动行政新村融合发展，党委政府必须有所作为。在工作谋划上，可以以县级为单位，在摸清底数的情况下，结合下一届村"两委"换届，制定行政新村融合发展提升行动计划，确定发展目标、政策保障、考核办法等，分类分阶段稳步推进。在执行过程中，要坚持因地制宜、实事求是，既不能放任自流，也不能搞运动、简单化"一合了之"，避免出现"夹生饭"。在督导考核上，对村集体收入考核要坚持"抓大不放小"，既要盯紧新村集体收入增加，也要抓牢那些有资产资源发展条件的网格村，防止"躺平""摆烂"，对那些确实发展条件差、发展潜力有限、人口外流严重的小散弱村，要发挥好新村党组织的统领作用，群策群力帮助小村发展壮大。三是加强政策扶持。各涉农部门要加强在推动行政新村融合发展方面的政策研究，把零散的项目政策、资金资源汇集起来向新村倾斜，助力行政新村发展壮大。及时总结提炼行政新村发展的好经验好典型，每年培树一批行政新村示范标杆，发挥示范引领作用，推动行政新村增量扩面。

（作者系中共聊城市委书记）

关于干部思想方法训练创新实践情况的调研报告

宋永祥

习近平总书记多次强调，干部的思想方法和思维方式是事业兴衰成败的重要前提。如何深入破解干部思维方式保守、境界标准不高、主观能动性不强、开放视野不宽、干事不规范、规律性认识不到位等问题，是加强干部队伍建设的一个重要课题。为进一步推进干部思想方法训练扎实深入开展，自2023年9月份开始，利用两个多月的时间，在全市通过深入基层、调查问卷、个别访谈等方式，对前期开展思想方法训练的进展情况、存在问题进行了深入调研，并对今后工作方向进行了深入思考，形成此报告。

一、做法成效

2023年，滨州市以开展学习贯彻习近平新时代中国特色社会主义思想主题教育为契机，系统学习贯彻习近平总书记关于思想方法和思维方式的重要论述，启动全市领导干部思维训练全员计划，围绕干部“用心干事”，全面深化沉浸式思维、链条式思维、延伸式思维、代入式思维、层级式思维“五种思维训练”，营造了滨州全市上下“扛牢责任、履职到位、转变思维、把事干好”的浓厚氛围。

（一）突出由“旧”及“新”，深化沉浸式思维训练。工作要与时俱进，首先思维要与时俱进。滨州市深入开展“山东走在前、滨州怎么干”解放思想大讨论，围绕发展、科创、开放、服务、文化、环境、民生、平安“八大品质”提升，组织开展了制造强市、扩大有效投资等8个专题大讨论，以及N个各具特色的主题讨论，引导干部坚持理性而思、自觉而谋、主动而为，通过沉浸式思维训练，进行破旧立新的思想碰撞，把问题找准、把原因想透、把措施定实，确保把每件事都干到穴位、干出亮点、干成品牌。一是提升境界能力。实施“品质滨州”年轻干部历练计划，多场景搭建练兵场，选派年轻干部到基层一线、攻坚一线经风雨、强筋骨，开拓视野，增长才干。实施“跨界融·河”干部交流计划，通过跨区域、跨层级、跨行业，推动干部南北交流、上下交流、部门交流，实现融合发展、互促共进。二是激发效能之变。树牢“让企业和企业家舒服”理念，创新实施成就企业家梦想行动，助力企业家在寻梦、逐梦、圆梦中，把企业做大、做强、做久。针对企业反映的因土地使用权人和投资人不一致，导致工程项目“落地难”问题，在全国率先制定出台《关于工程建设项目租赁土地办理工程手续的实施办法》，不仅填补了政策空白，更有效解决了土地资源流动不畅和手续办理障碍难题。三是推动改革破零。坚持主动改革、精准改革、集成改革，创新实施改革破零工程，推出两批110项改革“破零”事项，集中攻坚一批战略性、引领型、突破性改革事项，以首创首发、先行先试的改革举措，突破瓶颈、打破桎梏，探索可复制、可推广的改革经验，推动更多关键性、引领性工作实现“从0到1”的破冰，完成“从1到N”的跃升，以改革“破冰”引领发展“突围”。同时，建成全省首家改革创新文化体验基地，打造出一批走在全国全省前列的改革创新经验。

（二）突出由“点”及“面”，深化链条式思维训练。紧盯工作环节、流程，连通断点、打开堵点、做强弱点，真正把点上的事干好，把线上的事理好，把面上的事统好。滨州市以产业链招商进行链条式思维训练，紧盯19条重点产业链，明确“链长”、依托“链主”，以主要产品上下游为突破点，差什么引什么、弱什么补什么，长藤结瓜、串珠成链，一批“填空型”企业、“补充型”项目签约落地。一是力推新能源产业发展。充分发挥滨州市拥有85万亩未利用地、6000万千瓦可开发风电光伏总装机规模的资源优势，构建了新能源集团、新能源发展服务中心等“六个一”体系，形成了“一港四园”产业布局，鲁北（滨州）风光储输一体化基地加快建设，860万千瓦开发企业完成竞配；风电装备制造产业链不断延伸，充分发挥省风电产业链联盟链主企业国创精密机械有限公司龙头带动作用，引进洛阳双瑞年产1000套风电叶片项目、东方电气年产500台风电电机项目，一个新的千亿级产业集群正在加速崛起。二是加快锂电新材料发展。依托鲁北万润、京阳科技、瑞阳新能源的正极、负极、电解液产业优势，紧盯产业链关键环节，招大引强、招新引优。总投资30亿元的衡川新能源锂电池湿法隔膜和总投资6亿元的捷威电池集成应用项目已签约，昆宇电源10亿瓦时储能锂电池、盛虹动能储能电芯及系统集成等关键补链项目加速推进，全力打造集电芯、正负极、电解液、隔膜于一体的锂电新材料产业生态闭环。

（三）突出由“近”及“远”，深化延伸式思维训练。干工作既要看过去、看眼前，更要看长远、看趋势。滨州市开展延伸式思维训练，引导广大干部向前一步、由“近”及“远”，想在前、干在先，着力办好当前有阵痛、但未来必须做的事，办好看似不急迫、但未来不能等的事，特别是积极面对应对产能转移退出造成的“窟窿”。一方面立足当下，提振工业经济。用足用好省支持滨州30条政策，聚焦“释放产能、加快投产、强化招引、升规纳统、精准服务”5个方面强力攻坚，全力稳住工业经济基本盘。另一方面着眼长远，走好精明之路。坚定走集约化、内涵式、可持续的精明增长之路，调整优化产业结构、能源结构、运输结构、用地结构“四个结构”，尤其是持续推动优势产业向高端化转型、新兴产业向规模化发展，滨州市成为全国高端铝国家高新技术产业化基地，获批轻量化铝国家新型工业化产业示范基地；高端化工产业链入选全省首批产业链“数字经济总部”项目，纺织服装产业上榜2023中国百强产业集群，博兴商用智能厨房设备入选国家级中小企业特色产业集群。

（四）突出由“外”及“内”，深化代入式思维训练。坚持“拿来主义”，见贤思齐，主动对号入座，把好的经验消化吸收、为我所用。2023年，滨州市启动领导干部思维训练全员计划，计划利用5年时间分领域、分专题、分批次实现全市1500名县级干部和部分重点岗位科级干部培训全覆盖，引导干部树牢代入式思维，以他山之石，攻滨州之玉。一是走进名校名企。面向全国遴选行业顶尖名校、顶尖名师，实现干部培训精准有效；组织干部实地参访阿里巴巴、科大讯飞等头部企业，走进前沿、拓展视野。博兴县依托商用厨具产业优势，学习北京自贸区等先进园区数字产业发展模式，建设数字产业园，已引入南京安翼、人堆科技、山东大学智能厨具产业研究院、山东省产业技术研究院创新中心等30余家涉及大数据运营、智能制造、工业无人机及物联网装备等领域的企业入驻园区。二是融入实战实训。选派干部到上海、苏州、合肥、深圳等先进地区体悟实训，聚焦数字金融、工业经济、科创驱动、智能制造等行业领域，靶向学习、对标攀高。上海实训队学习借鉴上海会展经济拉动上下游产业链发展和拓宽外贸销售渠道经验，立足滨州实际，代入式思考“滨州发展”之道，组织滨州市相关企业参展宣介，促成金佰特厨具与阿联酋外商签订1000万美元外贸订单，进一步开拓了商用厨具国际市场。三是强化有解有为。认真学习借鉴外地经验，形成优化建议方案和各类调研报告300余篇，一大批可复制、能推广、易嫁接的新模式、好机制转化为品质滨州建设的具体实践。惠民县作为我国主要的绳网生产基地，学习借鉴物产中大“智慧供应链集成服务”模式，加快推进绳网产业数实相融、数智化转型，建成“省级示范型数字经济园区”，绳网“产业大脑”成功入选山东省首批“产业大脑”建设试点，全县新增国家级专精特新“小巨人”企业1家、省级瞪羚企业1家，省级及以上“专精特新”企业25家，省级创新型中小企业15家。

（五）突出由“己”及“彼”，深化层级式思维训练。每个层级都有每个层级的责任和义务，不能推脱，再难也要做。滨州市以开展解放思想大讨论、“在知爱建”主题实践活动为抓手，引导党员干部由“己”及“彼”，持续促进党员干部在目标上争第一、干唯一、创一流，在行为上专心、专业、专注，在标准上完成、完好、完美，以思维之变带来行动之变、工作之变、发展之变，凝聚起全市上下“大干2023”“大建品质滨州”的磅礴力量。一是建立“1+8+1”重点工作推进落实体系。市四大班子成员牵头指挥，每一个部门单位各负其责，人人都是主人翁、千斤重担一起挑，齐心协力一步一个脚印把既定事项落到实处、抓出成效。二是建立党政联席会议制度。每月召开一次党政联席会议，市委常委、市政府副市长以及市人大、市政协、市法检两院主要负责同志都参会发言，主要目的就是发挥党总揽全局、协调各方的领导核心作用，加强沟通交流，确保步调一致、协同并进、推动工作。三是创新实施“督考评用”融合机制。坚持大督查、精准考核、执行力评价、干部使用等一体化部署、融合化推进，努力打通工作落实上中下游各环节，全力解决督、考、评、用衔接不畅、发力不均等问题，形成了一级抓一级、层层抓落实的工作局面。四是加大及时表扬奖励力度。把承担省级以上现场经验交流会、省级以上试点工作经验得到推广、省级以上专项工作绩效特别突出等作为表扬奖励重点，2023年共及时表扬12期，表扬单位249个次，表扬项目185个；争取省委、省政府主要领导批示12项，充分激发了广大党员干部的积极性、主动性、创造性。

二、存在问题

思维训练是一个长期过程，需要常抓不懈、久久为功。通过深入调研，发现在理论学习、教育培训、实践应用、工作状态等方面还存在一些问题。

（一）从理论学习来看，存在轻理论、重业务的问题。思维训练需“练内功”增强理论修养、“强外功”提升业务素质，均衡用力做到“内外兼修”。调研发现，一些干部轻“内功”、重“外功”，存在理论学习不够深入的问题。对全市936名干部（其中有效样本904份）的随机采样调查结果显示，81.18%的干部认为应当通过开展业务培训来提升本领，但只有47.65%的干部愿意主动抽时间学习理论教育线上课程。有的同志在用创新理论推动具体工作实践上不到位，还没有找准理论学习和实际工作的结合点；有的同志平时围绕理论问题开展交互研讨、思想碰撞少，缺少把理论更好运用到工作中的具体路径和探索。

（二）从教育培训来看，存在面上多、点上少的问题。聚焦全市发展的堵点、难点、痛点问题，围绕干部能力的“亟需紧缺”和发展瓶颈，设计精品课程、创新教学模式的力度还不够。抽样调查显示，70.2%、43.53%、40.59%的干部分别认为自身战略规划能力、变革管理能力和决策领导能力不足，76.08%、68.43%的干部认为自身比较缺乏金融风险防控、政府投资方面的经验知识。培训中的专业课程、案例教学，面上讲得多，结合滨州发展实际"把脉问诊"少。比如，课程案例多是北京、上海等地经验，立足滨州实际提供实操方法、具体路径比较少，专门为滨州定制有解方案的课程相对少，与干部现实需求还存在一定差距。

（三）从实践应用来看，存在成果多、转化少的问题。思维训练全员计划参训干部围绕产业链发展、经济园区建设等74个领域开展了深度调研，形成了160余项调研成果，但是成果转化率不高，推动工作的实际成效不显著。比如，企业特别是中小微企业关注的融资问题（2023年全市共收集融资增信类的企业家梦想诉求458条，占比达到15%）尚未有效破解，融资渠道窄、融资成本高、基层审批权限小、资金量少等问题仍不同程度存在，成为制约部分企业发展的重要瓶颈。比如，科技创新方面，尽管滨州工作成效显著，但企业"有高峰、无群山"的现象突出。一方面，大型企业科创实力强，魏桥集团、西王集团、京博集团为全市贡献了30.9%的科技研发经费；另一方面，科技型企业群体规模小，全市高新技术企业总量仅占全省的2.1%，规模以上工业企业中高新技术企业的比重为23.2%。

（四）从工作状态来看，存在被动多、主动少的问题。部分干部还缺少"严真细实快"的工作作风和"争第一、干唯一、创一流"的精气神，导致一些工作没有干上去，成效没有显出来。比如，部分经济指标在全省位居后列。这些指标的压力源于外部环境复杂多变，源于产能转移、产业转型"双转"，但更重要的在于超前研判、主动作为不够。再比如，为企服务方面，深入开展"成就企业家梦想"行动，在收集的企业家梦想诉求中，涉及土地供应、能源供给、法律援助、行政审批的共有426件，占全部诉求的14%，这些诉求产生的一个重要原因，是部分单位干部在服务企业上主动性不强，存在讲政策轻灵活运用、讲程序轻工作效率的问题。

三、对策建议

开展思维训练的最高检验标准，就是找对习近平新时代中国特色社会主义思想在滨州的落实路径，找准谱写中国式现代化最美滨州篇章的落实路径，推动党中央决策部署和省委工作要求在滨州落地落实，奋力谱写中国式现代化最美滨州篇章。

（一）站位“品质提升要什么”，从发展所需系统谋划。坚持把干部思维训练放在品质滨州建设的大局中谋划，按照“党的事业需要什么就培训什么”的原则，紧紧围绕市委中心工作，事关全市高质量发展和群众关心关注的重点、难点、堵点，聚焦更好落实“八大品质”，科学系统谋划训练计划，真正使思维训练有靶向、在穴位、成实效。坚持把习近平新时代中国特色社会主义思想作为思维训练的首课、主课、必修课，用好原原本本学、带着问题学、联系实际学、研讨交流学、示范带头学“五学并举”模式，让党的创新理论内化于心、外化于行、固化于制，引导全市广大干部自觉从党的创新理论中找思路、找方法、找答案，切实转化为坚定理想、锤炼党性和指导实践、推动工作的强大力量。坚持把教育引导广大干部树牢正确政绩观、推动发展新突破作为思想方法训练的重要目标导向，引导干部处理好习近平总书记强调的“稳和进、立和破、虚和实、标和本、近和远的关系”，自觉把新发展理念贯穿到经济社会发展全过程，切实用正确的政绩观，交上一份“山东走在前、滨州怎么干”的精彩答卷。

（二）聚焦“思维能力缺什么”，从岗位所需靶向赋能。 持续推动思维训练由供给侧向需求侧发力，聚焦增强推动高质量发展、服务群众、防范化解风险等思维能力，开展专业化能力培训。打造专业课堂，实施“干部专业化能力提升工程”，专题设置“短平快”班次，多采取“干部问需+全国选能+靶向定课”方式，邀请全国知名专家学者、行业精英、领导干部等专题授课，进一步拓宽干部视野。增加专业知识，分门别类做好培训需求调研分析，把准培训内容，保持知识的前沿性与鲜活性，进一步丰富干部知识结构，提升综合素养。开展专业训练，围绕制造强市、科创升级、扩大内需、改革开放、乡村振兴、民生改善等全市重点工作，制定专业训练计划，开展专题化、模块化的“定制小炒”，“点对点”开展教学训练，推动工作取得更多实质性突破、标志性成果。特别是，聚焦全市19条重点产业链，持续开展精细化思维训练，提升干部服务产业发展、推动产业转型的能力，加快推动产业强链补链延链，加快推动优势产业向高端化转型、新兴产业向规模化发展。

（三）着眼“干部提升少什么”，从个人所需增智提效。 尊重干部成长规律，用好学、训、练、比、用“五法并举”训练机制，全面提升思维训练成效。让训练内容更“实”。持续打造干部“点单”、组织“派单”、学员“评单”训练模式，精心制定“训练菜单”，让训练内容更对味、更丰富。让训练方式更“活”。采取案例式、实践式、体验式、互动式、研讨式等灵活多样的培训方式，激发干部的成长自觉、内生动力。加强干部的项目历练、基层锻炼，持续选派干部到全市重大决策、重大工程、重大项目一线锻炼，到市重点工作专班、乡镇（街道）、驻外联络处历练，在项目一线和基层实战中竞争性选拔干部，淬炼提升过硬能力。让训练检验更“真”。把训练结果、考核实绩与干部的进、退、留、转充分结合起来，牢固树立“能上能下”的鲜明导向，把素质过硬、担当作为的干部选准用好，将训练不在状态、工作打不开局面的干部及时“撤下来”并回炉锻造，持续营造风清气正干事创业的良好环境。

（作者系中共滨州市委书记）

城市更新中的“123456”

孙战宇

济南市天桥区历史悠久，是济南市的老工业基地，老厂区、老小区、老村居比较多，环境差、配套少、问题多，群众拆迁意愿强烈。作为党委政府必须把群众的需求放在第一位。因此，城市更新是天桥区首位的重点工作，必须下定决心，排除万难，加快更新步伐，让群众尽早地改善居住条件，推动全区经济社会高质量发展。通过深入社区企业走访、召开座谈会、个别谈话等形式，先后到上海、成都、合肥、长沙等10余个城市，王炉北辛、丁太鲁新徐、桑梓店等重点更新项目，以及考格尔、天鹅棉机等企业开展实地调研，多层面多领域掌握城市更新及城中村改造情况及存在问题，积极探索破解思路，形成调研报告。

一、务必坚持“一个策略”

天桥区城市更新工作待改造范围广、市场疲软、成本倒挂，留下来的都是一些难啃的“硬骨头”，必须讲究策略，讲究方式方法，算好民生账、发展账、长远账。因此，在城市更新中必须坚持“政府主导、片区更新、产城融合、整体平衡”的策略。政府主导是指地方党委政府对城市更新工作的领导，必须体现在规划设计、政策制定、融资保障和产业导入等方方面面，不能单纯算经济账、平衡账，要算政治账、民生账，切实体现党委政府的作为。片区更新是指要充分做好重点棚户区和零星棚户区改造的结合，大力度推动片区改造更新、整体规划和综合配套，避免越干越难。产城融合是指必须做好开发建设和产业导入的结合，争取更新一片，繁荣一片，产业迭代升级一片，尤其是安置保障房的建设和产业运营，有助于群众收益的保障。整体平衡是指要在空间上做好“肥瘦搭配”的文章，尽力寻求投融资平衡；要在时间上做好产业导入文章，用产业后续收入弥补前期投资缺口，达到用时间换空间的目的。

二、必须落实“两项措施”

一是划格定责。这是工作分工问题。大片区城市更新工作涉拆迁范围广、参与人员多，必须把任务分解落实好，可以采取“化大片为小片”的工作方法，将各片区划分网格，细化责任分工，务必做到两个明确：明确网格内的集体土地、国有土地和居民企业拆迁的任务；明确牵头领导、责任人，切实做到领导包片、小组包网、干部包户，不能搞大呼隆。网格要进一步细化分解，明确工作组和责任人，做到层层落实责任、层层传导压力。各网格之间开展“擂台赛”，将征收协议签订率量化排名，形成比学赶超的局面。同时，拆迁力量也不能太分散，要集中时间、集中精力、集中力量，重点突破，快推快进、速战速决。

二是挂图作战。这是工作推进的问题。大片区更新、大兵团作战，一旦进入启动程序，要以时间倒逼进度，以目标倒逼责任，提高工作效率，加快征拆速度。所以，拆迁片区、拆迁网格，都要明确时间表、路线图，排出时间进度，挂到墙上，时刻提醒，甚至每名拆迁人员针对自己承担的任务，也要有自己的时间表、路线图，确保按时完成任务。所有参与的组织、人员都要有时间、任务观念，把网格内、片区内最后一户的拆迁时间作为考核的时间。各参与城市更新的组织和人员都要倒排工期、挂图作战，压茬推进、定期销号。区指挥部制定并落实好“日报告、周调度”制度，随时掌握工作进度，一日一统计，促进工作快速推进，确保天天有进度，周周有战果，月月有变化。

三、努力达到“三个效果”

一是检验部署。对于初期城市更新的部署，既借鉴了其他地方的做法，又有天桥的实际，也保持了以前工作的连贯性，但针对性到底强不强、实用不实用，最终还要靠实践来检验。在具体工作中，也会面临这样那样的问题，还会遇到不可预见的问题，需要不断地调整完善部署。对每个项目、片区的城市更新工作部署也不是用一次，在今后的城市更新工作中还要继续沿用。因此，要通过每一个城市更新项目的推进，进一步检验政策、修正策略、调整部署。

二是锻炼队伍。对于大片区的更新项目，必须采用大兵团作战的方法，在具体工作推进中也肯定会遇到一些难啃的“硬骨头”、难拔的“硬钉子”，推进工作的难度很大。很多干部没有这方面的经验，没有扛过这样艰巨的任务。每一个城市更新项目的推动都是一次很好的实战演练，对干部工作的能力、作风和智慧都是一次严峻的考验。能够检验我们的干部队伍是不是敢打硬仗、善打硬仗；会不会包装策划、投资融资等工作，乃至综合开发和产业招引；是不是会做群众工作，赢得群众的支持，与群众融为一体，这都是锻炼队伍的过程。同时，也要通过城市更新项目的运作，为全区的城市更新蹚出路子、培养骨干、提供经验。

三是坚定信心。当前，天桥区的城市更新工作市场疲软、成本倒挂、顾虑重重。必须下大气力，敢于啃“硬骨头”，挑战“硬任务”，要经过有效的运作，撕开口子，培养攻坚克难的信心；而且，天桥区的棚户区面积大，积累问题多，群众居住环境差，社会配套短板明显，作为区委区政府来说，必须站在全市、全区发展的全局，站在改善民生的大局去考量，容不得丝毫的退却和犹豫。要坚定必胜的信心，齐心协力，真抓实干，全力以赴打赢这场绕不开、推不掉的攻坚战，以此来带动全区上下坚定敢打硬拼的信心，提振士气，带动其他工作的全面决战决胜。

四、紧紧依靠“四个力量”

一是区级层面的力量。天桥区里已经成立城市更新指挥部及相关机构，要为每个片区指定区级牵头领导，这是片区更新工作的核心，要发挥中流砥柱的作用，该拍板的时候要拍板，该担当的时候要担当，亲力亲为，对城市更新一线工作要倾注更多精力，实地研究解决出现的各种问题。党委政府的各级机关、企业、居民区等涉及的相关责任单位也必须无条件地服从全区工作大局，全面负责，产权单位的主要负责人要亲自挂帅，抽调精干力量投入城市更新一线。

二是街道层面的力量。承担主体责任的所属街道，也要设立强有力的工作指挥部，牢固树立“一盘棋”思想，落实好“属地责任”，主要领导要亲自研究、亲自部署、亲自挂帅，实行各级领导包保责任制，逐级签订责任书、军令状，层层压实工作责任。要按照统一部署，制定工作目标，细化工作方案，强化工作措施，组织召开各个层次的动员会、座谈会，千方百计做好动迁户的动员和说服教育工作，扎实、细致、有效地做好各项安置补偿的具体工作。要统筹建好用好人口、测绘、补偿3本台账。要舍得拿出力量，集中人员按照统一部署，全力做好本属地范围内的拆迁工作。要服从区指挥部的统一安排，决不允许各行其是、有令不行。

三是社区层面的力量。每一个大片区城市更新项目，工作对象多，涉及范围广，有的甚至跨区域，情况复杂，村（社区）的干部非常重要。因此，凡涉及的村（社区）“两委”要积极主动发挥党组织的战斗堡垒作用和居委会、村委会等自治组织的优势，特别是村（社区）干部做群众工作，有很多好的经验和优势，要发挥好他们在搜集民意、反映民声、沟通上下、化解矛盾、加强监督等方面的积极作用，全力配合街道指挥部和各工作组做好政策宣传、思想教育和动迁安置工作。涉及的村（社区）干部和党员，要讲大局、讲身份，不但自己带头签、带头拆，还要动员和带动亲属和邻居主动签、主动拆。

四是群众层面的力量。城市更新既是城市建设工作，更是一项实实在在的群众工作，在工作中要充分体现依靠群众、为了群众的原则。因此，在工作中要充分发动群众、依靠群众，深入开展宣传动员，帮助群众算好收益账、环境账和预期账，让群众有预期、有收益，增强获得感，在拆迁过程中要及时回应和解决群众最关心的突出问题。在工作中，千万要防止愚民政策、失信群众的做法，工作人员要切实尊重群众意愿，多了解群众的想法，多化解群众的顾虑，带着感情上门沟通，采取一家一户走访的方式进行宣传，以人性化的工作态度、柔性的工作方式赢得群众的理解和支持。要加强对积极主动签订征收补偿协议和拆迁的群众、企业的宣传报道，树立早签多优惠、晚签少优惠、不签没优惠的导向，通过示范带动，引导广大群众积极主动支持城市更新工作。

五、切实做好“五项保障”

一是政策保障到位。政策是征收拆迁工作的生命线。针对城市更新工作，国家、省市都有一些明确的政策依据，但是在集体土地征收方面，还需要针对不同的情况制定更为详尽的政策，在正确听取群众意见的基础上，通过一定的程序作为拆迁补偿安置工作的依据。这些政策要充分考虑每一个片区的实际情况，按照法定程序推进，以便有法可依，依法推进。政策一旦明确，各指挥部、工作组就要深入地学习，真正把政策弄准吃透，做政策上的明白人。宣传发动、测绘认定、协议签订、拆迁补偿、安置保障等各个环节，要严格执行政策，统一口径，解疑释惑，统一标准，把好答复关，坚决防止政出多门。遇到不确定的问题，要深入地研究修正，坚决不搞“一事一议”。

二是安置保障到位。动迁户的妥善安置、补偿是确保片区更新顺利进行的关键环节。对于安置补偿，不患寡而患不均，群众最关心的是能否得到公平合理的安置补偿，不仅心理要平衡，实际利益也要平衡，这是我们工作的出发点。不管是实物安置还是货币补偿，要做到“同一地段、同一政策、同一标准”，严把一线工作人员的自由裁量权，绝不允许乱开口子。一定要做好安置的保障，不能为了拆迁而拆迁，更不能只拆不安。安置区的规划设计也要体现政府主导，让出最好的地块，设计最好的户型，提供最好的房源，这是和谐拆迁的具体体现。规划设计要及时宣传公示，包括效果图和户型图，让搬迁群众看到自己以后能够住到什么区域、什么样的小区、什么样的房子，这样群众心里才有底，群众工作才好做，干巴巴地去说，肯定不如看图来得直观、清晰。规划设计定了后，要加快开工建设，力争让群众最短最快的时间内安置到位。

三是人员保障到位。对于大片区的城市更新工作，组建不同的指挥部，安排相对稳定的工作组至关重要。各级指挥部、工作组人员要与原单位工作暂时脱钩，一律集中办公，全身心投入城市更新工作。要按照划格定责的要求，认真履职，带着耐心细致的态度和负责到底的精神，深入一拆一建的各个环节，参与服务保障的整个过程，广泛调动方方面面的积极因素，支持和参与城市更新工作。各指挥部、工作组要苦干比精神、快干比速度、实干比效果，营造人人加油干、个个敢争先的良好氛围。

四是资金保障到位。资金问题是确保城市更新工作能否顺利进行的重要保障，也是当前最大的顾虑。区级财政、国有平台要加大资金筹措力度，不管是政策性资金、银行贷款、城市更新基金还是PPP融资，都要积极主动与相关金融部门及合作公司进行沟通对接，按照融资申报要件要求，尽快提供相关资料，争取尽快破解资金问题，提前保障资金到位。积极探讨采取房票、产权置换等形式尽量少动用资金，保障平衡。在征收协议签订前，要确保资金到位，绝不能影响征收拆迁工作的进展。

五是法律保障到位。实施房屋征收阶段是工作任务最重、工作难度最大的阶段。在这一阶段，要把依法办事作为房屋征收工作的基本准绳，凡事按法律、按政策、按程序办，明确和严格规范房屋征收程序，严格按照程序一步一个脚印地进行，确保征收工作有序有效、有理有据，全过程合理合法。要围绕片区更新各个环节的工作，把各种可能发生的情况、可能出现的问题想在前面，超前做好风险评估预案，以政策规范的形式做在前面。司法程序提前介入，法律援助要发挥好作用，配合做好矛盾化解工作。对于妨碍工作人员、阻碍拆迁进程的不法行为和人员，要坚决严厉予以打击，为后续依法拆迁打好基础。同时，也要打击造谣滋事的行为，确保正确的声音畅通。

六、牢牢把握“六项原则”

一是让利于民原则。对于片区更新工作，涉及群众切身利益多，贯穿始终的一个基本原则就是“就高不就低，不与民争利”。在具体的政策制定、拆迁实施、安置保障等方面必须全过程坚持这一原则，统筹考虑，算大账，不和群众算小账，在政策范围内最大限度利民惠民，努力实现群众利益的最大化，让群众拥护更新政策，主动配合拆迁。

二是政府主导原则。当前形势下的城市更新工作，必须体现政府主导的原则，由政府统一决策部署、统一组织实施、统一规划设计、统一政策制定、统一安置建设。对于政策制定，要统一部署，统一标准。对于安置区的建设，可以采用土地有偿划拨、土地协议出让、房票安置、社会安置等多种方式，降低拆迁安置成本。同时，增加群众安置的安全系数要充分体现政府主导、市场参与的原则。

三是科学规划原则。坚持高点定位、科学规划，运用现代城市视角做好安置片区的规划设计，合理布局公共配套设施，均衡配置教育、卫生、交通、文化等公共服务，舍得拿出空间预留公园、市场、停车场等便民设施，要大大提升群众的居住质量，绝不能成为原居住环境的翻版。对于安置区的规划、户型设计方面要广泛听取群众意见及时吸纳合理化建议，增强群众的认同感和获得感。

四是依法办事原则。大面积的城市更新工作，必须坚持做到一个政策管到底、一把尺子量到底，绝不能就事论事，更不能随意变更，需要有刚性的约束力。在具体实施工作中，一定要按照国家有关法律法规和区内有关文件规定，严格执行程序，规范行政行为，确保房屋征收、拆迁补偿搬迁安置等各项工作有序有效、依法合规，切实做到和谐征收。

五是公开透明原则。坚持阳光操作，将城市更新方面涉及的法律政策依据、征收程序和方式、评估标准和结果、征收补偿方案、公示地点和时限、安置区域规划设计方案以及房源和选房等各个方面、各个环节全部公开、提前公开，防止暗箱操作，确保群众的知情权、参与权和监督权，实现全过程公开公正透明。严厉打击拆迁补偿中的套取、冒领行为，强化工作人员的法纪意识，做到阳光征收。

六是和谐拆迁原则。坚持把“用群众方法做好群众工作”放在首位，用高度的责任心正确对待群众的合法合理诉求和意见建议，用极大的耐心合理疏导群众的思想情绪，严格兑现对群众作出的各项承诺，以心换心地争取广大群众的理解、支持和配合，让广大群众放心拆迁、舒心搬迁、支持拆迁。

（作者系中共济南市天桥区委书记）

陵城区数字经济调研报告

张传军

为更好把握陵城区数字经济发展方向，探索数字经济高质量发展路径，进行了专题调研，形成调研情况报告。

一、调研过程

按照主题教育工作方案中关于调查研究工作安排，结合调查研究的12个方面、6个步骤，围绕本课题开展了全面深入调查研究。

（一）制定方案。认真学习领会习近平总书记“加快发展数字经济，促进数字经济和实体经济深入融合”等重要论述，组织成立了专题调研组，制定了调研方案，组织区委办、发改局、工信局、大数据中心等相关单位召开专题会议，深入研究、统筹安排调研课题的方式方法和工作要求。

（二）开展调研。先后到北京中关村、河北怀来、山西阳高、内蒙古乌兰察布实地考察企业发展情况、座谈交流产业发展经验。同时，多次深入全区重点项目现场，调研项目建设和招商引资情况，通过现场座谈、查阅资料等方式，摸实情、查不足、寻对策。

（三）深化研究。一是提出对策。灵活运用习近平新时代中国特色社会主义思想的世界观、方法论和贯穿其中的立场观点方法，深入分析、充分论证，特别是聚焦制约数字经济发展的瓶颈难题，找准根源和症结，提出对策。二是开门问策。邀请中科助力、鹏博士等专业机构，到陵城开展座谈会，对调研报告成果进行专业把关和专家指导。三是科学决策。把调查研究成果作为区委科学决策的重要依据，运用于工作部署、落实、督导的各个方面。

二、陵城区数字经济基本情况

德州市陵城区位于首都北京、港城天津、省会济南之间，是山东的北大门，素有“京津门户，九达天衢”之称。全省“四纵四横”主干线路之一的德龙烟铁路横跨东西，京台高速、德滨高速，104、513国道以及323、324、516等3条省道穿境而过，构筑起四通八达的交通网络体系。陵城区总面积1213平方公里，常住人口48.67万，辖14个乡镇（街、区），其中2个街道、1个省级经济开发区，共计678个行政村，12个城市社区，是德州市中心城区的重要组成。陵城区按照德州市《数字强市建设2023年工作要点》等有关文件要求，以建设全国一体化工业大数据山东云中心省会经济圈区域分中心为突破点，深入推进“数字产业化、产业数字化、数据价值化、治理服务数字化”，加快推进数字强区建设。2023年，全区数字经济核心产业营收23.22亿元，同比增长138.45%；数字经济核心产业增加值5.8亿元，同比增长105.24%。在2023年度全市数字核心产业考核成绩中位居前列。在调研过程中，发现陵城区数字经济发展主要呈现以下几个特点：

（一）重视程度高。成立了高规格的先进制造业强区建设推进委员会，把制造业高质量发展作为主攻方向，建立“1个办公室、12个产业链专班、1个要素保障组”的“1+12+1”工作架构，统筹推进先进制造业强区建设。同时，成立了数字经济发展工作专班，下设综合协调组、发展规划组、项目建设组、合作招商组，并建立了“日报+简报”重点工作动态汇报机制，及时研究、科学谋划数字领域工作。在政策供给方面，制定《关于加力提速工业经济高质量发展的意见》，推出创新发展、技改扩产、产业集约集聚等6个方面20条措施，部署百亿级产业集群培植、技术改造提升等13项专项行动，梯次培育20家领军型企业、30家成长型企业和50家潜力型企业，培优育强企业“第一方阵”。超前谋划数字发展，积极筹建德州市数字产业研究院，建设数字产业综合服务中心、大数据产业孵化基地、数字人才培育中心等，打造数字经济产业园区，形成产业集聚发展效应。在企业培育方面，挖掘域内创新基础好、发展潜力大的创新型企业，纳入梯次培育后备库，制定个性化培育方案，实行分档分级动态管理，形成“储备一批、培育一批、申报一批、认定一批、成长一批”的常态化发展模式。2023年以来，共有31家企业入选山东省数字经济“晨星工厂”培育库，全市第二。陵城纺织工业园入选省数字经济“晨星工厂”试点园区，全市仅2家。陵城区新型纺织产业数字经济总部等2个项目入选山东省首批产业链“数字经济总部”入库培育名单，入选数量全市第一。

（二）要素保障全。陵城区在区位交通、能源资源、产业基础等方面拥有发展数字经济得天独厚的优势。近年来，陵城区围绕要素保障下功夫、做文章，全面助推数字经济高质量发展。在资金扶持方面，建立了区级推进有效投资重要项目协调机制，加大专项财政投入，制定数字经济相关税收优惠政策，降低企业运营成本。同时，通过项目招商、项目合作等方式，引进优质投资方，引导社会资本精准扶持数字经济项目，用好银行政策性基金、政府专项债券，加强金融信贷支持等多渠道保障的持续投资与投入。已为大数据中心项目争取国家农发行4亿元的政策资本金、0.9亿元的政府专项债。在用地保障方面，成立专班，创新制定整体盘活、局部收回、增资扩产、嫁接盘活、破产重整、信用约束、备案管理等7种措施，开展低效闲置用地清理，累计盘活闲置低效土地2300余亩，为项目落地提供了充足的空间。同时，积极到省市深入沟通对接，盯靠项目土地报批，切实提高了土地供给效率。在优化审批方面，创新推行了“前置预审、专人负责、全程带班、一次告知、并联审批、限时办结”审批模式，双线并行，在完成土地手续前，协助企业准备项目开工前的所有材料，部门间协同配合，采用项目策划生成、项目流程个性定制、“信用+容缺+承诺”等方式，在项目取得土地手续的当天，为项目发放用地规划许可、工程规划许可、施工许可等所有开工前必备手续，实现了“拿地即开工”，助力项目至少提前1个月开工建设，实现全周期、全链条、全要素服务。在用电补贴方面，充分发挥陵城世界单体最大水上漂浮式光伏发电站优势，利用光伏、风电能源为园区供电，绿电占比高于50%。已批复新能源150兆瓦，年发电量1.6亿度，同时根据税收贡献匹配用电优惠政策，优惠后电价最低至0.45元/千瓦时（含税）。在人才支撑方面，成立天衢大数据科技有限公司，邀请国内外知名专业机构开展数字基建、5G建设等专业培训，培养选树一批“数字经济领军人才”。同时，与省大数据局紧密沟通，申请专人在陵城挂职指导，支持数字经济领域企事业单位通过挂职兼职、技术咨询、周末工程师、特岗特聘等方式引进急需紧缺的数字专业高层次人才，构建多领域、多层次、相互配合的专业人才体系。

（三）辐射带动强。前期，陵城区在省市的科学指导和大力支持下，经工业和信息化部批准，成功申报全国一体化工业大数据山东云中心省会经济圈区域分中心项目，这是工业和信息化部重点打造的第一批数据中心示范点，也是山东省3个省级区域分中心之一。项目总投资70亿元，规划占地1000亩，主要建设人工智能算力平台、云计算中心、数字产业制造生产基地等，建成后可实现数字产业GDP占比增幅30%以上。同时，陵城区抢抓新能源产业发展机遇，聚焦智能化、数字化产业，编制“百亿级装备制造业产业园区三年行动计划”，做大做强高端装备制造等主导产业，初步形成以北汽新能源汽车、马拉贝斯大排量高端摩托车等为龙头的高端装备制造产业集群。另外，陵城区还将“数字产业”作为“一把手”工程，科学布局、超前谋划，依托鲁北“智慧大脑”，加强新型基础设施建设，推动互联网、数字孪生、元宇宙等高新技术产业汇聚，全力打造百亿级数字产业集群。近年来，先后承办了工业和信息化部“促进数字经济和实体经济深度融合全国行”暨德州市工业企业数字赋能大会，山东纺织服装产业“新纺链”数字经济总部暨发展服务平台启动会议，省数字经济产业大脑建设试点推进现场会，“一起益企”中小企业服务行动暨设备更新、智改数转高质量发展大会等一批国家、省级会议，陵城在数字发展方面的知名度显著提升。

（四）企业转型快。数字转型是数字经济的必经之路，也是大势所趋。近年来，陵城区加大培育力度，推动企业“智改数转”，着力激发传统产业新动能。一方面，扎实开展规模以上企业“两化融合”评估诊断工作，针对性制定数字化转型扶持政策，提供数字化转型方案。全区参评企业已达172家，规模以上企业参评率达到100%，完成率居全市第一；同时完成25家规模以上企业线下数字化转型评估诊断工作，是全市率先开展此项工作的县（市、区）。另一方面，积极推进企业开展数字车间、智能工厂建设，中昊集团、群力塑胶、圣祥金属、富华盛泰等18家企业获批德州市数字化车间，豪沃机械、优麦化学、马拉贝斯、德沣检测等5家企业获批德州市智能工厂，获批数量全市第一。陵城区入选2023年全国数字化推动高质量发展示范（培育）县（市、区）和2023年建设信息基础设施和推进产业数字化、数字产业化成效明显县（市、区），2家企业产品入选省级“数据赋能”优秀产品培育库，3家企业入选省总数据师制度试点企业，1家企业入选首批数字经济产业创新中心，2个项目入选省技术创新项目计划。

三、采取的主要措施

（一）推动数字政府更加协同高效。一是提升基础支撑能力。统一互联网出口，实现电子政务外网区直单位、镇街全覆盖。完成全区电子政务外网“一网多平面”升级改造，积极构建全域覆盖、多业务融合的政务外网体系。实施公共视频监控“提数提质”行动，依托全市视频共享平台，汇聚各类视频监控资源1.3万余路，覆盖公安、教育、水利、应急、审批、城管、商超等多个领域，部署人脸识别、违规占道、消防安全等AI智能算法，积极拓宽应用范围。建立政务云资源申请机制，为全区25个自建系统平台提供云资源技术支撑和资金支持。二是提升政务服务化水平。开展“一码验收”，推进审批“数智”化，实现验收资料压减20%，审批环节压缩10个，竣工验收效率提升30%。推行营业执照“二码合一”，实现经营信息公开化，办理“二码合一”营业执照234张，典型做法被人民网介绍推广。推行“一照多址”改革，破解企业住所登记限制，依法降低企业准入门槛，助力企业发展。强化“无证明城市”建设，发布证明事项“免提交”清单2080项。依托市级电子证照查验平台，实现电脑端、移动端电子证照在线核验，提升了区级电子证照查验能力。持续组织开展基层便民服务中心政务服务事项标准化提升工作，已实现高频事项“无证明”办理全覆盖。开展“爱山东”App陵城分厅同源同质工作，优化分厅功能，打造了热门服务、智惠生活、特色专区、政策兑现等板块，方便群众通过移动端办理政务服务业务。三是提升政府治理数字化水平。组织申报了数据节点试点，建立政务资源目录980个，汇聚各类政务数据39亿条。全区1995年1月至2020年4月婚姻登记历史数据共计13.877万份，已全部完成电子化。在充分共享市级“数据节点”平台资源的基础上，陵城区积极围绕民政、人社、医保、扶贫等领域探索打造数据赋能基层应用场景。

（二）推动数字经济更加融合创新。一是持续推进数字技术广泛应用。建立首席数据官（CDO）帮包企业制度，对30家数字化水平高、转型意识强的规模以上企业，配备首席数字服务官，进行“一对一”服务。邀请山东大学、北京理工大学专家教授来陵城区调研中昊、普利森、北汽等重点企业，并签订智能制造产业孵化项目战略协议。二是塑强数字产业化发展优势。制定产业招商目录，创新招商模式，吸引一批省内外知名企业落户陵城区，积极引进了信创、极客湾等数字经济行业龙头企业入驻，培育一批具有竞争力的软件服务企业。三是推动产业数字化转型升级。积极推动700多家企业开展企业上云，依托义渡口镇数字产业园宣传推广使用数字农业平台，减少生产中的人工成本，提高效率。全区190余台深松机全部安装哈工大深松智能监测设备，大量减少人工测量成本，提高监测效率及作业质量。积极组织“电商欢乐购”促消费庆新春、新能源汽车“春季百万惠民补贴”、“首届惠享山东消费年·陵呈优品推介会”等促消费活动，大力宣传直播电商，开辟新领域、新赛道。

（三）推动数字社会更加普惠便捷。一是开展智慧城市场景打造。在智慧供热场景方面，通过打造集供热生产调度、管网监控、管网水力分析、供热计量、室温控制、地理信息技术于一体的智慧供热体系，重点解决了热网不平衡、窃暖放水、能源浪费等问题。在智慧农业场景方面，打造的智慧农业产业园能够通过物联感知设备获取植物生长环境信息，如监测土壤水分、温度、光照强度、植物养分含量等参数。已完成冬暖式日光温室大棚75座，分拣中心1座，在建控制中心1座。全部建成后，将直接辐射带动周边生产基地2000亩，助力全区数字农业及“互联网+现代农业”发展；打造的数字农田样板，特别是计划建设的新型高标准数字化小麦繁种基地，能够通过大数据平台的模型分析，对气候变化、小麦生长、病虫害发生、纯度控制、干热风灾害等情况进行实时监测及风险评估，全维度、实时监测小麦良种生产过程，保障良种繁育质量，助力区域小麦制种产业的转型升级；打造的标准化生产、标准化管理、智慧经营及智慧服务的无人农场智慧农业模式，能够有效解决传统农场产业链信息采集能力弱、生产智能化程度低、管理方式落后、产品质量安全管理能力不足及产销不衔接等问题。另外，陵城区还围绕税收“精诚共治”、智慧城管、成品油监管、“陵听半小时”、智慧养老等领域开展了场景建设，均取得显著成效。二是开展智慧社区建设。陵城区作为主城区，与市级共用了1套数字看板和12个社区管理平台，以此为基础，正在推广“一老一小”朝夕守护、民情茶社、志愿服务、特殊人群采集等特色应用场景，并加入视频智能算法，在西街、西关等社区实现了周界防范、人车识别、高空抛物和消防通道检测、人员摔倒和遛狗不牵绳预警等AI场景。三是深化数字乡村建设。积极打造智慧农业、无人农场、电子学生证等场景。其中，电子学生证“防溺水、防走失、防霸凌”案例被《人民日报》等媒体报道。陵城区义渡口镇、糜镇分别入选山东省第一批、第二批乡村振兴齐鲁样板示范区名单。

四、特色亮点

（一）建设全国一体化工业大数据山东云中心省会经济圈区域分中心。该中心作为国家骨干网络的一级节点，主要为省会经济圈的济南、淄博、滨州等七地市及京津冀都市圈、环渤海经济圈等周边城市提供海量数据的存储、应用、算力、云服务、交换、灾备等运营和支撑服务，构建形成“鲁东烟台、鲁南枣庄、鲁北德州”的数据中心大格局。主要有以下几方面特点。一是项目规划有特色。项目规划建设“四园两院一基地七中心”，其中“四园”为互联网数据中心（IDC）产业园、数字产业创意园、5G+工业互联网应用创新园、产业数字化转型赋能园；“两院”为数字经济研究院和大数据职业教育学院；“一基地”为信创产业研发基地；“七中心”为绿色云计算中心、大数据展示与交易中心、大数据研究及产业孵化中心、工业互联网中心、数据产业制造生产中心、人工智能算力中心、虚拟现实中心和增强现实中心。二是项目建设有速度。自项目立项至今，通过抓重点、攻难点，不断推动项目建设。一号楼综合服务展示中心已建设完成；二号楼数据机房正在进行机电施工；三号楼数据机房正在进行机电设计。三是项目招引有效度。依托算力、存储优势，以“链式招引”“以商招商”“资本招商”等多种方式吸引数字产业项目。已引进中国电子、浪潮科技、软通智慧、升哲科技、吉大正元、云针科技等10多家企业入驻，与鹏博士集团、大唐电信开展项目二期合作，中科曙光、西部算力、极客湾、国富云等40余家企业将在算力、人工智能大模型、数据标注、数字经济产业基金等领域开展合作。

（二）建设大数据应用场景。在智慧城市建设方面，陵城区依托全市“城市大脑”数据底座，探索打造了“陵城区城市可视化数据中心”，围绕智慧大脑、城市治理、经济发展、民生服务、人文地理、乡村振兴等6个板块，拓展工业经济、特色产业集群、人才就业、技能培训等二级指标30余项，为区委、区政府分析决策提供数据支撑。在“鲁通码”建设方面，陵城区坚持规定动作“做到位”，自选动作“有特色”原则，依托市级“鲁通码”平台，积极推广复用全市创新应用场景。在临齐街道马厂街社区“城市书屋”应用图书借阅场景，在机关食堂应用就餐管理场景，在西关社区应用社区居民信息核验采集场景，在西街社区应用公益活动场景，在区政府应用会议签到场景等。在基层赋能方面，依托市级镇街数据赋能平台，建立了集数据填报、存储、上报、返还、服务于一体的工作机制，切实解决基层数据底数不清、情况不明、难以留存、报表多头重复等难题。在“一次办好”方面，围绕“梳理事项目录、优化办事流程、编制办事指南、强化技术支撑、加强平台监管”等重点工作，推进部门间办事事项清单化、标准化、信息化，着力解决多次跑、多头跑、时间长、环节多等制约机关效能的突出问题，实现机关内部业务运转“全程数字化”。已梳理上线事项206项，跨部门办理业务2300件。

五、存在问题

（一）认识研究不足。对数字经济普遍缺乏系统认知，研究国家、省、市出台的一系列规划和政策不够深入透彻，推动数字经济发展的思路不够明晰，制定的发展规划科学性、指导性、前瞻性不强。比如，缺乏数字产业化和产业数字化的具体实施路径，科技创新、政策扶持、安全监管等配套机制还不健全，侧面影响了数字经济相关产业的发展。

（二）发展质量不高。陵城区现有的数字产业企业，多为劳动密集型的电子元件制造业企业，主要从事汽车线束、电机等代加工生产，处于产业分工的末端，缺乏关键技术和核心技术，数字经济核心产业“小、散、弱”问题突出，还未成为支柱性产业。而且，部分中小企业受企业家意识、资金等多种因素影响，对数字化发展的重要性认识不足，数字化水平较低，很多企业信息化只覆盖到财务、人力资源管理等业务部门，生产制造等环节数字化程度亟待提升。

（三）数字人才缺乏。目前全国一、二线城市都在上演数字人才争夺战，而陵城区相对大中型城市来说，在区位条件、生活环境、补助政策等方面处于劣势，优秀的数字人才引进十分困难。比如，根据调研，陵城区专门成立天衢大数据科技有限公司，负责大数据中心高标准建设及推动数字经济高质量发展工作，但通过市场招聘仍迟迟未找到“具备精通数据中心基础设施智能化控制系统和管理系统、数据中心建设标准”的专业技术人员及“具备数字经济、信息化业务开发运维经验”的专业市场人员。

六、意见建议

（一）强化顶层设计。习近平总书记强调，“数字经济事关国家发展大局，要做好我国数字经济发展顶层设计和体制机制建设，加强形势研判，抓住机遇，赢得主动”。顶层设计事关行动的理念、目标、方向与路径，是首先要考虑的。因此，建议陵城区聘请专业机构高标准规划大数据中心中长期产业发展，采用“政府+园区+联盟”手拉手的模式发展数字经济。一是培育“政务云”服务交付品牌。依托全国一体化工业大数据山东云中心省会经济圈区域分中心国资性质的政策身份，积极拓展本地、周边区域乃至全国范围的数字化应用平台系统的建设和运营单位在产业园区的落地。通过标准、认证、质量等NQI手段，为这些数字转型的建设单位打造优质、可信的服务品牌，支持开展区域性和全国性的业务覆盖。二是培育“数据要素”交易产业。依托全国一体化工业大数据山东云中心省会经济圈区域分中心数据汇聚的节点优势，启动数据要素流通相关的产业规划和政策建议，开展人员培养、交易促进等产业孵化活动。以“数据入表”“数据交易”管理和业务模式，促进数字化转型项目更多地设立和更好地运营。三是打造“数字东方朔”“数字颜真卿”等地方城市IP品牌。开展重要文化IP资源的开发，推动新消费城市IP的全新构建，聚集和吸引已有和新锐的文化产业资源和元宇宙技术公司落户和品牌化运营，充分运用VR、AR、元宇宙等平台和技术，培育一批关于东方朔、颜真卿、陵县八景的数字化体验项目、文创精品。四是培育“科技+文化=新消费经济”产业。配合“科技+文化=新消费经济”产业经济空间的创造，开展元宇宙技术开发人员、策划创意人员、建模设计人员、策展组织人员等新产业技术人员的培训工作，为园区构建留得住产业人口的生活聚居部落。

（二）强化产业培育。加快发展数字经济，培育壮大数字产业集群，是坚持创新驱动发展、推动经济转型升级的必然要求。习近平总书记强调：“要继续把发展经济的着力点放在实体经济上，扎实推进新型工业化，加快建设制造强国、质量强国、网络强国、数字中国，打造具有国际竞争力的数字产业集群。”习近平总书记的这些重要论述，为我们大力发展数字经济提供了理论指导和行动指南。陵城区下一步的工作重点就是加快培育壮大数字产业集群，着力构筑数字经济新优势，为加快建设新时代社会主义现代化强区提供强大动能。一是全力培育数字经济核心企业。做好22家数字经济核心企业涉企服务工作，主动破解企业发展痛点、难点、堵点问题，助力数字经济核心企业更好更快发展。同时，依托全国一体化工业大数据山东云中心省会经济圈区域分中心项目落地企业，集中多方资源，优化扶持政策，实施梯次培育，做大做强企业规模。二是全力招引数字经济重大项目。加大物联网、计算机终端等新一代信息技术制造业的招引力度，充分利用全国一体化工业大数据山东云中心省会经济圈区域分中心项目，瞄准京津冀等发达地区，开展数字经济专题招商活动，靶向招商、精准招商和补链招商，力争全年招引落地数字经济领域超亿元项目5个以上。三是全力推进传统企业智改数转。实施“百项技改、百企转型”工程，定期深入各企业一线调研走访，紧盯智能化项目，鼓励企业利用信息技术改造提升传统生产线，提高企业整体的自动化、数字化、智能化水平，做好项目服务、抓好关键节点，全流程跟踪推进。

（三）优化发展环境。优化发展环境是关系数字经济高质量发展的重要举措。正如习近平总书记强调的那样：“营商环境只有更好，没有最好。”陵城区发展数字经济的当务之急就是优化营商环境，激发市场主体活力，为高质量发展提供更有力的保障。一是完善数字经济支持政策。加大对数字经济产业培育的支持力度，在土地、财税、金融、人才引进等方面给予优惠扶持，吸引数字经济企业在陵城落户。同时，积极对接省市级，争取将全国一体化工业大数据山东云中心省会经济圈区域分中心项目列入国家、省重大规划和省级重点项目，争取项目建设能耗指标、土地指标及基金投资等方面的支持。二是加快新型基础设施建设。积极对接市级层面，将大数据中心建设纳入天衢新区配套数字基础设施建设，优先承接全市工业云、政务云以及公安、医疗、教育等行业的信息化业务，同时采取PPP等多种模式，积极吸引社会资本参与，加快高速光纤网络、5G、物联网、工业互联网等数字基础设施建设，为数字产业发展提速筑牢基础。三是加快数字经济产业园区建设。科学规划园区选址与功能区划分，完善园区基础设施建设，改进园区管理服务，为数字经济企业发展提供专业、全面、周到的服务。

（四）打造平台载体。习近平总书记指出，人才是第一资源。在数字经济变革浪潮中，人才是发展的第一资源，数字经济的创新驱动实质是人才驱动。陵城区必须深入学习贯彻习近平总书记关于数字经济和人才工作的重要指示精神，牢固树立人才是第一资源的理念，激发数字人才潜能，强化数字经济的人才支撑，为数字经济高质量发展注入强大驱动力。一是积极筹建德州市数字经济产业技术研究院，致力于数字产业技术创新与集成，实现数字产业商业化。二是引进数字产业人才，支持企业与国内外科研机构联合攻关解决数字领域“卡脖子”技术问题，形成资源共享、优势互补的公共服务体系。三是以数字项目建设吸纳人才，以人才赋能数字产业发展，形成数字产业高质量发展的良性循环。

（作者系中共德州市陵城区委书记）

专题研究

关于进一步做好新时代“红色文化”“廉洁文化”建设的研究报告

史宏捷

济南是一座具有光荣革命传统的历史文化名城，历史文化底蕴深厚，人文荟萃、物华天宝，在浩瀚的文化长河中，积淀了丰厚的红色文化、廉洁文化资源。近年来，济南市聚焦全面贯彻落实党的二十大精神，紧扣省、市党代会以及“强新优富美高”战略目标，充分挖掘红色文化、廉洁文化资源，着力营造崇尚廉洁、风清气正的社会环境和政治生态，为加快建设新时代社会主义现代化强省会提供了强大的精神动力和滋养。作为党史史志研究部门，具有“为党立言”和“存史资政育人”的重要职责和使命，应坚持“党有所需、史有所为”，发挥特有优势，进一步推进中华优秀传统文化创造性转化、创新性发展，挖掘历史文献和革命文化中的廉洁思想，在赓续红色血脉中不断深化“泉城廉洁记忆”，创新推进新时代廉洁文化建设、史志文化“两创”实践，为巩固拓展党史学习教育成果、构建一体化推进“三不”体制机制，让清风正气充盈泉城大地贡献党史史志的智慧力量。

一、省内部分地市的主要经验及做法

济南市委党史研究院成立调研组，围绕切实做好全面服务融入重大战略、全面提升城市文化软实力、深入推进全面从严治党等调研目标及要求，采取一线调研的方式，先后在济南、东营、潍坊、淄博等地市，通过听讲解、看展览、座谈交流、实地采访、随机走访等形式，详细了解各地红色资源的搜集挖掘与开发利用及廉洁文化建设的主要经验和做法。

（一）注重特色文化品牌打造。近年来，各地积极探索新时代廉洁文化建设的新路径，深入挖掘当地文化资源中的廉洁元素，精心打造兼容并蓄、特色鲜明的廉洁文化品牌，廉洁文化覆盖面、影响力不断提升。

诸城市以规划建设王尽美党性教育基地为核心，着力打造“初心·起点”党性教育品牌。1992年7月1日建成并对外开放的原王尽美烈士纪念馆地处城区、功能单一，为更好地弘扬王尽美同志革命精神，2017年，诸城市开始高起点高标准规划建设王尽美党性教育基地。围绕“初心·起点”主题，王尽美烈士纪念馆由主展厅、纪念厅、影视报告厅组成，通过实物、照片、视频、场景等，生动形象地再现了王尽美光辉战斗的一生。广饶县刘集后村依托红色资源，主打红色文化特色场馆品牌，建起了全国第一个《共产党宣言》主题纪念馆。几乎每天都有来自全国各地的团队参观学习，每年吸引游客超过10万人。钢城区依托9363军工遗址、莱钢展馆等“钢铁”资源，挖掘钢铁文化中蕴含的廉洁基因，创作廉洁主题文艺展演作品20余个，在全市都有较大影响，在当地更是产生了很大的育人教化作用。齐鲁银行廉洁文化展览馆，作为济南市市属国有企业廉洁文化教育基地，通过六大主展厅，全方位展示廉洁金融历史、典型人物以及齐鲁银行廉洁文化建设成果。展馆平面立体多维组合，声光电多媒体等现代技术手段的运用是一大特色，堪称企业廉洁文化建设的典范。

（二）传统文化、红色文化与廉洁文化充分融合、借力。坚持传统文化、红色文化与廉洁文化相融合，这是新时代廉洁文化建设的应有之义。立足深厚的地域特色文化、红色资源，深入挖掘地方革命史、发展史中的红色基因、勤廉元素，积极推动廉洁文化创新性转化，才能不断增强廉洁文化的引领力、渗透力和影响力。

钢城区深入挖掘本地红色文化、传统文化中的廉洁元素，创作一批具有钢城特色的廉洁文化作品。摄制了《济南清廉之旅——莱芜战役指挥所旧址》Vlog等廉洁题材微视频；依托省级非遗蟠龙梆子，打造了讲述钢城籍清官吴来朝爱民为民、清正廉洁的故事《吴来朝》等廉洁系列戏曲影视作品，入选第四届、第五届中国戏曲电影推优表彰盛典。诸城市深入挖掘优秀传统文化和红色革命文化中的清廉元素、红廉基因，近年来将作为密州文化、诸城文化坐标的超然台打造为廉洁文化教育阵地，通过对著名政治家、思想家、文学家苏轼的清廉思想和廉洁故事的整理，让廉洁文化与传统文化有机融合，同向发力。东营黄河文化博物馆深入挖掘地方志资源，通过志说黄河的形式，让史志文献走到人民大众中间，对于弘扬传承传统文化中的黄河精神很有价值。历下区基层廉洁文化教育展厅利用大量历下区地情资料、史志资料，将历下区“山泉湖河城”的地情特色与廉洁文化建设充分结合，打造“信仰如山、清泉洗心、明湖镜鉴、以河为御、廉润泉城”的廉洁文化建设新格局。

（三）红色文化和廉洁文化深入民间、深入人心。新时代廉洁文化建设是一项社会性的基础性工程，要推动形成党委统一领导、党政齐抓共管、纪委监委组织协调、相关部门各司其职、全社会共同参与的工作机制，才能真正实现“目之所及可见廉影、耳之所闻可听廉音、手之所触可感廉脉”，真正形成风清气正的社会风气和社会潮流。

钢城区规划建设了廉政文化长廊、党史文化长廊等廉洁文化阵地10余处，开设2条“钢城清风”公交专线，开展廉戏下乡、廉洁文艺汇演等形式，使红色文化、廉洁文化走进人民大众。商河县的勤廉广场就建在县城居民日常休闲娱乐最主要的场所——滨河公园内，在晨练晚休之余，人们就可以了解到商河红色历史，而且表现形式生动鲜活，有一定趣味性和参与性。广饶县投资2600多万元，对《共产党宣言》陈列馆进行全面改造提升，系统展示《共产党宣言》诞生、传播、实践、影响、在广饶传承发展的全过程，生动再现马克思恩格斯起草宣言、陈望道蘸墨吃粽、刘世厚火海救书等场景，成为党史学习教育重要阵地，广大党员干部群众纷纷预约到馆，单日参观人数逾千人。韩庙镇除了积极做好萧华抗战指挥所旧址展览的同时，还将旧址所在的店子张村打造成全省3D绘画第一村，利用村里居民的外墙展示了大量革命历史题材内容，也很有文旅特色。此外，有些区县还积极吸收民间党史研究者、文史爱好者参与廉洁文化的宣讲，效果很好。如，莱芜区邀请当地退休干部、史志文化名人亓贯德开展红色宣讲就很有感染力，成为社会公众参与史敢当红色宣讲的成功例子；商河县积极培育年轻干部潘成方，在红色文化宣传和党史宣讲中挑大梁，勇担当，为年轻干部成长树立了很好的榜样，成为当地红色宣讲“专员”。

二、济南市红色文化、廉洁文化建设存在的主要问题及原因

近年来，在党中央的重视和各级努力之下，济南市的红色文化、廉洁文化建设在全社会广泛开展并取得一定成效，营造了以文化人、以文润德、以文养廉的浓郁氛围，同时还存在一些亟待解决的问题。

（一）红色文化和廉洁文化的宣传还存在不规范不到位的现象。大多数红色文化展馆、廉政文化教育基地严把展陈资料和解说词的政治关、史实关、文字关，但也有个别展馆存在史料不完整、文字错漏、表述不准确，图片选用不恰当等问题。如个别展览在“两学一做”学习教育、“不忘初心、牢记使命”主题教育后面加“活动”；某纪念馆英文翻译语法存在明显错误；对革命先烈职务、事迹等内容的表述出现错误等；个别讲解员在讲解过程中由于业务知识不扎实出现史实性的错误，敬业精神不足，不够严肃等；部分展馆内容陈旧，未能及时吸收借鉴最新的党史研究成果，未对展陈内容予以及时更新，致使红色资源的文化内涵未被充分挖掘，有些值得深入挖掘的红色故事被埋没。

（二）从传统文化特别是从史志文化中汲取营养不够，对传统文化的挖掘研究明显不足。地方志、历史文献、文化古籍、民间文献中蕴含着丰富的廉洁文化资源，部分廉洁文化教育基地从本地史志等传统文化中汲取营养做得不够，对本地历史文化名人身上体现的克己修身、立德践廉、勤政为民、崇廉拒腐的优秀品质和廉洁基因缺乏深入挖掘，内容浅显不深刻，宣传效果不够理想。从优秀传统家规家风家训和历史遗存、经典文艺作品、文物古迹、民间文学中，深入挖掘廉洁思想、廉洁故事，推动优秀传统文化创造性转化、创新性发展方面，需要继续做基础性的研究工作。这次调研中发现，传统文化中一些优秀生动的廉洁文化因子被极大地忽视。例如，原莱芜地区自古清官廉吏众多，甑中生尘、釜中生鱼的范丹，清廉正直、以德怀柔的羊祜，“一门三进士”、节制与谨严的吴鸿洙、吴鸿功、吴暐，“文武持衡”的谭性教，千言《饥民疏》、毅然一身先的亓诗教，强直铁面、高节清风的亓之伟，文行忠信、四教皆上的张四教，这些历史人物几乎人人都有生动鲜活的清廉故事，但在我们的展览和宣传中，有的一笔带过，有的甚至名字都没有出现，翻阅当地的史志资料，这些历史人物还在那里默默沉睡，亟待当地党史史志部门、文化宣传部门去挖掘、去弘扬。

（三）同质化现象比较明显，地域特色不突出。地方地域特色是红色文化、廉洁文化的基础。近年来，随着各地党委、政府对红色文化、廉洁文化建设的不断加强，各类红色文化展馆、廉政文化教育基地数量不断增加。在这些展馆基地建设过程中，不可避免地出现内容、形式等雷同、同质化的现象，部分展馆在场馆和展陈设计上缺乏个性和地域特色，生搬硬套，为了建馆而建馆，缺少当地的历史文化支撑，没有更新鲜更有力更具特色的内容，很难给参观者留下深刻的印象，观展效果大打折扣。

（四）在人物事迹和资料选录上不平衡，对身边典型事例挖掘不够。对新民主主义革命时期、社会主义革命和建设时期的英模人物、爱国志士的廉洁事迹及重大廉洁史实挖掘、整理、研究较多，对党在改革开放和社会主义现代化建设新时期、中国特色社会主义新时代的伟大成就在展示上所占篇幅较少，研究还不够深入。对身边的典型人物、典型事迹挖掘较少，以身边人物事迹教育党员和群众，需要树立更多鲜活、接地气、有温度的典型形象。

三、进一步推动新时代红色文化、廉洁文化建设的建议

中国共产党人所倡导的廉洁文化是马克思主义廉洁理论、无产阶级廉洁行为及其相互关系的文化总和，是关于廉洁的理论、观念、制度及与之相对应的工作、生活行为规范的总概括。它与红色文化一样，是中国特色社会主义文化的组成部分，是文化自信的重要支撑。要坚持以史为镜、以史为鉴，推动红色文化、廉

洁文化充分融合，不断开创红色文化、廉洁文化建设新局面，使红廉之花开遍神州大地。

（一）深入开展红色文化、廉洁文化普查工作和理论研究。一是建议定期开展红色文化资源普查工作，由市委党史研究院联合市文化和旅游局等部门对全市红色资源进行全面梳理，摸清全市红色资源底数，为红色资源的保护和开发利用奠定坚实的基础。二是结合市纪委、市委党史研究院开展的“清风史话”主题史料征集等活动，对全市廉洁文化史料进行挖掘、整理，形成廉洁文化资源库。用好红色文化资源普查和廉洁文化史料征集成果，科学制定保护与开发利用措施。三是积极开展红色文化、廉洁文化课题研究，加强与各部门，特别是与高校、研究机构的联系与合作，形成研究合力，同时积极吸纳社会各界的专家学者加入理论研究队伍，深入开展红色文化、廉洁文化理论研讨活动，努力创作一批有影响的红色文化、廉洁文化的著作和理论成果。

（二）优化统筹红色文化、廉洁文化资源，打造城市文化品牌。一是依托中共山东早期历史纪念馆、济南战役纪念馆、莱芜战役纪念馆、大峰山革命根据地纪念馆等典型红色资源，讲好济南早期党组织和抗日战争、解放战争时期的红色历史以及中国共产党反对腐败、建设廉洁政治的故事，打响“中国共产党早期组织诞生地、山东抗日战争播火地、解放战争经典战役体验地”等红色廉洁文化品牌。二是全面整合各县区红色文化、廉洁文化资源，形成“点线面”结合的格局，做好各县区协调配合工作，在打造“一县一品”红色文化、廉洁文化品牌的基础上，采取整体发展战略，凝聚文化保护整理和开发利用合力。三是利用济南与潍坊、东营、淄博、泰安等城市之间红色文化、廉洁文化关联度大、互补性强的特点，进行资源统筹衔接，围绕黄河文化、王尽美研究、齐鲁传统文化等开展深度合作，建立资源共享和共同研究开发机制，联合打造红色文化、廉洁文化优质品牌。

（三）提质增效，推动红色文化、廉洁文化建设走深走实。一是加强对红色文化、廉洁文化建设的财政支持力度，积极鼓励引导社会资金投入红色文化、廉洁文化建设，特别是红色文化展馆、廉政文化教育基地建设。在部分基地场馆可尝试引进团建拓展、红色旅游、民宿等服务产业，进一步增强场馆基地的参与性、群众性和趣味性，推动场馆的可持续发展。对目前的展馆等也要有序进行改造升级，利用现代科技表现形式，给参观群众以更强烈的冲击力和视觉、听觉体验，特别是针对青少年儿童的心理生理特点，增补或改造部分展览内容。二是纪检监察、宣传、党史史志等部门要对红色文化、廉洁文化建设严格把关，确保政治性、史实性、准确性。同时，纪检监察、组织、宣传、党史史志、党校、文化、教育等部门要充分发挥各自的职能优势，各司其职，密切配合，形成红色文化、廉洁文化建设的整体合力。三是要进一步延伸红色文化、廉政文化工作链条，通过编写红色教育读本、廉洁故事，拍摄影视片、短视频，编演文化戏剧，开展红色文化、廉洁文化“六进”等活动，让红色文化、廉洁文化走出展馆、教育基地的“深闺”，以更加喜闻乐见的形式融进人民群众。

［作者系中共济南市委党史研究院（济南市地方史志研究院）院长］

创新突破文化旅游发展
提升城市品牌影响力

宋爱香

抓文旅就是抓发展，抓文旅就是抓未来。“淄博烧烤”现象级出圈以来，城市美誉度、知名度、影响力大幅提升，其中文旅融合发展发挥了关键性作用。为摸清淄博市文旅融合发展现状、持续推动文旅融合深度发展，更好地服务全市经济社会发展大局，进一步提升城市品牌影响力，凝聚城市向上发展合力，我结合主题教育活动，进行了专题调研，形成了一些思考。

一、淄博市文旅融合发展现状

近年来，全市文旅系统主动增强工作的预见性、掌握工作的主动权，率先突破疫情影响。2023年度，全市接待国内游客6114.86万人次，实现旅游收入630.02亿元，同比分别增长67.59%、68.42%。总体来看，文旅行业恢复发展形势好、势头猛、后劲足，在拼经济、促消费中作出积极贡献，走在了全市前列。主要有5个特点。

（一）谋划工作有格局。全市文旅系统始终把落实习近平总书记重要指示要求作为最大的政治、最大的格局，坚定拥护“两个确立”，坚决做到“两个维护”。坚持大抓文旅、抓大文旅，推动淄博文化和旅游工作深度融入国家战略、全省大局，深度融入全市经济社会发展全局，深度融入各个领域各条工作战线。着眼贯彻落实习近平总书记视察山东重要指示精神，加强非遗保护传承，创作推出艺术精品，不断推动文化“两创”走深走实。着眼推动新旧动能转换、推动高质量发展，创新举办中国文旅企业合作发展大会，大力推进旅游住宿业、旅游景区、旅游演艺高质量发展。着眼推进新时代党的建设新的伟大工程，加强理论武装，创新推出“齐风陶韵·先锋文旅”党建品牌，打造“1+8”支部品牌体系，精心谋划布局干部队伍建设，形成了干事创业、风清气正的良好生态。着眼贯彻党中央决策部署和省委省政府工作安排，按照市委、市政府要求，在黄河战略、乡村振兴、国家文化公园建设等方面，精心谋划、深度参与，在绿色低碳高质量发展先行区建设、“十强”产业、十大创新、十大扩需求行动中，文化和旅游都成为重要内容、重要力量。

（二）服务大局有贡献。2023年疫情管控转段以来，全面落实习近平总书记关于“疫情要防住、经济要稳住、发展要安全”的重要指示要求，把握“复苏势在必行、过程道阻且长、提振行则将至”的发展态势，文化和旅游工作对全市经济社会发展大局的贡献度和影响力不断提升。大力实施消费提振，积极落实省市“消费提振年”工作部署，率先打响消费复苏的“第一枪”，通过供给优质产品、提供优质服务、强化优质管理，主动担当扩内需、促消费的“主力军”。特别是创新开展文化和旅游消费惠民季，春节前联合有关部门制定实施提振文旅消费11条措施，措施印发实施后，政策效应迅速显现，全市春节假期文化和旅游消费掀起了新高潮。累计发放使用文旅惠民消费券553万元，带动消费1800万元。减免A级景区门票3319.24万元，拉动消费1.1亿元。2023年上半年，全市文旅产业增加值增速12.2%，高于全省0.7个百分点。积极服务融入黄河国家战略，大力保护传承弘扬黄河文化，细化25项措施，推进黄河文化保护传承弘扬。国家文化公园（淄博段）建设全面推进，深入推动文化体验廊道建设。文旅助力乡村振兴深入开展，乡村旅游蓬勃发展，乡村文化建设在“五大振兴”中的作用日益凸显，“郝峪模式”蹚出了一条可复制、见效快，能够在最大程度上实现共同富裕助推乡村振兴的发展道路。

（三）发展路径有创新。实施“大文旅”发展战略，积极构建“一核两翼六组团”发展布局，以建设齐文化传承创新发展示范区为引领，策划实施了计划总投资856亿元的117个省市重点文旅项目，其中28个项目列入省重点文旅项目名单。淄博千乘·文旅康养项目，作为典型代表在省旅游发展大会现场签约。按照“淄博全域皆景区”理念，统筹“吃住行游购娱”各要素，贯穿产业各环节，成功创建4个省级全域旅游示范区。坚持“特色化”发展路径，积极引导区县深耕细耘特色资源。高青县创新打造了农文旅融合发展模式，实现家住黄河边，吃上了旅游饭。临淄区积极用好“人文沃土可以深耕的比较优势”，依托“稷下学宫”游学地标积极开展研学旅游，齐文化进一步活化深化。张店区坚持丰富新业态新产品供给，打造了海岱楼钟书阁、唐库文创园等一批流量网红打卡地。

（四）业内影响有突破。持续放大烧烤溢出效应，创新开展“文旅推荐官”活动，推出五大主题产品、10条主题线路，开通14条“1元公交游景区”旅游专线，覆盖全市20个热门景区，举办“追光海岱楼·奇妙淄博夜”“玩转淄博·我出招”等特色活动2000余场。强化精品意识，聘请高端专业机构进行规划设计，引进国内知名投资公司、运营公司，塑造了齐文化节、稷下学高峰论坛等节会品牌。策划“玩转淄博我出招”等活动，累计参与人次达1.4亿。加强协同发展，签订济淄同城化合作协议和高铁专列宣传推广协议，联合济南、泰安、菏泽等地实现“齐惠游”旅游年卡一卡通游。狠抓客源招徕，加大“引客入淄”力度，赴北京、上海、重庆等地推介宣传，招引厦门朗乡、香港天山缘、山东文旅等数十家知名企业成为淄博优质合伙人。

（五）产品丰富有成效。加快建设“文化淄博”，以“文化提效争先”为引领，深挖全市优质文旅资源，持续打造更加丰富的产品供给矩阵，更好满足多样化、个性化、品质化的文旅消费需求。累计打造4个全国乡村旅游重点村，61个省级景区化村庄，80个A级景区，创建省级研学基地15个、省级工业旅游示范基地8个、省级康养旅游示范基地1个，培育国家级夜间文旅消费集聚区1处、省级5处。塑造“五彩缤纷”印象，拓展“悦享淄博”体验。

二、存在的问题

（一）缺乏龙头景区和核心项目。全市在游览和住宿两大领域仍然缺乏代表性龙头企业，无5A级旅游景区和五星级酒店，与淄博市旅游资源禀赋和经济地位不符。重点文旅项目库中部分项目体量较小、创新不足、进度较慢，缺乏数字文旅类项目储备，优秀文化资源转化运用不足。

（二）旅游基础设施存在短板。全市酒店及床位数量偏少，中高端酒店供给不足，民宿业发展不均衡，整体住宿接待能力不强。部分景区通景道路、游客驿站、旅游厕所、停车场等基础设施难以满足旺季高峰需求。

（三）旅游消费业态数量偏少。现有景区消费场景和业态不丰富，游客吸引力不强，导致客流量向景区转化不够，“五·一”期间A级景区客流占全市游客比重仅为29.23%。夜间文旅消费集聚区存在同质化，缺少吸引年轻人的沉浸式、体验式消费场景，24小时的夜间供给不足。现有文创商品档次不高，缺乏精品文创商品，在商业街区、客流集聚区缺乏精致、统一的文创产品主题店。

三、几点建议

目前，文旅发展步入更重体验、更重品质、更重品牌的新阶段。必须坚持目标导向、问题导向、结果导向，推动发展不能停留在常规打法、平推平进，需要统一谋划推动，破除制约发展的深度壁垒，为文旅融合发展加速跑注入强劲动能。

（一）握指成拳“强统筹”。推动文旅融合高质量发展是一项系统工程，涉及的面广，综合性强，必须加强协调联动，汇聚各方资源。狠抓顶格协调。各级党委政府要把文旅发展摆在重要的位置，深入践行“一体规划、一体建设、一体发展”路径，完善领导挂包、专班推进等工作机制，重点加强对文旅重大项目、重大基础服务设施等的统筹协调，及时解决重大问题。狠抓政策支持。综合运用财政奖补、金融帮扶、专项债权等手段，加大资金的保障力度。着力解决用地难题，分级分类保障重点文旅项目用地指标，特别是要把重点文旅项目用地相关的政策落实到位。狠抓人才保障。要把旅游人才纳入全市人才引育用留工作体系，优化人才引进机制，改善文旅人才落户政策。整合在淄高校和研究院所的教育研究力量，鼓励有基础的高校创设文旅融合相关专业，大力发展旅游职业教育，强化工学结合、校企合作，抓好导游队伍建设，培育一大批技能型的旅游专业人才。

（二）聚焦问题“补短板”。文旅发展短期看消费，长期看供给，要实现高质量发展，“吃住行游购娱”等各要素必须整体配套，协调联动，不能因为某个或者某些方面“掉链子”而造成“木桶效应”。完善“快进慢游”交通网络体系。打造一批高标准旅游风景道示范路段，健全重点旅游景区、旅游消费集聚区交通集散枢纽，实现快捷换乘、高效通行。提升住宿多层次供给能力。引进高端品牌酒店，升级布局一批中高档酒店，建设五星级酒店，提高高端供给能力。塑造“齐长城宿集”品牌，打造特色民宿集聚区，壮大星级饭店、文化主题酒店规模，满足特色化、个性化住宿消费新需求。积极发展休闲露营，规范开发共享住宿，培育新兴住宿业态。建设完善智慧文旅平台。适度超前布局新型基础设施，逐步完善物联网、视频采集等信息化的基础设施建设，加快建成一体化的智慧旅游监管服务体系，提升智慧旅游服务的便利度和安全性。

（三）打造精品“提品质”。后疫情时代，游客的消费心理、消费需求发生变化，更加注重高品质体验。加快推动旅游景区提档升级。对既有A级景区挖潜提升，开展基础设施完善、服务质量优化、管理能力提升、旅游业态创新、宣传营销赋能、旅游安全固本等六大提升行动，进一步拉长产业链条、丰富游客体验。深化提升乡村旅游发展质量。将聊斋文化、黄河文化、工业文化、陶琉文化等特色文化内涵和地域元素融入乡村旅游项目全过程、旅游消费各环节，建设一村一品、一村一景、一村一韵的魅力村庄。坚持精品引领，融合农文旅、贯通产加销，推出一批乡村美食、美景、好物，更好满足游客多层次、个性化需求。培优做强新型文旅业态。把握微旅行、慢休闲、深度假的市场趋势，丰富文化旅游、工业旅游、体育旅游、康养旅游等新业态新产品供给。强化夜间文旅消费集聚区运营，培植引入夜游夜秀、夜食夜购等夜经济场景，创造消费热点、释放消费潜力、形成经济增量。擦亮“稷下学宫”研学品牌，打造更有活力的消费场景、更具标识的文化场景，加力提升城市品质。着力做好文创产品开发推广。通过校企合作，引进社会力量、专业公司，加大对淄博特色文旅产品设计包装力度，重点对陶瓷、琉璃、丝绸等优质文创产品进行包装推介，擦亮“文化灵魂三件套”品牌。注重搭建“线上+线下”的全渠道销售平台，整合筛选优质文创产品配送到各购物店、网店、直播平台，推广一批兼具淄博文化元素和出圈要素的高品质文创产品。

（四）内外兼修“塑品牌”。品牌就是生产力，是竞争力，也是发展力。一个地方文旅品牌如何，是衡量文旅融合高质量发展水平的重要标志。建议市级层面，加强宣传推介。实施品牌强音行动，强化主流媒体、抖音、快手、小红书等新媒体精准推广，加强与国内知名在线旅游平台合作，做强新媒体的宣传矩阵。加强市场监管。加大旅游市场管理力度，严厉打击价格欺诈，不合理的低价游等行为，让“人好物美心齐”不仅响在外，更秀于内，让淄博文旅由“现象级”热度转化为“质量级”口碑。强化活动引领。分时节、分地域策划办好乡村旅游节、生态旅游季等，打造文旅消费新爆点。积极策划打造一批乡村特色鲜明的旅游节会活动，重点培育1—2个活动品牌。

（作者系淄博市文化和旅游局局长）

关于加快锂电储能产业发展的研究报告

枣庄市政府决策研究中心
枣庄市能源局

储能是新能源发展的关键要素。枣庄市聚力建设中国新能源电池名城、打造绿色安全新能源典范城市，锂电产业集聚成势、绿电资源蓬勃充裕、储能项目运转平稳，在这种形势下，加快发展锂电储能产业，符合国家"双碳"战略导向、契合锂电产业发展目标，有机遇、有条件、有基础、有优势，正当其时、前景可期。

一、锂电储能产业市场容量大、发展前景广阔

（一）新能源储能需求倍增，新型储能产业迎来增长窗口期。新型储能主要包括锂离子电池、液流电池等电化学储能以及飞轮储能、压缩空气储能、氢（氨）储能等，相比传统的抽水蓄能，具有调节能力强、选址灵活、周期短，与光伏发电、风电等新能源开发消纳的匹配性较好等优势。随着中国加快建设新型能源体系，新型储能具有良好的发展前景。从国内看，风电、太阳能等新能源占比不断提高，以光伏为例，2023年全国光伏产业总产值突破1.75万亿元，产业规模和装机应用连续10余年位居全球首位。由于新能源发电单机容量小、数量多、布点分散，具有显著的间歇性、波动性、随机性特征，对电力系统安全稳定运行的压力大，直接带动了储能需求的大幅增长和相关产业快速发展。

电力规划设计总院《中国储能技术与产业最新进展与展望2024》显示，截至2023年底，中国累计已投运新型储能装机规模34.5吉瓦，年增长率166%，占全球市场38%。2023年，我国新增新型储能投运装机规模21.5吉瓦，3倍于2022年同期水平，占全球市场47%。从国际看，2023年以来，欧洲家庭用储能设备需求呈井喷式增长。日韩等亚太地区储能市场需求稳定扩张，全球新型储能市场保持了强劲增长。据中国能源研究会统计，截至2023年底，全球新型储能市场累计装机规模达91.3吉瓦，年增长率99.6%；新增投运规模45.6吉瓦。展望未来，新型储能需求端持续旺盛，在支撑清洁低碳、安全高效的能源体系建设中的关键作用将愈发突出。

（二）锂电储能技术成熟领先，在新型储能装机中占据主流。在各种新型储能技术中，锂电储能由于响应速度快、容量配置灵活、站址约束条件少、建设工期短、产业链较完备等特点，是目前新型储能领域发展最快、最为成熟的技术路线，其市场规模和技术水平得到广泛认可和应用。国家能源局发布数据显示，截至2023年底，中国新型储能装机中锂电储能占比97.4%，处于绝对主导地位。工业和信息化部发布数据显示，2023年，中国锂电总产量达940吉瓦时，其中储能锂电突破100吉瓦时。深圳高工产业研究院（GGII）预计，到2025年，中国锂电储能市场规模将达到1200亿元人民币，年复合增长率为20.6%。美国大视野公司（Grand View Research）预测，到2028年，全球锂电储能市场规模将达到355亿美元，年复合增长率为18.8%。随着相关技术的突破和经济性进一步提高，将为锂电储能产业快速发展创造更为有利的条件。

（三）政策红利持续释放，驱动新型储能市场化加速拓展。近年来，国家出台了《关于加快推动新型储能发展的指导意见》《新型储能项目管理规范（试行）》《“十四五”新型储能发展实施方案》《关于进一步推动新型储能参与电力市场和调度运用的通知》等系列政策文件，“新能源+储能”、常规火电配置储能、智能微电网等应用场景不断涌现，新型储能由研发示范向商业化初期过渡，实现了实质性进步。《“十四五”新型储能发展实施方案》提出，到2025年实现新型储能由商业化初期向规模化发展转变；到2030年实现新型储能全面市场化发展。在政策导向和市场需求的双重加持下，各地纷纷加大新型储能发展研究力度，制定专项规划或在相关能源规划中明确新型储能发展目标，通过开展试点示范、制定补贴政策等方式支持新型储能发展；能源企业、社会资本等投资主体对新型储能的投资热情高涨，加快了项目建设和落地进度，逐步形成产业化体系。就山东而言，作为工业大省也是能源大省，新型储能蓬勃发展，走在了全国前列。截至2023年，全省在运新型储能项目87个、规模200万千瓦，居全国首位。《山东省新型储能工程发展行动方案》提出，到2025年全省新型储能规模达到500万千瓦，有力支撑山东省智能灵活调节、安全保障有力、供需实时互动的新型电力系统建设。

二、枣庄市发展锂电储能产业的优势条件

（一）锂电形成规模、产业链相对完备为储能发展奠定了良好基础。近年来，枣庄市抢抓省里支持枣庄集聚发展锂电产业的重大机遇，大力发展锂电首位产业，形成“全市域布局、全链条覆盖、全周期服务”的特色优势。锂电企业达到116家，产品种类300多个，形成了锂矿开采加工、正负极材料、隔膜、电解液、电芯及PACK、终端应用、回收拆解的完整产业链条和产业生态，枣庄锂电产业集群被科技部授予创新型产业集群，吉利欣旺达牵头创建全省唯一省级锂电产业创新创业共同体。立足“储

能+新能源”模式，编制储能全产业链图谱，投资100亿元的欣旺达“源网荷储”一体化项目落户枣庄高新区。锂电产业加速崛起，为储能产业发展提供了有效的技术和装备支撑；发展储能产业将进一步拓宽锂电产品终端应用场景，实现企业联动、产业耦合，形成锂电、储能产业质效双优的发展态势。

（二）绿电资源充沛、配套储能应用为储能发展创造了充裕空间。枣庄市是鲁西南采煤沉陷区“光伏+”基地地市之一，也是山东省唯一全市域纳入国家整县屋顶分布式光伏开发试点的城市，并在全省首家出台了分布式光伏储能配置标准。截至2023年底，全市光伏总装机容量达到280万千瓦，预计2025年达到350万千瓦。按照不低于装机容量的15%、充放电时长2小时配置储能设施，或者租赁同等容量的共享储能设施，全市储能装机规模将增加20万千瓦以上。“光伏+储能”模式的推广将持续提高绿电生产使用比例，拓宽储能应用市场。同时，布局建设了中广核山亭、华电枣庄等风电项目2个，总装机容量35.8万千瓦，其中中广核山亭风电场装机容量26.5万千瓦，是华东地区单体容量最大的山地风场。

（三）区域储能产业基地定位为储能发展提供了明确方向。《山东省关于开展储能示范应用的实施意见》提出“重点培育枣庄、济宁等5个储能产业基地建设”，《山东省新型储能工程发展行动方案》提出“构建鲁西南多场景应用储能示范区，重点推动枣庄滕州、枣庄山亭等一批示范项目”。在全省统一规划布局、新能源装机不断攀升、储能装机需求大幅上行的情况下，推进枣庄市储能产业规模化、高质量发展，实现全省“储能蓄水池”的功能作用，符合市场需求和省对枣庄市储能产业区域定位。建成投运华电滕州、中广核山亭、台儿庄台阳等独立储能项目3个，装机容量30.1万千瓦。华电滕州项目是全省首批7个储能示范项目之一，充放电效率88.7%，有效改善了火电机组日内启停机、新能源弃风弃光等资源浪费现象。中广核山亭（一期）项目是中广核集团首个参与现货交易的电网侧独立共享储能项目，促成山亭从没有一度火力发电的经济落后区，成为风光发电项目新高地。滕州滨湖项目建成并网，欣旺达“源网荷储”一体化项目加快建设。同时，规划入库独立储能项目17个，预计总投资255亿元，总容量4350兆瓦。除独立储能项目外，枣庄市已建成投运田桥晴阳、米山星球、西官中核、冯湖三峡、康庄峄光等集中式光伏配套储能项目5个，总装机容量4.9万千瓦，与光伏发电站一体化运行。

三、主要问题和制约

（一）锂电储能产业链不完善，应用场景不够丰富。锂电储能产业链包括上游设备商、中游集成商和下游应用端，涵盖众多领域和企业，其中电池和储能系统是核心部件。上游主要是原材料，包括正极材料、负极材料、电解液、隔膜、电子元件、结构件、辅助材料、柜体电缆、土建安装、增压装置等；中游主要包括储能电池、电池管理系统（BMS）、储能变流器（PCS）、能量管理系统（EMS）等，其中电芯成本占比近70%；下游主要是电源侧［与发电机组配套安装的储能项目，包括新能源（风、光）配储和火储联合调频］、电网侧（由电网直接调度的储能电站，以输配电基础设施为主）、用户侧（包括家庭储能、工商业储能、储能充电桩等，单体规模较小）等应用场景。从枣庄市情况看，锂电企业多以生产制造动力电池、消费电池为主，仅有天科、精工、欣旺达等少数企业做储能电池，业务规模小、占比低，涉及储能变流器（PCS）、电池管理系统（BMS）、储能温控和消防等环节设备制造和技术研发的相关企业还是空白。同时，已建在建项目以独立储能、集中式光伏配储两种形式，集中于电源侧、电网侧，分布式储能刚起步，家庭储能、光储充电站等用户侧场景发展相对滞后。

（二）储能项目布局建设不够科学合理，跟不上发展需求。从供给侧看，项目建设布局缺乏科学规划和评估。当前主要以招商引资为目的投资建设大型独立储能电站，并未有效结合局部电网调节需求、电网接入能力等进行统筹考虑和科学规划，导致部分储能设施“削峰填谷”作用打折扣或存在“接入困难”现象。从需求侧看，枣庄市电力调节需求突出与迫切。全市风光装机263.45万千瓦，其中仅少量集中式光伏按比例配建了储能，分布式光伏不参与系统调节，网内现有统调煤电和在运独立储能项目提供的调节能力基本消耗完毕，70%的220千伏变电站出现光伏发电潮流上送，亟需新增储能资源，提高电力调节和消纳能力。随着分布式光伏大批量接入配电网，在午间光伏大发时段，已有近百座变电站评估为红色不可接入区域，出现配变上送重过载、午间“过电压”等问题，对配电网可靠性、电能质量有一定影响，进而又影响和制约了整县屋顶分布式光伏的开发建设。

（三）锂电储能参与市场的机制不健全，项目盈利能力弱制约了规模化发展。储能项目收益主要方式仍是峰谷套利和参与调峰、备用等辅助服务获得服务费用，获利模式单一，参与市场的机制不够健全，且成本回收测算缺少实际运行数据支持，如何保持持续稳定的盈利仍是痛点，影响和制约了储能投资和规模化发展。特别是分布式储能设施因容量小、数量多、分布广泛，单体达不到参与电力交易门槛，缺乏有效盈利模式和充放电策略，难以形成灵活性调节能力、发挥“削峰填谷”提高新能源消纳的作用。以枣庄市为例，已投运储能项目中，独立储能作为示范项目通过现货充放电收入、容量补贴收入、容量租赁收益盈利，扣除设备折旧、电池损耗、电站修理费、材料费、保险费、员工工资、财务费等成本后，处于亏损或微利状态。集中式光伏配建储能仅靠充放电价差无法在全寿命周期内盈利，需通过光伏发电收益支撑整体收益，根据电网调度规则，低于30兆瓦的储能项目无法参与电力市场化交易，制约了项目的持续经营发展。

（四）锂电储能安全技术有待突破，行业规范需要完善。一是锂电池和储能系统的安全问题存在隐忧。据国家能源信息平台不完全统计，2012—2022年近10年时间里，全球发生储能电站火灾爆炸事故32起。这些火灾的共同特点主要是事故电池多为三元锂电池，电池热失控是导致事故的直接原因。二是项目建设缺乏行业标准，是影响产业规范化发展的突出症结。锂电储能项目广泛应用于电源侧、电网侧和用户侧，但不同储能技术对储能项目的规模、技术、性能要求差别很大，缺乏统一标准。目前，国内关于储能的行业标准还未形成规范体系，相应的政策制度也不完善，新型储能项目建设缺乏标准遵循；全球储能安全体系正在形成过程中，有很多方面需进一步完善。

四、几点建议

锂电储能高增长、高预期，是不可错失的战略性新兴产业。要从抢占未来制高点、抓牢发展主动权的战略高度，着眼未来、谋划布局锂电储能产业发展，加速将潜力转为实力、将机遇化作实利，进一步拓宽锂电新赛道，塑造竞争新优势，为打造绿色安全新能源典范城市、助推“强工兴产、转型突围”蓄势赋能。

（一）强化规划引领，编制新型储能设施建设方案。加大对新型储能产业发展的研究和谋划，依据《“十四五”新型储能发展实施方案》《山东省新型储能工程发展行动方案》、电力规划、锂电新能源规划等已出台的政策规划，由市能源局牵头，会同发展改革委、国网电力公司以及锂电和储能企业，突出锂电储能重点方向，编制《枣庄市新型储能设施建设方案》，明确全市“十四五”及中长期电源测、电网侧、用户侧新型储能发展目标和实施路径，明确储能项目备案并网和建设运行管理要求，合理规划全市储能项目布局及建设时序，积极发展“新能源+储能”、“源网荷储”一体化和多能互补，构建“风光发电、电池储能、终端应用”融合创新的绿色锂电产业链。

（二）强化补链延链，推动储能产业项目集聚发展。一是优化产业链供应链布局。进一步优化全市锂电产业配套，推动产业链向储能方向延伸，大力发展储能锂电池，突出加强关键原材料、储能系统研发制造等项目布局。鼓励产业链合作，引导锂电、储能企业根据实际需要向市内行业内生产企业优先供应或采购储能电池、储能设备等产品；推进锂电池材料企业与下游储能材料、储能电池组装企业配套协作，提升供应链稳定性和竞争力；引导铁塔、移动通信、电力等储能电池应用领域推广使用本地锂电产品，加快产业链上下游、产供销、大中小企业协同发展。二是抓好链上项目招引。瞄准储能链上企业，筛选目标登门拜访，深入开展精准招商、沿链招商，为重大项目提供路演对接、对外推介支持。积极对接央企、500强企业等，谋划开展储能板块业务合作，强化市、区（市）、开发区三级联动，做好项目落地跟进和协调服务。三是培育龙头企业。鼓励支持欣旺达、天科、精工电子、鼎盛等具有良好产业条件的骨干企业，进一步开拓市场、优化资源配置，推动从生产、建设、运营到回收的储能全产业链发展，培育一批储能行业的“专精特新”“小巨人”企业，实现储能产业的集群化、高端化、品牌化发展。四是打造示范项目。统筹规划发展大型锂电储能电站，充分发挥项目拉动作用，促进产业聚集发展。在省级储能示范项目申报阶段，增加枣庄市示范项目申报规模，同步督促在建储能项目快速投运，全力提升电网调峰能力。引导支持国有投资平台、市属股权投资基金等参与储能示范项目的建设和运营。

（三）强化市场价值，拓展丰富新型储能应用场景。一是支持分布式光伏配建储能设施。以现有光伏发电情况为基础，抓住整建制列入国家整县屋顶分布式光伏开发试点的有利时机，坚持“光储充”一体发展，鼓励支持按照不低于各区（市）屋顶分布式光伏开发总容量的一定比例和充电时长配建或租赁储能设施，配套建设充电基础设施，促进分布式光伏所发电量就地就近消纳，减轻大电网调峰压力。二是支持探索新型储能商业模式。顺应数字化改革趋势，推动数字技术与储能技术深度融合，通过试点示范积累经验，积极探索数据中心、虚拟电厂、智慧能源、共享储能等新型商业模式，提高储能利用率，发挥储能市场价值。比如，结合充换电设施建设，探索储能电池租赁使用、动力电池换电等商业模式，开展试点示范，视情逐步推开。三是支持拓展区域储能市场。以市场为导向，发挥储能产业基地的示范引领作用，鼓励引导锂电企业充分挖掘开拓枣庄市及鲁南经济圈周边储能市场，后期逐步向全省、全国市场扩围，包括发电侧储能应用场景，光储电站、风储电站等；用户侧储能应用场景，光储充电站、家庭储能、备用电源等，扩大枣庄市锂电储能产品市场应用，进而带动储能产业快速发展。

（四）强化创新驱动，大力推动关键技术研发突破。技术成熟、经济合理是储能规模化应用的前提。一是将储能关键技术研究及其产业化应用列入全市重点科技计划，围绕高安全、低成本、大容量、高效率、长寿命的总体目标，依托枣庄市锂电骨干企业，与国内领军绿色能源系统方案提供商及相关高校、科研院所等合作，开展储能理论和关键材料、单元、模块、系统以及回收等关键技术研究。二是针对新能源发电、智能电网、分布式光伏等领域需求，与国家电网等深度合作，开发应用先进的储能系统集成、能源管理系统与智能控制技术，实现储能系统与电力系统的深度融合、协调优化运行，提高综合效益。比如，引入云储能等技术手段和聚合商等方式，推动分布式储能项目“集小成大”，享受独立储能政策，解决“小储能无法参与市场化交易、无法参与示范申报”的问题。三是将人才培养、实验室建设、成果转化等相结合，推动储能技术创新中心、储能技术产教融合创新平台等载体建设，鼓励建设储能重点实验室、工程研发中心等，形成良好的协同创新和技术转化机制。

（五）强化政策赋能，提升储能项目持续发展能力。在全市范围内，以电网为媒介，协调管理电源侧、电网侧、用户侧相关储能资源，探索交易机制及价格、调峰补偿机制、接入政策、市场收益方式、负荷管理等政策，研究建立合理的储能成本分摊和疏导机制，解决现阶段储能项目经济效益较差的问题，提升储能项目持续发展能力。如对符合条件的独立储能电站项目，财政可按一定额度给予一次性建设补助；针对储能项目企业提出的因电网临时调用造成调用期间充放电量与日前申报电量存在偏差产生偏差考核的问题，加强与电网等方面的协调争取，落实调用补偿政策，最大限度降低因偏差考核给项目造成的损失；针对充电费用结算问题，充分考虑储能电站对电网调峰调压的作用，参考输配电价和基金的收取方法，调整现行计算方式，用储能电站自身损耗电量代替总充电量计算分摊的义务。同时，做好政策宣传和跟踪问效，引导新增新能源配置储能，已投产的新能源项目评估项目实际情况后确定增加配置储能的可行性及容量配比，确保政策落地、企业得利。

（六）强化安全监管，确保储能电站安全平稳运行。安全是储能项目发展的基石。针对锂电储能电站的特点特性，明确能源、发改、行政审批、住建、应急管理、市场监管、消防救援、电力公司等涉及安全监管的各方职责，建立健全储能电站消防验收、环境评价、设施备案等管理体系，加强储能电站安全运行和维护管理，建立安全防护及预警机制，为储能规模化发展保驾护航。

推动科研成果产业化的实践与思考

闫从发

产业创新是经济高质量发展的重要驱动力，科技创新是产业创新的核心动力。党的二十大报告指出，“强化企业科技创新主体地位，发挥科技型骨干企业引领支撑作用，营造有利于科技型中小微企业成长的良好环境，推动创新链产业链资金链人才链深度融合”。沂水县紧紧围绕科技创新发展目标，深入实施工业强县首位战略，以政府公信力和整合力凝聚创新资源，为高校专家教授和企业牵线搭桥，打造综合性的技术服务平台，推动科研成果产业化和高新技术产业结构升级。2023年，实现地区生产总值573.3亿元、增长6.5%；一般公共预算收入28.5亿元、增长8.8%；规模以上工业产值增长4.7%，主要经济指标稳步上升。但同时，随着科学技术升级换代的加快和新质生产力发展要求，县域引才留才困难、高能级平台数量少、校企对接不畅、科技成果转化率不高等问题日益突出，制约着传统产业转型升级和新兴行业加速成长。为此，沂水县进行了大量调查研究，分析论证，找准问题根源，提出破解对策，为推动产业技术研究院发展和科技成果转化打好坚实基础。

一、坚持系统观念，以新平台探索科技成果产业化路径

（一）立足县域实际，成立沂水产业技术研究院。各地人才竞争日趋激烈，县域渴求引进高层次人才，但存在与高校对接渠道不通畅、引才难度较大的现实情况，集聚人才的环境不优、平台不佳、效果不理想。例如，2023年沂水泓达生物科技有限公司参加了5场校园招聘会，但由于与高校及人才本人沟通对接不畅，待遇条件未能满足人才预期，仅引进2名青年人才，与企业引才目标相去甚远。加之沂水县科技型创新型企业数量少、研发平台实力不强、占比不高等现状，加剧了人才集聚难、成果转化难的问题。沂水县有高新技术企业149家，规模以上重点企业393家，但高新技术企业、规模以上企业的国家级平台拥有率仅为1.7%。2023年，全县组织企事业单位登记科技成果40项，开展科技成果评价42项，较先进地区仍有较大差距。因此，搭建创新创业平台，打造一批特色鲜明、创新创业活力强的高端人才创新企业成为吸引集聚人才的必要举措。2023年3月23日，沂水县委书记陈士贤调研沂水经济开发区时，提出“由组织部牵头，做好沂水产业技术研究院筹建工作”。沂水县委组织部、沂水经济开发区先后组织人员到哈尔滨工业大学（无锡）新材料研究院、济南新材料产业研究院、威海产业技术研究院等先进地区产业技术研究院，北京化工大学材料学院、青岛科技大学高分子与工程学院、江南大学生物工程学院、临沂大学化学化工学院等高校院所开展实地调研座谈，探索研究院成立方式及运营模式。5月15日，沂水产业技术研究院正式揭牌成立，仪式上聘请临沂大学副校长张立富为沂水产业技术研究院名誉院长；聘请北京理工大学化学与化工学院院长张加涛、青岛农业大学食品科学与工程学院

副院长杨庆利、山东大学机械工程学院副院长姚鹏、江南大学纺织科学与工程学院院长付少海、青岛科技大学高分子科学与工程学院院长闫业海等分别为新能源新材料、食品、装备制造、纺织服装、橡塑新材料专业研究院名誉院长。7月13日，沂水县政府常务会议审议通过《关于完善科技创新体制机制设立沂水产业技术研究院的实施方案》，为产业技术研究院的后续建设提供遵循。

（二）加快谋划研究，构建研究院运行体系。结合沂水产业实际，建设“1+4+N”总体布局模式。“1”即沂水产业技术研究院，“4”即围绕“3+1”产业体系，设立食品、装备制造、纺织服装和新能源新材料4个产业的专业研究院，由沂水县农业农村局、沂水县工信局、沂水县商务局、沂水经济开发区4个产业专班责任部门牵头组建；“N”即校企共建共享科研平台。搭建信息化对接平台，委托山东亿云信息技术有限公司，建设包括专家库人才猎寻平台、科技成果转化平台、产业链创新发展图谱、企业诉求管理平台等在内的企业技术需求解决信息化平台。同时，借助山科控股“华智”信息库海量资源信息，实现高校成果供给端和企业需求端资源有效匹配。2024年2月，平台正式投入运营，截至5月，已搜集需求诉求170条。

（三）升级惠企政策，加快产才融合发展。采取“多牵线搭桥、少干预打扰，线上线下结合、供需两端同步”的服务模式和“提高效率、适度补助、尽职免责”的机制原则，不断激发产业技术研究院工作创新活力。建立绩效考核机制，将沂水产业技术研究院平台建设纳入全县高质量发展综合绩效考核，出台《支持“1+4+N”创新平台建设考核计分细则》《“1+4+N”创新平台体系管理办法》，鼓励乡镇（街道）、部门单位发挥作用，积极帮助沂水产业技术研究院对接国内一流高校专家团队，助力建设青科大橡塑新材料产业创新研究院、动物营养研究所、庆铃（沂水）专用车研究院、玻纤纺织新材料研究院等全县产业创新高水平研发平台，每年对平台作用发挥情况进行评估，根据作用发挥情况择优对单位和个人给予奖励。建立激励扶持机制，制定《关于支持产业技术研究院发展的若干措施》，从平台建设、人才引育、金融服务、机制保障等方面出台17条政策措施，县财政每年拿出不低于1000万元专项资金，用于支持研究院高质量发展，加速各类人才资源和创新要素向研究院平台聚集，促进沂水产业技术研究院作用发挥。建立尽职免责、容错纠错工作机制，鼓励沂水产业技术研究院勇于创新、高效发展，对沂水产业技术研究院在科技体制改革、科技创新过程中出现的一些偏差失误，只要不违反党的纪律和国家法律法规、未谋私利、能够及时纠错改正的，不作负面评价，免除相关责任或从轻减轻处理，激励平台单位放下包袱、轻装上阵。

（四）加大校地企合作力度，推进科技成果转化。坚持“务实管用”原则，依托沂水产业技术研究院，组织开展“企业走进高校，专家走进平台”双走进活动，打通创新供给与企业需求之间的信息壁垒。一方面，以企业需求为导向，开展走进企业活动。2023年5月下旬，沂水县委组织部牵头，抽调人员组成6个调研专班，对食品、装备制造、纺织服装、新能源新材料四大产业的创新平台、人才资源、产学研合作以及技术需求诉求等情况全面摸底调研，筛选收集企业高技能人才需求59条，重要技术需求89条。结合企业需求和高校研发供给情况，7月20日至22日，举办青岛科技大学“情系沂蒙老区、助力产业提质”沂水行活动暨橡塑新材料校企融合发展论坛，15位专家教授与15家橡塑产业企业家结成“一对一”包扶，联合开展技术攻关、产品研发。8月13日，举行临沂大学——沂水县“全校服务全域”活动启动仪式，双方确定开展全方位、深层次的校地企合作，鼎福食品公司与临沂大学专家达成无糖食品研发、面粉黄曲霉素快速检测试剂研发合作意向。另一方面，发挥桥梁纽带作用，加大校企对接合作力度。积极走进业内顶尖高校，联系对接权威专家，着力破解技术难题。7月中旬，山东峰泉新材料有限公司与新加坡国立大学孙明博士团队对接，双方就控制10万吨水处理剂成本项目达成合作；7月下旬，新能源新材料产业研究院带领山东龙立胶带有限公司到北京化工大学材料科学与工程学院与田明教授就空气弹簧产学研项目进行洽谈，双方就产品联合研发达成合作意向；8月2日，山东沂水机床厂有限公司到东南大学机械学院对接李少华教授团队，双方就机床床身加工、精度提升等方面达成合作；9月30日，沂水县赴青岛科技大学举行沂水橡塑企业走进青岛科技大学暨产学研合作协议集中签约活动，签订汽车阻尼的耐热丁基密封胶预硫化和硅烷化配方等5项新产品、新技术开发协议；与京援鞋业、锐巴新材料等公司签订共建研发中心协议等。累计对接16所高校60余名专家，达成新产品、新技术合作项目21个。

二、坚持问题导向，以新视角把准科技成果产业化脉搏

沂水产业技术研究院成立以来，在加强校地企合作、加速成果转化等方面发挥了积极作用、取得了显著成效，但与推进高质量发展的要求相比，与建设新型高能级产业技术研究院的目标定位相比，出现“四少四难”问题。

（一）创新中心少，机制运行难。沂水产业技术研究院成立以来，行动迅速，各项工作业务开展取得了一定成效。但调研中发现，研究院在机构设置、人员力量配备、业务开发、功能塑造等方面还不够完善，机构设置为事业单位法人，人员只有5人，

均为沂水县经济开发区在编人员兼任，工作开展主要根据企业需求，对接联系在外高校院所，距离推进校企全方位、深层次、高质量产学研合作，着力突破系列关键技术，落地一批产业化项目的目标还有差距。特别是承担研究院具体业务的“N平台”，只成立了青岛科技大学（沂水）橡塑新材料产业创新研究院，液压气动、生物发酵、乙醇衍生品、焙烤食品、功能性食品、动物营养等细分领域的产业技术研究中心（研究院）还在筹建中，产业技术研究院工作开展需进一步加强。

（二）孵化载体少，成果落地难。沂水产业技术研究院实行轻资产运行“中介”模式，具有前期投入少、科技成果转化快等优势，但随着企业发展，对自主研发产品提出了新要求，受限于研究院缺少项目孵化载体平台，一些产业化项目、科技成果转化项目在沂水县找不到合适场所孵化落地，导致研究院的作用发挥不够充分，建设一定数量的孵化载体平台显得十分必要。

（三）共建共享少，资源整合难。2023年，沂水县拥有人力资源产业园、人才集团、产业技术研究院等科技、人才创新载体，有重点实验室、企业技术研究中心、工程技术中心等各类平台载体国家级7家、省级42家、市级135家，但平台资源分散、单打独斗多，产学研合作精度不高，共建共享利用不足，导致一些高规格平台利用率不足，没有发挥好带动作用，造成一定程度的闲置浪费。如何整合现有资源、统筹摆布科研平台力量成为产业技术研究院亟需破解的课题。

（四）校企合作少，双赢发展难。2023年，沂水县科技成果转化32个，签订合作协议11个，虽然总量位居全市前列，但在企业的平均占比仍不够高，成果产出相对较少，主要表现在合作质量不高，部分企业和高校院所签订了合作协议，但高校科研人员以兼职身份同企业合作，很难固定时间到企业进行科研指导，加之企业的研发条件限制，导致企业与科研机构、高等院校合作脱节，很难产出高质量的研究成果。合作步伐不一致，企业普遍反映高校专家难以集中精力，有效指导组织合作平台进行研发；高校则反映，教师的教学任务繁重，企业现有的科研设备无法全部满足研发要求等；合作信息不对称，缺少便捷沟通渠道，高校一些好的科技成果、科研人才没有第一时间落地转化、发挥作用，导致校企双方“共损”。

三、坚持守正创新，以新机制提升科技成果产业化效能

（一）优化研究院运行架构，提升创新平台能级。一是聚焦产业高质量发展的创新需求，建设一批高能级创新平台，提升研发水平，推动平台与平台、平台与企业开展务实、多元的协同合作，实现体系平台融合聚合。二是加强与燕山大学、江南大学、齐鲁工业大学等业内顶尖高校、专家合作，设立相关领域的创新机构从事专业研发活动，并作为研究院的加盟平台。三是建立平台运行评价体系，每年年初对平台下达年度工作任务目标，年底考核评价，根据县里支持研究院发展措施，兑现奖补，建立严进宽出的动态管理机制，形成比学赶超的良性竞争氛围。

（二）高规格搭建平台载体，加快成果转移转化。一是发挥政策效能。充分发挥《关于支持产业技术研究院发展的若干措施》政策作用，积极引导平台企业加强校企合作、平台建设、人才引育等，推进平台支撑产业发展。二是建强孵化载体。结合产业研究院的工作推进和校企合作的逐步加深，规划建设一定数量的孵化器，为技术成果熟化转化提供载体，加速各类人才资源和创新要素向研究院平台聚集，促进沂水产业技术研究院作用发挥。三是加快成果转化。依托沂水产业技术研究院，常态化开展

项目发展、挖掘、转化和服务工作，力争年内组织企业申报市级以上科技项目30项以上，攻克关键技术10项以上。加大泓达生物科技有限公司、北京弗莱明科技有限公司等4处人才飞地建设力度，鼓励支持企业加大科创研发投入，加强同高校院所合作。

（三）打造枢纽核心，建立以产业需求为导向的创新平台体系。一是整合资源。充分发挥组织引领、协调、服务作用，由沂水县委组织部牵头，统筹协调县科技、工信、人社、发改、人才集团等部门，整合全县创新平台资源，通过一体化统筹，让全县优质的创新平台资源聚起来、用起来、活起来，真正发挥契合产业、助力企业的动力源作用。打破属地界限、部门壁垒，推动工作全域协同、体系全域布局、平台全域服务。二是创新管理。推动产业技术研究院现有平台积极对外扩大交流合作，创树“创新在平台、产出在企业”合作模式，集聚高端人才和领军人才，提升能级水平，进一步发挥“1”院龙头引领、“4”平台技术策源、“N”平台特色创新优势，推动平台与平台、平台与企业开展务实、灵活、多元的合作，形成工作合力、实现倍增效应。三是做优服务。围绕平台载体建设、人才项目申报、体制机制健全、人才产业、发展支持等，持续健全完善产业技术研究院发展的政策支持，进一步深化人才链与产业链、创新链、资金链有机衔接，充分激发创新创业活力，助力企业科技创新提速提质提效。

（四）高水平推动校企合作，畅通信息沟通渠道。一是建立企业需求动态收集机制。以企业需求为导向，在摸底调研平台企业技术需求、人才需求基础上，继续组织开展“企业走进高校，专家走进平台”的双走进活动，收集企业在创新平台、人才资源、产学研合作等方面的需求诉求，有针对性地对接高校院所和专家教授，开展技术需求“揭榜挂帅”活动，着力破解技术难题。二是建立校企常态化联系机制。立足沂水产业实际，加强与临沂大学、山东大学、青岛科技大学、南京林业大学等高校合作，建立校企常态化联系机制，灵活开展人才引育跨区协作，定期与业内顶尖高校、专家之间“联姻结对”，打通创新供给与企业需求之间的连接通道，实现企业科研攻关需要与高校院所科技成果转化需求的紧密对接。三是建立科技成果转化落实机制。以产业化运营抓好沂水产业技术研究院发展，结合产业研究院入院企业和合作院校的需求，定期举办技术需求与科技成果转化发布会，对企业的技术需求向院校发出“招贤榜”，对院校的科技成果转化需要向企业发布“征集令”，积极推动产业研究院发挥作用，校企合作多出成果。

（作者系中共沂水县委常委、组织部部长）

关于激发基层改革创新活力的专题报告

史成华　李　坦

习近平总书记强调："改革创新最大的活力蕴藏在基层和群众中间，对待新事物新做法，要加强鼓励和引导"。为认真落实总书记的要求，聊城市把鼓励基层改革创新作为抓改革落地的重要方法，成功进行了一系列的实践探索。为继续把鼓励基层创新不断引向深入，激发基层改革创新积极性、主动性以及"敢闯、敢干、敢争先"的首创精神，推动与顶层设计良性互动、有机结合，我组织带领调研组深入联系点和有关地方开展实地调研，总结做法，剖析问题，提出建议，现将主要情况报告如下。

一、主要做法

（一）加强组织引导，全面落实落细，做好"上级命题"。 认真学习习近平总书记关于全面深化改革的重要论述，全面落实党中央决策部署和省委工作安排，锚定"走在前、开新局"，纵深推进全面深化改革，结合实际谋划建设"六个新聊城"。一是高位统筹，整体联动发力。实施"改革升维"行动，着力从重视程度、攻坚强度等8个维度推动全市改革提质增效。市委深改委统筹协调全市改革的总体设计、整体推进、督促落实。创新会议形式，雷打不动坚持"第一议题"制度，增加列席领导人员范围，听取地方改革工作述职，重点研究攻坚改革难题，始终发出支持地方改革创新主旋律等。建立匹配基层改革需要的推进体系，形成专项小组、改革办、改革创新研究中心和改革创新工作小组“6+2+N”推进体系，各专项小组设立专门办公室，主动对接落实上级相关领域改革部署；在市级和部分县（市、区）成立改革创新研究中心，充实改革工作力量，开展改革创新研究；在关键环节市直部门建立改革创新工作小组，负责开展改革研究、承办改革课题、总结成果案例。县（市、区）委改革办配齐配强力量，乡镇（街道）明确分管领导和负责人员。东昌府区建立“共学攻坚”机制，选派改革骨干上挂学习，加强对接沟通，已争取省级以上支持政策200余项。临清市在乡镇（街道）和市直部门建立126人的改革专干队伍，形成推动基层改革创新合力。二是责任到人，干部领衔发力。实施“一把手抓改革”行动，扭住“谋、推、述、评”4个环节，督促“一把手”知责明责，当好改革施工队长。市委主要领导亲自部署重要任务、亲自把关关键环节、亲自督察落实情况，带动各级各部门“一把手”亲力亲为、躬身入局，围绕中心点题解题，争当改革促进派、实干家。建立领导干部领衔改革创新制度，2023年209名市县领导干部领衔推进227项涉及面广、牵引性强、实施难度大的特色改革任务。连续两年高规格举办“改革攻坚擂台赛”，51名“一把手”上台讲演领衔事项，表现情况现场打分排名。莘县推行“书记交办单”，对各领域改革创新实行“发函交办、定期督导、销号管理”。三是“五争一创”，全市协同发力。在全市开展“五争一创”活动，激发各级各部门典型意识，围绕争取批示、发文、现场会、试点和督察激励，聚力争创改革品牌。实施改革成果“破百”工程，抓实改革成果每月调度、地方案例每月印发、改革典型季度通报3个环节，引导各级各部门加快任务推进、经验总结、向上推介，奋力推出一批上级认可、群众满意的改革创新经验。全年争创走在全国全省前列的改革成果700多项，冠县探索社会治理新路径、茌平区耿店村破解“空心化”治理做法获国务院副总理刘国中批示肯定，“白云热线”司法为民做法获最高人民检察院检察长应勇批示肯定。“一把手抓改革”获评山东省改革品牌，18项改革经验获得省委省政府主要领导批示，18个事项获评国家优秀案例。

（二）坚持问题导向，发扬首创精神，实现“精准选题”。聚焦改革方案与实际相结合的问题、利益调整中的阻力问题、推动改革落实的责任担当等问题，打破思维定式，主动应变求变，争取省级以上改革试点205项，其中国家级改革试点52项。实施国家碳计量中心建设、双碳智慧服务平台、茌平现代农业示范园区、阳谷“城乡供水一体化”等一批首创式改革项目。一是聚焦发展需要选题。对相关重大国家战略，结合发展实际，由市级领导牵头调研，市委深改委集体研究落实举措。市委书记李长萍领衔推进要素保障集成课题，已研究出台土地要素保障二十条措施，推出土地服务专员、审管联动等一批制度创新成果，一批重点项目加速落地，迅速转化为发展新优势。聚焦落实黄河重大国家战略和大运河文化保护传承规划，深挖黄河、大运河文化内涵，提出建设“两河明珠”城市定位。高新区创新集成改革“点题”制度，聚焦制约瓶颈点题实施19个集成改革项目，以专班联席会议推动落实。二是聚焦群众期盼选题。围绕收入分配、教育、医疗、住房、养老等群众最关心的问题，市委改革办联合专项小组、市直部门和县（市、区），深入基层摸清群众需求和堵点难点，找准改革创新发力点。比如，针对群众反映的婴幼儿照护服务供给问题，以建设全国婴幼儿照护服务示范城市为契机，探索构建多元化、覆盖城乡的托育服务体系。针对农村闲散劳动力就业问题，莘县创新“鲁西嫁接工”模式，年稳定输出嫁接工

1万人；高新区顾官屯镇打造“共富工坊+”模式，带动低收入群体实现灵活就业，每年人均增收2万元。针对企业反映强烈的多层执法、重复检查等问题，开展专项整治行动，创新推行“综合查一次”模式。针对提升民营企业创新发展活力，与始终走在全省民营经济发展前列的滨州市开展对比分析，确定实施梯度培育工程，打造优质企业高质量创新发展“热带雨林”。三是聚焦牵引带动选题。鼓励基层首创，引导开展差异化探索，按照“行业有亮点、部门有经验、市县有品牌”的要求，通过一个个“小切口”、打通改革“最后一公里”、作出一篇篇“大文章”，以局部的改革突破引领带动高质量发展全局。比如，在平区耿店村发扬群众首创精神，完善“棚二代”创业生态系统，打造具有鲁西特色的乡村振兴“耿店样本”。鼓励引导阳谷华泰试行全国首个企业联合标准，以“标准力量”促进产业链资源整合、协同创新，推动轮胎橡胶产业链高质量发展。临清市全域实施“对标学习”活动，对标全国一流、省内一流，为50余个市直单位确定赶超标杆，结合实际开展创新转化，共争创省级以上改革创新成果60余项。

（三）坚持系统理念，汇聚改革合力，做好“集成课题”。聚焦基层改革点状化、碎片化问题，围绕建设“创新新聊城”，谋划实施数字经济高质量发展、共同富裕集成改革等一批系统集成改革事项，动员全市上下齐头并进、协同高效推进改革，改革综合效能和整体效应全面提升。一是左右协同、高效联动。市委书记李长萍批示要求市委改革办牵头发改、工信等相关部门共同制定落实集成改革举措。各项系统集成改革事项分别成立工作专班，建立任务台账，定期会商研判，加强督导调度，推出更多跨部门、跨行业、跨领域的穿透式改革举措，定期在市委深改委会上汇报推进情况，形成力量相互支撑、工作相互配合、数据相互分享、流程相互衔接的集团化作战格局。比如，为推动文物保护和项目建设互促共赢，创造性落实“考古前置”制度，多次召开跨部门调研协调会，提出划分文物风险区域、优化考古经费安排等建议，推动流程再造、机制创新。再比如，瞄准城市治理中的管理空档、功能短板，打破城管、公安行业壁垒，开展“城警联动·并肩行动”，建立联合执法机制，对城区违停、占道经营、扬尘污染等进行共管共治。冠县建立系统集成改革“直通车”制度，发挥专项小组作用，“直通”关键部门召开联席会议，促进多部门协调联动。二是上下贯通、一体攻坚。市、县、乡三级贯通、一体推进集成改革事项，各级紧盯改革总目标，根据各地实际找准与全局改革的结合点、支撑点，做到上借下力、下借上势、统分结合，推动各项改革举措向中心目标聚焦发力、协同突破，实现改革目标统一、任务协同、成果共享。比如，建立开发区改革成果三级联创机制，市委改革办在全市范围调动资源，整合力量；市直各部门立足改革领域，在制定政策、部署试点、推广经验等环节给予开发区支持；各县（市、区）委改革办躬身入局，帮助开发区谋划路径、给予指导、协调资源；各级开发区扛牢责任、抓好落实。三是内外兼修、确保实效。一方面，加强制度创新，修好“内功”。建立健全统一高效、互为加法的改革制度体系，形成集成改革叠加放大效应。市委深改委会议先后审议通过《关于促进共同富裕集成化改革的实施方案》《关于深化改革创新促进数字经济高质量发展的实施方案》等集成改革方案，各县（市、区）制定配套细则，集成改革任务实现项目化、节点化、责任化。高唐县建立集成领域改革约谈制度，累计约谈成效不明显、推进不力的相关部门“一把手”10人次。另一方面，构建合作生态，借好“外力”。与研究机构、高校等开展多元化合作，形成创新共同体，实现创新成本、创新周期“双降”。

比如，在全省率先探索“科技副总”机制，根据学科、区位和产业匹配度，在高校选聘180名高层次人才到企业担任“科技副总”，带动创新要素向企业加速集聚，突破关键技术难题37项。再比如，东昌府区联合江苏师范大学成立国内首家街道治理研究院，探索“政府+高校+社会组织”共建共治共享的社会治理路子，经验做法得到省委副书记、省长周乃翔批示肯定。

（四）遵循评价标准，突出需求牵引，答好“群众点题”。坚持眼睛向下、脚步向下，聚焦群众所期所盼，做到改革题目请群众点，改革推进让群众观，改革成效由群众评，畅通群众参与改革的渠道，汇集基层改革创新智慧。一是“点菜单”明方向。扎实开展“点菜单式”改革省级试点，持续丰富场景，拓展深度，完善体系，让群众在改革创新中唱主角，做到群众有所呼、改革有所应。市委成立群众工作领导小组，定期研究解决群众反映的突出问题。全面提升12345市民热线服务质效，建立市、县、乡三级党政领导干部常态化参与热线接听、回访工作制度。开辟企业诉求“专席专线”，建立全流程闭环解决机制，实现企业诉求“接诉即办”。阳谷县围绕农民工维权等企业、群众关心的热点难点问题，创新实施“工会+人社+住建”农民工维权机制，就地调解劳资纠纷，实现农民工维权“零负担、零距离、零门槛”，获评“点菜单式”改革试点“优秀”等次。二是“微改革”增活力。引导各级各部门关注“微小”，推进“微改”，实施“微创”，紧紧抓住群众最关心、最直接、最现实的问题，以“微改革”撬动“大民生”。累计实施“微改革”项目近百个，邀请群众、媒体、代表委员开展现场体验30余次，组织部门“一把手”化身体验员开展流程检验，以网络投票方式评选优秀“微改革”案例50项，结婚登记“增幸福”、农村“党员夜会”、中小学“双传导”陪餐机制等经验做法在省级媒体宣传报道。

三是“监督员”汇民意。着眼让企业家和群众成为检验改革成效的“主考官”，创新设立改革监督员制度，公开选聘改革义务监督员22名、优化营商环境企业家监督员100名，分专题征集问题建议149项，得到市委领导批示10次，有效提升了群众改革获得感、满意度。临清市创新开展“我为改革献计策”活动，建立“乡呼县应”平台，共征集建议240余条。

（五）强化正向激励，营造干事生态，解决“担当课题”。 坚持把改革攻坚一线作为考验和锻炼干部的竞赛场，准确把握“三个区分开来”，健全容错纠错机制，大力褒奖改革型干部，一大批敢攻山头、善打硬仗的干部被委以重任，全市支持改革、鼓励创新、宽容失败的导向更加鲜明。一是树典型，激励干部“想改革”。坚持从基层改革一线选树具有强烈改革意识和创新精神、积极投身改革实践的典型，每年评选改革品牌、改革团队和改革尖兵，评选标准向县（市、区）、乡镇（街道）和企事业单位一线倾斜。启动全市争先创优即时表扬，改变年底“一考定终身”的考核方式，实行月调度、季分析、半年评估的平时考核机制，每月开展即时表扬，引导各级各部门及时把优势工作转化为改革经验成果。高唐县设立“改革创新赋能突出贡献奖”，对改革创新成效明显的予以加分奖励。二是督后进，激励干部“要改革”。发挥督察考核“推进器”“指挥棒”作用，建立“市直考专项、区县考综合、日常督推进”的改革督考一体机制，常态化开展季度督察、半年评估、年底考核，将督察考核贯穿改革全过程、覆盖改革全任务。建立督办机制，对上级反馈的问题、督察中发现的难点和进度缓慢的任务开展专题督办，指导分析原因，责令整改落实，定期对账销号。临清市建立“担当作为”和“重点帮扶”两个干部库，对在纪检监督、督查、考核中发现存在不担当不作为情形的干部，通过结对帮扶、惩教结合等措施进行“重点帮扶”，14名干部完成整改出库。三是容失误，激励干部“敢改革”。通过精准开展容错纠错、澄清正名，让改革创新者放下包袱、轻装上阵。市纪委监委出台《关于失实检举控告澄清正名工作组织实施的任务分工方案》，对受到失实检举控告影响的党员干部澄清正名的方式和程序进行明确。针对一些地方存在的问责泛化、简单化的问题，坚持问责“四不”，即未经查实不随意问责，不层层“戴帽”问责，不以问责代替管理，不追求问责数量，努力做到“精准审慎”。严格落实上级规定，对被问责干部在受处理影响期满后，符合条件该使用的及时合理使用。四是提能力，激励干部“善改革”。深入践行市委“三提三敢”工作要求，加大改革干部培训锻炼力度，通过重点领域联络制度，到重点部门开展改革宣讲，组织外出学习调研，随机开展业务研讨等方式，联动市、县、乡三级人员开展改革学习培训，掀起各级各部门学理论、学政策、学典型热潮。先后选派3名同志到省委办公厅、省委改革办挂职锻炼，组织赴浙江、江苏、湖北学习考察数字经济、共同富裕等集成改革经验，在清华大学、深圳市改革开放干部学院举办全市全面深化改革培训班，提升改革系统人员专业能力和理论素养。

（六）加强矩阵宣传，营造创新氛围，解开典型“宣介难题”。建立全方位、多角度、广覆盖的改革宣传矩阵，讲好改革硬事例，传播改革好声音，塑造改革强气场。一是健全改革经验识别、培育制度化渠道。制定《聊城市改革典型报送工作计分通报办法》，引导各级各部门积极申报具有改革属性、创新特色、能复制可推广的典型案例。统筹政研、改革力量，明确专人负责联系专项领域、重点部门和县（市、区），深入一线挖掘提炼改革典型。深化“调研+督察”模式，发挥调查研究在推动改革中的作用，把调研过程变为联系群众、解决问题、总结成效、推动发展的过程，对基层改革实践采取的鲜活做法深入总结提炼，及时形成典型案例。比如，阳谷县建立“改革专员机制”，抽调县委办公室、改革办25名“笔杆子”作为改革专员，分组对接职能部门和乡镇（街道），协力挖掘提炼改革亮点。二是完善改革典型宣传、推广立体化机制。提升《聊城改革简报》《聊城改革专报》《聊城地方改革案例》《聊城市全面深化改革实践与探索》等内刊简报采编质量，发挥好领导决策参考、向上推介案例、各级交流互鉴的平台作用。综合运用新闻媒体、网络平台渠道，联合推出《改革攻坚竞技台》电视访谈、《改革弄潮》网络访谈等专栏节目。划拨专项宣传经费，提质扩容“聊城改革”微信公众号，每日发布上级改革精神和部门、县（市、区）、乡镇（街道）最新改革动态。2023年以来，在省委改革办简报、公众号刊发改革案例46篇，新型职业农民职称评定经验在中央政研室《学习与研究》刊发。三是营造社会各界支持、促进改革浓厚氛围。每年组织开展优秀改革案例评选活动，面向基层征集改革创新实践案例，邀请市直有关部门熟悉改革工作的同志，改革义务监督员，市委党校、聊城大学专家教授、主流媒体工作者进行打分，并开通网络投票途径，邀请广大群众进行投票，综合得票评分情况，评出优秀案例向社会公布。召开“改革赋能兴聊城”系列新闻发布会，共设置政务改革创新、服务改善民生、城乡基层治理等九大专题，跟进做好政策解读、典型推介和成效展示工作，全面展示聊城改革形象，传播聊城改革声音。

二、存在问题

虽然聊城市基层改革创新取得了一定成效，但基层面临的改革环境还比较复杂，制约基层改革创新的“绊脚石”仍不同程度存在，距离群众对改革创新的要求和期待还有不少差距，主要表现在以下几个方面。

（一）缺少较真碰硬的改革勇气。基层部门拘泥于按部就班落实上级部署和安排，遇到问题“等靠”，遇到难题“绕道”，习惯于等待上级明确准许后、其他地区实施后，再开展机械化、程序化的落实，改革的思维和方法运用不彻底，结合实际多想一层、多做一步的主动性发挥不够，改革落实的“最后一公里”尚未完全打通。比如，“再生水利用”改革是2022年省委黄河流域高质量发展专项巡视对聊城市反馈的问题之一，2023年通过聚力攻坚，取得了积极进展。再比如，在推动农村改厕中，高新区创新“脚踩式”“电机式”冲水方式，为群众带来了便利，但是后续管护还不够周到，对冬季管道上冻的问题发现不及时、解决不到位，影响群众使用效果，没有达到尽善尽美的程度。

（二）重沿袭轻创造的思想观念未彻底转变。受长期形成的跟跑观念束缚，基层更多习惯于“搭便车”，跟在外市后边亦步亦趋，一味沿袭不求独创。进入新时代，全面深化改革要求我们不仅去争第一，更要争做唯一，要有自主独创意识。前些年，很多地方纷纷搞文化旅游，彼此互相借鉴模仿，最后酿成服务单一、产业雷同、恶性竞争的后果。现在，通过转变观念，结合各地区优势搞特色旅游，形成具有自身特点的文旅模式。比如，东阿县打造“研发+工业+旅游+康健”于一体的东阿阿胶“文旅+”全产业链模式，在全省旅游发展大会上得到省委书记林武充分肯定。莘县依托农业特色，建设现代农业嘉年华文旅综合体，成功举办十届瓜菜菌博览会，年接待参观群众10余万人。有些问题还体现在全市的重点建设项目上，比如，中华水上古城作为国内仅有的“城中有水，水中有城，城湖一体，河湖相应”的古城，其文化和旅游价值还远远没有利用和挖掘充分，改革创新的空间巨大，需要各级各单位搞好协同创新，发挥其对全市文化旅游的牵引拉动作用。

（三）缺少务求实效的改革作风。改革创新的问题导向、目标导向树得不牢，仍有基层部门把日常工作包装成改革任务，把工作成绩当成创新成效，不同程度存在“造词式”创新、“盆景式”创新等“伪创新”现象，一味追求标新立异，忽视实际效果和群众需求，让改革创新泛于数量、滥在形式，不仅起不到效果，还给基层增添不少负担。比如，在年初提报改革项目时“避重就轻”，拿日常工作当作改革项目，到评比打擂时又感觉分量不够、上不了台面，不敢主动登台。

（四）基层改革创新的权责不匹配。基层承接着大量上级职能部门的行政和管理事务，但相配套的社会资源、管理权限、人力物力财力还不能完全匹配，对一些涉及群众利益的眼前事，基层干部“看得见”却常常“管不着”。比如，为解决县级法院、检察院经费保障问题，在全省率先完成市级统管改革，大大增强了县级司法物质保障。再比如，市经开区土地规划审批权链条不完整，在建设项目修建性详细规划的审批、建设工程规划许可证的办理、土地供应方案的编制和审批等方面，没有享有县（市、区）同等权限，无法实现“区内事区内办”，而青岛、临沂、菏泽等地市已探索实现相关权限下放至功能区。

（五）协调推进的力度还需加强。涉及多部门的改革事项，在政策统筹、方案统筹、力量统筹、进度统筹等方面需要进一步加强。改革专项小组统筹本领域改革的力度还不够大，存在部门化倾向，在系统谋划、整体推进、督导落实等方面用力不足，协调联动作用发挥不充分。一些跨部门跨领域跨层级的改革任务仍存在沟通不够、单兵作战、各自为营的现象，需要各级各部门密切配合协作、共同推进。比如，“多规合一”改革需要实现资规、发改、审批等多部门业务无缝衔接，才能解决好各种规划图层矛盾冲突、业务职责交叉不清等问题。再比如，在“一业一证”“双随机、一公开”等审管联动方面，涉及审批、市场监管、工信、农业等10多个行业主管部门，点多面广，需要各单位凝聚合力、共同推进。

（六）典型引领作用发挥不充分。2023年以来，虽然更加注重改革经验的总结提炼和培树打造，但是打造案例的数量和质量还有较大差距，“出圈”“出彩”的案例还不够多。各级各部门典型引领的敏感度不高，仍然存在“只干不说、先干后说、干完再说”的思维，很多改革要点任务推进快、效果好，但是总结不及时、提炼不精准、推介不到位，创出的有辨识度、有重大影响力的改革成果少，特别是在中办、中改办采用的改革案例数量少，在中改办简报还未能实现单篇刊发的突破。

（七）改革创新的能力有待提升。承担改革任务的部门，有的没有找准上级精神与本地实际的结合点、破解难题的切入点，抓改革创新的招数不够实、措施不够硬，改革的实际效果不明显。有的没有处理好点与面、大与小的关系，习惯于推面上的改革，对重要改革问题研究不透彻，没有深入体制机制层面想对策、找办法。有的聚焦社会关切不够，虽然做了不少工作，但群众的获得感不强，工作成效与群众期盼相比还存在差距。比如，行政新村整合后，管理运行体制还不顺畅，对村集体经济发展的牵头引领作用发挥还不充分。再比如，政务云网、大数据平台和“城市大脑”等基础平台能力有待加强，有的应用软件用户界面不够友好，群众“能用”但不“爱用”。

三、意见建议

基层改革创新，一头连着广大基层干部，一头连着广大人民群众。要组织和引导各级各部门用好改革“关键一招”，不断推进深层次改革，进一步激发基层改革创新活力，切实提升改革发展成色、增进民生福祉。

（一）坚持领导领衔机制“破坚冰”。发挥“一把手”抓改革的关键作用，抓住“关键少数”，压紧压实改革责任。各级各部门主要负责人每年领衔重要改革事项，不仅亲自抓、带头干，还要勇于挑最重的担子、啃最硬的骨头，每项任务都对标走在全国全省前列的先进经验，并建立台账，定期调度，通过深改委会议、改革擂台赛、改革述职等形式，听取领衔事项进展成效，督促各级各部门主要负责同志切实担起抓改革的重大政治责任，聚焦聚神聚力抓好改革工作。

（二）强化协同联动机制“增合力”。建立“两办两级”协同联动共享机制。市委改革办与市委办公室信息调研室、督察室加强信息互通、资源共享，共同推动中办信息、国务院大督查激励等改革考核事项。围绕做好典型案例培树、开发区改革考核等工作，定期召开县（市、区）、市属开发区改革座谈会，及时开展工作指导，听取加强和改进工作的意见建议，广泛凝聚改革共识。切实发挥各专项小组作用，落实向市委深改委季度汇报制度，夯实专项小组落实本领域改革任务责任。建立跨部门事项联审会商、信息交流、沟通调度等工作机制，通过召开改革调度会、开展述职评议等方式，明确配合责任，加强改革协同效果。

（三）健全督考一体机制“求突破”。制定并落实好改革督察计划，坚持“四不两直”与定期督察相结合的方式，实施“全面+专项+暗访”督察，跟进督导工作落实情况，实行全程对账调度、全程跟踪督察、全程亮晒通报，坚持月调度、季通报、半年督、年终考，构建起全链条、闭环式推进落实体系，推动改革压力层层传导、工作责任落实到位。

（四）推行试点评估机制“强带动”。发挥改革试点探路先行作用，重点对改革试点的执行情况、实施效果和社会影响进行评估，客观地总结经验、反映问题、提出改进建议，发挥好试点对全局性改革的示范、突破、带动作用。对试点证明行之有效，可复制可推广的好经验、好做法，提炼升华形成制度，分批次挑选形成改革试点复制推广清单，争取更多改革试点经验得到国家和省级层面认可推广。

（五）探索三向评价机制“提实效”。探索实行三向评价，一是年底由市直部门对各县（市、区）、市属开发区推动改革创新情况进行定量打分，列入年度综合考核成绩。二是各县（市、区）、市属开发区在年中改革擂台赛、“以下看上”调研中，对市直部门工作效能、工作作风进行“优秀、较好、一般、差”定性评价。三是实施改革监督员、重大委托课题研究等制度，邀请新闻媒体、党校、高等院校专家参与课题研究与效果评价，多方参与促进高质量改革创新。

（六）健全素质提升机制“挖潜力”。全市改革系统深入学习习近平总书记关于全面深化改革的重要论述，把握蕴含其中的改革精神、改革部署、改革要求，掌握正确的改革方法论，自觉用于指导本地区、本领域改革实践。不断加强各级改革办的工作力量，保证必要的专职工作人员。各级各部门明确分管领导，指定内设机构和具体联络员，承担部门改革推进和协调联络工作。加大培训力度，组织好各类考察学习、调查研究、集中培训等活动，多向书本学、向群众学、向先进学、向实践学，提升改革队伍的综合素养和专业水平。

（七）完善评价激励机制“促提升”。坚持把改革创新纳入县（市、区）经济社会发展综合考核、市直部门绩效考核和事业单位考核，赋予其足够的权重。优化完善改革评价指标体系，改革任务进度、打造典型案例、争创改革成果等情况定期在市委深改委会议、改革工作会议、改革专刊上“晾晒”，确保各项改革争在朝夕、落在方寸。强化激励引导，争取将改革品牌、改革团队、改革尖兵评选列入市级表彰项目，借鉴湖北武汉、黄冈等地改革经验，探索建立改革促进资金，设立改革奖项，激励干部敢于担当、勇于创新，争当改革促进派、实干家。

[作者史成华系中共聊城市委党史研究院（聊城市地方史志研究院）院长，李坦系聊城职业技术学院讲师]

后 记

2023年，是全面贯彻落实党的二十大精神的开局之年，也是绿色低碳高质量发展先行区建设起步之年。《新时代现代化强省建设实录》（以下简称《实录》）第六卷全面记述、跟进研究这一年山东党组织带领全省人民坚持以习近平新时代中国特色社会主义思想为指导，深入学习宣传贯彻落实党的二十大和二十届二中全会精神，深入贯彻习近平总书记对山东工作的重要指示要求和党中央决策部署，以建设绿色低碳高质量发展先行区为总抓手，锚定“走在前、开新局”，坚持一张蓝图绘到底，接续推进新时代社会主义现代化强省建设、推动经济社会高质量发展的生动实践、探索创新及取得的重大成就。

《实录》第六卷沿用项目启动时建立的省、市党史史志部门协同联动的工作机制，由省、市党史史志部门合力完成。省级层面，由本书编审委员会负责编写工作的统筹协调和审稿工作。市级层面，由各市编审工作组具体负责本市稿件的组织撰写和审核把关工作；各市联络员一如既往地承担了大量沟通衔接、撰稿和编辑等工作。

《实录》第六卷综述由省委党史研究院秦国杰、邢菲撰稿。大事记省级层面稿件由邢菲、刘英轲撰写；市县层面稿件由王琳、全家谊、赵建国、刘玉芹、李睿哲、韩兆蕾、王春艳、张新苓、颜雯雯、刘琳琳、董振业、于兴玲、张丽、王芳、左茂盛、吴楠、霍爱民、刘雪霞撰写。典型经验、调研报告和专题研究稿件由省委党史研究院王耀生负责统改工作。典型经验稿件由各市委党史研究院组织和审核把关，安婧如、李昕言、丁亚、肖玮颉、路航、刘翔、魏瑶、李昌盛、王硕、颜炜、张鹏飞、王征、高文馨、王梦琳、张华蕾、刘振兴、李婧、鞠杰、侯亮、魏书涛、丁锋、石春磊等撰写稿件。调研报告和专题研究稿件由省、市委党史研究院共同组织。

《实录》第六卷以省内各级党报党刊、重要文件、政府公报、党委政府网站等为主要资料来源。中国文史出版社和麦德森文化传媒公司对本书的出版和印刷工作给予了支持和帮助。谨向上述单位致以诚挚的感谢！

由于时间仓促和水平所限，书中难免存在疏漏和不足之处，敬请各位读者批评指正。

编　者

2024年12月